LIRE LE DIX-HUITIÈME SIÈCLE
sous la direction d'Henri Duranton et Denis Reynaud
80

Voyages du Cousin Jacques dans la Lune et les planètes (1786-1789)

Ouvrage publié avec le soutien de l'Académie des sciences, belles-lettres et arts de Lyon

Louis Abel Beffroy de Reigny

Voyages du Cousin Jacques dans la Lune et les planètes

(1786-1789)

Édition critique par Denis Reynaud

PARIS
CLASSIQUES GARNIER
2023

Denis Reynaud fut professeur de littérature française du XVIIIe siècle en Angleterre, aux États-Unis, au Japon et à Lyon. Il s'intéresse à la presse périodique avant et pendant la Révolution (site gazetier-universel.gazettes18e.fr). Il a récemment publié *Machines à voir* avec Delphine Gleizes (Lyon, 2017) et *Vestiaire de la littérature* avec Martine Boyer-Weinmann (Ceyzérieu, 2019).

ISBN 978-2-406-15056-5 (livre broché)
ISBN 978-2-406-15057-2 (livre relié)
ISSN 1158-8748

PREMIÈRE PARTIE

LES LUNES DU COUSIN JACQUES
(1786-1787)

INTRODUCTION

« Le Cousin Jacques a été au-devant des biographes », remarque Charles Monselet[1]. En effet, de la vie de Louis Abel Beffroy de Reigny, nous connaissons surtout les éléments plus ou moins légendaires dispersés dans son œuvre, que Monselet et d'autres ont repris sans trop se soucier de les vérifier. Né le 6 décembre à Laon en 1757, Beffroy fut, dit-il, le condisciple de Robespierre[2] et de Camille Desmoulins à Louis-le-Grand, puis professeur de rhétorique et de philosophie, avant de se lancer dans la carrière des lettres en 1780. Incarcéré fin 1793, il échappa à la guillotine, et continua de publier abondamment jusqu'en 1803. Il mourut à Paris le 17 décembre 1811.

Entre juin 1785 et mai 1787, Beffroy publia les trente-six *Lunes du Cousin Jacques*. Il fit par la suite paraître six autres périodiques, dont le *Courrier des planètes* devenu *Le Cousin Jacques ou Courrier de la Lune et des Planètes* (76 numéros en 1788-1790), et les *Nouvelles Lunes du Cousin Jacques* (30 numéros en 1791). Mais son véritable titre de gloire fut une comédie, *Nicodème dans la Lune, ou la Révolution pacifique* (novembre 1790), suivie un an plus tard par *Les Deux Nicodèmes, ou les Français dans la planète de Jupiter*. Enfin, au printemps 1793, il rédigea un long pamphlet intitulé : *La Constitution de la Lune*, où il annonçait son intention de consacrer une partie de son temps « à l'Histoire de la Lune, et de donner cette histoire au public par souscription, en tant de volumes délivrés

---

1 *Les Oubliés et les dédaignés : figures de la fin du 18ᵉ siècle* (Alençon, Poulet-Malassis et De Broise, 1859, t. I, p. 177-250). Voir aussi Jules Evrard, « Un écrivain humoriste au XVIIIᵉ siècle », *Revue contemporaine*, 1868, p. 597-633 ; Michèle Sajous, *Nicodème dans la lune*, Schena-Nizet, 1983, p. 55-58 ; Louis Trénard et Jean Sgard, « Louis Beffroy de Reigny », *Dictionnaire des journalistes. 1600-1789* (Voltaire Foundation, 1999) ; Angus Martin, « Journalistic fictions and editorial realities : Beffroy de Reigny and the Cousin Jacques series (1785-1792) », *Studies in French Fiction in honour of Vivienne Mylne*, London, Grant & Cutler, 1988, p. 161-177 ; Denis Reynaud, « Le Cousin Jacques, Nicodème et quelques autres voyageurs dans la lune », *La Guerre des étoiles, Orages* n° 13, 2014, p. 135-148.

2 Voir *Lunes* n° 8, p. 67 ; n° 12, p. 19 ; *Dictionnaire néologique*, s. v. Camarade, Camille-Desmoulins et Condisciple.

à des époques fixes ». En effet, « qui connaît mieux que moi le globe lunaire, puisqu'aucun de ceux qui en parlent ne l'ont visité, tandis que moi, voilà tout à l'heure le cent trente-neuvième voyage que j'y fais[3] ? ». 139 : c'est à peu près le nombre d'ouvrages que Beffroy avait dédiés ou consacrés à la Lune.

On voit que, si les entreprises littéraires de Beffroy furent marquées par la fantaisie, elles le furent aussi par l'opiniâtreté ; que la variété va chez lui de pair avec une profonde unité thématique. La Lune est à la fois la promesse d'une régularité (chaque livraison mensuelle de son périodique s'intitule « lune[4] ») et celle de l'imprévisibilité. L'auteur se veut lunatique au sens où l'entend Furetière : « qui se gouverne selon la Lune. Les gens fantasques sont appelés *lunatiques*, parce que tantôt ils sont de bonne humeur et complaisants, tantôt farouches et de difficile accès. Ce qu'on a attribué à la Lune qui n'en est aucunement cause. On a donné aussi ce nom aux fous ».

Tout en affirmant son originalité, Beffroy doit beaucoup à certains modèles : l'Éloge de la folie, *Pantagruel*, « mon cher La Fontaine » (cité dès l'épigraphe de la première *Lune*). Mais c'est aussi dans la littérature anglaise qu'il puise : les voyages imaginaires de Swift ; les jeux typographiques et les plaisanteries astrologiques de Sterne[5] ; le *Spectator* de Steele et Addison et ses dialogues avec des lecteurs imaginaires sur des sujets de société[6]. Si déterminantes que soient ces sources littéraires, Beffroy les minimise ou les occulte. Car la Lune seule fournit à l'auteur toute son inspiration ; elle éclaire ses veilles[7], elle détermine ses « accès ».

---

3   *La Constitution de la Lune : rêve politique et moral*, par le Cousin-Jacques, Paris, Froullé, 1793, p. 2 et 17.

4   « L'année lunaire aura douze numéros, un par mois, excepté quand il y aura treize lunes ; alors, comme nous suivons très strictement les phases de cet astre, nous donnerons aussi un numéro de plus » (*Lune* n° 13, p. 5) ; « Nous délivrerons chaque volume à des époques réglées, qui seront toujours un lundi de chaque mois ; le lundi est le jour de la Lune, *dies lunæ* » (n° 33, p. 4).

5   « Mais sous quelle étoile suis-je né ? – Sur quelle planète ai-je été jeté ? J'avoue : excepté Jupiter et Saturne, où il fait trop froid (je crains le froid), je préférerais d'avoir vu le jour dans la Lune ou dans quelque autre astre. – Je n'y aurais sûrement pas été plus maltraité que je ne le suis sur cette planète de boue que nous habitons. » (*La Vie et les opinions de Tristram Shandy*, traduites de l'anglais de Stern, par M. Frénais, Paris, Ruault, 1777, I, ch. v, p. 12).

6   D'autres traditions sont mises à contribution de façon plus ponctuelle, telle celle du régiment de la Calotte, quand l'auteur s'applique à distribuer des brevets de citoyen de la Lune (n° 30, p. 11-17). L'épigraphe du n° 25 : « Luna duce et auspice Momo » (Avec la Lune pour guide et sous les auspices de Momus) est une devise calottine.

7   « La Lune avait donné vacance au réverbère, ou si vous l'aimez mieux, *nox erat et cælo splendebat luna sereno* » (n° 7, p. 210).

Pour rendre compte de son écriture, l'auteur crée et définit le mot
« lunaticité » : « accès d'un nouveau genre où la morale est tellement
identifiée avec le sujet qu'il est impossible de l'en séparer » (n° 19, p. 54).

Cependant, en tant qu'objet physique d'observation, de spéculation
et de désir, la Lune est absente des douze premiers numéros des *Lunes* :
elle n'est qu'une influence que les Terriens reçoivent avant de se décider
à aller à elle. C'est sous la pression de ses lecteurs que le Cousin Jacques
est promu expert en astronomie, puis voyageur sidéral. Le 21 janvier
1786, le *Journal général de France* publie une lettre « envoyée par un de
nos abonnés de Province » :

> Vous avez tant de relations, cher cousin, et une correspondance si suivie
> avec la Lune et ses habitants, que personne n'est sûrement plus capable
> que vous, de m'instruire si les choses se passent dans ce monde-là comme
> je crois l'apercevoir de celui-ci. [...] Est-ce qu'il y a des nuages et de l'eau
> sur la Lune ?

Il n'est pas interdit de penser que cette lettre a été écrite par Beffroy
lui-même, avec ou sans la connivence de l'abbé de Fontenay, rédacteur
du *Journal*, et qu'elle a la double fonction de procurer une publicité pour
les *Lunes* et de préparer de loin le voyage en Lunollie.

Dès le premier numéro, le Cousin Jacques, fier de compter Joseph
Montgolfier parmi ses souscripteurs (*Lune* n° 11, p. 172), avait manifesté
un vif intérêt pour le vol ; on rencontrera souvent par la suite des ballons, notamment dans les *Lunes* n° 13, 14 (où sont décrits un rapt, une
poursuite et un duel dans le ciel) et 27 (où un aéronaute surprend le
dialogue nocturne des cathédrales)[8]. Mais ce n'est qu'à la fin de la *Lune*
n° 21 qu'il est question d'une frégate aérienne qui emportera l'auteur
vers son « astre chéri ». La *Lune* n° 29 marque le début du voyage qui
occupera désormais la moitié du périodique :

> Me voici lancé dans la carrière, et c'est à présent que je suis lunatique tout
> de bon. [...] C'est à présent que les *Lunes* pourront mériter leur titre ; et c'est
> d'aujourd'hui que je vais dater pour faire valoir le genre de mes ouvrages et

---

8 L'imagination de l'auteur se traduit typographiquement dans la *Lune* n° 7 par un refus
   de l'horizontalité : « Voir des lignes toujours tracées dans le même sens, oh ! cela est d'un
   ennui à périr » (p. 83). Si Beffroy de Reigny n'était lui-même un grand amateur de jeux
   de mots, nous nous interdirions de faire remarquer que ce tropisme vertical est inscrit
   dans son nom.

le caractère imposant d'un auteur inspiré d'en-haut. De deux numéros, l'un
sera toujours relatif à mes voyages. (p. 35)

Beffroy rejoint alors une autre tradition littéraire, qu'il connaît bien
et que l'on peut réduire à une demi-douzaine d'œuvres significatives.

Dans l'*Icaroménippe, ou Voyage au-dessus des nuages* de Lucien de
Samosate[9], le héros Ménippe, équipé d'une aile d'aigle et d'une aile
de vautour, arrive sur la Lune, d'où il contemple aussitôt la Terre, si
petite qu'elle eût échappé à ses regards s'il n'eût aperçu le colosse de
Rhodes et la tour de Pharos. Il jouit alors du spectacle récréatif que
lui offrent les rois et la conduite risible des particuliers : « Les villes
habitées par les hommes me parurent ressembler complètement à des
fourmilières[10]. » D'abord traduit en français en 1654, plusieurs fois
réédité au XVIIIᵉ siècle, l'*Icaroménippe* n'est pas un récit d'anticipation, ni
le lieu d'une imagination scientifique ou d'un intérêt quelconque pour
l'astronomie. La Lune de Lucien n'est qu'un point de vue : le regard est
entièrement tourné vers la Terre.

Au chant 34 du *Roland furieux* de l'Arioste (1516), le duc Astolphe
prête plus d'attention au lieu où il a été transporté : fleuves, campagnes,
cités et châteaux sont là-haut tout autres que ceux qu'on voit chez nous.
« Le paladin n'avait jamais rien vu jusqu'alors, et depuis ne vit jamais
rien de si beau ». Mais l'intention allégorique domine : dans un vallon
est rassemblé tout ce qui se perd ici-bas par notre faute : larmes, temps,
flatterie, beauté et bon sens. Astolphe n'a aucune intention de s'établir
dans la Lune : il est venu y récupérer la raison perdue de Roland.

Domingo Gonsales, l'*Homme dans la Lune* de Francis Godwin[11], raconte
comment, ayant échappé à l'attaque d'un navire anglais grâce à une
machine à voler mue par des cygnes sauvages, il rencontre les Lunars,

---

9   Du même Lucien, l'*Histoire véritable* décrit également une brève visite de la Lune : un
    miroir placé au-dessus d'un puits permet de voir et d'entendre tout ce qui se dit sur
    Terre (1ʳᵉ partie, § 26).

10 *Œuvres complètes* de Lucien de Samosate, traduction nouvelle avec introduction et notes
    d'Eugène Talbot, Paris, Hachette, 1912, II, p. 134-150. Le début du voyage du Cousin
    paraphrase Lucien.

11 Francis Godwin, *The Man in the Moone*, 1638. Traduction française de Jean Baudoin :
    L'Homme dans la Lune, 1648 (sans les sections relatives au christianisme lunaire). *The
    Discovery of a World in the Moone* de John Wilkins (1638 également) n'est pas un roman
    mais, comme l'indique son sous-titre, « A Discourse Tending to Prove, That 'Tis Probable
    There May Be Another Habitable World in That Planet ».

un peuple de chrétiens géants qui habitent un monde paradisiaque, et comment la nostalgie de la planète natale le conduit à quitter cette utopie. Contemporain du roman de Godwin, le *Somnium sive opus posthumum de astronomia lunaris* de Johannes Kepler (1634) est une preuve par la fiction de la théorie copernicienne : Duracotus, disciple de Tycho Brahe, est transporté par des démons sur la Lune, d'où il observe le mouvement de la Terre. Quelques années plus tard, dans les États et Empires de la Lune[12], Dyrcona s'envole à son tour, mu par « une inspiration de faire connaître que la Lune est un monde ».

À ces classiques du voyage dans la Lune, ajoutons quelques œuvres mineures qui parurent peu avant les *Lunes du Cousin Jacques*.

En 1783, *Le Char volant, ou Voyage dans la Lune*, de la baronne de Wasse[13] est précédé d'un éloge des inventeurs de la machine aérostatique et des navigateurs aériens ; dans la première partie, Éraste, philosophe et mécanicien, s'occupe du choix de ses cinq compagnons ; la seconde relate son voyage et son séjour de quatre ans dans la Lune, laquelle contient cinq royaumes, chacun gouverné par une femme, dont l'accord « produit une monarchie universelle où il règne une égalité de condition parfaite ». *Le Retour de mon pauvre oncle ; ou Relation de son voyage dans la Lune* de Jacques Antoine Dulaure fait en revanche du satellite de la Terre une image exacte du Paris de 1784[14]. Cette même année 1784, porté par « l'enthousiasme des ballons, qui encore dans leur berceau, tournaient toutes les têtes », Antoine François Momoro envoie lui aussi son héros dans la Lune, « heureuse contrée » où il est accueilli comme un dieu[15].

---

12 Cyrano de Bergerac, *Histoire comique des États et Empires de la Lune*, rédigée vers 1650, publiée de façon posthume en 1657.

13 Cornélie Wouters, baronne de Wasse (ou Vasse), *Le Char volant, ou Voyage dans la Lune*, Londres et Paris, 1783. Voir l'extrait enthousiaste du *Journal de littérature*, 1783, VI, p. 157-177, et celui plus réservé du *Journal encyclopédique*, novembre 1784, p. 166-167.

14 *Le Retour de mon pauvre oncle, ou Relation de son voyage dans la Lune écrite par lui-même et mise à jour par son cher neveu*, Ballomanipolis et Paris, Lejay, 1784, 60 pages. L'homologie Terre/Lune avait été poussée très loin par les pionniers de la toponymie lunaire : Johannes Hevelius avait choisi, dans sa *Selenographia, sive Lunae descriptio* (1647), « de transporter la terre dans la lune et d'y placer ses villes, ses rivières, ses provinces et ses mers », mais c'est le système de Giovanni Battista Riccioli, qui osa dans *Almagestum novum* (1651) « écrire sur la face de la lune » les noms de 248 astronomes, qui a prévalu (voir Jean Sylvain Bailly, *Histoire de l'astronomie moderne*, 1779, II, p. 219).

15 *Histoire intéressante d'un nouveau voyage à la lune, et de la descente d'une jolie dame de cette terre étrangère*, Paris, F.-G. Deschamps.

Vingt ans plus tôt, *Le Voyageur philosophe dans un pays inconnu aux habitants de la Terre* de Daniel Jost de Villeneuve[16], avait réuni, dans un long roman, l'alternative homotopie/utopie[17]. Le narrateur y découvre d'abord que la Lune est physiquement et moralement identique à la Terre ; mais que l'autre face, appelée « Amérique », est habitée par des citoyens heureux et productifs.

La fiction lunaire de Beffroy est une sorte de roman-feuilleton de 260 pages in-8°, réparti sur huit numéros (octobre 1786-mai 1787), et composé de trois temps : 1. la préparation du voyage (comme chez Wasse) ; 2. l'exploration de royaumes décevants (plus développée que chez Villeneuve) ; 3. la description de l'utopie parfaite (comme chez Wasse et Villeneuve).

Le second temps voit le Cousin Jacques et sa petite troupe découvrir successivement un globe de boue où ils manquent de rester enlisés ; un monde prospère peuplé d'hommes égoïstes qui ne rient jamais, et un pays où les habitants consomment leurs excréments en guise de tabac ; avant d'être bombardés de potirons célestes qui se révèlent des mondes minuscules et fragiles. Ces pérégrinations concourent à une morale relativiste – tout est préjugé ; « chacun raisonne d'une manière proportionnée à la sphère étroite dans laquelle le hasard l'a placé ; on a pour ainsi dire une raison de terroir, un esprit local, qui asservit les opinions et les sens » (*Lune* n° 36, p. 126) –, « doctes maximes » que le Cousin, par une pirouette caractéristique, refuse toutefois de reprendre à son compte, jugeant « ennuyeuse » cette philosophie montaignienne.

Le troisième temps du voyage n'occupe qu'une soixantaine de pages, soit moins d'un quart de la relation. Observée à la lunette à une lieue de distance, la Lune présente d'abord une inquiétante inégalité de surface : « Jamais monde ne parut si troué que celui-là [...]. Des trous, et puis de trous, et puis encore des trous », mais « cette irrégularité nous parut charmante ». Tout le texte est soumis à une tension entre la géométrie caractéristique des utopies et le goût naturel de Beffroy

---

16   *Le Voyageur philosophe dans un pays inconnu aux habitants de la Terre*, par M. de Listonai, Amsterdam, 1761, 2 tomes (339+384 p.). « Dans tous mes voyages le seul qui m'ait paru mériter d'être écrit, c'est celui que j'ai fait dans cette partie de la Lune inconnue aux Sélénographes, qui porte le nom d'Amérique » (I, p. 34).

17   La Lune n'est jamais le lieu d'une dystopie : quand elle n'est pas une utopie heureuse, c'est toujours dans la mesure où elle ressemble à la Terre ou à la France.

pour les accidents. La Lune est divisée en un grand nombre d'empires, agités par les mêmes sanglantes révolutions que ceux de la Terre. Seul l'un d'entre eux, la Lunollie, échappe à cette loi universelle. Un régime « monarchique et non despotique » y fait régner « une certaine égalité et une douce fraternité ». Le secret de cette félicité, le principal objet de l'attention du gouvernement, est l'éducation.

Mais c'est moins l'organisation politique de la Lunollie qui intéresse Beffroy que les questions d'urbanisme et d'aménagement du territoire. Il reprend et développe des thèmes qui avaient rempli les pages des *Lunes*, par exemple la question du danger de la circulation dans les rues de Paris, déjà traitée dans les *Lunes* n° 10, 19, 20, 23 et 28. Il discute de la largeur des routes et des rues, de celle des essieux, de l'inconvénient des gouttières, des mérites respectifs des trottoirs et des bornes[18]. Il y a donc une continuité entre le contenu ordinaire du périodique et celui de la fiction, champ d'application des projets que Beffroy présente à ses lecteurs. Cette peu exotique Lunollie ressemble au pays de son enfance : « Pour moi, je croyais être encore en Flandres, avec mes amis de Lille, ou chez mes chers cousins de Valenciennes » (n° 36, p. 150).

Outre cette mise en œuvre d'une *utopie de proximité*, l'idée essentielle de l'expédition du Cousin Jacques est celle de colonie. Elle est présente, nous l'avons vu, chez la baronne de Wasse. Elle est également au centre d'un roman aérien plus célèbre : *La Découverte australe* de Restif de la Bretonne (1781) où Victorin, le héros ailé, prélève méthodiquement dans la société les êtres dignes de composer son petit monde sur le Mont Inaccessible. Chez Beffroy aussi les colons sont impitoyablement sélectionnés : « De 17 374 personnes qui voulaient être du voyage, nous fûmes obligés de nous restreindre à 146 personnes » ; désœuvrés et débauchés « peuvent rester où ils sont » (*Lune* n° 23, p. 70-76).

Mais la colonie du Cousin Jacques est une colonie sans maître, dont les membres n'hésitent pas à mettre en question les compétences et le jugement du commandant de la flotte, et sont tout près de se mutiner : « Pitoyable auteur ! écrivain ridicule ! » (*Lune* n° 29, p. 94). Elle ressemble

---

18 Sur toutes ces questions, notre annotation propose un parallèle avec une œuvre exactement contemporaine : le *Tableau de Paris* de Louis Sébastien Mercier, auteur que Beffroy de Reigny admirait suffisamment pour le faire figurer dans sa « Bibliothèque lunaire » : « Tous les ouvrages de mon cousin Mercier, auteur de tant de morceaux énergiques, qu'on lira encore avec le plus vif intérêt ; lorsqu'on ne parlera plus de moi » (*Lune* n° 26, p. 91).

à la communauté que constituent le rédacteur d'un journal et ses lecteurs. La comparaison est d'ailleurs posée de façon quasi explicite :

> Chacun de mes colons s'est embarqué à ses frais ; et je vous jure qu'en déduisant sur le produit des Lunes les frais de l'impression ; les frais de poste, les frais de brochure, les frais de bandes, les frais de correspondance et le gain du Libraire, il ne reste assurément pas à l'Auteur des Lunes de quoi faire tout seul le voyage de la Lune. (*Lune* n° 33, p. 70-71)

On peut faire une autre hypothèse. Comme celle de ses contemporains, l'imagination aérienne de Beffroy est stimulée par deux facteurs conjoncturels : la toute récente invention des ballons à air chaud ou à hydrogène en 1783, évidemment ; mais aussi peut-être, de façon plus diffuse, le rêve d'émigration qui anime l'Europe, surtout après l'indépendance des colonies d'Amérique du Nord en 1776 (nous avons vu que chez Villeneuve la face heureuse de la Lune se nomme Amérique). On objectera avec raison que Beffroy ne parle jamais de l'Amérique, et que ses colons, pas plus que ceux de ses prédécesseurs, ne sont de véritables colons : ils débarquent dans des mondes déjà peuplés et dotés de lois, dont ils sont les hôtes. Ils ne les massacrent ni ne tentent de les convertir. Ce sont plutôt des émigrés – des expatriés, dit Beffroy – dont l'intégration ne semble devoir poser aucun problème, la décision de rester ou de partir étant entièrement leur.

Avant d'examiner l'étape suivante des explorations interplanétaires de Beffroy, une petite histoire littéraire de la Lune au théâtre n'est pas inutile. La pièce fondatrice est sans doute *Arlequin empereur dans la Lune*[19], comédie en trois actes de Fatouville, grand succès de l'ancien Théâtre Italien, avec sa scène finale où Arlequin décrit son empire lunaire : « Mes sujets ? Ils sont quasi sans défaut, parce qu'il n'y a que l'intérêt et l'ambition qui les gouvernent » ou : « Chacun tâche de s'établir du mieux qu'il peut aux dépens d'autrui ; et la plus grande vertu dans mon

---

19   Anne Mauduit de Fatouville, *Arlequin empereur dans la Lune*, mars 1684, publié dans Gherardi, *Le Théâtre Italien, ou le Recueil de toutes les scènes françaises qui ont été jouées sur le Théâtre Italien de l'Hôtel de Bourgogne*, Genève, Dentant, 1695, I, p. 22-27. La pièce, satire de l'opéra d'*Amadis* de Lully et Quinault, attira une foule extraordinaire, écrit Bayle (*Nouvelles de la République des Lettres*, avril 1684, p. 205). Elle fut mise en vaudeville pour la Foire St.-Germain en 1712, remise au nouveau Théâtre Italien en mars 1719, avant d'être reprise avec changements par Favart en février 1752 (Parfaict, *Dictionnaire des Théâtres*).

Empire, c'est d'avoir beaucoup de bien », etc. À chaque fois, les autres personnages s'écrient : « C'est tout comme ici ! ».

En 1750, Goldoni écrivit le livret d'un *dramma giocoso* en trois actes de Baldassare Galuppi : *Il mondo della luna* (1750). À l'acte I, Ecclitico explique à Buonafede que son puissant télescope lui permet de voir dans la Lune les femmes se déshabiller. Quand Buonafede essaie la lunette, les serviteurs d'Ecclitico font défiler des caricatures devant l'objectif. L'acte II est fondé sur une autre supercherie : Ecclitico fait croire à Buonafede qu'ils sont dans la Lune. Ce livret fut repris par plusieurs musiciens, dont Niccolo Piccinni en 1762[20]. Mais en 1770 Piccinni composa, sur un livret anonyme, un nouvel opéra buffa : *Il regno della luna*, où l'utopie sociale remplace la fantaisie érotique[21]. Comme chez Villeneuve, la Lune y devient une métaphore de l'Amérique.

À ces opéras-comiques de la seconde moitié du siècle, on peut ajouter nombre de petites comédies surgies dans les années qui suivirent l'invention du ballon aérostatique. Parmi elles, un *Arlequin roi dans la Lune* de Bodard de Tezay, joué le 17 décembre 1785 aux Variétés du Palais-Royal, dont un acteur (probablement Volange, signant Jérôme) écrit au Cousin une lettre publiée dans la *Lune* n° 8 (p. 190) : « Comme vous avez des droits incontestables sur tout ce qui concerne cette planète, étant un des plus parfaits lunatiques qui existent dans les mondes *sub* et *sur* lunaires, ce serait un tort que je me reprocherais toute ma vie, si je ne vous faisais pas l'hommage d'un billet. »

Nicodème dans la Lune, ou la Révolution pacifique, folie en prose et en trois actes, mêlée d'ariettes et de vaudevilles, qui connut 191 représentations au Théâtre français, comique et lyrique entre novembre 1790 et fin 1791[22],

---

20 Mais aussi Joseph Haydn (1777) et Giovanni Paisiello (*Il credulo deluso*, 1774), dont *Orgon dans la Lune, ou le crédule trompé* (1789) est l'adaptation française par Lépidor.

21 Pierpaolo Polzonetti rapproche ce *moon opera* du genre de l'« opéra américain », inauguré dans ces mêmes années par le même Piccinni avec *Gli napoletani in America* (1768) puis *L'americano* (*Italian Opera in the Age of the American Revolution*, Cambridge University Press, 2001, p. 77-106).

22 Et au moins autant lors de sa reprise au Théâtre de la Cité en 1796-1797. Il s'agit sans doute du plus grand succès des pièces politiques de la Révolution, mais Beffroy n'en profita guère : « Mes *Lunes*, qui ont duré deux ans, ont rapporté 100 000 liv. aux divers libraires qui les vendaient, et à moi, tout au plus 6000 liv. Il m'est dû sur mes *Planètes*, qui ont cessé à la fin de 1790, plus de 4000 liv., que j'ai déboursées et dont je ne toucherai jamais un sou. *Nicodème dans la lune* m'a rapporté en tout 1600 liv., et il a valu plus de cent mille écus au spectacle » (*La Constitution de la Lune*, p. 4). *Nicodème* a fait l'objet de cinq éditions en 1791,

se situe donc à la fois dans le prolongement naturel des obsessions de Beffroy et dans une veine à la mode. Le succès de cette comédie tient sans doute à quelques airs, écrits par Beffroy lui-même, tel le fameux « N'y a pas d'mal à ça, Colinette », et à une politisation généralement absente des arlequinades lunaires qui avaient précédé. Beffroy renverse avec habileté le procédé satirique habituel : la Lune n'est pas le cadre d'une utopie par rapport à laquelle sont mesurées la folie et la faiblesse humaines ; mais celui d'une uchronie : c'est là que peut se rejouer, sur le mode heureux, une révolution qui a déjà eu lieu sur Terre. Quand Nicodème arrive dans la Lune, il retrouve la France : « J'vois q'la leune est comme la terre ; / Q'tout ça se r'ssemb' com' deux goutt' d'ieau » (II, 4) ; mais une France précisément dans l'état où elle se trouvait en 1789. Il s'agit donc d'un voyage dans le passé récent. Le pays est gouverné par un empereur bon, à qui ministres et autres parasites cachent la dure vie de ses sujets. Nicodème raconte alors ce qui vient de se passer dans son pays. Dans la dernière scène, il préconise, sur l'air du vaudeville final du *Mariage de Figaro*, une semblable révolution :

> Oui, messieurs, tout l'monde en France
> A tout d'suite été d'accord ;
> Clergé, noblesse et finance
> Ont cédé leurs droits… d'abord.
> Tout chacun, sans résistance,
> D'y r'noncer a pris grand soin…

Pendant un an, le message de Beffroy fut en phase avec le climat politique. Son personnage de Nicodème, partisan déclaré d'une révolution modérée, plut au public parisien, jusqu'à ce que l'espoir d'une monarchie constitutionnelle soit brisé par la fuite à Varennes en juin 1791. Mais que représente au juste Nicodème, politiquement ? Pour les dictionnaires du XIXᵉ siècle, et notamment Littré qui se réfère explicitement à Beffroy, un nicodème est un paysan gentiment borné ; et c'est certes ainsi que Nicodème se présente lui-même : « pauv'paysan d'la terre, avec mon gros bon sens », ou encore : « Est-c'ben c'nigaud, qu'a fait tant d'choses q'ça ? » (acte II, scène 1). Comme le Cousin Jacques, Nicomède est un philosophe sans le savoir. Il est capable, au cours d'un

---

1792 et 1797. En 1983, Michèle Sajous a procuré, chez Schena-Nizet, la première, unique et très bonne édition critique du texte original, avec les variantes de 1797.

long entretien avec l'empereur de la lune, de convaincre ce dernier des mérites de la Révolution française. Les rôles sont inversés par rapport au même entretien dans les *Lunes du Cousin Jacques*, où le voyageur se contentait de recueillir les préceptes de la sagesse lunollienne.

Nicodème ponctue chacun des couplets de son éloge de la révolution française, cité plus haut, par un aparté destiné au public : « A beau mentir qui vient de loin. » On se rappelle alors que le Nicomède de l'Évangile n'est pas seulement un naïf : c'est aussi un disciple secret, qui ne consulte son maître qu'à la faveur de la nuit. C'est ce dernier trait que retient Calvin quand il dénonce les « nicodémites », ces protestants qui, par crainte des persécutions, se déclarent extérieurement catholiques. Le Nicomède de Beffroy n'est-il pas, *mutatis mutandis*, celui qui, quoique défini par son auteur comme un modèle de franchise, tient ostensiblement un discours auquel il n'adhère pas ? Nicodème peint donc la Révolution non telle qu'elle a été mais telle qu'il l'aurait voulue et telle qu'il espère, malgré tout, qu'elle puisse encore être. C'est-à-dire qu'au moment même où il se présente aux Sélénites comme un défenseur inconditionnel de la Révolution, il exprime ses réserves et ses doutes, à l'intention des spectateurs du Théâtre français[23]. De l'automne 1790 au printemps 1791, le public parisien de *Nicodème* eut donc à la fois le plaisir de l'illusion et celui de l'ironie. Mais ce jeu assez fin ne pouvait guère durer.

En septembre 1791, des couplets tels que « Vivons désormais tous en frères, / N'affligeons plus notre bon roi » (*Le Club des bonnes-gens*, sc. 15 et dernière) ne sont plus à l'ordre du jour, et la pièce est supprimée dès octobre. En novembre, les *Révolutions de Paris* critiquent violemment la plus récente production de Beffroy, *Les Deux Nicodèmes*, « une misérable farce héroïque de la façon du plat Cousin-Jacques ». Sur la planète de Jupiter règne un empereur qui ne veut être que le premier entre ses égaux ; « l'ordre, la paix et l'abondance règnent comme de raison à l'ombre de sa couronne ». La mère, le frère et la femme de Nicodème, partis à sa recherche, et Nicodème lui-même (de retour de la Lune)

---

23 Quand *Nicodème* fut redonné en 1797, Beffroy en avait changé le texte pour le conformer à l'orthodoxie politique du Directoire. Désormais la critique de la Révolution est plus nette. Celle-ci n'est plus un modèle transposable sur la Lune ou ailleurs, mais une expérience qui peut servir de leçon, de matière à réflexion. Plus circonspect que dans la première version, l'empereur déclare dans la scène finale : « Vous profiterez de l'exemple de sa nation, de ses erreurs même, si elle en a eu ».

arrivent dans deux ballons. Tandis que Nicodème vante la constitution, sa famille critique la Révolution et ne veut plus quitter le pays. Pire : le journaliste des *Révolutions* croit reconnaître dans le personnage de l'empereur, « tout de sucre et de miel », un frère de Marie-Antoinette : feu Joseph II ou peut-être son successeur Léopold II[24].

Beffroy se targue de n'avoir jamais varié dans ses principes[25]. Mais c'est bien là le problème : ses vieilles lunes appartiennent aux poubelles de l'Histoire ; ses petites réformes, ses plaisanteries bon enfant et ses inoffensives allégories portent un nom désormais dangereux : modération.

---

24   N° 125, 26 novembre-3 décembre 1791, p. 401-403. Pour un résumé de la pièce, et une critique moins sévère, voir l'*Esprit des journaux*, janvier 1792, p. 343-346.
25   *La Constitution de la Lune*, p. 3.

LE TEXTE

La « Relation du voyage dans la Lune » n'avait jamais paru que sous sa forme originale, en huit épisodes, dans les *Lunes du Cousin Jacques* entre octobre 1786 et mai 1787. Pour la première fois, cet authentique feuilleton est présenté ici de façon complète et continue. C'est la transformation éditoriale que connurent beaucoup des grands romans du XIXᵉ siècle, d'abord publiés dans la presse. Mais cette pratique existait déjà au XVIIIᵉ siècle : par exemple, les épisodes de l'histoire de Donna Maria, parus dans le *Pour et contre* de Prévost entre septembre 1733 et novembre 1734, furent réunis au lendemain de la mort de l'auteur dans le premier tome des *Contes, aventures et faits singuliers recueillis de M. l'abbé Prévost*. Beffroy lui-même fait allusion au projet d'une édition complète de ses ouvrages, « d'après la note exacte qu'[il donnera lui-]même de ce qu'il faut laisser et de ce qu'il faut prendre » (*Lune* n° 29, p. 90).

La présente édition est nécessairement fondée sur le texte de 1786-1787. L'orthographe a été modernisée. La plupart des majuscules ont été supprimées. Mais on a conservé la ponctuation exubérante du Cousin Jacques[1], notamment ses points-virgules et ses points d'exclamation ou de suspension, sauf quelques virgules qui auraient pu embarrasser ou égarer le lecteur moderne. On a respecté l'emploi des italiques.

On a indiqué, entre crochets, la pagination originale, à laquelle renvoient les notes.

---

1   Qui est d'ailleurs pour une large part celle de son imprimeur, comme on peut en juger en comparant les *Lunes* et le *Courrier des planètes*.

ABRÉVIATIONS BIBLIOGRAPHIQUES

Dictionnaire néologique : Beffroy de Reigny, *Dictionnaire néologique des hommes et des choses, ou notice alphabétique [...] des événements, époques et anecdotes les plus propres à donner aux lecteurs une juste idée des hommes et des choses. Par le Cousin Jacques*, t. I (AAR-BER), Paris, Moutardier, 1801 ; t. II (BER-CAR), t. III (CAR-COT), Hambourg, 1802.

Tableau : Louis Sébastien Mercier, *Tableau de Paris* [12 tomes, 1781-1789], éd. J.-C. Bonnet, Mercure de France, 2 tomes, 1994.

SOMMAIRE DE LA PREMIÈRE PARTIE

Les Lunes du Cousin Jacques

royale [128]. De la taille de la bouche et de son agrandissement [130]. Monnaie de pain d'épice [132]. Bâiller, péter, roter [138]. Les voyageurs s'enfuient plutôt que de se soumettre à une opération esthétique [141]. Réflexions sur le Royaume et sur sa langue [143].

Lune n° 32 (avril 1787)
Errata considérable. Distance de la terre à la Lune [209]. Caractère du Cousin Jacques [210]. Réponse aux objections concernant la possibilité du voyage [214]. Le Pays au fromage n'est pas situé sur la planète de Herschel [215].

Lune n° 33 (avril-mai 1787)
Suite du Voyage dans la Lune. Éloge de l'astronomie et de la curio-sité scientifique [68]. Dispute imaginaire avec Blanchard [69]. Agathe mourante dans la malle [74], défenestrée dans l'espace [78]. Arrivée dans une contrée agréable et florissante [79]. Les voyageurs sont arrêtés et mis en cage [84]. Le peuple le plus égoïste [86]. Gaieté : pourquoi très rare de nos jours [89]. Les deux corps du Roi [91] : les commodités [93] ; le directeur du pied gauche, etc. [94]. Ce que c'est qu'être grand [95]. Le Cousin affecte un air merveilleusement sérieux [97]. Évasion nocturne [100]. Pays où l'on prise les excréments [102] : ferme des derrières [105], police de la digestion [106]. Odeurs : chaque pays a des goûts bizarres [109]. La comète capricieuse [112]. Adieu au bon peuple des pots de chambre [114].

Lune n° 35 (mai 1787)
Anecdote. Visite de la Terre par un habitant de la Lune [94].

Lune n° 36 (mai 1787)
Suite du Voyage dans la Lune. Prosopopée des doctes : le philosophe et l'esprit de terroir [119]. Les voyageurs s'éloignent de la maudite planète [126]. La région des mondes errants : un globe-citrouille observé au microscope [128]. La Lune observée à une lieue de distance [134]. Charmante irrégularité [136]. Alunissage [138]. Fruits volés [139]. Rencontre d'un philosophe amène [143]. Riants villages [144]. Aménagement des campagnes : l'habitat dispersé protège la vie

privée [145] et la santé [146]. Hospitalité lunaire : la colonie logée chez l'habitant [148]. Sympathie [149]. Hazaël explique au Cousin Jacques les usages du pays de la Lune [151]. Un gouvernement monarchique et non despotique [153]. L'éducation [155]. Le *Papa* [158]. Largeur des voitures et des chemins [162]. Conservation des forêts [167]. Rubans distinctifs [168]. Critique des banlieues ; défense des communes [169]. Lunol, capitale de l'empire de Lunollie [170]. Urbanisme : tours et clochers, largeur des rues et hauteur des maisons, gouttières [171], trottoirs [172]. Démographie [175]. Défense des espaces publics [177]. Oreillers et chapeaux [178]. Exécutions capitales festives [180]. Les trois crimes irréparables : assassinat [181], flatterie [183], libelles [188]. Audience chez le Papa [191], qui fait l'éloge des *Lunes* [193]. Triste sort des gens de lettres en France [195]. Le Cousin honoré à la cour de Lunollie [195]. Il retourne en France [196].

RELATION DU VOYAGE
DU COUSIN JACQUES DANS LA LUNE

[94]

Avis au public

On donne avis aux amateurs qu'il partira bientôt une frégate aérienne pour la Lune, portant un nombre d'hommes suffisant pour former une colonie; l'Académie lunatique qui va fonder cette colonie, jalouse de lui donner toute la réputation dont elle est susceptible, prévient que les personnes qui veulent être du voyage, auront la précaution de se faire inscrire chez Lesclapart *dans la quinzaine qui suivra la réception de ce* numéro. *Ladite frégate, commandée par le capitaine Cousin Jacques, s'élèvera vers le minuit, au clair de la Lune, en tirant du Sud-Sud-Ouest* [95] *vers le Nord-Est. On ne recevra les noms des voyageurs qu'avec connaissance de cause. Ils auront la bonté de détailler leurs qualités, leur âge et surtout les raisons qui les auront déterminés à quitter le globe pour aller habiter dans un autre... La colonie rendra un compte fidèle des avantages et des désavantages de son établissement, des mœurs et des usages qu'elle aura trouvés dans la Lune, des peuples qui l'habitent (si toutefois la Lune est habitée; ce que l'on saura alors à n'en pas douter). Enfin l'histoire de cette colonie fournira sans doute plus d'une fois un article intéressant, qu'on extraira des* Mémoires de l'Académie *pour en amuser le public dans les numéros du* Cousin.*

[96] *On recevra au bureau de l'embarquement toutes les plaintes, tous les avis, toutes les observations qui y seront envoyées relativement à cette grande entreprise.*

Signé,
COUSIN JACQUES
M..., Grand Chancelier.

Et plus bas,
G..., Secrétaire perpétuel.

23ᵉ NUMÉRO
Nouvelle Lune de novembre 1786

[70]

AVIS

On a enregistré au Bureau lunatique beaucoup de noms distingués sur la liste des nouveaux colons, qui veulent partir pour la Lune. Mais nous avons remarqué aussi sur cette liste une infinité de personnes qui n'ont pas à Paris une excellente réputation. Croit-on que nous voulons embarquer des gens sans aveu, des gens désœuvrés, des gens débauchés, dont les dangereux principes viendraient pervertir nos colons? Assurément non. Ceux qui n'ont rien à faire ici-bas; ceux qui y jouent le triste rôle de chevalier d'industrie; ceux qui engraissent leur lâche individu des sueurs du pauvre et de l'artisan... tous ceux-là peuvent rester où ils sont. Est-ce parce qu'ils fatiguent notre globe du poids de leur fainéantise qu'ils [71] veulent aller habiter l'autre globe, qui va devenir notre domicile? Oh bien! moi, je les avertis qu'ils peuvent prendre leur parti là-dessus... et que nous ne prendrons avec nous que des honnêtes gens, qui ne séduisent personne, qui n'aient que de bons principes, qui ne regardent pas comme un jeu l'honneur des familles... Eh! parbleu oui, on n'aurait qu'à les croire dans nos sociétés! tout ce que nous avons de joli, d'intéressant et d'honnête, deviendrait la proie de leur licencieuse brutalité, et la victime de leurs calomnies; car la calomnie ne coûte pas plus à ces gens-là qu'un emprunt. Ils auraient bientôt infecté la colonie lunatique du poison de leur haleine pestiférée...

Or donc, pour parler encore en style de Compiègne[1], je leur déclare, de par la Lune, qu'ils ne partiront point pour ce pays-là, et que l'apostille à leurs requêtes sera toujours *néant*.

Parmi les Parisiens qui veulent partir pour la Lune, il y a plusieurs jeunes [72] personnes du sexe à qui nous ne pouvons nous empêcher de donner quelques avis charitables; entre autres, une demoiselle Colinette,

---

1   Les *Affiches du Beauvaisis* furent publiées à Compiègne de 1786 à 1788 par Louis Bertrand. Beffroy de Reigny y est souvent cité. Voir la notice de Philippe Blondeau et Éric Walter dans le *Dictionnaire des journaux*.

que j'ai voulu voir de mes deux yeux : plus heureux en cela que le gaze-
tier Bertrand[2], qui peut tout au plus voir d'un œil ; encore cet œil-là
voit-il tout de travers. Voici la représentation que j'ai pris la liberté de
lui faire ; je la place ici, parce qu'elle pourra bien m'en épargner d'autres.

Le Cousin Jacques faisant une remontrance à mademoiselle Colinette.

« Eh quoi ! mon enfant ! vous voulez partir aussi pour la Lune ? et
c'est tout de bon ? et vous ne plaisantez pas ? À dix-huit ans et demi !
avec une taille petite, il est vrai, mais proportionnée, avec vos grands
yeux bleus et votre bouche de rose, et votre teint fleuri, et vos cheveux
noirs, qui ne sont pas trop longs, mais cela ne fait rien à la chose, parce
qu'avec un faux chignon[3], nous savons à [72] Paris couvrir ces petits
défauts-là… Ah ! ma pauvre demoiselle Colinette ! vous me faites pitié !

Quelque dépit amoureux vous a dégoûtée de cette capitale ! Votre
amant vous a fait faux-bond ? Hem ? n'est-ce pas cela ?… Oh ! oui ; c'est
cela sûrement. Vous rougissez ! vous baissez les yeux ! vous riez ; oh !
c'est cela ; j'en suis sûr ; et pour un amant perdu, vous prenez *en grippe*[4]
toute la nature !… La pauvre enfant ! comme si cette perte était difficile
à réparer dans une ville où l'on ne fait autre chose en amour, que de
perdre, trouver, perdre encore, et retrouver ! En vérité, vous me faites
pitié, mademoiselle Colinette !

Voyons ; parlons sérieusement. De quelle couleur était votre amant ?
N'était-ce pas un grand blond, aux yeux bleus ? Eh bien ! vous trouverez
un petit brun, aux yeux noirs, qui vous en dédommagera. Qu'est-ce qu'il
était, votre amant ? [74] Ne jouait-il pas à Paris le rôle de bel-esprit ?…
Défiez-vous de ces gens-là, Colinette ! défiez-vous en ; ils sont recherchés
dans les sociétés ; toutes les femmes se les arrachent ; la vanité s'en mêle,
et ils finissent par être des fripons fieffés en amour… Votre petit brun
sera d'un commerce plus sûr ; il n'a pas à craindre qu'on le prenne jamais
pour un bel-esprit. Quel âge avait-il, votre amant ? Entre vingt-huit et
trente ans, n'est-ce pas ? C'est trop vieux, Colinette ; c'est trop vieux,

---

2   Louis Jacques François de Paule Bertrand, dit Bertand-Quinquet (1755-1808), imprimeur
     libraire à Compiègne. Voir la notice de Jacques Bernet dans le *Dictionnaire des journalistes*.
3   Voir *Tableau*, chap. 339 : « Faux cheveux ».
4   Grippe a d'abord signifié « fantaisie, passion, inclination prédominante et forte » (*Trévoux*,
     1732). Le sens médical apparaît avec l'épidémie de 1743. L'expression « prendre en grippe »,
     plus tardive, se rencontre chez Rousseau (*Confessions*, livre VII).

mon enfant... Encore une fois, c'est trop vieux... À cet âge-là, on est blasé ; au lieu que votre petit brun, qui n'a que vingt à vingt-six ans, est encore dans l'âge des passions... Était-il vif, animé, votre amant ? Oui ; et que trop, n'est-ce pas ? Votre ardeur ne répondait peut-être pas à la sienne ?... Votre petit brun est calme et paisible ; son amour tranquille ne sera pas importun et vous trouverez dans [75] cette nouvelle liaison, sinon plus de charmes, du moins un moyen sûr d'apprendre à vous modérer... Et cela donne matière à réflexion... La pauvre enfant ! qui veut quitter ce bas-monde ! et pourquoi ? Pour un rien ; pour une misère ; parce que son amant l'a plantée là ! D'honneur ! mademoiselle Colinette ! vous me faites pitié !

Ne m'a-t-on pas dit que votre amant était marié ? ah ! l'horreur !... Quoi ! mon enfant ! Vous soupiriez pour un homme marié ? Voilà une perversité de mœurs dont notre malheureux siècle a pu seul fournir des exemples !... Et cet homme marié, il avait intérêt, dites-vous, de cacher ses liaisons, et il les cachait ; et il en faisait un mystère, et le mystère est le charme de l'amour ; et vous croyez cela, vous ?... Ah ! mon enfant ! quels principes ! quel relâchement de discipline, mon enfant !... vous me scandalisez étrangement, mon enfant !... Votre petit brun, [76] qui n'est pas marié, vous rendra bien plus heureuse... n'en doutez pas. Un célibataire est un homme bien estimable ; il fait sa cour sous prétexte d'épouser ; et il la fait ouvertement ; et sa conduite n'est pas mystérieuse ; et, comme il n'est célibataire que par goût, il voltige aussi par goût ; et il n'épouse pas ; et il se moque de celles qu'il a aimées, et il compromet toutes les femmes ; et, comme il n'a rien à ménager, il se soucie fort peu du *qu'en dira-t-on*... Quel avantage inestimable d'aimer un homme comme celui-là[5] !

Mais soyez franche, mademoiselle Colinette ; votre amant, dites-vous, vient de vous abandonner... N'était-ce pas un peu votre faute ? Avez-vous fait tout au monde pour le fixer auprès de vous ? Ne lui avez-vous donné aucun sujet grave de mécontentement ? N'étiez-vous pas plus intéressée que lui à garder le silence ? [77] Si vous ne l'avez pas gardé, quel motif a pu vous engager à le rompre ?... N'avez-vous pas porté la jalousie à des excès condamnables ? Enfin, n'a-t-il pas eu lieu de se

---

5   Cette façon de détruire son propre argument de manière ironique est typique du Cousin Jacques.

repentir *amèrement* de sa faiblesse pour vous ?... Parlez, mon enfant ! ou plutôt n'en parlez pas. Votre silence dira plus que tout le reste.

Vous m'inspirez de l'amitié ; vous êtes assez intéressante par vous-même pour que je vous donne tous les conseils dont votre inexpérience a besoin. Venir dans la Lune ! Eh ! mon enfant ! Qu'y viendriez-vous faire ? Croyez-vous que les amants lunatiques n'aient pas autant de défauts que les amants terrestres ? Détrompez-vous ; ils en ont autant, et peut-être plus ; or, puisqu'il faut que vous aimiez, autant aimer ici qu'ailleurs. Ainsi, croyez-moi ; restez ici, et ne privez pas vos parents et vos amis des agréments de votre société... Ce n'est pas que notre colonie ne fût jalouse de faire l'acquisition [78] d'une jolie personne comme vous... Mais... tenez... mademoiselle Colinette !... Suffit ; vous m'entendez... Adieu, mon enfant... réfléchissez-y ; et vous verrez que je suis homme de bon conseil.

Il y a des gens qui pourront dire : *Eh quoi ! Cousin ? ne pouvais-tu choisir un autre nom que celui-là*[6] ? – Non, Messieurs ; parce que sur le registre était marqué : *Mademoiselle Colinette* ; et d'ailleurs, ce nom-là n'est-il pas joli ? *Colinette est faite pour plaire... Ah ! Colinette ! hélas ! pourquoi, etc. Dans un verger Colinette...* Tout cela n'est-il pas fort beau ?

---

6   Comme Colin, Colinette était un prénom de comédie et d'opéra-comique, depuis *La Fête d'amour, ou Lucas et Colinette* de Marie Justine Favart, 1754, aux Comédiens Italiens, où l'auteur jouait le rôle principal. C'est peut-être au costume de Mme Favart qu'on doit le sens donné par le *Dictionnaire de Trévoux* en 1771 : « couverture de tête à l'usage des femmes ; c'était une espèce de cornette avec des barbes dont les femmes se coiffaient de nuit ». On retrouve une Colinette dans : *Les Trois Rivaux*, de Le Prévost, 1758 ; *La Clochette* d'Anseaume et Duny, 1766 ; *La Double Épreuve, ou Colinette à la cour* de Lourdet de Santerre et Grétry, 1782 et *Colinette ou La vigne d'amour* de Beaunoir, 1783. « Colinette au bois s'en alla » sera une chanson de *Nicodème dans la Lune*, dont le Cousin Jacques regretta bientôt le succès des couplets égrillards (*Dictionnaire néologique*, s. v. Cantique).

29ᵉ NUMÉRO
Nouvelle Lune de février
qui a commencé le 18 février 1787

[35]

Relation
du voyage du Cousin Jacques dans la Lune,
entrepris le 17 février dernier 1787

Me voici lancé dans la carrière, et c'est à présent que je suis lunatique tout de bon ; c'est à présent que ma plume peut s'exercer sur le sujet qu'elle a depuis longtemps adopté, *au vu et su* de toute la République des Lettres ; enfin ! c'est à présent que les *Lunes* pourront mériter leur titre ; et c'est d'aujourd'hui que je vais dater pour faire valoir le genre des mes OUVRAGES et le caractère IMPOSANT d'un auteur inspiré d'en-haut. Quel vaste champ s'offre à mes regards avides ! Que [36] de pays parcourus ! Que de climats divers passés en revue ! Que de peuples ! Que de mœurs ! Que d'usages ! Que d'abus ! Quelle foule innombrable d'anecdotes et de détails aussi variés que piquants ! Si je n'y mets pas toute l'énergie, tout le saillant capable de charmer les ennuis de mon lecteur, ce ne sera pas la faute de mon sujet, je vous en avertis, messieurs et mesdames ; ce sera de ma part pénurie de talents et disette de capacité, puisqu'il faut trancher le mot. De deux numéros, l'un sera toujours relatif à mes voyages, dont le cours s'annonce pour devoir se prolonger toujours plus heureusement ; et plus je verrai mes lecteurs *mordre à la grappe*⁷, plus les *grappes* deviendront friandes et se multiplieront. Allons, ma Muse ; allons, ma Minerve ! Allons, mon Apollon ! De la hardiesse, de la vérité, de l'énergie, de la gaieté, du naturel, et commençons.

Quand nous eûmes pris le parti décisif [37] de nous embarquer pour la Lune, les chefs de notre colonie, les grands officiers de mon académie, et moi, nous fîmes un registre très exact des noms, des qualités, de l'âge et des facultés des colons des deux sexes qui se présentaient pour être du voyage.

---

7   Les italiques indiquent peut-être qu'il s'agit d'une citation des *Vendangeurs*, divertissement de Barré et de Piis (1780).

Nous fîmes ensuite les perquisitions nécessaires, et nulle information ne fut épargnée pour nous éclairer sur le mérite de nos compagnons de voyage, et sur le motif qui déterminait chacun d'eux à quitter notre globe pour aller chercher dans la Lune une existence plus heureuse. Tout bien posé, bien discuté, bien examiné, de dix-sept mille trois cent soixante et quatre personnes qui voulaient être du voyage, nous fûmes obligés de nous restreindre à cent quarante-six personnes, dont cinquante hommes mariés, ayant chacun leur femme, six abbés, dix religieuses, vingt jeunes gens, dix demoiselles ; sans compter quatorze académiciens lunatiques, [38] mon libraire[8], sa famille, deux acteurs et une actrice de la Comédie Italienne, et puis *Moi*, qui fermais la liste des colons.

Quand chacun des voyageurs eut contribué pour sa part aux frais de l'entreprise, il fut question de commander un ballon d'assez grande étendue pour porter solidement, et longtemps, une flotte de trente nacelles aériennes qui, suspendues dans un parfait équilibre, et rangées sur une ligne parallèle, fussent attachées les unes aux autres, non seulement par le lien de réunion qui aboutirait au ballon, mais encore de petites agrafes de fil de laiton qui fissent de toutes ces nacelles un tout indivisible.

Je fus seul chargé de présider aux travaux ; le ballon se faisait dans le bois de Vincennes, sous un grand atelier très exhaussé ; et tous les *promeneurs* des environs, qui en ignoraient la destination, s'imaginaient bonnement qu'il n'était question [39] que d'une de ces entreprises sans but et sans utilité, qu'ont tentées aux yeux de la nation parisienne des physiciens habiles, il est vrai, mais peu sages, ce me semble, de voyager en l'air pour le seul plaisir de voyager[9]. Mon ballon était construit de

---

8   Claude-Antoine Lesclapart, imprimeur libraire de Monsieur, frère du Roi, pont Notre-Dame, n° 23, puis rue du Roule, n° 11. Il disparaît de la page de titre des *Lunes* en mai 1787 (n° 36-37) pour faire place à « Mme Lesclapart ». Beffroy se brouilla bientôt avec « la Dame Lesclapart » (voir *Journal de France*, 25 août, 11 et 18 octobre 1787). Marie-Pierrette Henneveux, femme Lesclapart, fut condamnée à mort le 1er prairial an 2 (Prudhomme, *Histoire générale et impartiale*), mais une citoyenne Lesclapart, libraire, était encore vivante et active en floréal an VI (avril 1798). Voir la relation du déménagement du sieur Lesclapart, décembre 1785, *Lune* n° 7, p. 117-124.

9   Pas moins de vingt-quatre ascensions avaient été réalisées entre novembre 1783 et septembre 1784 (voir la chronologie dans *Journal de Paris* du 2 octobre 1784) ; et l'enthousiasme initial retomba assez vite : « Voyager en l'air ne donne pas le droit de fatiguer le public de ces puérilités. [...] Messieurs les revenants, soyez heureux dans l'autre monde : il est permis d'y donner un peu carrière à l'imagination : mais au retour ménagez un peu la crédulité des gens de celui-ci, ne vous piquez plus de multiplier des relations inutiles.

manière à s'élever toujours, jusqu'à ce qu'un corps opaque l'attirât vers lui par le mouvement de la gravitation ; et la soupape devait ménager l'air inflammable avec une telle précaution, que nous pussions être un an, s'il le fallait, dans les airs, sans rien craindre.

Dans les accès fréquents de mon impatience, obsédé d'ailleurs par les importunités des colons, qui venaient chaque jour me dire : *Eh bien ! Cousin, quand partons-nous ?*, j'allais à Vincennes soir et matin, et je pressais mes ouvriers l'épée dans les reins.

L'homme à qui j'avais confié la garde de ce ballon, celui enfin que j'avais chargé de la direction immédiate des travaux [40], avait une fille qu'il menait partout avec lui. Je vais, *pour cause*, vous esquisser le portrait de cette fille : d'abord je ne la remarquai pas ; mais des circonstances particulières, jointes au désœuvrement de mon cœur, qui, depuis trois mois, était en vacances, me forcèrent bientôt d'y faire attention : elle se nommait *Agathe*.

Agathe était une brune piquante, de moyenne taille, et faite à peindre ; quand on dit *faite à peindre*, c'est comme si l'on disait, *d'une taille digne de servir de modèle à ceux qui veulent peindre une jolie taille.* Vous me comprenez, car je m'explique très clairement.

Ses longs cheveux noirs et bien plantés, ses lèvres d'un bel incarnat, ses sourcils bien arqués, et surtout ses grands yeux pleins d'une langueur expressive, qui dit mot pour mot : *Je voudrais aimer* ; tout cela m'inspira, au bout de quelques jours, le plus vif désir de lier connaissance avec [41] elle. Elle me saluait toujours froidement quand je l'abordais ; mais elle lançait sur moi un regard pénétrant, qui me disait de plus jolies choses que tout ce que sa bouche aurait pu m'exprimer d'agréable et de tendre. Les jeunes gens de Paris vous ont tant d'amour-propre ! Ils se préviennent si facilement en faveur de leur mérite ! Que voulez-vous ? Je crus être aimé d'Agathe ; et j'en doutais moins que jamais, quand, par une certaine matinée, pleine de fraîcheur et de brouillard, elle écrivit avec son joli doigt ces mots : *Je vous aime,* sur un des carreaux de la croisée de sa chambre. On connaît ces vapeurs humides qui obscurcissent le jour des appartements, en s'étendant comme une couche sur les vitres ; il est aisé de tracer alors des caractères bien lisibles, et de mettre sur un carreau une déclaration en bonnes formes ; mais il est encore plus aisé

Jusqu'à ce que vous vous *dirigiez*, elles seront toutes contenues dans la première », écrit Linguet en septembre 1784 (*Annales* n° 85, p. 322).

de l'effacer ; c'est ce que fit Agathe, dès qu'elle se fut aperçue que j'avais lu son *billet*... Bref, [42] elle m'aima, je l'aimai, et nous nous aimâmes ; car il est inutile autant qu'ennuyeux d'expliquer aujourd'hui dans un livre, comment et pourquoi l'on s'aime.

Agathe me disait chaque jour : *Cousin, le ballon s'apprête, tout sera bientôt fini ; nous partirons ensemble.* – Ces mots, *nous partirons*, me perçaient l'âme. C'est que je suis un honnête homme, voyez-vous ? Partir avec Agathe, sans le consentement de son père, c'était une espèce de rapt, qui me faisait horreur, et je ne pouvais m'y résoudre. Elle voyait mon indécision ; et je lisais dans ses yeux la ferme résolution de ne me pas laisser partir sans m'accompagner. Elle ne perdait pas de vue le ballon fatal, et elle ne fermait pas l'œil de la nuit, de peur qu'on ne partît sans elle. Je pris enfin le parti de lui faire des remontrances, avec une fermeté qui me fait certainement beaucoup d'honneur. Mon courage ressemblait assez à celui d'Énée, quand il s'éloigna de [43] sa chère Didon, par ordre des dieux.

À force de réflexions, je parvins à calmer un peu la belle impatiente ; je lui promettais surtout de revenir bientôt sur terre ; ce qui la désolait, c'était de voir qu'il n'y eût point de petite poste ni de grande poste d'ici à la Lune ; et franchement, j'en eusse été tout aussi désolé qu'elle-même, si les grandes affaires qui m'occupaient eussent laissé à mon amour le loisir d'exercer toute sa sensibilité, disons mieux, de déployer toute son énergie. Mais les grands hommes ! Ah ! ah ! les grands hommes ont à peine le temps de respirer ; la gloire ensevelit tout leur être, et il reste de bien courts moments pour l'amour. Voilà ce que c'est que d'être un héros ; ce n'est pas ma faute, en vérité.

Agathe me paraissait plus calme, et la sérénité qu'elle affectait m'avait entièrement rassuré sur ses alarmes et sur sa santé. Elle m'écrivit la veille du départ : *Mon ami, tu pars demain ; la raison,* [44] *la triste et sotte raison m'interdit le bonheur de t'accompagner dans ta course ; je ne puis être témoin de ce départ affreux ; je vais ce soir à la campagne, chez une amie qui m'aidera à supporter le poids de mon chagrin. Envoie demain matin chez moi : on te remettra une grande malle, que j'ai remplie d'effets, comme linge, habits, bijoux, etc., que je te prie d'accepter comme un faible gage de ma vive amitié pour toi. Je t'envoie, par le porteur de ce billet, deux petites clefs, avec lesquelles tu ouvriras la malle en route ; prends bien garde de les perdre...*

Je relus cette lettre ; je la baisai une fois, je répandis cinq ou six grosses larmes ; je serrai la lettre et les deux clefs dans mon portefeuille, et je repris mon air philosophique.

Le lendemain matin, je ne manquai pas d'envoyer chercher la malle ; on la plaça dans la petite chambre que l'on m'avait faite sur la nacelle du milieu de la flotte ; [45] et elle fut mise au pied de mon lit avec plusieurs autres paquets et malles à peu près de même sorte.

Je ne fis mes adieux à personne. À quoi servent les adieux ? À désoler ceux qui les reçoivent et ceux qui les donnent.

Enfin, tout étant prêt, toutes les provisions bien emballées, tous nos voyageurs avertis, je me rendis, la nuit du 17 au 18 février, au parc de Vincennes ; il faisait un peu froid, mais pas trop. Il avait plu dans la journée ; les étoiles brillaient alors ; nous nous embrassâmes tous avec un attendrissement qui se conçoit sans peine. Ô nuit à jamais mémorable, où une assemblée nombreuse de citoyens respectables s'élevèrent ensemble dans les airs, pour aller gagner ce globe silencieux, qui préside aux travaux du fameux *Cousin Jacques* !

Rien de plus pittoresque, rien de plus touchant que les adieux qui se firent alors entre les partants et les restants ; la plupart de nos voyageurs étaient conduits au ballon [46] par des amis ou par des parents, comme on voit les cousines et les tantes conduire au coche leurs neveux ou leurs cousins, et les embrasser en les quittant. On entendait de toute part ces mots étouffés par des larmes qu'on tâchait de renfoncer : *Adieu, mon oncle ! oncle ! on…on…oncle ! Adieu, ieu..eu, ma cousi..i..iiine… Portez-vous bien !*

Trop ému de ce spectacle, je commandai de couper les quatre cordes qui tenaient le ballon. Dieu ! Quelle intrépidité ! Je ne reviens pas de mon courage ; j'oubliais tous les dangers ; mon cœur s'était fermé à toutes les considérations de l'égoïsme ; le souvenir même d'Agathe ne me faisait plus qu'une légère impression (au moins dans ce moment-là). Bref, je m'étais endurci pour parvenir avec honneur au but de mon entreprise… Je frémis encore, quand je pense à ce que je n'ose même raconter, c'est-à-dire, à la rapidité avec laquelle notre ballon s'éleva dans les airs[10]. [47] Non ; la balle que chasse d'un fusil la force du salpêtre enflammé, ne parcourt pas en moins de temps le même espace. Bref, dès que nous eûmes donné l'effort à cet aérostat, préparé et fini de manière

---

10   Même épouvantable vitesse de décollage chez Cyrano, *Histoire comique des État et Empire de la Lune et du Soleil*, J.-J. Pauvert, 1962, p. 162.

à surpasser en agilité et en solidité tous les aérostats faits et à faire, il s'élança comme un éclair qui fend la nue, et la secousse que nous en eûmes, nous fit moins d'impression que l'étonnement où nous étions de nous élever si promptement. Dans l'exacte vérité, nous ne nous attendions pas à cette célérité incroyable ; nous montâmes en ligne droite avec une telle vigueur, qu'en trois minutes, nous nous vîmes à trente-sept mille toises d'élévation. Aucun lecteur ne croirait un tel prodige, si je ne le racontais pas moi-même.

L'air pensa nous suffoquer tous ; heureusement que nous avions emporté plusieurs machines de physique propres à tempérer la vivacité de cet air ; nous avions fait remplir une vessie de vingt pieds de [48] circonférence, de l'air que l'on respire à Paris ; et cet air grossier, se mêlant de temps en temps à l'autre sorte d'air, à mesure qu'il se raréfiait, nous accoutumait peu à peu à nous passer de notre atmosphère. D'ailleurs nos chambres étaient si bien fermées, si bien disposées, que la privation de notre air naturel fut beaucoup moins sensible qu'elle ne l'aurait été sans cette sage précaution.

Notre ballon ne ralentit sa course qu'au bout de trois quarts d'heure. Qu'on juge donc de l'espace que nous avions parcouru, en comparant notre vitesse à celle d'une balle qui sort d'un fusil. Combien cette balle ferait-elle de chemin, en supposant qu'elle fendît toujours l'air avec la même rapidité pendant trois quarts d'heure ? À quelle prodigieuse distance nous nous trouvâmes alors de ce globe qui nous avait vus naître !

Pendant ces trois quarts d'heure, nous ne soufflâmes pas le mot ; la crainte saisit tellement [49] tous les esprits, que le silence le plus opiniâtre vint augmenter l'horreur de cette crise, assurément très inquiétante pour des Français, pour des Parisiens, assez accoutumés à se procurer toutes leurs aises[11] (excepté moi, qui, par ma charge de lunatique et d'auteur, ai reçu de la fortune un brevet qui m'exempte de prendre mes aises…) Nous nous disions à nous-mêmes : *Où cette rapidité va-t-elle nous conduire ? Durera-t-elle encore longtemps ?* Ma foi, peut rire qui veut de notre situation ; pour moi, le souvenir m'en glace d'effroi… Ah ! Dieux !…

Les physiciens d'ici-bas me diront que le ballon doit s'être arrêté à une certaine hauteur, et qu'il ne doit avoir monté que jusqu'à ce qu'il ait trouvé un air semblable à celui qu'il contenait ; comme un morceau

---

11   Le mot est masculin chez Beffroy.

de liège qu'on enfoncerait dans la mer, pour le voir reparaître sur l'eau, ne remonterait que jusqu'à fleur d'eau, et ne pourrait passer les bornes que la nature [50] lui a prescrites... Eh ! Messieurs d'ici-bas, vous avez une espèce de raison ; mais aussi vous avez une espèce de tort. Un ballon, dites-vous, ne doit s'élever qu'à une telle hauteur : *distinguo* ; que les ballons des Montgolfier, des Robert, des Blanchard, etc. doivent s'arrêter après avoir parcouru tant d'espace, *concedo* ; mais que les ballons des Cousin Jacques, faits par des lunatiques, exprès pour correspondre avec la Lune, aient des bornes prescrites comme les ballons ordinaires, *nego*[12]. Notre aérostat était d'une force admirable ; l'air dont il était rempli était merveilleux ; la gomme dont il était enduit était incomparable. Or, il ne faut comparer à rien ce qui est incomparable : *donc* mon ballon ne doit se comparer à aucun autre ballon, parmi tous les ballons qui ont été faits depuis qu'on fait des ballons.

Nous étions huit dans la chambre que j'occupais ; mon ami *Sijas*[13], six de mes amis d'Arrouaise[14], et moi. Je dis à mon [51] ami *Sijas* : « Mon ami *Sijas*, mettez un peu le nez à l'air, et dites-nous, s'il se peut, dans quelle région du firmament nous voilà parvenus ». Mon ami *Sijas* regarde

---

12   « Un Irlandais, se destinant à la prêtrise, avait la manie d'*ergoter* sans cesse, et surtout de *distinguer* ; ce qui ennuyait tellement ses camarades de séminaire, qu'ils le menacèrent un jour de l'expulser : "*Distinguo*, leur répondit-il ; *portaliter, concedo* ; *fenestraliter, nego*" » (*Dictionnaire néologique*, s. v. Bouillon).

13   En 1786 et 1787, Beffroy était domicilié chez M. de Sijas aux Arts réunis, rue neuve des Petits-Champs, n° 24. Le magasin de modes de Sijas avait notamment l'exclusivité des « bonnets ou chapeaux aux Lunes » : « Rien n'est plus galant, plus artistement arrangé, plus adroitement façonné que cette parure. C'est un bandeau d'azur ; ce sont des nuages mouvants ; c'est un ciel d'un bleu tendre ; ce sont des étoiles, c'est la Lune argentée, etc. C'est ceci, c'est cela ; enfin c'est un tout fort joli, fort agréable, etc. Des fleurs, dont l'éclat, la fraîcheur et la variété flattent l'œil le plus indifférent, semblent sortir de ce tout ; et un myrte entrelacé dans cet assemblage de galants colifichets, couronne l'œuvre... » ; « Bien entendu que les seules personnes qui s'abonneront auront permission de porter ce bonnet, et que très expresses défenses sont faites à toute autre de se le procurer » (*Lune* n° 11, avril 1786, p. 94-95). Un mois plus tard, Sijas propose des bonnets « aux Ailes de l'amour », inspirés par une comédie du Cousin Jacques.

14   « Arroüaise, abbaye d'Artois, chef d'ordre d'une congrégation de chanoines réguliers de saint Augustin. Elle donnait son nom au pays où elle était située, à trois ou quatre lieues à la ronde. Elle n'était pas encore démolie au 18 fructidor [an V]. On bâtissait l'église en neuf quand la Révolution est arrivée. Elle était sur la grande route de Péronne à Arras, à deux lieues de Bapaume. Cette maison était renommée, non seulement par les immenses secours qu'elle procurait aux indigents, mais encore par la grande régularité de ses mœurs. Elle renfermait plusieurs savants et des poètes distingués par des ouvrages charmants » (*Dictionnaire néologique*). Il s'agit sans doute des six abbés nommés plus haut (p. 37).

par la fenêtre, et il s'écrie : « Ah ! mon cousin ! quelles délices ! quel air pur ! les sens se délectent à le respirer ! et l'on se sent renaître : ce pays-ci nous donne une toute autre existence »… Alors nous nous mîmes tous à regarder par les fenêtres… Quel spectacle inconcevable ! Tout ce que je pourrais dire n'exprimerait pas la plus petite partie de nos sensations. Le Soleil brillait d'un pur éclat. Pas un nuage ; il nous semblait que nous touchions à la voûte azurée, et nous apercevions autour de nous une infinité de globes de différentes couleurs, et de différentes grosseurs : les uns étaient resplendissants de la plus vive lumière ; les autres paraissaient tout noirs, et comme ensevelis dans l'obscurité des nuages épais ; quelques-uns étaient rouges comme du sang ; il y en [52] avait de verts, de bleus, de jaunes ; d'autres même étaient *merde d'oie, caca dauphin* et *couleur de carmélite*[15] ; il y en avait de si petits, qu'ils ne nous paraissaient pas en tout comme la tête d'une épingle. Nous crûmes bien loin de nous, tout à fait sous nos pieds, distinguer encore la Terre ; mais quel tableau humiliant elle offrit à nos tristes regards ! elle nous parut être un fromage de Hollande, autour duquel des milliers de petits vermisseaux allaient, venaient, se battaient, se croisaient, se disputaient et se consumaient en vains efforts, pour en attraper un petit morceau[16]. Mon ami *Sijas* prit son grand télescope, aussi renommé dans notre histoire lunatique que les bottes de sept lieues dans l'histoire du Petit Poucet. Hélas ! le spectacle changea de face. Je lui disais : Mon ami *Sijas* ! que voyez-vous ? Il me répondait : « Ah ! cousin ! cela fait frémir ; je vois un morceau de pâture, autour duquel plus de mille vautours acharnés [53] semblent se dévorer des yeux ; je les vois se piller, se déchirer, comme des oiseaux carnassiers autour de leur proie ; je vois cent mille petits vautours, aussi méchants mais plus faibles que les grands, servir à l'ambition des plus forts ; et ceux-ci sacrifier des milliers de petits vautours pour la vaine gloire de tenir tête à un autre grand vautour. – Ami *Sijas* ! ce n'est pas

---

15   Il ne faut pas confondre merde (puis caca) d'oie, qui désigne un jaune verdâtre, et caca dauphin, un jaune-orangé, ainsi nommé à l'occasion de la naissance du fils de Louis XV en 1751. La couleur de carmélite est quant à elle un brun clair.

16   *Cf.* Lucien de Samosate, *Icaroménippe ou Le Voyage au-dessus des nuages* : « La Grèce ne paraît pas plus grande de là-haut, qu'elle est dans la carte, et le plus riche ne possède pas un atome d'Épicure. De là jetant la vue sur le Péloponnèse, je riais de voir combien d'Argiens et de Lacédémoniens étaient morts en un jour de bataille pour une chose qui ne me paraissait pas plus large qu'une lentille d'Égypte » (*Lucien, de la traduction de N. Perrot, Sr d'Ablancourt*, nouvelle édition, t. 2, Paris, 1707).

là la Terre, cette Terre de paix, où la concorde vient d'établir son règne sur les traces de la philosophie. – Cousin Jacques, je m'y connais ; j'ai de bons yeux, et je vous jure que c'est là la Terre. – Allons, mon ami *Sijas*, il faut conclure de là que votre télescope est défectueux. » Et nous comprîmes tous que cette illusion était l'effet du télescope.

Malgré la rapidité de notre course, nous avions eu l'attention de la diriger toujours vers la Lune ; il n'était pas difficile de l'apercevoir. Des observateurs [54] subalternes, que j'avais postés en sentinelle sur les nacelles de l'extrémité de la flotte, ne l'avaient pas perdue de vue, cette Lune chérie, l'objet de notre voyage et de notre ambition. Elle nous paraissait déjà grosse comme une cathédrale ; mais sa surface nous semblait extrêmement inégale.

Rien ne peut peindre l'avide curiosité de toute la flotte à cet aspect, et l'inquiétude secrète qui s'emparait de notre cœur. Ce qui contribuait surtout à l'augmenter, c'était la couleur de la Lune, qui nous paraissait n'être précisément qu'une grosse éponge, sans diversité de substance et de couleur. « Ah ! mon Dieu, disions-nous, si ce globe tant désiré n'allait être qu'une grosse éponge, comme nous serions trompés dans nos conjectures ! que deviendrions-nous ? de quoi servirait notre ballon, notre course, nos peines ? »... Et cette affreuse idée, à mesure qu'elle faisait évanouir toutes nos espérances, nous plongeait dans des transes inexprimables. [55]

Nous étions partis la nuit ; il était déjà midi à ma montre ; et comme la Lune augmentait en grosseur à nos yeux, nous crûmes qu'avant la fin du tour de cadran, nous y arriverions... Nous avions conçu cette espérance, lorsque nous aperçûmes de loin, sur une ligne parallèle à celle que nous décrivions, deux grandes femmes avec des ailes ; chacune de leurs ailes pouvait avoir cent pieds de largeur... Elles se séparèrent à quatre cents pas de notre flotte. L'une d'elles alla s'enfoncer dans l'espace immense qui s'offrait devant nous ; l'autre vint droit à nous ; et nous n'eûmes pas peu de frayeur de la voir nous visiter de si près. Quand elle fut à cinquante pas de notre flotte, elle prit une lorgnette d'or, dont le verre paraissait plutôt de diamant fin que de cristal, et elle nous lorgna. Cette lorgnette avait trente-cinq pieds de longueur, et comme cette monstrueuse femme avançait un peu la tête pour mieux voir, sa lorgnette vint à toucher notre [56] ballon, qui, du choc, pensa se crever, et recula au moins de six cents pas. *Pour Dieu, madame*, m'écriai-je en tremblant, *ne nous lorgnez pas de si près !…* « Mon cousin Jacques, me répondit-elle avec une politesse qui me charma, ne craignez rien ; vous allez à la Lune, je le sais ; loin de vous nuire, ma fonction est de protéger les voyageurs aériens, et je suis une des treize mille neuf cent quarante-sept femmes ailées qui composent la patrouille aérienne. Nous écartons tous les dangers qui vous menacent, et nous nous faisons un plaisir comme un devoir de veiller à la sûreté des chemins du firmament. – Madame, lui répondis-je en ôtant mon chapeau, recevez mes actions de grâces ! mais comment savez-vous notre langue ? – Nous savons toutes les langues de tous les peuples qui habitent tous les globes de l'univers. – Mais comment me connaissez-vous ? – Nous avons entendu parler de vous [57] dans notre compagnie ; vous avez établi une correspondance entre deux planètes ; et nous savons gré à tous les êtres qui cherchent à étendre l'union et la concorde. Notre chef, la Renommée, que vos poètes ont regardée comme une fiction, n'est rien moins qu'un être imaginaire : c'est une grande femme d'un blond cendré, qui parcourt sans cesse l'espace des airs, et va de globe en globe porter les nouvelles des bonnes et des mauvaises actions : nous agissons sous ses lois ; mais nous avons ordre de ne nous tenir toujours qu'à une certaine distance des corps opaques. – Mais, madame, pardon si j'abuse de votre complaisance ; dites-nous, s'il vous plaît, comment vous avez entendu parler de moi ? – Regarde, me dit-elle, vois devant toi ce grand rayon qui part de la Lune, et qui va frapper la Terre !… Je regardai, et je vis en effet une longue trace de vapeurs *puce*[17], qui semblait unir, comme un lien, ces deux planètes ; et [58] de chaque planète il partait un autre rayon *puce* qui venait répondre directement à ma tête, et la rendait cornue ; mais mes cornes était si longues et si belles que je méritais bien d'être excepté de la foule des cornus ordinaires. – Voilà ton ouvrage, cousin, ajouta cette grande femme. Tu as prouvé, par ton exemple, la réalité d'une influence que l'on regardait dans ton pays comme une chimère. Eh ! si tes semblables savaient ce qu'ils ignorent ! ils ne se doutent seulement pas de ce qui se passe au milieu d'eux ; regarde sous tes pieds, me dit-elle alors. » Je regardai, et je vis partir de la Terre une grande quantité de rayons divergents, de toutes les couleurs, qui allaient aboutir à une multitude d'autres globes très éloignés. De ces globes partaient d'autres rayons qui croisaient les autres ; de sorte que cette multitude de rayons qui s'entrecoupaient en

---

17   Le mot était apparu en 1776 pour désigner un rouge brun porté par Marie-Antoinette.

tous sens, me réjouissaient singulièrement la vue. « Qu'est-ce [59] que tout cela signifie ? – Chacun de ces rayons part de la tête d'un individu qui s'est distingué parmi les habitants de son globe. Les rayons d'or que vous voyez sont les rayons de la vertu ; les rayons d'argent sont les rayons des talents et du génie. Les diverses couleurs qui les nuancent marquent les divers genres de célébrité qu'on peut acquérir selon la diversité des talents et des emplois ; les rayons d'un rouge foncé, mêlés de noir, sont les rayons de la valeur militaire, qui ne peut obtenir de gloire qu'avec du sang et par la mort des vaincus. Tous ces rayons sont des signes certains de l'estime durable qu'on fait des vertus et des talents dans tous les pays de l'immensité. Quelle sublime correspondance ! Ton rayon à toi, Cousin Jacques, n'est pas encore le rayon de la gloire : ne va pas t'y méprendre. Tu n'es qu'un enfant dans la République des Lettres ; tu ne fais que naître, et ce n'est pas tant par ce que [60] tu es que par ce que tu promets d'être, que l'on te prise dans ces globes habités. Mais tu as établi un commerce de gaieté entre la Lune et la Terre ; et la gaieté, la gaieté consolante, mon Cousin, est utile à tous les globes, parce que la tristesse, et les malheurs qui la causent, sont l'apanage de tout ce qui respire sous le ciel. – Heureux mortels ! m'écriai-je, redoublez de zèle et d'industrie, vous, à qui la Nature a donné des talents, quels qu'ils soient ! Encouragez-vous par l'idée de cette célébrité merveilleuse, qui fait circuler l'esprit et le nom d'un homme de globe en globe, dans la plaine immense de l'espace ! – Encore un mot, ajoutai-je, et je ne vous questionne plus. Dites-nous, madame, si nous arriverons bientôt à la Lune, et ce que nous y trouverons. – La Lune, mon Cousin, est habitée par des nations qui ont, comme les vôtres, leurs mœurs, leurs caractères et leurs usages ; mais elle n'est pas habitée partout, et la [61] différence essentielle qui la distingue de la Terre, c'est qu'il y a beaucoup plus de terre que d'eau. Je pense qu'il vous faut encore quinze jours pour y arriver, en supposant que vous ne vous égariez pas en route. Mais je ne puis vous dire à quel endroit de la Lune vous aborderez, n'y ayant jamais été moi-même, et n'en approchant pas de plus près que de quarante mille lieues. Vous la verrez devant vous, après l'avoir vue au-dessus de vous, à cause de la marche que suivent ses phases ; et puis vous y descendrez le plus doucement que faire se pourra. Adieu, mon Cousin, bon voyage ! Je vous recommande une seule chose : vous passerez dans une région de l'air que nous appelons *la région des mondes errants* ; vous verrez des globes de toute grandeur ; vous en verrez d'extrêmement petits, si petits même, qu'il vous paraîtra ridicule de croire qu'ils sont habités : ces globes errent dans l'espace, et courent çà et là avec une [62] rapidité qui vous surprendra. Gardez qu'un de ces petits globes ne soit heurté par votre ballon ; car ce choc le froisserait, écraserait des êtres animés, détruirait des villes et des villages, et causerait un horrible dégât. Il faut ménager, épargner, conserver tout ce qui respire, et ne nuire à personne autant qu'il est possible, etc. À ces derniers mots, la grande femme s'envola, et nous laissa fort interdits des grandes et importantes nouvelles qu'elle nous avait apprises.

Je ne sais s'il était de la politesse d'inviter cette grande dame à manger la soupe avec nous, d'autant plus que c'était l'heure du dîner. Mais, outre que j'ignorais si elle mangeait et buvait, sa stature colossale avait découragé ma bienséance. Elle avait plus de cinq cents pieds de hauteur, et le reste à proportion. Jugez un peu quel dégât une pareille mangeuse aurait causé parmi nos provisions !

Ce qu'elle m'avait dit ranima le courage [63] de tous les voyageurs. Mais quinze jours encore à rester en route nous paraissaient une terrible épreuve. Déjà nous avions tout à fait perdu de vue la Terre ; et la Lune nous paraissait avoir au moins une lieue de diamètre. Nous la voyions en face, et elle paraissait même nous élever au-dessus d'elle ; il nous semblait qu'en suivant la ligne directe qui s'offrait devant nous, nous y arriverions avant quatre heures de course. Mais en quel endroit tomberions-nous ? comment serions-nous reçus ? qu'y ferions-nous ? Ces réflexions étaient bien capables de nous donner quelque inquiétude. Cependant nous dînâmes tous de bon appétit ; et ce fut là l'occasion de passer en revue tout mon monde. Il y avait une nacelle de soixante pieds de largeur sur quatre de longueur, qui, suspendue à toutes les autres, servait, pour ainsi dire, d'arrière-garde à la flotte. J'y avais placé la cuisine et le réfectoire ; le tout était fort proprement décoré. Dans le réfectoire [64] était une table en fer à cheval, où l'on pouvait placer deux cents convives...... On descendait dans ce réfectoire par plusieurs échelles de corde, qui servaient en même temps de suspensoires[18]... Mais il fallait avoir dépensé bien de l'argent, vont me dire mes lecteurs ; il fallait avoir pris bien des peines, avoir employé de bien habiles artistes

---

18   Une suspensoire était « une sorte de bandage dont on se sert pour empêcher le progrès des descentes de boyaux » (*Académie*, 1762).

pour venir à bout de construire une flotte si bien conditionnée. – Oh ! je vous en réponds ; aussi n'avions-nous rien épargné.

Après le dîner, c'est-à-dire au dessert, je fis le dénombrement de ma flotte ; mais je fus bien surpris d'y compter plus de monde que je n'avais pensé[19]. Un jeune homme entre autres, que je ne trouvais pas sur ma liste, excita beaucoup ma curiosité ; il était nonchalamment appuyé sur sa chaise, et la tristesse répandait sur son visage un air morne, inquiet et sombre, qui me détermina à m'approcher de lui. Qu'avez-vous donc, monsieur ?, lui dis-je avec [65] cette politesse affectueuse qui convient au commandant d'une flotte. – Ah ! monsieur !, me répondit-il en laissant échapper un profond soupir... C'est tout ce qu'il put dire, et ses yeux se remplirent de larmes... Moi, je ne saurais voir pleurer quelqu'un, sans m'intéresser vivement à son sort. Je pressai le jeune homme de m'ouvrir son cœur : Expliquez-vous, lui disais-je avec amitié ; peut-être que mon cœur pourra donner au vôtre quelque motif de consolation ! Vous n'étiez pas compris, ajoutai-je un peu étonné, dans le nombre des voyageurs aériens ? – Je ne comptais pas non plus en être, me répliqua le jeune homme ; je n'ai entendu parler de votre entreprise que la veille du départ. Je lisais très exactement vos Lunes dans un des *clubs* du Palais-Royal ; mais j'avais regardé comme un badinage l'annonce d'une flotte qui devait partir pour la Lune. Quand j'ai su que c'était une chose très sérieuse, j'ai profité [66] d'un moment de désespoir, et j'ai pris le parti de m'introduire dans une de vos nacelles. – Du désespoir !, répondis-je avec plus d'inquiétude. Ah ! ma curiosité redouble ; et l'intérêt que vous m'inspirez ne me permet plus d'ignorer la cause de vos chagrins. – Mes chagrins, reprit le jeune homme avec ce sourire de tristesse qui s'aperçoit mieux qu'on ne le définit ; mes chagrins ! ils sont extraordinaires !... ce ne sont pas ces coups terribles qu'il faut mettre au rang des catastrophes ; mais c'est une vie semée de situations alarmantes ; une continuité de fâcheux moments, qui ne m'ont guère laissé de relâche, et qui peu à peu ont accoutumé mon âme à l'impression de la mélancolie. – Ces malheurs-là sont donc bien extraordinaires ? – Si extraordinaires que personne, que je croie, ne s'est plaint à vous pour

---

19   Pas de bon voyage extraordinaire sans passager clandestin : Jules Verne retiendra la leçon
(*Un drame dans les airs* ; *Claudius Bombarnac* ; *Un hivernage dans les glaces* ; *Les Enfants du capitaine Grant*...) ; Fritz Lang (*Frau im Mond*) et Hergé (*Le Secret de la Licorne* ; *On a marché sur la Lune*) aussi.

le même sujet ; et jamais on n'a tant pleuré pour une cause pareille à la mienne. Je suis malheureux, le [67] croirez-vous ? malheureux à force de bonheur[20] ; et c'est ce bonheur affreux qui m'oblige de fuir le monde, et qui m'a déterminé à monter avec vous dans ce ballon. Je suis bien décidé à parcourir tous les mondes possibles, à tenter tous les hasards, pour éviter la fatalité de mon bonheur. – Malheureux par trop de bonheur !, dis-je. Je cherchais en moi-même quelle sorte de bonheur avait pu faire verser tant de larmes à cet heureux infortuné… Nous allions entamer une conversation bien intéressante, et je préparais toute mon attention pour le récit que j'allais entendre[21]… lorsque nous fûmes distraits par un de nos *garçons-globistes*, ou compagnons aéronautes, qui s'en vint, tout essoufflé, me dire qu'on entendait dans ma chambre un bruit sourd, qui ressemblait fort au cri d'un moribond. Je courus ; je tournai autour de moi mes regards inquiets ; il me sembla que les plaintes partaient de dessous mon lit. J'examinai si quelqu'un ne s'y était point caché. [68] Le même bruit continuant à se faire entendre, je crus remarquer que les plaintes sortaient d'un des paquets qu'on avait entassés au pied de mon lit. Nous les visitâmes l'un après l'autre ; quand nous eûmes ouvert la grande malle dont Agathe m'avait fait présent, quelle fut notre surprise, après avoir levé la toile qui servait d'enveloppe, d'apercevoir deux gros enfants nouveau-nés[22], réjouis et bien portants, qui avaient l'air de jouer ensemble, et qui tendaient leurs petits mains pour implorer de l'assistance. Ce spectacle me donna beaucoup à penser, comme bien l'on peut croire ; mon premier mouvement fut un accès de colère contre Agathe… La perfide ! l'indigne ! m'écriais-je avec fureur. Mais le tableau de deux êtres abandonnés, qui réclamaient mon appui, fit succéder à l'agitation du courroux le calme de l'attendrissement. J'ordonnai qu'on emportât ces enfants, et qu'on en prît le plus grand soin… En les tirant de la [69] malle, on vit un papier plié, suspendu à leur pied gauche par une faveur couleur de rose… Je saisis ce papier, et je lus :

---

20 Sentiment pré-nervalien : « C'est que le bonheur me rend triste ; il me force à penser au malheur qui le suit toujours de près » (« Corilla », in *Petits Châteaux de Bohême*).

21 Le lecteur ne connaîtra jamais la suite de cette sorte de feuilleton interrompu, au sein du feuilleton que constitue le Voyage dans la Lune.

22 Ce cauchemar de la multiplication des nouveau-nés a peut-être une dimension autobiographique (voir *Lune* n° 32, p. 212, note ; et *Courrier* n° 30, p. 15, note) ; l'histoire de l'Isthme des réfugiés proposera une variation sur le même thème (*Courrier* n° 56, p. 13-19).

« Les enfants que tu trouveras rangés dans cette malle ne m'appartiennent point ; ils ne t'appartiennent pas non plus. Mais il faut excuser la faiblesse humaine, et c'est dans l'espoir de ton indulgence que j'ai osé te charger d'un dépôt si précieux. L'un de ces enfants est à une de mes tantes, fille respectable, qui jouit, dans sa paroisse, de la plus grande considération ; et le moindre éclat, en la lui faisant perdre, nuirait beaucoup à sa fortune. L'autre enfant est d'une de mes cousines, demoiselle très vertueuse, qui mourrait plutôt que de renoncer à l'estime publique. Elles m'ont priée, sachant que tu partais pour la Lune, de te recommander ces petits infortunés ; prends bien garde qu'on ne sache d'où ils viennent, et tâche de leur trouver des nourrices dans la Lune. » [70]

Ce billet me donna encore beaucoup à penser ; mais on a beau penser, il faut agir ; c'est une fort belle chose que la pensée ; assurément, j'en fais le plus grand cas en mon particulier ; mais, quand j'aurais passé quinze jours immobile auprès de cette malle, les yeux fixés sur ce billet, occupé à penser, les affaires seraient toujours restées les mêmes, quelque chose que j'eusse pensée.

Je fis demander à toutes nos dames, 1°. si elles pouvaient ; 2°. si elles voulaient se charger de nourrir deux enfants nouveau-nés. Aucune ne put, ou ne voulut l'entreprendre : nous n'avions point de bestiaux, point de vaches, point de chèvres, pas une ânesse ; toutes provisions salées ; le cas devenait on ne peut plus embarrassant. Au moment que je délibérais, on me dit qu'on entendait encore crier dans la malle ; eh ! mon dieu ! dis-je en levant les épaules, est-ce que cette malle est une pépinière d'enfants ? M'aura-t-on chargé de [71] toutes les iniquités de mes connaissances, et des connaissances de mes connaissances ? On fouilla encore dans cette malle ; et, quand on eut soulevé quelques hardes, on vit trois autres enfants nouveau-nés, qui portaient à leur pied gauche un billet conçu dans les termes suivants :

« C'est encore Agathe qui t'écrit ; et qui te charge de plusieurs enfants nouveau-nés. J'ai mieux aimé ménager ta sensibilité que de la brusquer. T'offrir tous ces enfants d'un seul coup[23], c'eût été risquer de te faire une impression trop vive ; mais par degrés, c'est agir avec prudence ; et j'espère que tu me sauras gré de ma délicatesse. Les trois enfants que tu vois maintenant appartiennent à trois de mes bonnes amies, jeunes

---

23   Ne pas tout dire d'un seul coup : on remarque une certaine parenté entre la stratégie d'Agathe et la composition par épisodes du Cousin Jacques.

filles très bien élevées, et dont je fais le plus grand cas. Comme ces enfants sont venus au monde à l'insu de leurs grands-papas et de leurs grands-mamans, leurs pères et mères sont trop [72] heureux d'avoir profité de ton départ pour les confier à la merci des airs, ou plutôt de ta bienveillante vigilance. »

Oh ! pour cette fois, j'étais étourdi d'un événement si disgracieux ; mais, comme mes amis m'entouraient et m'engageaient à me consoler, je crus encore entendre crier dans la malle ; et je ne doutai point que cette téméraire Agathe n'y eût fait faire un double fond pour y cacher au moins une douzaine d'enfants ; on leva quelques draps, plusieurs habits, et des chemises, et l'on découvrit alors…, je n'ose le dire en vérité, car l'histoire paraît faite à plaisir… on découvrit encore cinq petits enfants nouveau-nés… – Cinq ? – Oui, cinq ; tout autant. N'y avait-il pas là de quoi se pendre de désespoir ? Je fulminais contre Agathe, quand je jetai les yeux sur un papier qui tenait à tous les cinq par un petit cordon de soie verte. Ce papier portait :

« Nous sommes plusieurs filles honnêtes, parentes [73] ou amies, domiciliées chez nos pères et mères, bons bourgeois ; nous avons eu toutes un malheur, et nous en sommes bien fâchées ; nous n'avons jamais fait parler de nous. Tant s'en faut, qu'au contraire on nous a citées jusqu'à ce jour comme l'édification du quartier ; il serait affreux qu'une faiblesse, une seule faiblesse, nous fît déchoir dans l'opinion de nos voisins. Nous avons appris par Agathe, votre amante, que vous aviez la bonté de vous charger de tous les enfants malheureux, victimes innocentes des torts de leurs auteurs ; nous vous prions d'accepter ceux-ci ; nous poussons même plus loin la générosité, et, quoi qu'il en coûte à notre cœur maternel, nous vous en faisons le cadeau, et nous vous recommandons de conserver avec soin la présente donation, afin que personne ne vous conteste cette propriété, et que vous jouissiez, sans trouble et sans inquiétude de vos possessions. » [74]

Je déchirai cette insolente épître, tant l'indignation me faisait la loi !… Dans ma colère, je ne sais à quelle extrémité j'aurais osé me porter. Mais il fallut me modérer ; je fis mettre ces enfants à la cuisine avec les autres. On leur donnait pour toute nourriture des saucissons de Bologne et des petits morceaux de jambons. Je savais bien que ce n'était pas là l'aliment d'un nouveau-né ; mais comment faire ? J'étais désolé.

Je fis vider cette maudite malle, et je ne fus tranquille qu'en apercevant le fond à découvert. Mes oreilles me tintaient sans cesse ; j'avais peur d'entendre encore quelque enfant vagir au fond de cette malle ; je craignais qu'il n'en vînt par sortilège : en un mot cette fatale cassette était toujours présente à mon esprit et à mes oreilles.

Nous montâmes assez tranquillement pendant trois jours et trois nuits, et pendant cette ascension, il n'arriva rien de bien extraordinaire. [75]

Parmi les voyageurs sur lesquels je n'avais pas compté, il y avait un petit abbé, dont la mine doctorale contrastait plaisamment avec son ignorance[24]. C'est ce qui n'est pas rare. Ce petit homme, chassé de plusieurs cercles parisiens, et mécontent du peu de cas que l'on faisait de son mérite dans la capitale, s'était réfugié chez les dupes de rang inférieur, qu'il avait tâché d'*amadouer* ; et puis enfin, démasqué partout, il s'était vu forcé de fuir, et d'aller de cafés en cafés, comme font les êtres proscrits, qui sont à la fois sans aveu, sans mérite, et sans asile. Ce pauvre petit abbé n'avait eu rien de mieux à faire que de se glisser dans une de nos nacelles ; et, une fois embarqué, il n'y avait pas moyen de l'exclure. J'ignorais tout cela, moi ; et je l'eusse peut-être ignoré longtemps, si ce pauvre diable n'avait pas fait embarquer avec lui ses ridicules et son caractère. À peine se fut-il mis à son aise (et ces gens-là s'y mettent [76] promptement) que trente ou quarante personnes de la flotte le prirent en aversion. Un homme instruit avançait-il une proposition savante ? et vite, mon petit abbé la combattait. Un artiste parlait-il de son talent ? et vite, mon petit abbé le ridiculisait. Un homme aimable était-il complimenté par les autres ? et vite, mon petit abbé le critiquait. Mais quelle critique ? Grand Dieu ! chaque phrase fourmillait de consonnes placées mal à propos. Chaque terme technique, dénaturé dans sa bouche, devenait un terme baroque et ridicule. On cite souvent des gens qui parlent de tout sans rien savoir, et cette phrase : *parler de tout sans rien savoir* est presque devenue proverbe, à force d'être usitée ; mais elle est susceptible de modifications. Quand on dit : *cet homme-là parle de tout* ; cela veut dire : *cet homme-là parle de bien des choses* ; et quand on dit, *sans rien savoir*, cela veut dire *sans savoir tout ce qu'il devrait savoir* ; cependant *il y a* [77] *certaines choses qu'il n'ignore pas* ; voilà ce que cela veut dire ; mais mon pauvre petit abbé n'était pas du nombre de ces gens-là ; la

---

24   Beffroy avait lui-même pris le petit collet à l'âge de vingt ans pour tenter une carrière d'abbé petit-maître.

nature et l'éducation l'avaient exclu de la classe des demi-ignorants ; il avait un *privilège* d'ignorance, si je puis parler de la sorte, un brevet exclusif de sottise et d'ineptie, qui ne le rendait comparable qu'à lui-même. Il parlait réellement de tout ; c'est-à-dire qu'aucune science, aucun art n'échappait à sa loquacité ; et il ne savait rien, c'est-à-dire rien au monde, rien de ce que savent même les plus ignorants : en un mot, il mangeait du pain, sans savoir ce que c'était que du pain, comme l'âne broute l'herbe, sans savoir comment la terre produit de l'herbe. Il raisonnait *musique*, et ne savait pas ce que c'est qu'un ton ; il parlait *langue*, et ne savait pas coudre un adjectif à son substantif ; il pérorait sur la versification, et jamais il n'avait pu distinguer les vers de la prose : en un mot, il était de ceux-là [78] dont parle notre cher La Fontaine, *qui prendraient Vaugirard pour Rome*[25]… et qui débitent leurs phrases dans les sociétés, comme les charlatans du Pont-Neuf débitent des drogues, dont ils ignorent les propriétés… Hélas ! mon pauvre petit abbé ! que je te plains, va !…

Il y a une fatalité attachée à la plupart des sociétés parisiennes, c'est que presque aucune n'est exempte de ces hâbleurs insoutenables, qui versent partout le poison de leur insipidité. Ainsi l'on y bâille ! il faut voir. Une seconde fatalité, c'est que ceux qui parlent mal, parlent toujours plus que les autres ; comme ceux qui ont l'haleine forte ont la fureur de venir toujours vous parler sous le nez ; à peu près encore comme il y a des gens au théâtre et dans les associations littéraires, qui ont la rage de se moquer sans cesse de ceux qui ont plus de talents qu'eux. C'est une frénésie, que voulez-vous ?

Mon pauvre petit abbé était si [79] riant, que tous nos voyageurs l'avaient pris en haine ; et si entreprenant, que toutes les femmes de la flotte voulaient le jeter par les fenêtres… Une d'elles appela son mari ; et il fut résolu qu'on sacrifierait cet avorton à la tranquillité publique. Cependant on ne voulut rien faire sans m'en prévenir. J'y courus promptement, et j'arrivai à l'instant même que le petit abbé, saisi par les pieds et par les mains, disait encore des injures à ceux qui le tenaient ; au lieu de s'adoucir, il était plus entêté que jamais, et soutenait son impudence[26] avec une audace digne de lui. La fureur animait ses adversaires, et ils

---

25 *Le Singe et le Dauphin* : « De telles gens il est beaucoup / Qui prendraient Vaugirard pour Rome, / Et qui, caquetant au plus dru, / Parlent de tout et n'ont rien vu. »
26 Le texte dit « imprudence ».

n'écoutaient plus que leur indignation : *Qu'allez-vous faire ?*, leur criai-je avec force, *laissez vivre ce pauvre petit abbé ; dans la Lune il sera encore temps de s'en séparer...* *Non*, disaient les champions qui l'empoignaient vigoureusement ; *il faut nous en délivrer...* Et, au moment qu'ils parlaient, ils lâchèrent prise, en poussant avec force l'abbé [80] au-dehors de la nacelle... Ah ! dieux ! qui pourrait exprimer ce qui se passa dans mon cœur ? Je n'aime pas qu'on jette les gens par les fenêtres, surtout quand ils sont sujets à tomber de si haut. Qu'on se peigne ce joli petit adonis, bien poudré, bien retapé[27], tombant du haut d'une flotte distante de plusieurs millions de lieues... Quelle chute ! nous le vîmes tomber avec assez de rapidité, et, en moins d'un demi-quart d'heure, nous l'eûmes perdu de vue... Sans doute qu'il ne sera pas tombé sur la Terre ; car il y avait longtemps qu'on ne la voyait plus ; et d'ailleurs nous avions suivi dans notre route tant de mouvements divers, que nous ne pouvions pas même conjecturer si la Terre était sur nos têtes ou sous nos pieds...

Il aura peut-être voyagé dans l'espace pendant longtemps ; peut-être aura-t-il été accrocher un autre monde... Il se pourra faire que nous ayons un jour de ses nouvelles. [81]

Voici une particularité qui mérite d'être rapportée. Le quatrième jour de notre voyage, nous n'eûmes plus de distinction de nuit et de jour, et la plus pure clarté nous enveloppa pendant plus de soixante et quinze heures ; nous montions toujours, mais d'une manière oblique et avec beaucoup moins de rapidité. Cette clarté continuelle nous étonnait d'autant plus, que nous n'apercevions point l'astre que nous présumions en être l'auteur. Nous étions si loin de la Terre, nous avions suivi tant de routes différentes dans les airs, nous avions pris tant de mouvements divers, qu'il nous était devenu absolument impossible de distinguer où nous étions, où nous allions, à quelle distance nous nous trouvions de tel ou tel globe : en un mot, de quelque côté que nous portassions la vue, aucun corps opaque ou lumineux ne s'offrait à nos regards ; et, dans toute leur étendue, ils ne saisissaient que le vide... J'avoue que, malgré les promesses de la grande dame, [82] cette situation commençait à devenir inquiétante.

Chacun de nous se livrait à ses alarmes, et les plus tristes réflexions causaient partout un morne silence ; on n'était plus tenté de raconter par

---

27   « Chez les perruquiers, on dit retaper les cheveux pour dire, les peigner à rebours en commençant par la pointe afin de faire renfler la frisure, et former ensuite les boucles » (*Trévoux*, 1771).

quelle aventure on en était venu jusqu'à s'embarquer pour les airs ; ni moi, de le demander à personne. Le jeune homme même, qui avait su piquer ma curiosité par sa tristesse et la singularité de son malheur (le malheur d'être heureux, dont j'avais bien envie de savoir les motifs et les détails), paraissait un peu chanceler dans ses principes d'insouciance, et sa philosophie cédait pour l'instant à l'aspect d'un péril évident. Ce jeune homme garda son récit pour une circonstance plus heureuse ; il faut être au port, pour parler librement de ses naufrages.

Nous fûmes ainsi près de quatre-vingts heures sans savoir, autrement que par nos montres, s'il était jour ou s'il était nuit ; ou du moins s'il fallait agir ou se reposer. Nos sens commençaient à nous [83] tromper, et nous n'avions guère envie de dormir. Ah ! dieux ! quelle crise ! Que les plus hardis de mes lecteurs s'avisent dorénavant de suspecter notre courage ; ah ! je voudrais bien les voir en pareil cas. Qu'on vienne nous parler de braver les hasards ; qu'on nous vante les voyageurs célèbres ; aller à la Lune, c'est là ce qui s'appelle voyager ; voguer dans l'espace pendant plusieurs jours, avec une rapidité surprenante, sans savoir où l'on arrivera, ce qu'on deviendra, combien cela durera... voilà ce qui s'appelle braver les hasards !

Nous mangeâmes peu durant ce temps de perplexité ; nous étions bien trop inquiets, grand Dieu ! pour nous livrer au moindre plaisir !

Enfin ! l'ami Sijas, qui regardait constamment par la fenêtre, à qui je répétais sans cesse : *L'ami Sijas ! ne voyez-vous rien paraître*, et qui m'avait désolé jusque-là, en me répondant : *Je ne vois rien*, se [84] mit à crier *Vivat ! J'aperçois*, dit-il, *un globe grand comme la Lune ; mais il est encore bien éloigné ; tenez ; voyez-vous ? sur la ligne horizontale, tout vis-à-vis... là-bas, là-bas.* – Nous regardâmes tous, et nous vîmes un globe, qui paraissait d'un brun luisant : nous dirigeâmes notre ballon de ce côté-là ; tout ce qui nous restait de forces fut employé à cette manœuvre ; tout le monde y mit du sien ; et, comme nous montions en même temps que nous avancions vers ce globe, en moins de sept heures nous nous trouvâmes, en ligne perpendiculaire, précisément au-dessus ; il ne s'agissait que d'y descendre. Nous lâchâmes la *soupape lunatique* ; soupape autrement construite que toutes les autres soupapes ; soupape distinguée, soupape merveilleuse, soupape enfin digne d'un aussi beau, et surtout d'un aussi long voyage... Une fois que nous fûmes en train de descendre, la joie parut renaître dans tous les cœurs... L'espérance de trouver un monde habitable, ou du moins l'assurance [85] d'un point d'appui ; c'était un vrai motif de consolation pour des gens qui commençaient sérieusement à se lasser du vide.

Au bout de deux heures, nous touchâmes enfin à ce globe tant désiré... Mais, dieux ! quelles furent à la fois notre surprise et notre consternation, quand nous nous vîmes au beau milieu des crottes[28], sans apercevoir d'aucun côté, ni maison, ni verdure, ni montagne, ni arbre, ni plante, ni rocher, ni enfin le moindre indice d'un séjour habitable ! Ce globe ne paraissait qu'un morceau de fange et de boue. *Mettrons-nous pied à terre*, disais-je à mes voyageurs ? Les uns opinaient *pour* ; les autres opinaient *contre*. Ceux-ci étaient incertains ; ceux-là gardaient un profond silence... Cependant le plus grand nombre fut d'avis de descendre, et d'aller à la découverte. « Mais vous voyez bien, leur disais-je, que ce ne sont que des crottes à perte de vue ; que, de [86] quelque côté que nous tournions nos regards, nous n'apercevons que des crottes ; que ce globe-ci paraît bien décidément n'être qu'un globe de crottes, sans nulle diversité. Quelle affreuse monotonie ! Comment vivre au milieu de toutes ces crottes ? et que prétendez-vous aller chercher ?... » Un physicien de la flotte (car nous avions des physiciens, au moins !) nous fit alors ce raisonnement-ci : « Puisque, du plus loin que nous avons aperçu ce globe, tout ce que nous en avons pu voir nous a paru d'une couleur uniforme, et que cette couleur est la couleur des crottes, il est à présumer qu'il n'est couvert que de crottes dans sa totalité ; d'où je conclus à ne point y descendre, à n'y point séjourner, à regagner bien vite l'espace des airs, pour aller chercher fortune ailleurs. – Aller chercher fortune ailleurs !, reprirent quelques poètes de Paris, que nous avions emmenés pour les [87] tirer de l'indigence, mais où irons-nous la chercher, cette fortune incertaine ? Dans la Lune ? Mais elle est perdue, la Lune, nous ne savons plus où elle est ; c'est peut-être ce globe-ci, qui est la Lune ; qui nous répondra du contraire ? Eh ! messieurs et mesdames ! croyez-nous ; restez ici ; ce globe n'est peut-être crotté qu'en partie : supposons qu'un tiers soit couvert de crottes, cette surface fangeuse peut bien se franchir ; qui sait si les boues ne sont pas pour ce monde-ci ce que la mer est pour la Terre ? Et qui sait même si cette boue n'est pas capable de produire des végétaux ? si

---

28 « Crotte : Boue, mélange qui se fait ordinairement de la poussière et de l'eau de la pluie dans les rues et sur les chemins. (Aller, courir, trotter par les crottes. Les rues sont pleines de crottes) » (*Académie*, 1762).

la main de l'industrie ne peut pas la consolider, ou du moins la rendre habitable, en quelques endroits moins crottés que les autres ? Qui sait enfin, si à quelques lieues d'ici, nous ne rencontrerons pas de nouveaux objets ? Nous pouvons être tombés près du rivage de cette mer de crotte, tout aussi [88] bien qu'au milieu ; essayons, descendons ; nous avons des vivres encore pour longtemps ; mettons pied à terre ; allons à la découverte tous ensemble ; persistons avec courage à suivre la même ligne, et vous verrez que nous n'en serons pas fâchés... Eh ! quoi ? ne pouvons-nous pas marcher dans la crotte ? cela vous effraie ? on n'en meurt pas ; allez, soyez-en sûrs ; nous parlons d'après l'expérience, et nous méritons d'être crus[29]. »

Le discours de ces poètes nous persuada ; chacun de nous mit pied à terre : mais je n'ose insister sur ce qui se passa ; cette image me répugne encore aujourd'hui. Ces crottes étaient si profondes, qu'on y entrait jusqu'à la ceinture, et si épaisses, qu'il fallait presque un demi-quart d'heure pour y faire un pas, tant on avait de peine à remuer les jambes ! Nous avions tous des cannes à la main, et nous nous tenions par le bras pour nous soutenir plus aisément. [89]

Qu'on se figure près de deux cents personnes des deux sexes et de tout état, mises fort élégamment, obligées de marcher dans la crotte pendant des jours entiers peut-être ; et, pour ainsi dire, plantées comme des racines au beau milieu des boues... Les poètes nous encourageaient pourtant ; « allons, disaient-ils ; avançons ; suivez-nous ; nous sommes au fait ; ne craignez rien. »

Ils parlaient encore, lorsque, pensant que j'avais oublié d'arrêter le ballon, je détournai la tête pour y jeter un coup d'œil... Au moment même que je l'apercevais, ne voilà-t-il pas que, la soupape venant apparemment à renouveler l'air inflammable dont la grande vessie renfermait la provision, le ballon prend son essor, et s'enlève dans les airs avec la flotte, avec les magasins, avec les nourritures, avec les petits enfants, etc. ?... Ô moment douloureux ! ô minute fatale !... oubli cruel !... Comment peindre cela ? quelles [90] couleurs assez vives, mais assez sombres, pour bien rendre la désolation d'une colonie entière, qui se voyait enlever d'un seul coup toutes ses espérances ?

---

29   Le Cousin Jacques prend plaisir à faire prononcer cinq fois le mot crotte par ses poètes, qu'il fait raisonner en ingénieurs et hommes d'action, après avoir fait parler son physicien en logicien de collège. Il joue surtout sur l'expression « poète crotté », qui désigne « un méchant poète » (*Académie*, 1762).

Quel tableau, que celui d'une file assez longue, enfoncée dans la boue jusqu'aux reins, tournant la tête du côté du globe, les yeux en larmes, fixés sur ce cher objet de leur consolation, les mains élevées vers le ciel, la bouche béante, déplorant amèrement leur affreuse destinée, et tentant d'inutiles efforts pour arrêter le domicile errant qui leur échappait!... Assurément, c'est bien là le sujet d'une estampe; et si, comme on le dit, on fait un jour une édition complète de mes ouvrages, d'après la note exacte que je donnerai moi-même de ce qu'il faut laisser et de ce qu'il faut prendre, j'espère bien que, parmi les gravures qui l'orneront, celle-là ne sera pas oubliée.

Toute l'assemblée tourna sa fureur contre son chef, et je devins le plastron des [91] invectives les plus atroces[30]. C'est alors que je connus tout ce que peut le désespoir qui n'a plus de bornes; on m'accabla des reproches les plus durs; on m'accusa des crimes les plus noirs; on me refusa le peu de bonnes qualités que j'avais jusque là paisiblement possédées. Une amante délaissée ne se déchaîne pas avec plus de force contre l'ingrat qui l'abandonne; ... et, dans l'excès de son injustice, chacun chercha dans son cœur ulcéré les épithètes les plus flétrissantes; plus de talent, plus d'esprit; tout mon mérite s'était évanoui. Pour moi, j'étais immobile, et je les regardais tous l'un après l'autre, avec des yeux étonnés et confus; assurément, si l'on avait pu, on m'aurait lapidé; mais heureusement, il n'y avait là que des boues; aussi c'était à qui en ferait provision, pour m'en accabler; et cet outrage humiliant, il n'y avait là que quatre ou cinq personnes plus modérées qui ne voulussent pas y participer; et cependant le globe s'envolait!... » [92]

« Maudit Cousin!, s'écriaient tous les voyageurs enfoncés dans la crotte. Cousin détestable! que ne t'es-tu cassé le cou cent fois dans Paris! que n'es-tu devenu la proie de ces cabriolets meurtriers, contre lesquels tu t'es tant et si souvent déchaîné[31]! Pitoyable auteur! Écrivain ridicule!

---

30 Beffroy transpose la scène de mutinerie, topos du récit de voyage maritime (on en trouve une au début du quatrième *Voyage de Gulliver*). La question de l'organisation politique de la colonie n'est jamais franchement posée. Certes le Cousin est un chef charismatique, législateur et guide, mais il recourt souvent à une consultation démocratique, laquelle s'avère vaine ou désastreuse. Il connaît ici la même déconvenue que Moïse, qui doit à plusieurs reprises affronter les « murmures » du peuple israélite (*Exode* 15 et 16).

31 Le danger des cabriolets est un leitmotiv dans la presse de l'époque et dans les *Lunes* en particulier : « à ce seul nom de cabriolet, mes oreilles s'effarouchent, mes sens se glacent, mon cœur frémit. J'ai juré *vindex* à ces voitures meurtrières, qui ne respectent point la vie des hommes [...] » (*Lune* n° 7, p. 155-157). Voir aussi « Aux passants qui vont à pied »

ta gaieté n'est que grimaces ; ton esprit, que futilités ; ton style, que platitudes... Ta prose est lourde, tes vers sont durs ; tous tes ouvrages sont sans goût ; tu n'as ni sel, ni délicatesse, ni chaleur, ni invention ; et tu n'as dans la littérature ni considération, ni crédit, ni rang, ni mérite... Ah ! que ton *abbé Sottisier*[32] a bien raison de dire que tu n'es qu'un *charlatan verbeux* ! Comme nous voudrions te voir décrier, dénigrer, déchirer par toute la racaille parisienne ! Ah ! si nous pouvions faire d'aussi mauvais vers que le *frère Nicolas*[33], comme nous t'arrangerions dans un livre ! Si nous avions la plume de [93] Bertrand[34], comme tu figurerais dans nos libelles !... Oui, si nous revoyons jamais ces écrivains-là, nous les prierons de faire contre toi des satires encore plus plates, s'il est possible, que celles qu'ils ont publiées... Hélas ! pourquoi t'avons-nous cru ? pourquoi t'avons-nous suivi ? notre confiance malheureuse nous a précipités dans cet abîme de crottes, où nous n'avons plus qu'à mourir : encore, si nous avions près de nous un des deux adversaires dont nous parlons, Bertrand ou Nicolas, il n'importe, leur humanité viendrait à notre secours, ils ont devers eux l'habitude, et ils pourraient nous frayer un chemin au milieu de ces boues, nous marcherions plus vite..., et nous ne serions peut-être pas réduits à périr de lassitude et de misère ! Va, puisse le ciel te confondre à jamais, et te rendre l'objet du mépris et de la haine de tous les globes habités dans l'espace ! etc. etc. etc. etc. » ; [94] et cependant le globe s'envolait !...

(*Lune* n° 23, p. 50-52) ; et Mercier, *Tableau* : « Mon vœu serait qu'il n'y eût plus dans la capitale que des chaises à porteur » (chap. 867 : « L'infortuné Lionnois », 1789 ; et chap. 39 : « Gare ! Gare ! », 1783). « Depuis l'année 1785 jusqu'en 1792, dans tout ce qui a paru de moi, je n'ai cessé de tonner contre l'inhumanité des riches à cet égard ; plusieurs journaux citèrent mes articles en entier ; le *Journal général de France*, l'accompagna de réflexions utiles et conformes à mes idées ; au point qu'au commencement de 1788, je fus invité par M. de Crosne [dernier lieutenant général de police de Paris] d'aller lui communiquer des moyens de remédier aux maux occasionnés par l'étourderie et la dureté des possesseurs de cabriolets » (*Dictionnaire néologique*, s. v. Cabriolet).

32 Beffroy avait déjà attribué à un « Luc-Marc-Roch de la Sottisière, censeur universel », une des huit fausses approbations de ses *Petites Maisons du Parnasse* (1783). Un Marc-Roch-Luc-Pic-Loup avait publié *I. K. L., Essai dramatique*, 1776 (un paradrame écrit dans le style du *Chef d'œuvre inconnu* de Thémiseul de Saint-Hyacinthe). Sébastien-Roch Nicolas, dit Chamfort, peut également être visé.

33 *Les Coups de patte du frère Nicolas, ou le réformateur français, première estafilade*, par M. L. B. D. B. A. [François Lambert Bonnefoy de Bonyon], Gattières et Paris, Royez, 1787, sont dénoncés comme plagiat dans la *Lune* n° 26, p. 94.

34 Voir ci-dessus, *Lune* n° 23, p. 71.

Toutes ces imprécations ne servirent de rien ; mon silence parut faire honte à la plupart des diseurs et diseuses d'invectives : on en fut touché. Cela commença par les femmes ; des femmes, cela se communiqua à leurs maris ; ensuite cela passa aux acteurs et actrices ; les petits abbés furent les derniers à s'en ressentir ; enfin la compassion succéda à la fureur ; et on finit par me faire des excuses ; et puis on délibéra sur le parti qu'il fallait prendre ; mais cependant le globe s'envolait !...

Le physicien dont j'ai parlé était un fort habile homme ; il avait conçu dans sa vie bien des projets admirables ; et il avait manqué d'être de l'Académie des Sciences ; mais il avait un neveu qui en était...

Ce physicien, nous voyant tous dans un si cruel embarras, eut pitié de notre situation déchirante... Il ferma les yeux quelques minutes, réfléchit avec un air grave s'il en fut jamais ; nous avions tous les [95] yeux collés sur cet homme, que nous regardions déjà comme notre sauveur ; enfin il parut plus calme, plus satisfait, et s'écria d'un ton joyeux : *Ô ! si j'avais là ma machine !* – Quelle machine ? – Une machine que j'ai inventée pour dessécher les marais, pour consolider la terre, et pour la fertiliser par le moyen de plusieurs pompes aspirantes[35]... – Eh ! pourquoi ne l'apportiez-vous pas, votre machine ? – Elle n'est pas faite encore ; mais j'en avais communiqué le projet à un des amis de M. de La Lande[36], qui m'avait dit : *C'est fort beau ! c'est admirable !...* Nous partîmes tous d'un grand éclat de rire, malgré notre désolation... Mais le physicien toisait des yeux l'immensité des crottes qui nous environnaient... Et puis, comme s'il allait opérer quelque prodige en notre faveur, il se mettait à répéter plusieurs fois, en soupirant : *Ô ! si j'avais là ma machine !*

(*La suite au trente-unième numéro.*)

---

35 Il est possible que Louis Abel se moque ici de son frère aîné, Louis Étienne Beffroy de Beauvoir (1755-1825), futur député du département de l'Aisne à la Convention et au conseil des Cinq-Cents : c'était un agronome qui présenta en 1786 au concours de la Société d'agriculture de Laon un opuscule intitulé *Avantages du desséchement des marais, et Manière de profiter des terrains desséchés* (Paris, Froullé, 1793, in-8°, x-80 p.).

36 L'astronome Joseph Jérôme Lefrançois de Lalande.

31ᵉ NUMÉRO
Nouvelle Lune de mars qui a commencé le 19 mars 1787

[78]

SUITE
DU VOYAGE DANS LA LUNE,
Entrepris le 17 février 1787, et commencé
dans le vingt-neuvième numéro des Lunes, page 35

Depuis la publication du volume où j'ai commencé l'histoire de mon *Voyage lunaire*, je parie que presque tous ceux qui l'ont lue attendent avec impatience la *suite*, que je leur ai promise ; et je me trompe fort, s'ils ne sont pas curieux de savoir ce [79] qu'est devenue notre flotte ; ce que sont devenues nos provisions ; ce que sont devenus les dix enfants trouvés dans la malle ; ce qu'est devenu l'abbé jeté par les fenêtres ; ce que nous sommes devenus nous-mêmes ; comment nous nous sommes tirés de la crotte ; ce que nous avons vu ; ce qui nous est arrivé ; où nous avons été ; et l'histoire du jeune homme, *malheureux à force de bonheur*, et celle de plusieurs de nos compagnons de voyage, etc., etc., etc.

Oui, mes chers lecteurs ; oui, mes bons amis, vous saurez tout cela ; tout cela vous sera raconté fidèlement, de point en point ; et nous nous piquerons d'une exactitude scrupuleuse dans nos récits... Il est trop juste de répondre à vos désirs ; accordez-nous seulement votre attention, et daignez redoubler d'indulgence.

Après une heure de réflexion, d'affliction, de désolation, de contemplation, de méditation, de considérations, d'interjections, de lamentations, d'imprécations, [80] de tribulation, de discussions, de digression, de déclamation, de dissertations et d'argumentation, etc., etc., etc., flottant entre le désespoir et l'incertitude, nous comprîmes tous que le parti le plus sûr, l'unique même, dans cette crise détermi-nante, était de nous animer mutuellement, de nous aider, de nous unir étroitement, de nous armer de courage, et d'aller à la découverte. Les premiers pas que nous fîmes dans cet abîme de crottes nous coûtèrent infiniment ; ensuite nous marchâmes avec un peu plus de facilité, et puis nous marchâmes plus hardiment ; et puis enfin, si nous n'y courûmes pas, c'est qu'en vérité il était impossible d'y courir. Cependant la boue devenait moins épaisse, et semblait se délayer à mesure que nous cherchions à nous ouvrir le passage. Nous eûmes la constance de marcher ainsi pendant dix-sept heures de suite, ayant soin de suivre toujours une ligne directe ; et nous fîmes, pendant ces dix-sept heures, environ [81] vingt-trois lieues[37], sans apercevoir autre chose que ces mêmes crottes, qui nous désespéraient : il faut convenir que ce trait de courage surpasse tout ce qu'on a imaginé jusqu'à ce jour ; et les femmes ? – Les femmes nous montraient l'exemple ; leur sexe paraissait alors commander au nôtre, et il semblait qu'elles eussent laissé au fond de ces boues, la faiblesse qui les caractérise.

Cependant, j'avouerai qu'après ces vingt-trois lieues, la force nous manqua ; et nous fûmes obligés de nous reposer. Mais comment nous reposer ? La faim nous pressait cruellement, et la fatigue nous avait entièrement abattus. Nous nous regardions tous avec des yeux languissants ; et nous ne proférions pas un seul mot.

Quelques-unes des nos dames avaient des boîtes pleines de dragées dans leurs poches, avec des flacons pleins d'eau de senteur ; elles mirent les mains dans la boue, pour atteindre à leurs poches, et en tirèrent [82] ces flacons et ces boîtes. On ne croirait pas que ces bagatelles nous furent alors d'une grande ressource ; rien n'est cependant plus vrai ; ah ! c'est que l'importance des secours se mesure par la singularité des circonstances. Les fioles et les bonbonnières passèrent de main en main ; nous mangeâmes chacun environ deux pastilles de menthe, une praline et six anis ; et nous bûmes environ chacun trois gouttes d'eau des Carmes[38], d'eau-de-vie de lavande et de vinaigre des quatre voleurs[39] ; ce que c'est que l'empire du besoin ! Ce repas, assurément très frugal, nous rendit à la vie, et nous mit en état de continuer notre route, au moins pendant

---

37 Soit un bon rythme de plus de 5 km à l'heure.

38 « Pour faire l'eau des Carmes, que quelques-uns appellent aussi eau de mélisse, prenez des feuilles fraîches de mélisse, une demi-livre ; du jaune d'écorces nouvelles de citron, deux onces ; de la noix muscade et de la coriandre, de chacune une once ; des clous de girofle ; de la canelle, et de la racine d'angélique de Bohême, de chacun une demi-once [...]. L'eau de mélisse composée est fort utile pour ranimer les personnes qui se trouvent mal » (Malouin, *Chimie médicinale*, 1755, p. 283-285).

39 « Composé d'absinthe, de romarin, de sauge, de menthe, de rue, de lavande, de roseau aromatique, de canelle, de gérofle, de noix muscade, d'ail, de vinaigre et de camphre. [...] La vapeur de ce mélange réveille les forces vitales » (Vitet, *Pharmacopée de Lyon*, 1778, p. 350).

quelques heures encore, après avoir un peu dormi toutefois ; car le sommeil nous accablait. Tout le monde se groupa autour de moi ; et nous fîmes, au milieu des crottes, une espèce de bataillon serré, dont *chaque individu* donnait au *tout* de la consistance. Nous nous soutenions réciproquement ; et chacun de nous [83] avait la tête appuyée sur l'épaule de son voisin. Nous dormîmes assez longtemps dans cette attitude, il y eut même des gens qui ronflèrent si fort, qu'ils troublaient le sommeil des autres. Ô ! que le souvenir de ce sommeil-là m'est aujourd'hui d'une grande utilité ! Quand je suis tenté à Paris de désirer un lit meilleur que le mien, soudain, par un retour sur moi-même, je me reproche ma mollesse, et je me dis : *homme sensuel ! te souviens-tu des crottes, qui te servirent de lit ?... Comment peux-tu te plaindre de n'avoir maintenant qu'une bonne paillasse, deux matelas, un traversin et un oreiller ?...* Oh ! véritablement, mes chers abonnés, c'est une chose fort utile que de voyager ; et le mal-aise rend un peu philosophe, je vous en assure.

Quoique notre sommeil fût très agité, nous dormîmes cependant assez bien pendant plusieurs heures. Je me réveillai le premier, et je sentis, avant d'ouvrir les yeux, une pluie douce, qui mouillait ma [84] figure. Je croyais être endormi ; mais quelle fut ma surprise, quand, venant à porter des regards attentifs autour de moi, je ne vis plus rien ; l'obscurité la plus profonde nous investissait de toute part ; ce n'était plus cette clarté pure, qui nous avait étonnés autant que réjouis auparavant, [mais] des ténèbres partout, mais des ténèbres... d'une épaisseur !... non seulement à ne pas pouvoir distinguer les objets, mais même à ne pas les apercevoir. J'éveillai tout le monde ; on fut frappé de cette métamorphose comme d'un coup de foudre ; car certainement *jamais la nuit ne fut si noire*[40]. Ce globe, nous disions-nous, est sans doute sujet, comme la terre, à l'alternative des jours et des nuits ; excepté qu'au lieu de tourner sur son axe en vingt-quatre heures, il en met quarante-huit, ou peut-être davantage, à faire sa révolution.

À cette réflexion succéda un silence d'horreur, dont le souvenir me glace encore d'effroi. Pauvres petits êtres ! frêles humains ! [85] substances mortelles et délicates ! qu'allions-nous chercher dans l'empire du firmament ? Que prétendions-nous faire au haut de l'empyrée ? Vermisseaux, nés pour ramper sur un petit globe d'argile ; pourquoi nous avisions-nous de braver les hasards des mondes inconnus ? Nous

---

40   Citation du *Mariage de Ragonde et de Colin*, opéra comique de Néricault Destouches (1742).

appartenait-il de passer les bornes que la nature nous avait prescrites ? Et des êtres destinés à voir un instant la lumière du jour, des créatures pétries de limon, environnées de besoins et de faiblesses, exposées à ces milliers de dangers toujours renaissants, devaient-elles aller, pour satisfaire leur audacieuse curiosité, se livrer à la merci de l'immensité, errer dans cette plaine étrangère de l'espace ? Et ne fallait-il pas avoir perdu toute idée de notre nature, pour étendre notre course vagabonde par tout ce chaos de globes et de tourbillons ?

La pluie s'augmenta tellement, qu'en moins d'un quart d'heure nous fûmes percés jusqu'aux os ; elle tombait comme un [86] torrent ; et nous crûmes que l'heure d'un déluge universel était venue pour ce globe-là, comme autrefois pour le nôtre. Heureusement que l'humidité n'avait plus rien d'effrayant pour nous ; nous y étions habitués jusqu'au-dessus des reins ; il ne nous en coûta guère plus pour être mouillés en totalité... Tout à coup le vent se met de la partie ; ce n'étaient plus sans doute les *aquilons et les autans*, mais c'était quelque chose d'approchant, et de plus terrible encore ; on entendait dans le lointain des tourbillons impétueux, qui s'approchaient en sifflant et en grondant ; et *zzzz'* et *sssss'* et *brrrr'*... c'était à faire trembler. Tout à coup un éclair sillonne la nue, et nous voilà presque anéantis par le plus bruyant tonnerre que nous eussions jamais entendu. Tous les canons de la France, partant en même temps, n'approcheraient pas du fracas de cette explosion ; et, ce qu'il y a de pis, c'est que chaque éclair durait six ou sept minutes, et chaque coup [87] de tonnerre, au moins une demi-heure ; telle est la *coutume* du pays ; tels sont du moins les *usages* de l'atmosphère ; c'est tout ce que nous pûmes connaître alors de la température de ce climat ; et nos expériences de physique se bornaient là ; mais c'était toujours autant.

Pendant les éclairs, nous nous distinguions très clairement les uns des autres, malgré l'abondance de la pluie ; mais nous retombions aussitôt dans l'obscurité la plus désolante. Cet orage dura sept heures trois quarts, sans que nous osassions, ni même que nous pussions avancer d'un seul pas. Enfin tout ce vacarme cessa ; et nous ne fûmes pas peu surpris de voir un ciel d'azur, parsemé d'étoiles, au milieu desquelles on distinguait très bien LA LUNE... Plus loin sur la gauche, en ligne oblique, on apercevait une grosse étoile, moins grosse pourtant que *la Lune* ; et cette étoile, autrement nuancée que les autres, paraissait être la *Terre* ; et ce l'était en effet, [88] d'après le calcul de nos physiciens et par ce que nous avons su depuis. Nos dames demandaient comment la *Lune* nous paraissait encore au-dessus de nos têtes, puisque nous nous étions élevés beaucoup au-dessus d'elle... Ce prétendu problème n'était pas difficile à résoudre ; nous avions franchi un espace de *plusieurs millions* de lieues ; or la Lune n'est distante de la Terre, comme on sait, que de *huit cent mille* lieues[41]. Nous l'avions donc perdue de vue dans notre ascension, et nous nous étions égarés dans l'espace ; or qui pourrait déterminer la distance à laquelle nous nous étions trouvés, et de la Lune et de la Terre ? Nous avions été, pendant l'intervalle de plusieurs jours, sans distinction de jour et de nuit, et sans apercevoir aucun globe ; celui où nous étions *embourbés* alors, avait fait son tour sur son axe ; et par conséquent il était tout naturel de voir la Lune au-dessus de nous ; et tout naturel aussi de voir la Terre beaucoup plus [89] petite que la Lune, à raison de sa distance et de la nôtre, quoiqu'elle soit beaucoup plus volumineuse, comme on sait... ou comme on ne sait pas. Ce qui nous désespérait, c'était de voir la Lune un peu plus petite qu'elle ne nous le paraissait sur la Terre ; ce qui nous marquait très clairement que nous en étions encore plus éloignés que sur Terre ; d'où nous pouvions conclure, en bons logiciens, que nous avions perdu notre temps et nos peines ; que nous avions pris une route toute différente de celle qu'il fallait prendre, et que, notre ballon ayant pris congé de la compagnie, notre sort était fort à plaindre. C'était bien là faire *le tour des écoliers* ; et nous prenions le plus long pour nous rendre à destination.

Nous avions parmi nous un philosophe du bel air, qui n'avait pas encore parlé. Quelques observateurs français ont partagé nos philosophes en deux classes ; ceux qui pensent, ceux qui parlent. Ceux qui [90] parlent, pour l'ordinaire ne pensent pas ; il faut que tous leurs soins, toute leur activité, dit-on, se tourne vers la parole, parce qu'ils en font métier, et ils parlent tant, qu'ils n'ont pas le temps de penser. Après tout, ils ont raison ; chacun dans son état, dans sa profession, doit poursuivre sa carrière, sans s'occuper d'autre chose ; et d'ailleurs, à quoi sert la pensée ? on fait bien de gros livres sans cela. Ceux qui pensent, ont la rage de ne point parler ; et malheureusement c'est autant de perdu pour leurs concitoyens ; voilà pourquoi tout va de travers dans ce bas monde ; ce n'est pas la faute de la philosophie, qui, à ce que je présume,

---

41   La distance moyenne entre la Terre et la Lune est de 80 000 lieues, selon l'article Lune de l'*Encyclopédie*. Beffroy corrigea cette erreur *considérable* dans le numéro suivant.

parlerait et penserait tout ensemble, si elle n'avait pas besoin pour cela du secours des philosophes ; mais ces messieurs sont si entêtés, qu'ils ne veulent faire que l'un ou l'autre ; et voilà ce qui fait beaucoup de tort à la philosophie. Telle est du moins l'opinion des observateurs. Quant à la mienne, on peut s'en [91] passer. Tout le monde sait que je ne suis qu'un fou, et qu'un très petit garçon en littérature ; aussi je ne m'avise pas de proposer mes sentiments comme des articles de foi ; je n'ose même rien assurer en mon propre et privé nom ; et je ne parle que d'après les autres, car je n'ai pas l'honneur de m'y connaître.

Comme ce philosophe était sur la Terre en grande réputation, chacun des voyageurs avait été fort étonné de le voir s'embarquer pour la Lune. On ne quitte pas ainsi le théâtre de sa gloire, sans y être excité par des motifs particuliers. C'est ce dont nous eussions voulu nous instruire ; mais ce personnage taciturne, continuant de garder un profond silence depuis l'instant du départ, malgré les catastrophes que nous venions d'essuyer, nous avait entièrement découragés. Nous avions les yeux fixés sur cette physionomie doctorale ; la pluie et les crottes n'en avaient point altéré les traits, et la contenance du philosophe [92] ne paraissait pas du tout changée. Nous le voyions, au clair de la Lune, les yeux tantôt levés vers cet astre, tantôt baissés vers la crotte, laisser échapper quelquefois un soupir ; mais il ne disait mot. Il avait l'air de calculer les distances, et de faire en lui-même des raisonnements très profonds ; c'était là le cas de nous en faire part, ou jamais. J'osai l'interrompre dans ses réflexions, et il daigna entamer avec moi, au milieu des boues, la conversation suivante :

Le Cousin Jacques. Voudriez-vous, monsieur, nous communiquer les idées qui vous viennent à l'esprit ? Elles ne peuvent sans doute que nous intéresser vivement, dans une conjoncture aussi périlleuse. *Le Philosophe* (*en branlant la tête, avec un air d'incertitude, qui fait plaisir à voir*) Ah ! monsieur, JE DIS… *Le Cousin Jacques*. Nous allons périr certainement, si notre destin ne change pas dans une heure. *Le Philosophe*. Il est vrai, monsieur ; cependant, JE DIS… *Le Cousin Jacques*. [93] Vous dites que ?… je parie que vous dites comme moi, à moins que votre génie, fertile en ressources, n'imagine un expédient pour nous tirer de là… *Le Philosophe*. Oui ; … mais JE DIS… *Le Cousin Jacques*. Expliquez-vous, monsieur ; faites-nous la grâce de vous ouvrir à nous ; témoignez-nous un peu plus de confiance. *Le Philosophe*. Oh ! Oh ! monsieur ; JE DIS… après tout, il pourrait bien arriver… que… JE DIS… là, oui… cependant, moi… je dis… et *le philosophe* se tut.

Nous fûmes tous enchantés de cette ouverture de cœur ; et, en mon particulier, je lui sus un gré infini de la marque d'estime qu'il nous donnait, en conversant avec nous si familièrement. À l'instant même que j'en étais encore tout glorieux et tout stupéfait, voilà que nous apercevons dans les airs une espèce d'oiseau, qui semblait diriger son vol de notre côté. Cet oiseau nous parut d'une forme singulière et d'une [94] grandeur peu commune, autant que nous pûmes en juger au clair de la Lune, qui répand toujours une sorte d'obscurité dans les airs, et laisse régner une certaine confusion parmi les objets. Comme cet oiseau venait directement à nous, et qu'il en était encore, malgré cela, très éloigné, nous fûmes d'abord saisis de frayeur ; mais un militaire de la compagnie, qui avait eu la précaution de tenir toujours son fusil chargé, et qui s'en servait comme canne pour s'appuyer, s'avisa de coucher en joue l'animal volant ; et, dès qu'il le vit à la portée de la balle, il tira son coup… à l'instant nous vîmes tomber l'énorme machine… et quel fut notre étonnement ! ou plutôt… *je laisse à penser quelle joie*[42], quand, au lieu d'un oiseau, nous reconnûmes notre ballon… – Votre ballon ? – Oui, mon cher lecteur, notre ballon lui-même, en personne, avec les trente nacelles, et toute la flotte bien conditionnée… il avait été *balloté* par les [95] vents et par la tempête ; et, la *balle* l'ayant percé d'outre en outre, il était tout simple que l'air qu'il contenait, s'évanouît, et que la machine, ne pouvant plus se soutenir, tombât à nos côtés : le dommage pouvait aisément se réparer ; il ne s'agissait que de boucher les deux trous, et de le remplir une seconde fois… et nous avions apporté dans notre magasin de quoi pourvoir à cela.

Notre premier soin fut de courir à la flotte, et de la visiter ; rien n'était endommagé. Les petits enfants étaient tous bien portants, grâce aux attentions du cuisinier, qui seul était resté avec eux, et les avait nourris de son mieux. Mais ce qui va redoubler et l'attention et la joie du lecteur, c'est que plusieurs personnes de la colonie, qui avaient apparemment l'ouïe plus fine que toutes les autres, nous dirent mot pour mot *qu'elles croyaient avoir entendu dans le lointain un bruit semblable au jappement d'un chien de chasse ou d'un renard*, [96] *dès que le militaire avait lâché son coup de fusil*… Ces paroles miraculeuses nous rendirent tous muets et interdits…

---

42   La Fontaine, *Le Cheval et le Loup*.

Serait-il vrai ?... Nous n'en pûmes dire davantage... Aussitôt voilà tous nos voyageurs qui se mettent en devoir de crier à la fois, persuadés que le bruit confus de leurs voix réunies ferait encore plus d'effet qu'un fusil ; en même temps le militaire tira un second coup ; deux voyageurs, armés chacun d'un pistolet, le déchargèrent aussi... Je donnai le signal avec ma canne ; et tout le monde partit au même moment ; voilà un vacarme à ne pas s'entendre ; les femmes criaient comme des sourds, les hommes hurlaient comme des démons, quant à moi, qui ai la poitrine bonne, Dieu merci !, je m'égosillais à faire envie ; ... à ce bruit éclatant, nous fîmes succéder un prompt silence ; et nous n'eûmes plus que des oreilles pour écouter ; nous aurions entendu notre pouls s'agiter dans nos artères... Quelle félicité ! quel moment ! comment [97] rendre cette situation ? La chair de poule m'en vient encore, aujourd'hui que j'en retrace la peinture... Nous entendîmes tous, bien distinctement, un chien aboyer dans le lointain... à peine osions-nous nous en rapporter à nos sens ; et chacun s'imaginait faire un rêve... Le chien se tut ; aussitôt nous voilà tous à recommencer notre bacchanale ; *ho ho ho ho ! ha ha ! ho ho ! ha ha !*... Les veines de notre cou s'enflaient... il fallait voir !... non, il fallait entendre ! *c'était une clameur à rendre les gens sourds*[43]... Et puis, un profond silence... et puis le chien d'aboyer encore ; mais il aboyait plus fort et plus longtemps... Nous n'avions point emmené de chien ; et il fallait que l'animal que nous entendions appartînt à quelque habitant de ces étranges climats... Que de raisonnements nous fîmes en une minute ! « Ce chien aboie, *donc* il est vivant ; *donc* il y a ici des êtes animés ; *donc* ces êtres ressemblent aux animaux qui sont sur la [97] Terre ; *donc* ce pays-ci ne doit pas être tout à fait étranger pour nous ; *donc* nous pourrons y trouver une existence analogue à notre nature ; *donc, donc, donc, donc* et *donc,* etc.

Quel charme ! quel bonheur !... la joie nous suffoquait ; nous nous embrassions de si bon cœur ! nos larmes coulaient si naïvement ! nos regards se fixaient si délicieusement ! Chacun cherchait dans les yeux de son voisin la confirmation du raisonnement précédent... Nous nous disions avec ivresse, et d'une voix entrecoupée : *c'est bien vrai ? vous l'avez entendu ? c'est un chien ? il aboie ?* et puis nous pleurions encore ! et puis nous nous embrassions ! et puis nous sautions au milieu des boues, comme des danseurs de corde ! et puis nous nous éclaboussions ! Mais

---

43   La Fontaine, *Le Cochon, la Chèvre et le Mouton.*

qu'importe ? je suis sûr que mes lecteurs ont aussi les larmes aux yeux ; et qu'il n'est pas jusqu'au plus grave d'entre eux qui, partageant notre allégresse et notre bonheur, ne saute de joie dans [99] son fauteuil, dans l'excès du plaisir que lui cause une si bonne nouvelle.

Le philosophe, moins silencieux, se déridait, et je ne sais même s'il ne fit pas aussi quelques cabrioles ; ce fait n'est pas bien avéré ; dans la confusion qu'occasionnait une ivresse si générale, on ne le remarqua point particulièrement ; si je puis m'éclaircir de la vérité, j'en ferai part au public… On sera porté à croire qu'un si grand homme n'est pas capable de pirouetter, jambe de-ci, jambe de-là ; … je conviens que cet accès de gaieté ne sied guère à un homme *qui pense* ; cependant JE DIS… dans une circonstance comme celle-là, on peut bien… JE DIS… faire un extraordinaire ; car, après tout… voyez-vous bien ?… JE DIS…

Nous assurâmes notre ballon avec des cordes et des piquets ; car la boue n'était pas, à beaucoup près, aussi profonde dans cet endroit ; et j'ai déjà dit que, plus nous avancions, moins elle le devenait ; d'ailleurs [100] l'aérostat, étant vide, restait immobile à la même place de toute nécessité. Nous prîmes chacun dans nos poches quelques provisions ; nous bûmes d'excellent vin, pour nous rendre à la vie ; nous laissâmes le cuisinier, avec quelques hardis champions de bonne volonté qui s'offrirent d'eux-mêmes pour garder la flotte, les enfants et les provisions ; et nous marchâmes à grands pas vers les lieux où nous entendions aboyer le chien. Cet animal était notre boussole, notre guide, notre espérance, notre tout. Nous chantions à gorge déployée ; et puis nous nous taisions ; et puis le chien recommençait de son côté… Enfin ; après trois bons quarts d'heure de marche, en nous avançant toujours un peu sur la droite, nous aperçûmes quelque chose… Si nous ne savions pas encore ce que c'était, au moins nous savions que c'était quelque chose ; et quelque chose était tout pour des voyageurs qui périssaient de fatigue et d'ennui depuis plus de [101] trente heures dans un océan de crottes, où l'on n'apercevait, à perte de vue, aucune diversité. Nous marchâmes encore plus vite, l'impatience nous donnait des ailes, et la boue diminuait, au point que nous n'en avions plus que jusqu'à la cheville du pied ; bientôt elle devint beaucoup plus liquide ; enfin nous marchâmes dans l'eau, et cette eau, de plus en plus limpide, nous laissait voir, au clair de la Lune, un fond de gravier, très solide, comme celui qui borde nos rivières et nos lacs, dans les pays sablonneux… Enfin nous nous trouvâmes tout à fait sur la terre ferme, et bientôt nous n'eûmes plus les pieds dans l'eau ; mais nous marchions sur un tas de petits cailloutages, qui nous indiquait assez que nous approchions d'un pays habité, car cela ressemblait fort au rivage de la mer, d'autant plus que le terrain allait toujours en montant.

Après un quart d'heure encore de marche et de fatigue, la Lune étant plus brillante [102] que jamais, nous nous vîmes au pied d'une roche informe, qui s'étendait à droite et à gauche à perte de vue, et dont la cime, se terminant en pointe par une pente douce, semblait élevée d'environ six cents pieds. Cette roche était taillée par la nature, d'une manière très inégale ; il y avait des cavées profondes, des proéminences beaucoup plus saillantes les unes que les autres ; et, sur certains endroits disposés en amphithéâtre, on voyait croître de grands arbres, dont nous reconnûmes les feuilles pour être celles de la vigne, excepté que ces feuilles étaient larges de deux pieds, et longues de deux et demi, au moins ; d'où nous conclûmes que la vigne poussait dans ce pays-là avec une toute autre vigueur, et dans une toute autre proportion que dans le nôtre ; car le moindre de ces arbres paraissait avoir cent pieds d'élévation, et six hommes en auraient à peine embrassé le contour. Nous trouvâmes un chemin tortueux, mais très étroit, où nous [103] ne pûmes entrer que l'un après l'autre, et qui, tournant à droite, et puis à gauche, tantôt escarpé, tantôt doux ; tantôt s'élevant en ligne droite, tantôt s'enfonçant dans des sinuosités, nous fit parvenir aux trois quarts de la hauteur de cette montagne de pierre ; là, nous nous reposâmes sur un des amphithéâtres dont j'ai parlé. Les arbres y étaient plantés symétriquement ; leur cime, dont les branches s'entrelaçaient, formait un ombrage impénétrable à la clarté de la Lune ; sous cette voûte, était une espèce d'arène bien sablée, entourée de bancs de roche, qui semblait destinée à la danse, ou à quelques jeux particuliers pour exercer le corps. Nous étions assis sur ces bancs, et nous réparions nos forces par un peu de nourriture, quand nous entendîmes gronder au-dessus de nos têtes le même chien que nous avions entendu dans le lointain... Je me levai brusquement, et je vis l'animal furieux, qui voulait s'élancer sur moi du haut d'une [104] terrasse qui terminait la cime du rocher.

Nous voilà tous debout, tous en défense, tous les yeux collés sur le chien, tous prêts à poursuivre notre route, malgré les épreuves ou les accidents que le sort nous préparait encore. Nous suivîmes un petit sentier, taillé dans le roc, en forme d'escalier, et nous parvînmes enfin à la pointe de la montagne, sur une espèce d'esplanade, plantée des mêmes arbres que nous avions déjà vus ; aussitôt le chien, sautant par-dessus des murs de cailloux, enduits de fromage, accourut la gueule béante, en nous montrant les dents ; je lui disais : *petit ! petit ! petit !* quoiqu'il fût plus gros que nos dogues de basse-cour les mieux conditionnés. Nous lui jetions du pain, des saucissons, du jambon ; il mordait ces aliments, et les rejetait ensuite avec colère… Enfin, ne pouvant avancer sans inquiétude, à cause de ce maudit chien qui nous menaçait à chaque pas, en marchant à reculons, nous nous [105] décidâmes à lui lâcher un coup de fusil, qui l'étendit par terre. Cet animal, que nous aurions voulu conserver, nous paraissait, au clair de la Lune, d'une singulière couleur.

À peine en fûmes-nous débarrassés, que nous vîmes venir à nous plusieurs hommes, armés de morceaux de fromage, qui nous parut être du fromage de Brie. Ces hommes étaient grands et bien faits, à l'exception de la bouche, qui ne semblait point du tout proportionnée au reste du visage. Elle était d'une grandeur épouvantable, et s'étendait précisément d'une oreille à l'autre. Leurs cheveux étaient tressés avec art, et leurs habits, d'une couleur brune, étaient taillés de manière à figurer parfaitement les formes du corps… Leur visage était fort rouge, et nous vîmes, malgré la nuit, que chacun d'eux avait le nez très gros et très bourgeonné. Ils étaient au moins une trentaine… Quand ils furent près de nous, ils [106] s'arrêtèrent avec un air de stupéfaction qui nous surprit. Nous ne laissions pas que d'être inquiets ; mais ils paraissaient l'être bien plus que nous. Nous étions supérieurs en nombre et en défense ; car ils n'avaient ni bâtons, ni épées, ni fusil ; et toute leur armure se réduisait à plusieurs morceaux de fromage.

Nous étions, à dire le vrai, très étonnés de cette singularité ; nous ne pouvions plus douter que ce pays ne fût civilisé ; mais les morceaux de fromage de Brie nous embarrassaient beaucoup. Ces hommes marchaient en dansant et en sautant comme des chèvres ; et ils faisaient des bonds à faire peur aux voltigeurs les plus intrépides. Ils considérèrent le chien qui venait de perdre la vie, et firent de grands gestes, en nous regardant, et en disant toujours : *kan, kan, kan*… *kon, kon, kin, kin*, etc. Tout leur langage paraissait se borner aux diphtongues nasales, précédées d'un *k* ; mais ils nuançaient tellement ces diphtongues [107] que, tout en parlant du nez, ils faisaient distinguer à l'oreille délicate plus de cent manières différentes de prononcer ces *kin kin kan kan*, etc.

Ces hommes-là gesticulaient très bien, et l'on devinait sans peine une partie de ce qu'ils voulaient dire, à leur manière de remuer la tête et les bras. Un d'eux s'approcha de moi (ils voyaient sans doute que j'étais le commandant de la troupe) et me montra le chien, avec un air de reproche, en me mettant le poing sous le nez, et me disant : *kan kan kun kun kin*, etc. Je lui fis signe que nous ne voulions faire de mal à personne, que cet animal n'avait pas voulu s'apaiser, et qu'un de nos compagnons (je lui montrai le militaire avec son fusil) avait été forcé de le tuer ; ce dont nous témoignâmes tous un grand regret ; l'officier même s'approcha du chien, le flatta et le caressa, quoique mort, avec un air dolent ; mais cette parade ne parut pas faire plaisir à ces hommes, qui sur-le-champ [108], avec une adresse et une vigueur merveilleuses, l'accablèrent de morceaux de fromage, au point qu'il en avait la figure toute barbouillée ; ces morceaux de fromage, tout *mous* qu'ils étaient, et quoiqu'ils s'aplatissent contre la figure, ne laissaient pas que de faire beaucoup de mal ; l'officier pensa en mourir, et ce ne fut qu'à force de supplications et de génuflexions qu'il parvint à faire cesser cette grêle de fromage mou.

Cette plaisante armure[44] me rappela le souvenir d'un médecin de Paris, homme très facétieux, qui, voyageant la nuit par ordre du roi pour aller visiter des hôpitaux militaires, n'emportait dans sa chaise de poste ni couteau ni pistolet, et n'avait jamais sur lui d'autre arme qu'un *cure-dent*… tant il est vrai que la sûreté d'un individu dépend moins de l'espèce d'arme qu'il porte, que de la manière dont il sait s'en servir !

Je reçus moi-même, apparemment comme [109] chef, un *boulet* de fromage[45] dans le *côté brûlé*[46] de ma figure, qui pensa me faire tomber à la renverse. Mais cette guerre cessa ; et nos ennemis, nous voyant disposés à ne faire de mal à personne, se montrèrent plus pacifiques.

Par le plus grand bonheur de monde, nous avions emmené avec nous trois des muets de M. *l'abbé de l'Épée*[47] : sage précaution ! Ces jeunes gens

---

44 Pour la seconde fois, Beffroy emploie improprement armure au sens d'armement.

45 Le baron de Crac, de Cami, inspiré du baron de Münchhausen, mais qui partage de nombreux traits avec le Cousin Jacques, aura l'idée de transformer des fromages de Hollande en boulets de canon (*Les Aventures sans pareilles du baron de Crac*, 1926).

46 Voir explication ci-après, *Lune* n° 36, p. 179.

47 Charles Michel de l'Épée avait fondé à Paris dans les années 1760 une institution où de jeunes sourds-muets communiquaient « par la voie des signes méthodiques ». Beffroy crée ses personnages au fur et à mesure que le récit l'exige.

nous servirent d'interprètes de part et d'autre ; et ils eurent le talent de se faire entendre de ces hommes, tout aussi clairement que de nous ; tant l'intelligence humaine établit facilement une correspondance entre tous les êtres raisonnables, qui n'ont besoin, dans tous les mondes de l'immensité, que de l'instinct de la nature et des lois du grand Être[48], leur père commun, pour se comprendre et pour s'aimer !

Nous entamâmes une conversation par le secours de nos trois muets ; et ils nous furent, pendant tout le cours de nos voyages [110], d'une très grande utilité. Ces hommes, que je ne sais encore de quel nom appeler, nous firent signe de les suivre, en nous donnant à entendre que nous serions les bienvenus. Nous les suivîmes de très bon cœur ; il nous firent passer par une porte de fromage durci, qui n'avait ni odeur, ni désagrément ; nous traversâmes de grands potagers, où nous ne vîmes partout que des oignons, des ciboules, des échalotes, des poireaux et de l'ail. Nous fîmes près d'une lieue dans ces vastes jardins, entourés de murailles ; et nous parvînmes à un grand pavillon carré, d'une architecture singulière, dont je rendrai compte plus tard ; ce pavillon, à trois étages, était bâti en fromage, et recevait le jour par plusieurs ouvertures triangulaires qui tenaient lieu de croisées. Avant de nous y introduire, le chef de la bande fit signe à tous nos compagnons de rester là quelques instants ; et m'emmenant dans la maison, ferma la porte au nez de toute ma colonie [111], qui attendit des ordres dans le jardin, avec le reste des *hommes au fromage*.

J'entrai dans un grand vestibule peint en vert, où brûlaient plusieurs lampes très éclatantes, dont je n'examinai pas tout de suite la substance et la forme. De là, je passai dans plusieurs salles uniformes, toujours très propres et bien meublées ; enfin mon conducteur, me prenant pas la main, me fit entrer dans une salle immense, où je vis plusieurs hommes âgés, assis autour d'une table, sur laquelle étaient plusieurs barils de vin, des gobelets d'une taille énorme, et des paniers pleins d'oignons, d'ail, de ciboule et de poireaux. On y sentait l'ail, le fromage et le vin, comme si l'on en eût eu ses poches chargées à comble. Sur la même table, je vis une patte de chien, sèche et enjolivée, avec des tablettes de fromage sec, et un petit vase plein de vin, dans lequel on trempait la

---

48 Première des deux rapides références à un Grand Être dans ce récit, qui se caractérise par ailleurs par l'absence des questions religieuses. Voir *Lune* n° 36, p. 183. Celles-ci occuperont une place plus grande dans le *Courrier des planètes*.

patte de chien. Le plus âgé de ces hommes, ayant pris cette patte, se mit à tracer des caractères [112] et des lignes sur une de ces tablettes ; et je compris que c'était là l'écriture et le papier du pays. Cet homme, me regardant d'un air très sérieux, me dit : *kan kon kun kan kin kon kan* ? Je fis signe d'appeler un de mes trois muets ; il vint et, ayant ouvert la fenêtre, il montra la Terre, qu'on voyait de loin, comme pour dire : *nous venons de cet astre-là*. Cet homme le regarda entre deux yeux, et puis se mit à branler la tête en signe négatif, pour dire : *vous êtes un menteur ; je ne vous crois pas* ; le muet assura la vérité, et leur expliqua que nous étions tombés dans des crottes, où nous avions été obligés de marcher pendant plus de trente heures ; et sembla leur dire de faire bien attention à nos bas, à nos culottes, qui étaient encore pleines de boue ; cette observation leur avait échappé jusqu'alors ; toute leur attention s'était bornée à notre figure ; quand ils aperçurent les crottes qui nous investissaient, les voilà tous qui se mettent à joindre les mains, et à [113] crier, en levant les yeux au plancher : *kan kan kan ! kan kan kan !* Ils ouvrirent la bouche de telle sorte, que je crus d'abord qu'ils allaient m'avaler. Et jamais bouche, de mémoire de bouche, ne fut plus grande que les leurs.

On m'ouvrit aussitôt la porte d'une chambre basse, dans laquelle je descendis par un escalier de six ou sept degrés, et où j'aperçus une infinité de grands pots de terre, bien ficelés et cachetés en fromage de Brie, avec un écusson représentant un de ces grands arbres que nous avions vus. On m'en découvrit plusieurs ; et je fus surpris de n'y voir que de cette même boue dans laquelle nous avions fait tant de chemin. Je compris alors que cette boue était apparemment une des richesses du pays ; mais j'en fus bien plus persuadé quand, après m'avoir fouillé, on alla fouiller aussi tous les voyageurs ; et à l'aide d'une espèce de couteau, en raclant cette boue, qui déjà se séchait sur nos habits, on en remplit [114] plusieurs vases ; ensuite on ramassa précieusement tout ce qui nous en restait dans nos poches, et l'on avait même grand soin de n'en pas laisser tomber à terre.

C'est ainsi que l'industrie nationale de chaque climat, et chaque portion d'un globe habité, sait apprécier les objets par l'usage. Ce qui paraît méprisable à tel peuple, semble à tel autre du plus grand prix ; et les matières employées par la main d'un artisan, n'ont de valeur que celle qu'on leur donne[49].

---

49   Inversion des valeurs qui constitue un topos du récit de voyage utopique. Symétriquement, les enfants de l'Eldorado de *Candide* jouent avec des palets d'or.

Mon muet, qui se faisait comprendre d'eux on ne peut pas mieux, leur demanda ce que signifiaient toutes ces cérémonies ; on lui répondit par signes que ces boues étaient l'objet de commerce le plus précieux et, de toutes les productions du pays, la plus généralement utile, parce qu'on la filait, après l'avoir laissée se consolider un peu, et que l'on en faisait des toiles, des habits, des chapeaux, des bas, des rideaux, et beaucoup d'autres meubles [115] d'une grande ressource en ménage ; selon les différentes façons de la préparer. Que tout cet océan de boue, que nous avions parcouru en partie, était la plus belle propriété de la nation ; qu'il composait tout le domaine du prince ; qu'on venait de tous les pays du globe en chercher des provisions immenses, qui s'achetaient très cher, ou s'échangeait contre des marchandises de grand prix ; qu'il était expressément défendu de marcher dans ces boues (comme il est défendu en France de traverser les blés dans le temps de la moisson) ; que tous les étrangers, en arrivant, étaient fouillés et visités avec le plus grand soin, pour savoir s'ils n'avaient pas ramassé de ces crottes, qu'alors on la saisissait comme contrebande ; et que nous allions être punis, comme réfractaires aux lois fondamentales de la nation, qui condamnaient au travail des mines pour trois cent cinquante jours (et les jours ont vingt-quatre heures dans ce pays-là) les téméraires qui [116] avaient osé entrer dans ces crottes, regardées comme sacrées par le peuple, et les profaner par un attouchement illégitime.

Tout cela me fut très clairement expliqué par mon truchement ; alors je me mis à une des fenêtres de la salle où nous étions, et j'en rendis un fidèle compte à mes compagnons, qui attendaient dans le jardin le résultat de cette conférence… Bientôt on les fit tous entrer dans la salle, et sur le désir que nous témoignâmes tous de prendre quelque repos, on nous fit descendre dans une cave très profonde, où nous trouvâmes des nattes de *boue*, travaillées avec beaucoup d'art, et du tissu le plus délicat ; ces nattes étaient toutes adossées à des tonnes immenses, faites avec le bois de la vigne, et pleines d'excellent vin. La cave était très bien éclairée, par plusieurs de ces lampes dont j'ai parlé. Les personnes qui nous y avaient conduits firent de grands gestes, et ouvrirent des bouches d'ici à demain, en disant *kan* [117] *kon kin kun kan !* Cela voulait dire, d'après nos muets, que nous pouvions dormir dans cette cave pendant dix heures, c'est-à-dire trois heures encore après la pointe du jour ; car, leurs nuits doublant les nôtres en longueur, nous avions sept ou huit heures de nuit à passer ; cela voulait dire aussi qu'il nous était libre de boire chacun au tonneau voisin tout le vin que nous voudrions boire ; et que, quand toutes les tonnes seraient vides (il y en avait là plus de trois cents), on les remplacerait par d'autres ; Sa Majesté voulant donner le vin à discrétion, non seulement à ses sujets, mais même aux étrangers, coupables ou non coupables.

Cette nation boit du vin comme la nôtre boit de l'eau ; toutes les forêts sont en vignes ; et ce bois, que la nature a gratifié du privilège d'être utile jusque dans ses cendres[50], leur sert à toute sorte d'usage. Les criminels ont dans leurs cachots des tonnes de vin à vider à volonté ; et les [118] malades avalent des brocs de vin jusqu'à la mort. De là vient leur nez bourgeonné, et leur figure plus rouge que celle de nos chantres de cathédrales.

On dressa le procès-verbal pendant que nous dormions ; et j'ai su depuis que tous ces hommes qui nous avaient accueillis bien et mal étaient des commis de la douane de l'Empire ; et qu'il y en avait des compagnies dans toute les villes, et même dans tous les villages frontières de l'État, mais surtout du côté de la *grande Roche* (*kin kin kan*) qui fait face à la *sainte Crotte* (*kon kan kan*). Ces commis se partageaient en plusieurs bandes, et se relevaient régulièrement nuit et jour pour n'être pas surpris par les contrebandiers. Ainsi notre monde n'est pas le seul où les règlements de cette nature soient en usage ; et le même esprit a dicté partout les lois fondamentales des nations.

Nous dormîmes tous assez paisiblement jusqu'au matin ; nos couchures[51] étaient fort [119] douces ; j'admirais, en les tâtant, l'adresse et l'intelligence des hommes, qui savent tirer parti de tout, et qui convertissent en *art* les objets en apparence les plus vils. Je me réveillai avant les autres, assez inquiet sur ce qui nous était réservé ; j'observai qu'on nous avait enlevé nos fusils, nos épées et nos cannes ; et, comme cette nation était civilisée, je ne doutai point qu'elle ne fût politique, et par conséquent traîtresse. Les procès-verbaux surtout, et les écritures, m'inspiraient une grande défiance ; tout ce qui a quelque rapport à la chicane, n'en a guère à la bonne foi.

Déjà nous étions tous bien éveillés, assez dispos et bien portants ; nous nous entretenions de nos aventures, et du ballon que nous avions

---

50   Voir ci-après, *Lune* n° 36, p. 120.
51   Terme de broderie improprement employé ici.

laissé dans la crotte, quand il entra un grand homme, armé de quatre morceaux de fromage. Il était suivi de plusieurs autres, qui vinrent droit à moi, me prirent par le bras, et me signifièrent (toujours par un de mes interprètes) que le [120] souverain, étant instruit de notre attentat, voulait d'abord qu'on se saisît de moi, et qu'on m'amenât devant lui ; que S. M. ordonnait qu'en attendant qu'elle eût décidé de mon sort, tous mes compagnons, des deux sexes, allassent travailler aux mines...

Cette affreuse nouvelle fit jeter les hauts cris à tous nos voyageurs ; les dames surtout se désolaient ; mais, sans égard pour leurs clameurs et leur désespoir, on leur lia à tous les pieds et les mains, et on les conduisit dix par dix, sur de grands traîneaux couverts, à une distance de vingt lieues, où étaient les principales mines du royaume. Quand nous fûmes arrivés, je demandai à mes gardiens la permission d'accompagner mes camarades jusqu'au fond de la mine, pour juger par mes yeux de l'espèce de travail auquel on les condamnait ; ajoutant que je remonterais aussitôt, pour me rendre aux ordres de Sa Majesté. Cette grâce me fut accordée ; nous descendîmes tous dans de grands pots de terre cuite par [121] une ouverture de cent pieds de diamètre, et de cinq cents de profondeur. Arrivés dans le souterrain, nous fûmes assez surpris de voir que les mines en question n'étaient autre chose que des mines de fromage de Brie ; le travail n'était qu'ennuyeux, et point du tout rude ; on était bien traité dans ces mines ; le directeur, qui avait une bouche d'une demi-aune, nous dit d'un ton affectueux : *kin kan kan kan kan kun kin kin*, en nous montrant des tonnes d'excellent vin, dont nous pouvions avaler tout ce qu'il nous plairait, sans que l'on y trouvât à redire ; mais on ne nous donnait pour manger que des oignons crus et de l'ail ; aussi cette carrière, dans toute sa longueur, sentait-elle l'ail et le vin comme les ivrognes de Provence. On donna une chambre séparée, et très bien meublée, à tous ceux qui en demandèrent ; et je remontai, les larmes au yeux, après avoir embrassé toutes nos dames et tous nos messieurs ; ils me suppliaient de me faire [122] entendre du souverain, et de lui expliquer les choses de manière qu'il nous assurât à tous un sort plus agréable ; je leur promis de revenir dans peu leur donner des nouvelles de ma réussite. Mon muet me suivait toujours, et me mettait à portée de m'entretenir avec mes gardiens, qui me paraissaient de bons enfants ; cependant ils avaient toujours à la main un morceau de fromage, qu'ils m'auraient lancé à la figure, si j'eusse fait la moindre résistance.

Je pensais à la bizarrerie de la nature, qui varie si singulièrement ses richesses dans les globes qu'elle anime ; j'étais fort bien assis sur un traîneau, couleur de pain d'épice, tiré par six gros chiens verts ; c'est cette couleur verte que je n'avais pas bien distinguée sur l'animal que nous avions tué la nuit. Mais les chiens de ce pays-là sont tous d'un beau vert ; et leur encolure noble, jointe à cette couleur, fait, selon moi, de fort jolis animaux.

Je demandai à mes gardiens, pendant la [123] route, ce que c'était que cette matière grasse, blanchâtre et salée, que l'on tirait des mines. J'appris que cette matière (qui n'est autre que la pâte du fromage de Brie) était encore une des principales richesses du pays ; que le royaume était rempli de carrières de fromage mou, de plus ou moins de consistance ; que c'était la pierre de taille la plus renommée et la plus belle, quand on l'avait laissée durcir au soleil ; qu'on la taillait auparavant avec la plus grande facilité, puisqu'elle était molle et pâteuse[52] ; qu'en la préparant d'une autre façon, on en faisait des armes, pour attaquer et pour se défendre ; qu'elle était arrondie en *boulets* et moins molle que d'ordinaire quand il s'agissait de livrer un combat sanglant ; mais que pour une simple défense d'occasion, on la laissait molle et sujette à s'aplatir ; mais que l'effet de l'attaque dépendait de l'adresse avec laquelle on la jetait au visage ; que ce même fromage, lavé simplement, et sans autre apprêt, était une [124] excellente nourriture ; qu'enfin, toutes les maisons des riches particuliers étaient bâties en fromage ; au lieu que le petit peuple et les villageois bâtissaient les leurs en cailloux et en argile.

Ces gardiens avec qui j'étais, dansaient et gambadaient sur leurs pieds tout du long de la route ; tantôt je les voyais à ma droite ; tantôt, sautant par-dessus ma tête avec une agilité surprenante, ils passaient à

---

52 « Il y avait des montagnes dont la superficie était couverte de gazons toujours fleuris. Le dessous était d'un marbre plus solide que le nôtre, mais si tendre et si léger qu'on le coupait comme du beurre, et qu'on le transportait cent fois plus facilement que du liège ; ainsi on n'avait qu'à tailler avec un ciseau, dans les montagnes, des palais ou des temples de la plus magnifique architecture : puis deux enfants emportaient sans peine le palais dans la place où l'on voulait le mettre. » (Fénelon, *Voyage supposé en 1690*, publié pour la première fois en 1787 dans ses *Œuvres*, Paris, Didot, t. 4, p. 570-575). Voir aussi, du même auteur, le *Voyage dans l'île des plaisirs* : « On nous assura qu'il y avait à dix lieues de là, une autre île où il y a avait des mines de jambon, de saucisses et de ragoûts poivrés. On les creusait comme on creuse les mines d'or dans le Pérou » (*Fables et contes, composés pour l'éducation de feu Mgr le duc de Bourgogne*, in *Le Cabinet des fées*, t. 18, Amsterdam 1785, p. ii ; cette fable ne figure pas parmi celles publiées en 1718).

ma gauche ; et puis ils buvaient des rasades d'un vin blanc délicieux, qui les suivait dans de grandes tonnes rangées sur des traîneaux.

Nous passâmes un village où je vis toutes les vieilles femmes, assises sur leurs portes, occupées à filer de la crotte, dont elles avaient à côté d'elles une provision dans des pots ; vis-à-vis de chacune d'elles, était une grande cruche pleine de vin, dont elles avalaient à chaque minute une bonne lampée, buvant à même la cruche, comme nos ivrognes à la bouteille. Plusieurs officiers du prince, avec des brocs et des tonnes, qui les suivaient, parcouraient [125] sans cesse les rangs, et faisaient la ronde, au nom du souverain, pour voir si l'on avait encore du vin, et pour remplir les cruches à mesure qu'elles se vidaient... Ces espèces d'intendants sautaient et pirouettaient d'une étrange manière ; et je remarquai chez ce peuple original, que l'on ne faisait guère un pas, sans que ce fût un pas de rigodon.

Je vis avec une grande surprise, en passant dans une petite ville, plusieurs personnes jouer ensemble à la raquette sur la grande place, avec un enfant qui leur servait de balle ou de volant. Cet enfant, lancé en l'air par une raquette, à cent pieds de hauteur, retombait sur une autre raquette avec une légèreté et une précision qui surpassait mon imagination. C'est ainsi qu'on exerçait cette nation à la danse dès son plus jeune âge : tout dépend des premières habitudes.

Nous traversâmes des villes et des bourgs assez étendus et fort bien bâtis ; tout le [126] monde dansait et gambadait dans les rues, dans les promenades publiques et sur les grandes routes ; c'était une contredanse universelle ; et partout des mines rubicondes et bourgeonnées, partout des tonnes et des brocs de vin frappaient mes regards.

Les campagnes étaient bien cultivées, mais assez monotones ; peu de montagnes ; quelques points de vue ; des plaines très étendues ; beaucoup de forêts de vignes très élevées ; peu de rivières ; plusieurs lacs de boues et de crottes, très respectés et très soigneusement gardés sur tous les bords ; quelques rochers escarpés, des cailloutages ; point de prairies ; point de bestiaux (au moins n'en ai-je point vu) ; quelques carrés de choux ; quelques tilleuls ; et partout des champs immenses d'oignons, d'ail et de poireaux : voilà la carte du pays[53].

---

53   Ici et à plusieurs reprises, Beffroy joue avec l'expression « savoir la carte du pays » qui
     signifie surtout, au figuré, « connaître les gens avec qui on a à vivre » (Richelet) ou « savoir
     parfaitement les intrigues, les intérêts de la Cour, les manières du monde, d'un quartier
     d'une société, d'une famille, etc. » (*Académie*).

Enfin nous aperçûmes dans le lointain la ville capitale de l'empire, bâtie toute en fromage de Brie (qu'on me laisse cette expression, puisque je n'en connais point [127] d'autre) ; il y avait des temples, des édifices publics et des tours d'une élévation prodigieuse. Le palais du roi surtout dominait sur le reste des maisons, comme l'aigle, qui plane au-dessus des autres oiseaux.

Quand nous fûmes aux portes de la ville, les commis des barrières vinrent en dansant nous demander si nous n'avions point de *crottes* dans nos équipages. Nous vîmes là beaucoup de voyageurs saisis pour contrebande, et des magasins de crottes, dont on dressait les procès-verbaux.

Les rues étaient fort larges et fort longues ; il y avait une infinité de grandes places publiques à la porte de chaque quartier, et surtout des quartiers occupés par le petit peuple. C'est qu'on s'imagine dans ce pays-là que plus le citoyen est pauvre, plus il faut lui faciliter le moyen de conserver sa santé ; on croit que rien n'est plus malsain qu'une grande ville où l'air ne circule pas librement ; chacun a ses idées ; ces gens-là rêvaient assurément ; j'aurais [128] bien essayé de les réformer sur ce point, en leur citant notre grande ville de Paris pour modèle ; mais je ne savais pas la langue, et il eût fallu m'en expliquer moi-même. Les rues étaient jonchés de traîneaux, plus ou moins élégants, et chacun dans sa manière avait une espèce de faste.

Nous arrivâmes au palais du souverain, que j'aperçus de loin, sur un trône couleur de pain d'épice, entouré d'une multitude de grands seigneurs qui gambadaient autour de lui pour faire leur cour à S. M. Ce prince était d'une assez belle figure ; il avait cependant le nez bourgeonné, et la bouche excessivement grande ; à droite et à gauche étaient rangés en haie cinquante de ses gardes, ayant chacun à la main droite un morceau de fromage de Brie.

Sa Majesté, dès que je parus, me lança un regard foudroyant en me criant d'un ton dédaigneux : *kon kon kin kan kan* ? Moi, je ne crus pas pour cette fois avoir besoin de mon interprète ; et, m'imaginant [129] en savoir assez pour lui répondre, je mis un genou en terre et, en baissant humblement les yeux, je répliquai d'un ton doux et soumis : *kan kon kan kan*… Aussitôt toute la cour marqua la plus vive indignation ; on entendit de toute part : *kin kin kun* ? Et je m'aperçus trop tard qu'en voulant faire l'habile homme, j'avais apparemment dit une sottise ; ce qui m'arrive quelquefois ; ce qui arrive aussi à d'autres, qui ont plus de prétention que moi. Mon interprète répara tout le mal, en expliquant au roi que l'ignorance des usages et de la langue avait causé seule mon erreur. Sa Majesté s'adoucit, et me fit rester debout devant elle.

Tous les courtisans riaient de ma figure, de ma bouche et de mon nez, et je leur paraissais l'être du monde le plus ridicule et le plus gauche. L'intervalle qui sépare ma bouche de mes oreilles leur semblait une difformité monstrueuse ; il est vrai que, dans ce pays, les grandes bouches sont tellement accréditées que, si quelque enfant naît sans [130] avoir les extrémités de la bouche contiguës aux oreilles, on lui fait une incision qui achève ce que la nature a commencé, et qui ne fait qu'une seule et même chose de la bouche et des oreilles. Ne restât-il qu'une ligne d'intervalle entre l'une et l'autre, c'est toujours trop ; et, puisqu'on peut corriger ce défaut, on fait bien de s'y prendre en bas âge. Je trouve que c'est penser sagement.

Le roi me fit plusieurs questions ; mais comme il gesticulait peu, à cause de la majesté du trône, il fallut qu'un de ses gentilshommes expliquât par signes à mon muet tout ce qu'il me disait ; celui-ci me le rendait ; et je me servais de la même voie pour faire à S. M. des réponses toujours claires, méthodiques et respectueuses, dont elle parut extrêmement contente. Je lui représentai que nos voyageurs allaient périr de chagrin et d'ennui dans les mines de fromage, que leurs bras délicats n'étaient point faits à des travaux de cette [131] nature ; que le vin dont on les abreuvait, allait être mêlé de leurs larmes ; enfin j'exagérai leur malheur, comme on exagère toujours avec les princes, auprès desquels il faut, dit-on, charger le tableau pour en obtenir ce qu'on leur demande.

Sa Majesté me répondit d'abord par cette phrase courte et sèche, qui me déconcerta un peu : *Pourquoi alliez-vous courir dans les airs ? Qui vous obligeait à passer les bornes que vous a prescrites la nature ?...* Mais ensuite, n'écoutant que la voix de l'humanité, ce bon prince se laissa fléchir, et me dit que tout ce qu'il pouvait faire pour moi, c'était de faire transporter ma colonie, des mines de fromage où elle était, dans les mines de pain d'épice (c'était le métal du pays ; comme ce minéral a précisément le goût, la couleur et la substance du pain d'épice, je ne puis lui donner un autre nom) ; que mes compagnons y seraient infiniment mieux, y ayant beaucoup plus de vin à boire et d'oignons crus [132] à manger ; que d'ailleurs c'était la mine la plus précieuse de la nation ; puisque c'était la monnaie du pays, et le signe représentatif de toutes les denrées, comme de tous les objets mercantiles. J'avais déjà remarqué en effet que l'on tirait de sa poche plusieurs petits pains d'épice, ronds et plats, de différentes largeurs, ayant l'empreinte des armes du prince, qui est un arbre de raisin ; et qu'on s'en servait pour payer, comme nous nous servons d'écus de six francs et de petits écus pour faire nos achats.

J'allais remercier Sa Majesté, quand la princesse sa nièce entra en pirouettant, suivie de quatorze ou quinze dames d'atour, très bien parées, qui tournaient sur un talon et pirouettaient majestueusement comme leur maîtresse. Elle arrêta sur moi un regard plein de bonté ; et puis, se tournant vers le roi son oncle, elle dit avec un sourire dédaigneux : « C'est dommage qu'il ait la bouche si petite ! cela le rend [133] d'une laideur amère ; mais il n'est pas mal du reste. » À peine le compliment de la princesse m'eut-il été rendu par mon interprète que, dans l'excès de mon ravissement, je tirai de mon doigt une jolie bague allégorique que m'avait donnée M. Bret... (Qu'est-ce que M. Bret ? – La belle question ! – Apparemment que c'est quelqu'un de vos amis ? – Sans doute, et de mes bons amis, encore. – C'est un artiste, apparemment ? – Tout juste ; celui-là même dont j'ai parlé à la tête de ce volume, à l'occasion d'une machine électrique[54]), et que je la présentai à Son Altesse ; en la suppliant de recevoir ce bijou, sur lequel était peint un ciel étoilé, avec la Lune au milieu ; de le recevoir, dis-je, comme un gage de mon respect et de ma reconnaissance.

Elle reçut ce cadeau très favorablement ; et donna ses ordres sur-le-champ pour qu'on me fournît, à moi et à mes compagnons, autant de vin et autant d'échalotes [134] que j'en désirerais. Le roi, sensible à ma politesse, changea de système, et me fit dire qu'il voulait bien exempter ma colonie du travail des mines de *pain d'épice*, et que nous pourrions jouir d'une honnête liberté dans ses états, en nous soumettant toutefois à la petite cérémonie d'usage pour tous les étrangers qui voulaient s'y fixer. Je me fis expliquer ce que c'était que cette cérémonie ; j'appris qu'il ne s'agissait que de nous élargir la bouche, à moi et à mes compagnons.

On se sert, pour cette opération, des mêmes instruments avec lesquels on agrandit la bouche des enfants nouveau-nés, dont j'ai parlé ; on fait

---

54   « M. Bret, marchand orfèvre, rue Phelipeau, vis-à-vis la petite Sainte-Vierge de pierre » (*Lune* n° 31, p. 3). Le Cousin Jacques habitait le même immeuble (n° 36, l'escalier à gauche, 3ᵉ étage) en 1788, 1789 et 1790 avant de déménager en 1791 au n° 15 de la même rue. La rue Phélipeaux, dans le 3ᵉ arrondissement, fut absorbée en 1865 par la rue Réaumur.

d'abord une incision d'un pouce aux deux coins de la bouche ; et puis deux hommes du pays, au fait de cette cérémonie, fourrent le doigt *index* de la main droite au fond de la mâchoire, au-dedans de la joue, et tirent de toutes leurs forces, chacun de leur côté ; pendant que deux officiers de police, [135] armés d'un morceau de fromage de Brie, vous tiennent en respect, en vous disant : *kan kan kan* ! c'est-à-dire : *si vous remuez, ou si vous criez trop fort, nous vous accablerons de nos traits.*

Il était tout simple que je me soumisse à cette opération, puisque tel est l'usage de ce peuple[55]. Je dis au souverain que rien ne me paraissait plus naturel que de me laisser élargir la bouche ; que rien n'était plus sage et mieux vu que de se conformer aux *lois et coutumes* des pays où l'on faisait élection de domicile, suivant ce précepte d'Horace : *si Romanus eris, Romano vivito more*[56]… mais que je conjurais S. M. de me permettre auparavant d'aller prévenir mes compagnons de l'honneur qu'on leur faisait en les admettant au nombre des citoyens de l'empire, et du bonheur qu'ils allaient avoir, en se voyant agrandir la bouche du double et du triple qu'elle était. J'ajoutai que je ne reviendrais pas sans apporter avec moi une [136] machine admirable, qui m'avait servi de voiture pour venir de la *Terre*, et que je me faisais un plaisir d'offrir à S. M. pour gage de la reconnaissance de toute ma colonie.

Cette proposition fut goûtée ; on me donna seulement deux surveillants, pour empêcher que je n'essayasse de m'agrandir la bouche moi-même, et de procéder à une opération dont il fallait laisser le soin aux officiers chargés de cette fonction.

Quand j'eus annoncé à ma flotte les intentions du prince, ce fut un cri général pour fuir ce *vilain pays*[57], et pour retourner sur la Terre, s'il était possible, ou bien pour chercher sur le globe où nous étions quelque

---

55   Cette opération cosmétique est comme une version burlesque de la circoncision imposée aux Européens désireux de s'installer dans l'Empire ottoman, tels le comte de Bonneval en 1730 ou Casanova en 1745. Dans l'île des Cataplasmes, sur la planète Jupiter, la même opération a une fonction toute différente : « À peine un enfant est-il né, qu'on lui fait une incision dans l'intérieur de chaque côté de la bouche, qui rend le rire plus difficile pour toute la vie ; de sorte qu'il faut, s'il veut rire, qu'il fasse une grimace douloureuse, par laquelle il est trahi, découvert et dénoncé sur le champ » (*Courrier des planètes*, n° 19, 8 mai 1788, p. 12).

56   Le précepte n'est pas d'Horace.

57   L'italique indique une citation difficile à identifier. Diderot parle du « *vilain pays* où les femmes sont gardées par des hommes qui ne le sont plus » (*Bijoux indiscrets*, chap. XI) ; Voltaire du *vilain pays* qu'est la cour, dans une lettre à Cideville du 15 novembre 1732 ;

autre empire plus analogue à nos mœurs et à nos goûts. Cela nous était facile, à l'aide de notre ballon. Muni des ordres du prince, j'envoyai chercher la machine et la nacelle, avec les provisions et les enfants. On les visita exactement [137] aux frontières, comme de raison, et on ne nous les rendit qu'après en avoir soigneusement ratissé toute la crotte.

Toute ma compagnie me suivit sur des traîneaux jusque dans la capitale ; tous les habitants des villes et des villages par où nous passions nous entouraient et s'amassaient en foule pour voir notre machine ; et de toute part on criait, en nous montrant au doigt : *kin kan ! kin kan !*

Je présentai ma compagnie au roi et à toute la cour ; on l'accueillit très bien, mais je voyais tous les seigneurs et toutes les dames détourner le visage pour rire de nos petites bouches et de nos nez sans bourgeons ; choses qui leur paraissaient d'un extrême ridicule : j'entendais même dire tout bas : *kan kan kan kan kan*[58]…

On s'aperçoit plus tôt à la cour que partout ailleurs dans ce royaume de la grandeur des bouches, parce que, l'ennui environnant les grands, ils sont sujets à bâiller bien plus souvent que le peuple. Il [138] y a des moments où tout le monde bâille en même temps ; par exemple quand le souverain s'endort au milieu des compliments et des flatteries, ou qu'il s'assoupit au sein des dégoûts de l'étiquette ; et alors, on croirait qu'ils vont tous s'avaler les uns les autres ; on pourrait dans chaque bouche enfourner un pain tout entier ; un étranger qui entrerait dans un pareil moment serait effrayé et tenté de s'enfuir.

Ce n'est point une impolitesse de bâiller devant le roi, parce que la grandeur des bouches étant la mesure de la beauté la plus essentielle chez ce peuple, plus on bâille, plus on est estimé, plus on fait sa cour. Ce n'est pas non plus une impolitesse pour les roturiers de *péter* et de *roter* en présence du souverain. Les nobles seuls ne le peuvent pas ; et cela leur est défendu par une loi fondée sur un raisonnement bien simple ; *péter* et *roter* sont deux actions malhonnêtes et dégoûtantes aux yeux de ces peuples ; c'est, disent-ils, la marque d'une [139] éducation peu soignée ; or on laisse faire aux roturiers tout ce qu'ils veulent ; et leurs

---

Delacroix du *vilain pays* dont personne ne revient, dans une réponse au même Voltaire (*Spectateur français*, 4ᵉ vol., 3ᵉ cahier, 1772).

58   L'homonymie est peut-être accidentelle ; le mot cancan n'avait pas encore le sens de *médisance* qu'il prit au XIXᵉ siècle : « Faire cancan. Se vanter. C'est faire beaucoup de bruit d'une chose qu'on devrait tenir secrète, la publier, la révéler à chacun qui est d'humeur de l'entendre. » (Le Roux, *Dictionnaire comique*, 1752).

impolitesses sont toujours sans conséquence, parce qu'ils sont censés mal élevés ; ainsi un paysan lâche un vent au nez de S. M. avec aussi peu de circonspection que dans sa cabane, on n'y songe seulement pas ; mais, parmi la haute bourgeoisie, et hors des derniers rangs de la roture, il arrive peu de ces sortes d'incongruités, parce que la vanité y met bon ordre ; chacun rougit de son état ; chacun veut passer pour gentilhomme ; et ce motif vaut une leçon de bienséance.

J'avais promis au roi de lui donner mon ballon ; mais 1°. Il ne m'appartenait pas ; et je n'en étais propriétaire que pour un cent-douzième. 2°. Il fallait alors rester dans le pays, et souffrir l'opération. Nos messieurs et nos dames étaient d'avis de partir sur-le-champ, pour éviter *cet acte de cruauté* ; j'avais beau leur représenter « que c'était plutôt un acte de justice ; que [140] cette coutume n'était ni aussi ridicule, ni aussi bizarre qu'ils le prétendaient ; qu'en Europe il y avait mille lois qui n'étaient pas plus sages ; que la circoncision des juifs, l'opération des eunuques, etc. ne signifiaient pas beaucoup plus ; qu'à la cour de France même, les vicissitudes des modes et la manie de s'enlaidir, en croyant s'embellir, ne prouvaient pas plus de sagesse ; qu'on avait vu des femmes se ruiner le tempérament, à force de se serrer la taille pour paraître minces et déliées comme des guêpes ; que, dans le temps où l'on portait les fronts découverts, les femmes qui avaient les cheveux plantés trop bas avaient la barbarie et la constance de se les arracher pour se mettre à la mode ; qu'on se perçait les oreilles pour se parer de breloques très inutiles ; qu'en un mot, toutes les formes et toutes les couleurs qui se succédaient en France, n'avaient pas plus de sens [141] commun que de porter une grande bouche ; que d'ailleurs la beauté était idéale ; qu'au reste, pour leur donner l'exemple, moi, qui n'avais pas une des plus grandes bouches de la compagnie, j'étais prêt à me la faire élargir devant eux, etc., etc.[59] »

Toutes ces représentations furent sans effet ; chacun voulut garder sa bouche telle qu'elle était ; et je fus obligé de leur promettre que, le soir du même jour, nous quitterions la cour et le royaume.

S. M. voulut me voir faire l'essai du ballon ; c'était là l'occasion de nous échapper ; j'y fis placer tous mes compagnons ; et, quand toutes nos

---

59 Il est parfois difficile de déterminer jusqu'à quel point le Cousin Jacques se moque du discours relativiste à la Montaigne en feignant d'y adhérer ; ou, pour le dire autrement, jusqu'à quel point Beffroy de Reigny est solidaire de son personnage.

nacelles furent occupées, tout notre monde bien placé, la machine, que j'avais eu soin de bien réparer, s'éleva avec toute la colonie, et quelques tonnes d'excellent vin, dont la *princesse-nièce* m'avait fait présent. *S. A.* m'avait aussi gratifié d'un grand panier de gousses d'ail, et de trois caisses d'échalotes ; [142] mais je laissai ces derniers cadeaux à un de ceux qui m'avaient gardé et soigné dans mes voyages à la capitale. Il fut si sensible à cet acte de générosité, qu'il m'accabla de bénédictions. Si j'avais été bien glorieux, je me serais regardé comme un bienfaiteur libéral ; mais, sachant combien peu me coûtait ce sacrifice, j'étais étonné d'une si grande reconnaissance ; il y a des bienfaiteurs à qui rien ne coûte, mais qui veulent qu'on les remercie pour des *riens*, et qu'on publie partout la *noblesse* de leurs procédés. Il ne tenait qu'à moi de leur ressembler ; mais, à dire vrai, j'avais autre chose en tête.

Nous nous élevâmes donc en présence de toute la cour, qui nous suivait des yeux, croyant que nous allions descendre. Mais quand on vit que nous partions sérieusement, l'admiration se changea en fureur ; le peuple et les militaires nous poursuivaient en criant : *kan, kan ! kan kan !* et on nous lançait des boulets de fromage, qui ne nous atteignaient point.

[143] Nous fûmes en peu d'heures à plusieurs lieues d'élévation ; déterminés, tous tant que nous étions, à poursuivre notre route aérienne autour du même globe, jusqu'à ce que nous trouvassions un climat plus digne de nous.

Quand nous eûmes perdu de vue ce singulier royaume, nous fîmes des réflexions très longues sur sa position, sur ses usages, sur ses productions ; à peine en savions-nous quelque chose, nous ne l'avions habité que *par extrait* ; nous n'en connaissions pas même le nom. Je regrettais de n'avoir vu qu'un échantillon de cet État, et de n'avoir pas poussé plus loin les observations. Nos physiciens, après de longs calculs, prétendirent que ce globe devait être la huitième planète (*Herschel*) nouvellement découverte, et annoncée dans tous nos journaux[60]. L'uniformité de couleur, qui nous avait frappés de loin, ne signifiait rien du tout, puisqu'un globe [144]

---

60   Beffroy commet une erreur qu'il corrigera par la suite : « La Lune n'est pas précisément une planète ; et les astronomes de France se sont constamment trompés en la comptant parmi les sept planètes jusqu'à la découverte *d'Herschell*, qu'ils comptent à présent pour la huitième » (*La Constitution de la Lune*, 1793, p. 16). William Herschel avait découvert en mars 1781 la septième planète du système solaire, et l'avait nommée *Georgium sidus*, en l'honneur de son roi. Les Français préférèrent le nom de *planète Herschel*, jusqu'à ce qu'on tombât d'accord sur celui d'*Uranus*. Voir aussi *Courrier des planètes*, n° 65.

montagneux, plein d'objets irréguliers et de diversités, ne doit avoir de si loin à peu près que la même couleur. Nous ignorions encore les dimensions de ce globe, et en quel endroit nous mettrions pied à terre.

La langue du peuple que nous quittions nous embarrassait singulièrement, quoique, dans le fond, elle ne fût que le résultat d'une combinaison fort simple. Tout y roule sur la diversité des accents. Il y en a de plusieurs sortes ; et chacun de ces accents fait une nuance dans la prononciation, et une différence essentielle pour le sens. Par exemple, le monosyllabe *Kan* est sujet à bien des acceptions ; vous écrivez *Kán*, *Kàn*, *Kân*, *Kan*, *K-an*, *-Kan*, *-K-an*, *Kan-*, *K=an*, *Kan=*, *=Kan*, etc. Toutes ces manières de l'écrire ont un sens et une inflexion de voix différentes[61].

Voici un couplet que les magistrats de l'empire, réunis en corps, chantèrent à [144] la princesse-nièce, dans une réjouissance publique, le jour qu'elle atteignit sa vingtième année.

> Kan, Kân, Kìn, Kôn, Kon,
> Kon, Kon, Kèn, Kén, Kòn,
> Kên, Kàn, Kan, Kan, Kan,
> Kén, Kèn Kèn, Kûn, Kan ;

Je les ai traduits de mon mieux, à l'aide des gestes de mes trois muets par les huit vers suivants :

> Votre gros nez, dont la rougeur,
> Nous peint le doux jus de la treille ;
> Votre bouche, dont la largeur
> Atteint à l'une et l'autre oreille ;
> Les soupirs de fromage et d'ail,
> Que vous nous exhalez sans cesse ;
> Tous ces attraits, belle princesse,
> Si dignes de notre tendresse,
> Sont le sujet de notre ivresse,
> De notre hommage, et de notre travail !

---

61 Francis Godwin, dans *The Man in the Moone* (1638), avait décrit un langage musical fait de tons (imité du chinois) ; idée reprise notamment par George Psalmanaazaar, dans sa *Description de l'île de Formosa*, 1705. Voir Anne-Marie Mercier, « Langue », in Baczko, Porret et Rosset (éd.), *Dictionnaire critique de l'utopie au temps des Lumières*, Georg, 2016, p. 633-658.

J'avais cru ne faire que huit vers, voilà pourquoi j'en avais marqué *huit*; mais, en [146] ayant fait deux de plus, sans m'y attendre, il faut en marquer *dix*; parce que huit et deux font dix; je n'avais pas compté sur une si grande fécondité de ma part.

Si l'Académie des Sciences de Paris souhaite que je lui donne des renseignements plus détaillés sur le pays, que j'appelle le *Pays au fromage*, je suis tout prêt à les lui donner. Si quelqu'un de ces messieurs veut bien se donner la peine de passer chez moi, je le recevrai avec distinction, et nous causerons *physique*; car je deviens physicien.

Je prie mes lecteurs de me passer les termes ignobles dont j'ai osé me servir dans ma narration. Je sais que *péter* et *roter* ne sont pas du beau style, quoiqu'il y ait des gens de fort bon ton qui *pètent* et *rotent* plus souvent que les gens de la populace. Mais on pardonne à un fou ce qu'on ne pardonnerait pas à un philosophe; et je n'aurais pas hasardé des mots si déshonnêtes, tracé un tableau si indécent, si [147] je ne savais que mes extravagantes lubies ne sauraient tirer à conséquence.

La suite au numéro trente-troisième.

32ᵉ NUMÉRO
Pleine Lune de mars 1787

(qui a commencé le 2 avril 1787, a influé jusqu'au 18 du même mois, et s'est imprimée du 20 avril au 20 mai)

[209]

Errata considérable.

Il m'est échappé une faute très grave dans ce volume-ci ; je relis l'épreuve de la feuille qui commence *la suite du voyage*, et je trouve *huit cent mille lieues* pour *quatre-vingt mille lieues*, ce qui fait une énorme différence. J'aime mieux laisser croire que c'est un trait d'ignorance de ma part, afin de donner matière aux *dangereuses* épigrammes de mes *illustres* adversaires, que de dire tout bonnement que c'est une faute d'impression. De 80 000 à 800 000, il n'y a qu'un *zéro* de plus ; et tout le monde sait d'ailleurs que je ne me pique pas d'être astronome. C'est pour le devenir que je me suis fait *lunatique* ; car je n'ai entrepris mon voyage dans la *Lune* que pour acquérir [210] des connaissances physiques, morales, astronomiques et politiques, que je propose de communiquer à mes lecteurs. Je ne leur dirai rien de ce qu'ils savent déjà. Mais je leur peindrai les mœurs, les usages, la législation et les gouvernements des différents peuples que je rencontrerai ; les productions de la nature dans chaque globe habité, et dans chaque climat de ces globes ; la construction de tous les globes habités, ou non habités, que je découvrirai ; et le tableau de leur surface ; les aventures qui m'attendent dans chaque pays, et pendant le voyage d'un monde à un autre monde ; je leur ferai part quelquefois des catastrophes et des événements qui auront obligé les personnes de ma compagnie de s'expatrier, quand ces événements seront assez extraordinaires pour mériter l'attention du lecteur. On voit qu'il me reste un champ immense à parcourir ; aussi mon dessein n'est-il pas de rester à rien faire. Je travaille au moins sept heures par jour, très régulièrement [211] ; quand on est laborieux, quand les matières abondent, quand on est connu dans la carrière qu'on a publiquement adoptée, quand on est sans fortune, et qu'à l'aide de son travail, on peut exister honorablement, et faire exister ceux à qui l'on doit des secours[62], il ne faut que de la constance et du courage pour parvenir à son but. Je suis jeune... oh! jeune... quand JE DIS... oui jeune, pas tant jeune pourtant; mais enfin je n'ai pas encore trente ans; et, si ce n'est pas être de la première jeunesse, ce n'est pas non plus être vieux. Quoique bien né, je ne possède pas un pouce de terre dans le monde; mais je m'en console, en pensant qu'un Lunatique doit peu tenir à cette terre d'argile... Je parcourrai les plaines de l'espace; et je dirigerai mon vol hardi de globe en globe, tant qu'il plaira à l'intelligence suprême de me laisser la vie, la santé et la facilité de travailler. Je n'ai d'autre rang dans la société que ceux d'honnête homme et de père de [212] famille. Ces deux caractères sont plus augustes qu'on ne pense; et malheur à qui n'en sent pas tout le prix... Jamais homme n'a porté plus loin que moi la timidité, ou plutôt cette répugnance presque invincible, qui nuit toujours à l'avancement des jeunes gens dans le monde; je défie qu'un grand puisse dire que je l'ai jamais importuné pour moi-même; tant que je pourrai, par mon travail, me passer des faveurs d'un protecteur, je laisserai à d'autres le champ libre; et je faciliterai peut-être le bien-être de quelque sujet plus estimable et plus malheureux que moi, dont j'aurais usurpé la place. Je le dis comme je le pense; et je ne pourrais pas, même quand je le voudrais, faire des phrases pour le plaisir d'en faire. J'ai le projet d'aller jusqu'au Soleil, si cela est possible; je suis du sentiment des physiciens qui prétendent que cette masse de lumière peut être habitée[63]; on y découvre des taches et une espèce d'écume; et je crois que la chaleur de cet astre n'est autre [213] que la chaleur de la Terre, que pompent les rayons de sa lumière, et que nous ressentons plus vivement lorsque ces mêmes rayons sont plus perpendiculaires et

---

62   Beffroy avait épousé, le 14 décembre 1780 à Saint-Amand-les-Eaux, Justine Marguerite Virlez, dont il eut deux filles : *Rose* Marie Jeanne le 1er décembre 1782 et Catherine Abel *Justine* le 4 juillet 1784 : « jeunes fleurs dont le souffle impur du philosophisme n'a point altéré la fraîcheur et l'incarnat » (*Dictionnaire néologique*, s. v. Beffroy).

63   À part Cyrano de Bergerac, peu d'auteurs ont imaginé que le Soleil fût habitable. Même la *Città del Sole* de Tommaso Campanella, 1604, se situe sur Terre, à Taprobane (Ceylan). Mais certains astronomes, tel Flamsteed, soutenaient que les planètes ont été autrefois des soleils, « qui se sont encroûtés et obscurcis par l'entassement de plusieurs couches de parties grossières qui fermentaient sur leur surface, et qu'ils sont devenus des corps opaques, des terres habitables » ; les taches du Soleil pourraient provenir de ces fermentations (voir P.-A. Dulard, *La Grandeur de Dieu dans les merveilles de la Nature*, Paris, 1758, p. 19-21, note).

doivent avoir plus d'attraction. Mon but n'est pas d'errer au-delà de notre tourbillon, je ne crois pas qu'il soit donné à l'homme de franchir la sphère dont le Soleil est le centre ; aussi, je ne prétends point visiter les étoiles fixes ; je me bornerai aux planètes et aux satellites qu'on n'a peut-être pas encore découverts. Je sais que, pour arriver à Saturne, j'aurai à vaincre bien des obstacles ; mais aussi ! quel spectacle magnifique ! quel tableau sublime que celui de ces masses énormes qui roulent si majestueusement sur nos têtes ! Que de pays à parcourir sur un globe si volumineux ! Je reviendrai quelquefois sur la terre, pour renouer connaissance avec nos usages et nos mœurs ; et, par ce moyen, mes ouvrages auront une extrême diversité. On doute peut-être encore de mon *Voyage à la Lune* ; [214] et on croit que la grande difficulté n'est pas de vivre au défaut d'air, puisqu'avec une certaine provision d'air déphlogistique[64], on peut se concentrer dans un espace limité et respirer aussi librement qu'ici-bas ; mais la difficulté, c'est de s'élever, dit-on, au-delà de l'atmosphère ; parce qu'on ne conçoit pas que l'homme puisse se mouvoir au milieu de ce fluide qui remplit les distances et maintient l'équilibre entre les mondes. Mais moi, j'en parle maintenant d'après l'expérience, et je dis que ce fluide agit sur la liberté de nos mouvements avec moins de force que l'air ; et que toute machine errant dans l'espace peut s'avancer à volonté vers tel ou tel globe, selon la direction que l'homme lui donne, jusqu'à ce qu'une plus grande proximité, par la loi de la gravitation, le mette à portée d'y descendre[65]. M. *Herschell*, à qui nous devons la découverte d'une huitième planète[66], qui porte son nom, sera bien aise d'apprendre de moi des particularités [214] qu'il ignore concernant sa planète. Nous avions cru d'abord que c'était celle-là même où nous étions lors du voyage que je continue encore ; mais cela n'est nullement probable puisque, cette planète ayant échappé à nos astronomes, à raison de sa distance, il nous était impossible d'apercevoir la Terre, infiniment plus petite[67] ; or j'ai dit que nous l'apercevions plus loin que la Lune ; au reste, ce n'était

---

64 Que Lavoisier avait renommé oxygène en 1777.

65 *Cf. Micromégas* : « Notre voyageur connaissait merveilleusement les lois de la gravitation, et toutes les forces attractives et répulsives. Il s'en servait si à propos que, tantôt à l'aide d'un rayon du soleil, tantôt par la commodité d'une comète, il allait de globe en globe, lui et les siens, comme un oiseau voltige de branche en branche. »

66 Voir ci-dessus, *Lune* n° 31, p. 143.

67 « Il nous *aurait été* impossible… ». La masse d'Uranus est environ quatorze fois celle de la Terre.

peut-être pas non plus la Terre ; ce n'est que par la suite des réflexions, des calculs et des voyages, qu'on pourra distinguer telle ou telle planète, par le secours du nouveau télescope anglais, à l'aide duquel on vient de rapprocher plus de quatre mille fois les objets. Par conséquent on doit voir la Lune à une distance de douze ou vingt lieues, puisque dans son apogée, elle n'est éloignée de nous que de 80 000 lieues, et dans son périgée d'environ 60 000 lieues ; mais nous considérerons toujours cet astre dans sa [216] distance moyenne, pour éviter ces objections minu-tieuses des astronomes. Comme nous nous sommes perdus en route, nous avons voulu visiter le globe où nous étions, dans sa totalité, avant d'aller à la Lune.

33ᵉ NUMÉRO
Nouvelle Lune d'avril 1787
(qui a commencé d'influer le mercredi 18 avril
et qui s'est imprimée le 17 mai)

[67]

SUITE DU VOYAGE DANS LA LUNE,
Pour le trente-troisième numéro, onzième volume de la seconde année.

Ô la belle chose que l'astronomie! cette science merveilleuse, qui élève l'homme si fort au-dessus de sa sphère, qui lui fait parcourir en un clin d'œil des espaces immenses, est sans contredit la reine des sciences. On ne peut pas représenter un mortel [68] sous des couleurs plus attrayantes qu'en le peignant plus fier que l'aigle, et planant au-dessus des globes les plus distants de celui qu'il habite. Rien ne confond plus nos scepticiens[68] superficiels, qui, parlant de tout avec la vanité de l'ignorance, nient hautement l'immortalité de l'âme ; rien n'est plus problématique pour leur esprit obscurci par l'orgueil ordinaire aux demi-savants, que l'inconcevable avidité de l'homme pour les sciences. À peine ses yeux se sont ouverts à la lumière, qu'il cherche, en la regardant, à en pénétrer les causes. À peine sa langue, dégagée des liens de la première enfance, peut-elle articuler des mots, qu'il ne parle que pour interroger ; et ses questions se multiplient à mesure que ses yeux se promènent dans l'étendue des objets qui l'environnent. À peine a-t-il fait quelques pas hors de la maison paternelle, qu'il veut déjà les porter plus avant ; bientôt sa raison se développe, et sa curiosité s'accroît. Tel qu'un voyageur, qu'un beau paysage amuse [69] dans le lointain, cherche à gagner des hauteurs pour découvrir, s'il se peut, d'autres paysages plus éloignés encore, l'homme s'avance dans le pays des sciences, guidé par cette curiosité naturelle, qu'il ne peut vaincre et qui lui dit sans cesse, *tu as appris ; apprends encore.* Il y a toujours derrière l'objet le plus éloigné de sa portée d'autres objets qu'il ne définit pas, mais qu'il soupçonne ; et son esprit est infini comme l'immensité qu'il embrasse. On est déjà

---

68   Le mot n'était ni rare ni nécessairement péjoratif.

convaincu de cette vérité ; chaque jour de nouvelles découvertes l'ont confirmée ; mais on n'en doutera plus nulle part, quand on aura lu dans ce *numéro*, et dans ceux de la troisième année de mes *Lunes*, la suite de mes voyages ; mais il faut la lire avec cette attention réfléchie qu'exigent tous les sujets philosophiques, traités dans le *grand genre*.

Je ne sais si ce qu'on m'a dit est vrai ; mais il m'est revenu que M. Blanchard[69] voulait, en qualité d'astronaute, m'intenter un [70] procès. Je m'étonne de cette animosité ; et je m'en étonne d'autant plus que je ne le croyais pas chicaneur ; on le dit très pacifique ; sa réputation le devient aussi ; pourquoi sortirait-il de cet état de tranquillité ? Lui ai-je fait du tort ? Je suis parti sans bruit et sans éclat, au milieu du parc de Vincennes, à l'insu des trois quarts et demi de Paris, qui ne l'ont appris que par mes *Lunes*, et après mon voyage. Mon principe était de ne pas annoncer avec fracas une entreprise dont je n'étais pas sûr[70] ; je voulais, avant d'en parler, risquer la tentative. Elle a réussi, non pas comme je le voulais d'abord ; mais toujours est-il vrai qu'elle a réussi, puisque j'ai fait en deux mois le tour d'une planète six fois grande comme la Terre, que le hasard m'a fait rencontrer en chemin. Mais personne ne m'a payé pour faire mon expérience. Chacun de mes colons s'est embarqué à ses frais ; et je vous jure qu'en déduisant sur le produit des *Lunes* les frais d'impression [71], les frais de poste, les frais de brochure, les frais de bandes, les frais de correspondance et *le gain du libraire*, il ne reste assurément pas à l'auteur des *Lunes* de quoi faire tout seul le voyage de la Lune. Si ma colonie m'a aidé en faisant une *masse*, où j'ai déposé ma quote-part comme les autres, il n'en est pas moins certain que mes procédés sont on ne peut plus désintéressés, et qu'on trouverait chez peu d'entrepreneurs une pareille générosité. On ne m'a point donné d'appointement pour ma place de commandant de la flotte ; aucune décoration ne m'a distingué des autres, que le côté brûlé de ma figure[71] ; personne ne m'a gratifié du titre de citoyen ; et je n'ai

---

69   Le 7 janvier 1785, Jean-Pierre Blanchard avait effectué la première traversée de la Manche, dans le sens Angleterre-France, dans un ballon gonflé à l'hydrogène. Nous n'avons pas trouvé trace de la querelle évoquée ici par Beffroy, dont le *Dictionnaire néologique* réserve un accueil assez mitigé à ce « fameux aéronaute, qui a fait plus de 60 ascensions, et qui aurait pu en faire dix mille, sans rien ajouter à sa réputation. On lui a reproché un peu trop d'exaltation contre ses rivaux, qui n'en ont pas manqué non plus. Il est fâcheux que messieurs les aéronautes se dénigrent tout aussi *humainement* que les savants de la terre ».

70   C'est oublier les Avis parus dans les *Lunes* n° 21 et 22.

71   Explication plus loin (*Lune* n° 36, p. 179).

pas obtenu un sou de pension. Par conséquent je ne dois être jalousé de personne. Que certains auteurs mécontents me prennent en aversion, cela doit être ; que certains lecteurs, qui ne lisent pas, me condamnent sur le titre des mes ouvrages, je leur pardonne ; que certains musiciens [72] s'opposent, et pour *cause*, à l'accueil que le public fait à mes airs, c'est encore une chose toute simple ; que certains déclamateurs parasites lèvent les épaules quand je chante, cela est dans l'ordre... Mais que M. Blanchard, dont je n'ai jamais dit ni mal, ni bien, à qui je n'ai jamais cherché à nuire, dont je n'ai pas envié les succès et la gloire, s'avise de m'inquiéter, sous le vain prétexte que j'usurpe ses droits et privilèges ; qu'il veuille me traduire en justice pour me faire rendre compte des motifs qui m'ont porté à partir pour la Lune ; c'est ce que je ne souffrirai pas de sang-froid ; et je déclare à tous mes lecteurs que c'est fort mal fait à lui, qu'un galant homme ne se comporte pas de cette manière ; et qu'enfin, s'ils sont mes amis comme ils disent, ils prendront fait et cause dans une circonstance aussi critique, et me vengeront dans l'injustice outrageante de mes ennemis. Voyez ce que c'est que de s'élever ! À peine suis-je à quelques millions [73] de lieues de la Terre, qu'on veut me couper les ailes. Il est bien temps ! Il fallait s'y prendre plus tôt ; revenons à notre voyage.

Nous étions déjà fort loin de la capitale du *Pays au fromage*, quand on me dit qu'on entendait un bruit sourd au fond de cette fameuse malle, si féconde en petits enfants, dont j'ai parlé dans la *Lune de fé*vrier. Je traitai d'abord de visionnaire celui qui m'annonçait cette nouvelle. « Va-t'en, va-t'en, lui dis-je, avec ta maudite malle ; tu ne m'en parles que pour me retracer le souvenir de ma première frayeur. » L'homme insistait pourtant ; et il m'entraîna hors du réfectoire où j'étais alors, et me conduisit dans ma nacelle. *Effectivement, tu as raison, il y a encore quelque chose dans cette malle ; cependant je l'ai fait vider ; est-ce qu'il y aurait un double fond ? Comment cela se peut-il ?* Je n'en dis pas davantage, et je la fis ouvrir ; on n'y vit rien ; mais, ayant observé [74] que les planches du fond étaient prodigieusement épaisses, on en défit une, celle du milieu, et on aperçut... ah ! tous mes sens se glacent... On aperçut... Non, ma plume se refuse à l'écrire... Mais enfin, qu'aperçut-on ? – On aperçut... Non, il m'est impossible de m'appesantir sur cette idée... On aperçut... Ahi, ahi, ahi ! Comme mon cœur bat ! on aperçut... Agathe, ma chère Agathe, mourante, pâle et défigurée par tous les symptômes d'une crise violente qui l'allait conduire au tombeau. J'ignore par quel moyen elle avait pu subsister pendant plusieurs jours dans cette étroite enceinte ; on vit autour d'elle quelques *simples* desséchés, dont apparemment elle avait fait provision… Vite et vite, je défonçai moi-même la malle, ou plutôt je la brisai moi-même ; et, pour ne plus avoir devant mes yeux cet objet détestable, je la fis jeter par la fenêtre ; elle sera tombée sur des rochers très escarpés, car nous étions alors au-dessus d'une chaîne [75] immense de rochers et de montagnes arides, qui semblaient faire une barrière insurmontable d'un pays à un autre pays. Pour Agathe, je la saisis d'une main tremblante… Ah ! cette main tremble encore aujourd'hui qu'elle trace la peinture de ce tragique événement… Je la pressais en vain contre mon cœur ; en vain par des baisers de flamme… Qu'allais-je dire ? En vain par des pectoraux et des cordiaux, par tout ce que notre pharmacie avait de plus capable de redonner la vie aux êtres inanimés ; en vain je cherchais à rappeler Agathe à la lumière ; Agathe ne m'entendait plus, ne me voyait plus ; et Agathe se mourait ; et tous mes efforts furent inutiles. Hélas ! c'est en dire assez… Je m'éloignai de ma nacelle, étourdissant tout le monde par mes sanglots… Ma chère Agathe était pour moi le tableau le plus désespérant que j'eusse vu de ma vie… Aussi jamais je ne l'oublierai ; ma trop chère Agathe ! que ne me disais-tu, ou que ne [76] m'écrivais-tu : *Je m'embarque avec toi malgré mon père et tes refus ; je te suivrai partout, au péril de mes jours ; et je me réduirai à ta situation effrayante, plutôt que de laisser échapper l'amant que mon cœur a choisi.* Ce billet m'aurait prévenu, m'aurait calmé ; et je ne t'eusse pas laissée périr dans cette affreuse captivité, qui t'enlevait pour jamais à mes espérances…

Nouvel inconvénient ; il s'agissait de faire les obsèques de mon amante… Et comment les faire ? Il nous eût fallu un emplacement, et parmi nos provisions, nous avions oublié un cimetière. Mais pouvait-on s'attendre à pareille histoire ? Certainement non ; je sais néanmoins qu'on pourra dire que *si* ; mais comme il est permis à quiconque le voudra de dire *si*, il doit m'être permis de dire *non*. Assurément, si je croyais que ce fût *si*, je dirais *si*, car je suis franc ; mais comme je sais que c'est *non*, je dis *non* ; car, voyez-vous ? si ce n'était pas *non*, et [77] que ce fût *si*… Mais revenons à l'enterrement.

Je voulais qu'on brûlât le corps d'Agathe ; mais il n'y avait qu'un petit inconvénient à redouter, c'était de mettre le feu au ballon, et de nous faire tous périr ; ce qui serait arrivé infailliblement, si l'on eût satisfait mon amour désolé. D'ailleurs nous n'avions point de bois ; et tous nos aliments étaient cuits et salés. Nous n'avions donc ni feu, ni rien pour en faire ; le plus borné de mes lecteurs concevra que, sans bois, sans soufre, sans tourbe, sans mottes, sans charbon de terre, sans poudre[72], sans amadou, sans pierre à fusil, sans briquet, sans bougie, sans chandelle, sans huile et sans allumettes, il n'était pas aisé d'allumer un assez grand feu pour réduire en cendres un corps humain ; ainsi, malgré le désir que j'avais de renfermer dans une urne les restes précieux de mon amie, il fallut procéder à une autre manière de funérailles. La pluralité des voix était pour qu'on jetât la [78] défunte par les fenêtres ; mais je m'y opposais de toutes mes forces, et je m'écriais que je l'accompagnerais dans la route, si l'on avait cette inhumanité... On laissa passer mon délire ; et, quelques heures après, en me tenant étroitement serré, de peur que je ne m'échappasse, on commença par chanter des litanies et des psaumes ; et, pendant l'office, on poussa en cérémonie ma pauvre et malheureuse amante au dehors de la nacelle... Justes dieux ! Je la regardai d'un œil fixe et taciturne ; un long sanglot et un torrent de larmes, que je versai dans le silence de mon cœur, furent tout mon *De profundis* pour feue Agathe ; je ne sais où feue Agathe aura dirigé ses pas mortuaires... Mais je défendis à mes regards de la suivre plus longtemps, et mon cœur ne put goûter un instant de calme que lorsque nous fûmes à plus de cent lieues de cet endroit sinistre.

Après quatre ou cinq jours de voyage, nous aperçûmes un coteau riant, qui [79] nous parut plus varié que tous les pays que nous avions parcourus. Nous y descendîmes d'un commun accord...... Après avoir mis pied à terre, nous songeâmes à mettre à l'abri des dangers notre cher ballon ; et pour cela, nous le traînâmes vers le fond d'une vallée tortueuse, sous une rangée de grands arbres touffus, dont l'ombrage formait une voûte ténébreuse et une espèce d'antre solitaire. De là, nous mîmes en avant nos trois muets, et nous allâmes à la découverte. Nous ne fûmes pas longtemps sans rencontrer des habitations ; autant le pays d'où nous sortions nous avait paru triste et monotone, autant celui que nous commencions à parcourir nous sembla riche, agréable et varié. De toutes parts, des points de vue pittoresques, des montagnes inégales,

---

72 Les armes confisquées par les commis du Pays au fromage n'ont apparemment pas été restituées aux voyageurs.

des vallées profondes, des plaines entrecoupées de canaux et de rivières, des lacs, des pâturages, des forêts du plus beau vert, des vignobles et des vergers ; enfin ce pays nous [80] paraissait exactement une de ces contrées de l'Asie que les voyageurs nous représentent sous des couleurs si séduisantes. D'une éminence que nous gagnâmes pour voir le pays, nous découvrîmes des villages semés dans les campagnes à une demi-lieue de distance les uns des autres. Nous aperçûmes de loin un amas de maisons très considérables, avec plusieurs tours et plusieurs flèches, comme des clochers, qui nous confirmèrent dans l'idée que ce pays était rempli de villages et de villes florissantes… *Oh ! pour le coup*, m'écriai-je, *le Ciel nous favorise plus que nous n'aurions osé le croire… Voici un climat délicieux ; ce sont sans doute des hommes charmants que nous allons trouver ; nous nous fixerons ici ; nous y coulerons d'heureux jours ; c'est la Terre promise.*

Je parlais encore, quand nous nous trouvâmes sur un grand chemin, pavé comme nos routes de France ; et nous vîmes ce chemin rempli de gens qui marchaient et [81] se croisaient gravement et sans proférer un seul mot. La plupart étaient à pied, plusieurs étaient debout sur le dos des chameaux qui les portaient ; quelques-uns étaient traînés par des ânes, dans des chariots dorés, très élégamment façonnés… La taille de ces hommes était comme la nôtre, entre cinq pieds six et sept pouces, leurs cheveux étaient tressés et bouclés ; ils avaient le visage fardé et parfumé ; leurs vêtements, de différentes étoffes, dont les couleurs tranchantes offraient à la vue un disparate très agréable, étaient plissés et relevés avec grâce, à la manière des anciens Romains. Leur costume nous charmait, et nous présumions jusque-là que nous allions nous féliciter de les connaître. Ce qui nous étonnait seulement, c'était de les voir passer, s'arrêter un instant pour nous regarder, et continuer leur route sans nous rien dire ; ce qui nous fit juger qu'apparemment nous avions l'air étrangers dans ce pays, mais que nous n'étions pas assez [82] curieux pour attirer plus longtemps leurs regards. Nous marchâmes du côté de la ville, où nous apercevions toujours ces tours et clochers dont j'ai parlé ; il y en avait d'une telle hauteur, qu'ils semblaient menacer le ciel ; et je brûlais de les voir de près, pour juger si ce n'était pas une illusion qui avait frappé ma vue dans le lointain… Qu'on se figure trente fois les tours de Notre-Dame de Paris l'une sur l'autre ; cela ferait environ six mille cent vingt pieds d'élévation ; eh bien ! telle était la hauteur des clochers et tours de cette ville ; les grands édifices ne nous paraissaient pas moins proportionnés à ce genre d'architecture : mais ce qui nous étonna le plus, c'est que ces clochers et ces tours étaient innombrables ; jamais je n'ai vu un coup d'œil pareil à celui-ci. Quand nous touchâmes aux portes de la ville, des hommes montés sur des ânes de très belle taille, prirent une trompette, et firent un bruit à étourdir toutes les oreilles à vingt lieues à [83] la ronde. Nos muets comprirent par leurs gestes qu'il s'agissait apparemment d'annoncer notre arrivée, et de prévenir les magistrats de nous recevoir. Jusque-là nous n'avions pas encore ouï prononcer un seul mot ; un des hommes aux trompettes s'approcha de moi, et me dit gravement : *cocu ! coco ! cocu ! corococo !* c'est-à-dire, d'après les connaissances que nous avons acquises depuis : *croyez-vous qu'il y aura assez de cages dans la ville pour vous renfermer tous ?* Je répondis poliment : *Messieurs, comment vous portez-vous ? Avez-vous bien passé la nuit ?...* L'homme me répondit : *cacu ! caraca ! balama ! féribi ! cocu !* c'est-à-dire, *attendez ici, on est allé chercher des licous...* Nous nous regardions tous, fort étonnés de ce que nous voyions, quand nous vîmes venir une centaine d'hommes armés avec des bâtons et des lances bien effilées, qui nous saisirent tous au collet, en disant : *cocu ! borobo !* c'est-à-dire, *partons toujours, les licous viendront.* [84] Aucun de nous, pas même nos militaires, ne songea à faire la moindre résistance. Cependant notre situation ne nous empêchait pas de rire ; leur gravité et leur silence imposant étaient des objets vraiment risibles. Nous nous demandions les uns aux autres, qu'est-ce que pourrait signifier tout cela[73] ; nos femmes surtout parlaient, parlaient, parlaient, questionnaient, répondaient en même temps. Enfin, elles étaient sérieusement effrayées ; et on l'aurait été à moins. Le peuple nous voyait passer tranquillement, sans s'attrouper, sans crier ; on entendait quelquefois dire par-ci par-là, *cocu !* mais rarement ; et à peu près du même ton qu'un Français entend dire dans Londres, quand on le regarde : *bah ! c'est un Français.* C'est-à-dire que tout le monde avait l'air de nous envisager comme des gens qui ne valent pas la peine de fixer le regard d'une créature raisonnable.

Tout à coup nous vîmes arriver une trentaine d'artisans, qui nous attachèrent à [85] chacun un licol, comme on fait aux ânes dans notre pays ; quand nous fûmes tous enchaînés de cette manière, on nous

---

73   « Jusqu'au XVIIIe siècle, *est-ce que* et *c'est que* dans l'interrogation indirecte ont appartenu au bon usage » (Grevisse et Goosse, *Le Bon Usage*, 1988, § 411). Voir aussi *Lune* n° 36, p. 119.

mena par de très grandes rues, en disant : *cocu ! hu ! cocu ! ho ! cocu ! dia ! hu !*, comme quand nos charretiers conduisent leurs chevaux ; et on nous faisait avancer à coups de fouet, quand nous commencions à ralentir notre marche. Cette incivilité ne fut pas de mon goût ; j'avoue que je me consolai alors de la mort d'Agathe, en songeant qu'elle ne partageait pas l'affreuse extrémité et l'avilissement auquel on nous réduisait. Nous arrivâmes sur une place très bien bâtie, toute en tours et en clochers, mais qui me parut d'une telle grandeur, que jamais de ma vie je n'ai vu de place aussi vaste ; en effet, elle a une lieue en carré. Au milieu de cette place, nous vîmes une assez grande quantité de cages en bois, à hauteur d'homme, et beaucoup de curieux rassemblés autour de ces cages, qui semblaient attendre une cérémonie. Elle ne [86] tarda point ; on nous enferma dans ces cages deux par deux, entremêlant, autant qu'il se pouvait, un homme avec une femme, comme les animaux qu'on accouple pour en multiplier l'espèce ; et l'on nous apporta du son bouilli et des pommes de terre[74], comme on fait aux poulets et aux dindons qu'on engraisse. Ce genre de vie ne nous plaisait point du tout... Je priai instamment par signes qu'on laissât du moins mes muets en liberté, pour qu'ils pussent me mettre à même de comprendre ce qu'on avait dessein de faire de nous. Cet avantage me fut accordé ; mes trois serviteurs, aussi zélés qu'intelligents, allaient et venaient sans cesse ; et ils me mirent promptement au fait de ce que je vais raconter.

Ce peuple chez qui nous étions est le plus égoïste qui soit connu sur ce globe ; il n'estime aucune nation, et ne fait cas que de lui-même. Mais cet orgueil ne le rend pas plus patriote pour cela. Le vice général devient particulier dans chaque [87] individu ; personne ne s'occupe des intérêts publics que quand il s'agit d'accabler un étranger du mépris qu'on a pour lui. Un voisin ne soulage pas son voisin ; les talents et l'industrie n'y sont pas encouragés, parce qu'il faut, pour s'occuper d'un autre un seul instant, cesser un instant de s'occuper de soi-même. Cette nation superbe est très peu communicative ; il n'y a ni assemblée publique, ni association de plaisir dans les villes les plus peuplées, parce que chacun, se croyant supérieur à son compatriote, regarde son compatriote comme

---

74   Le tubercule américain pâtissait encore en France d'un préjugé très défavorable, malgré les longs efforts d'Antoine Parmentier qui, le 24 août 1786, avait offert à Louis XVI un bouquet de fleurs de pommes de terre.

indigne de s'associer avec lui[75]. C'est un spectacle curieux que la foule des passants, qui se regardent dans les rues d'un air dédaigneux, sans se saluer et sans se donner la plus petite marque d'estime et de fraternité. Chaque maison particulière a une ou plusieurs de ces tours très élevées dont j'ai parlé ; c'est au haut de ces donjons qu'un citoyen monte son orgueil ; c'est là qu'il s'imagine étudier les secrets profonds [88] des sciences occultes et les sublimes vérités de la nature ; c'est de là qu'il promène ses regards *majestueux* sur tout ce qui l'entoure, et qu'il croit planer comme l'aigle sur tout le reste de ses concitoyens. Aussi chacun veut-il élever son clocher ou sa tour plus haut que celle de son voisin ; c'est pour cela que tous les clochers sont d'une hauteur si extraordinaire. Comme dans nos grandes villes de la France les hôtels des seigneurs et des bourgeois parvenus se disputent la palme ; c'est pour cela que dans les caravanes de Longchamp[76], un particulier se passe quelquefois des choses les plus nécessaires à la vie, pour avoir un char plus magnifique que les autres ; c'est pour cela que dans nos promenades publiques, nos élégantes s'inquiètent, font des dettes, se privent même de sommeil, dans la crainte de voir sur la tête d'une femme une parure plus élégante que la leur. Ainsi, l'ambition de dominer règne dans tous les mondes ; et le [89] faste qu'elle occasionne est partout la première cause de la dureté des cœurs et de toutes les petitesses qui empoisonnent nos jouissances.

On n'y rit jamais ; jamais un front n'a pu se dérider ; et de quoi rirait-on ? et comment rirait-on ? Pour rire, il faut une certaine sécurité, une certaine liberté d'esprit, qu'on n'a jamais quand on est dévoré de la rage d'effacer tout le monde. Quand on veut être sublime, on n'est jamais gai ; et la morgue n'habitera jamais avec cette joie naïve qui fait le charme des conversations et des cercles aimables. On a vu à Paris des savants et des philosophes à prétentions, se mordre les lèvres le matin dans leur cabinet, et se meurtrir l'intérieur des joues, afin que la douleur les empêchât de rire toutes les fois que l'envie leur en prendrait.

---

75 Ici non plus qu'ailleurs, la satire de Beffroy ne vise de nation particulière, même si on peut reconnaître quelques traits de caractère souvent alors attribués aux Anglais, ou aux Hollandais : « Ils sont si constamment attachés à leur commerce, qu'ils semblent avoir renoncé à toute société avec les humains » (Fougeret de Montbron, *Le Cosmopolite*, 1750, p. 3).

76 « Le mercredi, le jeudi et le vendredi saints, sous l'ancien prétexte d'aller entendre l'office des Ténèbres à Longchamp, petit village à quatre mille de Paris, tout le monde sort de la ville ; c'est à qui étalera la plus magnifique voiture, les chevaux les plus fringants, la livrée la plus belle » (*Tableau*, chap. 122, Longchamp).

Jamais rien de plaisant n'a excité chez eux un seul signe d'approbation ; et les ouvrages les plus faits pour égayer, et pour intéresser, ne [90] leur paraissent que des sottises, sans fond et sans utilité, parce que le *titre* les empêche de les lire. Ils ont raison, ces gens-là ; car il est clair que la gaieté ne peut pas se concilier avec le bon esprit, et qu'un homme de goût ne rit jamais. Aussi la gaieté est-elle très rare de nos jours, parce que chacun veut avoir du goût, dans le royaume dont je parle : on méprise quiconque s'avise de rire ; aussi, dès qu'on nous vit rire, on conçut de nous l'idée la plus basse.

Le tendre amour, la plus active et la plus consolante de toutes les divinités qui veillent sur les plaisirs des humains, le tendre amour est inconnu dans ces lieux sauvages ; et la propagation n'est, pour ainsi dire, que le pur mécanisme de l'orgueil ; deux êtres s'associent sans s'aimer, en se méprisant même, et la jouissance de la volupté n'est autre que l'idée de se reproduire glorieusement, et de multiplier une espèce plus noble que celle des autres peuples, et que celle de ses voisins. [91]

Comme il faut partout un gouvernement et des lois, ce peuple est régi par un souverain, qui tient sa puissance de ses ancêtres ; et la royauté se perpétue de père en fils avec une attention sévère de la part des grands de la nation, qui ont soin de faire répudier la femme du souverain si elle est stérile. Le roi de ce pays ne paraît jamais en public qu'avec un cortège de cent mille hommes, qui marchent à quatre pattes comme des quadrupèdes, pour marquer la grandeur du roi. Mais les cent mille hommes sont étrangers, et ils sont traités comme s'ils étaient d'une autre nature que les hommes de la nation ; on ne saurait même comprendre chez ce peuple par quel hasard il se peut faire qu'un homme qui n'est pas du pays ait des sensations, du raisonnement et une espèce de mérite.

Quand le roi bâille, ou quand il éternue, ce qui fait un acte intéressant pour le peuple, on sonne toutes les cloches de la ville ; et il y en a cinquante au plus [92] haut de chaque clocher... Cela fait un beau charivari, comme bien on peut croire ; mais cela, disent-ils, annonce à *tous les globes de l'univers* la supériorité de leur nation.

Le roi ne donne jamais ses audiences que sur un trône élevé de six mille pieds, quatre pouces et neuf lignes ; à peine le distingue-t-on sur une hauteur si démesurée ; et S. M. ne paraîtrait qu'un point imperceptible, si elle n'avait sur la tête une couronne de cent vingt pieds de circonférence, qui s'élargit au sommet et qui est soutenue comme un dais par quatre-vingt-dix hommes à genoux. La plus grande faveur que le souverain puisse faire à ses sujets privilégiés, c'est de leur montrer l'*opposé de sa figure*; on est ennobli dès qu'on l'a vu ; et il faut postuler longtemps cette grâce avant de l'obtenir, parce que S. M. n'aime pas à tourner le dos à tout propos. S. M., tous les ans, le jour de l'anniversaire de sa naissance, accorde à ses peuples [93] la permission de visiter les commodités de son appartement. Ce sont des commodités très ornées et assez vastes, on y entre à quatre à la fois pour éviter le tumulte ; et ceux qui font preuve de noblesse peuvent s'asseoir sur la lunette ; mais il n'y restent jamais plus d'une demi-minute[77].

La maison du souverain est composée d'une multitude innombrable d'officiers de toute espèce ; outre les cent mille gardes dont j'ai parlé, il y a des capitaineries sans nombre ; le capitaine des rats, le capitaine des souris, le gouverneur des chats, l'inspecteur général des chiens couchants, celui des chiens courants, celui des chiens barbets, etc. Il y a de plus une grande quantité de médecins, qui sont toujours aux trousses du roi, pour l'empêcher d'être malade. Le directeur des poumons est le médecin chargé de veiller à sa poitrine ; le directeur des reins, le directeur des hanches ; chaque partie du corps a un directeur, un sous-directeur, et plusieurs [94] premiers commis, seconds commis, sous-inspecteurs, etc. Et tous ces gens-là sont des médecins. Chaque jambe a son directeur ; il y a même le directeur du pied gauche et le directeur du pied droit. Quand S. M. a mal à l'oreille droite, il ne faut pas que le médecin directeur de l'oreille gauche s'en mêle ; sans quoi l'autre lui ferait un procès, qu'il gagnerait à coup sûr ; aussi ces médecins sont-ils toujours en querelle sur leur district ; et le roi ne peut pas faire un pas sans être poursuivi par tous ces médecins, ni témoigner le plus petit ressentiment de quelque mal passager, sans qu'il s'élève des disputes affreuses, et quelquefois de sanglantes batailles.

Ce pays n'est si bien cultivé, si riant, si enjolivé, que parce que chaque propriétaire, étant égoïste à l'excès, songe à son agrément, et veut effacer

---

77 De même le duc de Vendôme : « Sa malpropreté, pour ne pas dire son insupportable saleté, devint en lui une singularité qui peu à peu se tourna en grandeur. [...] Il avait accoutumé tout le monde à sa chaise percée, sur laquelle il passait ses matinées à recevoir et la foule et les gens en tout genre les plus distingués, devant lesquels à mesure que cela lui venait il faisait sans façon ce pour quoi on est en pareille posture » (*Journal du marquis de Dangeau, avec les additions inédites du duc de Saint-Simon*, vol. 13, 1709-1711, Paris, Firmin-Didot, 1858, p. 165-169).

l'élégance et le goût de son voisin[78]. Il n'est pas non plus étonnant qu'un peuple si fier honore son monarque par des soumissions extraordinaires [95] ; il croit s'honorer lui-même en relevant l'éclat de son maître.

Ce peuple est on ne peut pas plus superstitieux ; il est si naturel chez les gens sublimes et vains d'être avec cela petits et bas ! Les puérilités se mêlent toujours à l'orgueil mal entendu ; et cette nation, si grande et si noble à ses propres yeux, est aux yeux du vrai philosophe le réceptacle de tous les ridicules. On ne ferait pas concevoir au plus habile de ces gens-là que l'on n'est pas grand par la taille, que l'on n'est pas grand par les grands airs, que l'on n'est pas grand en faisant *bouffer* ses joues, que l'on n'est pas grand parce que l'on est perché sur une tour ; mais que l'on est grand parce qu'on est sensé, parce qu'on a des talents, de l'aménité, des vertus ; parce qu'on sait réfléchir et s'occuper utilement ; parce qu'enfin on s'accoutume à plaindre le sort des malheureux, à les consoler, à les soulager, et à les regarder [96] comme des être pétris[79] du même limon que soi.

On nous destinait à faire, aux grandes fêtes, l'amusement du prince et du peuple, parce que nous étions étrangers, et qu'on saisissait le moyen le premier venu de nous avilir ; c'était encore un grand honneur pour nous de servir à l'agrément d'un peuple si sublime. Aussi, après quinze jours de captivité dans nos cages, sans espoir de voir finir nos tourments, on nous en tira devant le roi, sa cour et une multitude immense ; et là, en nous menant par le licol, on nous fit danser comme des ours, un fouet à la main. Un de nos malheureux colons s'avisa de rire de cette cérémonie ; on dressa un procès-verbal comme quoi il avait osé rire, et il fut déclaré incapable d'être regardé comme un homme digne de danser en public ; en conséquence, on l'envoya dans une écurie obscure avec des ânes, comme un animal [97] privé de toute lueur de raison, et qui avait donné des preuves de sa *matérialité* jusqu'à rire.

Cependant nous n'eûmes pas longtemps envie de rire ; car ne sachant pas comment il fallait danser pour les contenter, nous nous attirâmes des mauvais traitements de la part de nos meneurs. Je compris qu'il n'y avait d'autre moyen de me tirer de cet abominable esclavage, et de rendre

---

78   La *Fable des abeilles* de Mandeville montre que la prospérité générale naît de la somme des égoïsmes. Mais Beffroy ne s'engage pas dans cette voie économique, préférant tenir un discours moral assez convenu contre le luxe et la vanité.

79   Beffroy écrit toujours *paîtri*, orthographe commune à l'époque.

le même service à mes infortunés compagnons de voyage, que d'affecter pendant quelques jours beaucoup de gravité; comme ma situation se prêtait à la circonstance, il ne me fut pas malaisé de m'abstenir de rire, et cette privation ne fut pas un service très coûteux.

J'avais un air plus sérieux que tous les spectateurs qui jetaient sur moi leurs regards; je feignais de réfléchir et mes attitudes extraordinaires excitaient l'attention; mes muets expliquaient à tous les passants la cause de mon extérieur, et ils leur [98] firent accroire que je n'avais jamais ri de ma vie... Cette nouvelle intéressante prévint tout le monde en ma faveur. On commença à me regarder comme un homme; enfin, mon air merveilleusement sérieux fit des prodiges; on alla dire aux magistrats que j'étais grave comme un naturel du pays; et, persuadés que je ne savais pas rire, soupçonnant que je pouvais être bon à quelque chose, ils me firent mettre en liberté. Quand je fus sortis de ma cage, je devins encore plus sérieux que jamais; je me promenais en silence, les bras croisés, les yeux baissés, la tête droite; et mon pas était mesuré comme celui d'un marguillier[80]. Pour le coup, cette contenance me fit passer pour un être raisonnable; et on me fit la grâce de me charger de l'inspection de mes camarades; eux, qui ne m'avaient jamais vu cet air philosophique et soucieux, ne purent me voir jouer cette comédie sans éclater de rire; je les tançai vivement; et leur fis un discours [99] accompagné de grands gestes, pour leur prouver que les gens qui riaient étaient voués au mépris public, et que jamais le Créateur ne pouvait regarder de bon œil un homme assez sot pour avoir ri.

Cette remontrance fit un bon effet. À ma liberté se joignit une certaine considération; et je me vis assez maître de moi-même pour entreprendre un voyage jusqu'à l'endroit où j'avais caché le ballon. Un soir, au clair de Lune, je m'y transportai sans témoin. Ayant eu bien de la peine à reconnaître l'endroit, j'y parvins pourtant; et je disposai tout pour notre prochain départ; je fis rapprocher l'aérostat à un quart de lieue de la ville par les deux domestiques que j'avais laissés pour veiller aux petits enfants; et j'allai sur-le-champ donner à mes compagnons le signal du départ.

Ce fut une joie universelle et bien vive, quand j'annonçai de cage en cage les préparatifs que je venais de faire pour l'élargissement de

---

80   « Les marguilliers vont les premiers à l'offrande, à la procession, et représentent tout le corps des paroissiens » (Furetière).

ma colonie. Chacun se prépara [100] à quitter ce séjour ; et, quand l'obscurité eut investi la ville, toute la compagnie, deux à deux et sans bruit, défila doucement, après avoir pris ce que chacun pouvait emporter de provisions ; et, quand tout mon monde fut réuni, nous nous élevâmes en silence, sans nous informer de ce qu'on allait penser de notre évasion. Nous eussions voulu rester jusqu'au jour, suspendus au-dessus de ces fameuses tours, où l'orgueil de ces observateurs se *nichait*[81] pour dominer sur l'univers ; et le plaisir de leur montrer que nous étions encore au-dessus d'eux eût été pour nous une jouissance bien agréable : mais non ; le temps nous pressait ; et il nous tardait de nous éloigner d'un séjour où l'humanité se voyait si cruellement immolée aux misérables calculs de l'amour-propre le plus mal entendu.

Nous traversâmes quinze cents lieues de pays ; j'ai dit que les nuits ont le double des nôtres en longueur, dans ce pays-là. [101]

La clarté ne nous paraissait pas venir d'un autre astre que le même Soleil qui nous éclaire et vivifie notre globe. La Lune nous guidait alors, et nous distinguions très bien les pays au-dessus desquels nous planions fièrement. Tant que nous aperçûmes des tours et des clochers de même hauteur, épars dans les campagnes, nous n'eûmes guère envie de descendre, jugeant avec raison que toute cette plage était soumise à la même domination.

Enfin, nous vîmes une espèce de mer, d'une médiocre étendue ; nous la traversâmes en sept heures, en fendant toujours les airs avec une étonnante rapidité ; jusqu'à ce que, gagnant le rivage opposé, nous mîmes pied à terre, précisément au lever du soleil. Le pays nous parut assez varié ; mais la plupart des feuilles d'arbre étaient grillées ; beaucoup de maisons et d'amas de pierre paraissaient à demi-calcinés ; souvent nous rencontrions des terrains arides, dont la terre semblait une cendre noire ; et tout [102] ce pays nous sembla la victime de quelque volcan, si nos conjectures étaient justes ; cependant il y avait beaucoup d'endroits bien cultivés ; et en général le pays nous parut assez peuplé.

Pour nous épargner la peine de faire à pied bien du chemin, nous dirigeâmes notre aérostat précisément sur l'endroit que nous crûmes être le plus peuplé, le mieux bâti, et le village ou la ville la plus considérable ; en effet, c'était une ville assez bien percée, et fermée de portes bien conditionnées ; personne n'était dans les rues, ni sur la route, quand

---

81   « Où la vertu va-t-elle se nicher ? » : propos attribué à Molière par Grimarest.

nous y descendîmes; et nous eûmes le temps de cacher notre flotte au haut d'une montagne, dont la cime, faite en cône, était hérissée tout autour d'une chaîne de rochers informes. Nous nous tirâmes de là pédestrement, du mieux qu'il nous fut possible; et nous arrivâmes tranquillement aux portes de la ville; une bande de portiers, que nous jugeâmes des commis préposés aux entrées, vint [103] droit à nous, en tenant chacun un pot de chambre de faïence, de la même forme que les nôtres; nous nous apercevions déjà d'une certaine odeur, qui n'était rien moins qu'agréable; et nous regardions ce peuple comme un peu malpropre; ceci soit dit sans offenser la délicatesse de mes lecteurs; je ne parle ici que des lecteurs du bon ton, dont l'oreille s'effarouche d'un mot plus *prosaïque* que les autres.

Ces gens nous étonnaient beaucoup avec leurs pots de nuit et les supplications qu'ils paraissaient nous adresser pour en faire usage. Nous n'y concevions rien encore, lorsque notre trio de muets nous expliqua l'énigme; il était question d'aller à la garde-robe, et chacun demandait la préférence, parce que ce que je n'ose nommer est dans ce pays-là une espèce de denrée de grand débit; on n'en fait pas, comme en Flandres, un objet de consommation pour la culture des terres[82]; mais, puisqu'il faut tôt ou tard m'expliquer ingénument, je dirai [104] sans façon la vérité, et j'avouerai que cette matière est le tabac du pays, qu'on n'en prend et même qu'on n'en connaît pas d'autre[83]. On en fait des magasins dans des grands réservoirs, exposés au soleil; on la fait sécher, jusqu'à ce qu'elle soit en état d'être pulvérisée comme le tabac; alors, on en prend des morceaux considérables, que l'on pèse devant les directeurs de la ferme et qu'on broie au lieu de les râper. Aussi l'entrepôt général de cette nation exhale-t-il une odeur toute autre que celle de nos différents bureaux.

Ceux d'entre nous qui n'étaient pas *constipés* profitèrent de la circonstance; et, en peu de minutes, les pots de chambre n'eurent plus besoin de solliciter notre générosité; nous fûmes libéraux au-delà de l'espérance de ces bonnes gens, et ils nous firent des salamechs[84] qui nous démontrèrent

---

82   « Courte graisse : on appelle ainsi dans les environs de Lille, les excréments humains qu'on emploie pour fumer les terres » (*Annales de l'agriculture française*, 1800, t. 5, p. 35).

83   Il ne s'agit donc pas à proprement parler de coprophagie, comme dans les *120 journées de Sodome*; ni des mache-merdes métaphoriques de Rabelais (*Gargantua*, chap. 40).

84   « Salamalec. Salut à la Turque, qui signifie Dieu vous garde » (Le Roux, *Dictionnaire comique*, 1781).

clairement que nous étions chez eux les bienvenus. Nous n'eûmes pas fait cent pas dans les rues de la ville, que des milliers [105] de citoyens se présentèrent à nous avec des pots de nuit tels que les premiers ; nous étions bien fâchés de les refuser ; mais, pour les satisfaire, il eût fallu ne faire autre chose que digérer et les gratifier de notre digestion. Nous n'étions pas capables d'une opération si supérieure à notre train de vie ordinaire ; et nous fûmes, à notre grand désespoir, obligés d'encourir la disgrâce de ces habitants ridicules qui, sans égard pour nos raisons, et ne se prêtant point du tout à la circonstance, se fâchaient sérieusement de nos refus. On ne s'apaisa que par la promesse que nous fîmes solennellement de contenter tout le monde l'un après l'autre ; chacun ayant son tour, cela était dans l'ordre, et il n'y avait pas là de quoi nous en vouloir. Ce qu'il y eut de plus remarquable à nos yeux, et ce que les lecteurs auront peine à croire, c'est que plusieurs juges et magistrats de la ville, accompagnés de soldats armés pour l'entretien des fermes du tabac, nous marquèrent à chacun le [106] derrière avec une huile rouge comme le carmin ; et cela s'appelle *hypothéquer les derrières au profit de la ferme* ; en langue du pays, *babiboba*. C'est comme si l'on nous eût dit ; vos derrières sont maintenant de notre domaine ; il ne vous est plus possible de donner à d'autres désormais ce qui doit en sortir. Cette cérémonie me parut de la dernière indécence ; mais encore une fois, chaque pays a ses usages ; et je ne pouvais pas plus y trouver à redire, que les moutons destinés à la boucherie ne peuvent en France se plaindre de la main du boucher qui les marque.

On rencontre à chaque pas chez ce peuple des boutiques remplies de pots de chambre, des gens qui disputent pour le prix de cette marchandise, des prisonniers que l'on condamne pour avoir laissé un libre cours à la nature, sans en avertir les commis, car il n'est pas permis à quelque particulier que ce soit de digérer sans le consentement de la ferme, et un suppôt des [107] magistrats doit toujours être présent, ou du moins prévenu, lorsqu'il prend envie à un citoyen d'aller à la selle ; on l'écrit sur un registre et alors le sous-directeur fait son rapport au profit de l'entrepôt[85]. Quoique le blé de son pays soit une graine odoriférante qui doive influer sur les travaux des entrailles, nous jugeâmes tous, du moins par nos narines qui n'étaient pas encore acclimatées,

---

85   Au-delà de la veine scatologique, cette épisode constitue une double réflexion : sur la relativité des goûts et, plus intéressante peut-être, sur le contrôle des corps par l'État.

que l'influence de ce blé n'était point assez considérable pour dénaturer l'odeur de la digestion ; j'appelle digestion le produit de la digestion, ne connaissant point de termes plus honnêtes pour exprimer ce que tout le monde comprend assez par le détail que j'en fais.

Ces gens ont sans cesse la tabatière à la main ; et la plus grande impolitesse qu'on puisse faire à un galant homme, c'est de refuser une prise de tabac. On peut juger par là de l'odeur qui règne dans les assemblées, où toutes les tabatières sont ouvertes ; mais ces personnes, et surtout le [108] grand monde, y sont tellement accoutumées dès leur enfance, qu'elles ne s'en aperçoivent seulement pas. On s'étonnait bien plus que nous ; et notre répugnance offensait grièvement ce peuple, d'ailleurs très affable et très prévenant. Je refusai constamment de prendre une prise de tabac que m'offrit une dame de qualité du pays ; comme j'étais le chef de ma colonie, cette impolitesse eut plus de conséquences que celles de mes compagnons ; j'eus beau alléguer que je n'étais pas dans l'usage de prendre du tabac, on me fit très mauvaise mine, et toute la ville me prit en aversion ; ceux de nos voyageurs qui prenaient du tabac ne purent se dispenser de goûter de celui qu'on leur présenta ; ils n'avaient point d'excuse à donner ; quand ils auraient dit que leur tabac était d'une espèce différente, on leur aurait répondu : *eh bien ! nous goûterons du vôtre, et vous goûterez du nôtre.* Aussi furent-ils obligés d'en passer par là ; et ceux qui firent trop de façons, furent [109] tenus à quatre ; on leur élargit les narines, et on leur injecta des prises de tabac à très fortes doses ; mais des prises de tabac du pays. Je leur ai demandé depuis si ce tabac leur paraissait extraordinairement dégoûtant, ils m'ont tous avoué qu'il n'avait pas une odeur plus désagréable que celle de nos fromages, que nous estimons d'autant plus qu'ils sont plus puants, car ce qu'on appelle un *fromage fait,* exhale une odeur de corruption, comme cela doit être puisqu'il n'est lui-même qu'un lait aigri qui dégénère en un levain corrompu, comme nos aliments digérés deviennent de la corruption.

Après tout, je ne prétends pas blâmer nos fromages, ni excuser le tabac de ces peuples. C'est bien là le cas de dire que chaque pays a des goûts bizarres qu'il faut bien se garder de condamner légèrement. Il y a des provinces en France où le goût et l'odeur de l'ail passent pour agréables ; il y en a d'autres où l'ail est réputé pour [110] mauvaise odeur. Il y a des élégantes de Paris qui prétendent que la rose les incommode, parce que, disent-elles, elle n'est ni douce, ni flatteuse ; d'autres femmes imaginent que l'ambre sent mauvais ; elles ne se bornent pas à dire que l'ambre est une odeur forte qui leur attaque les nerfs ; mais elles disent d'un homme ambré : *cet homme-là pue*[86] ; et ces femmes-là tolèrent patiemment les exhalaisons d'un ivrogne, ou les vapeurs d'une tannerie, ou la fumée du charbon de terre. L'ail est préférable à l'ambre, selon ces femmes-là ; pour moi, je pense comme *La Fontaine*, que l'ambre sent meilleur que l'ail, quand il fait dire au singe qui veut flatter le lion : *il n'était* AIL*, qui ne fût* AMBRE *au prix*[87] ; il est bien clair qu'il parlait selon le goût de son siècle, où l'*ambre* passait pour une bonne odeur, et l'*ail* pour une odeur désagréable. Quant à moi, encore une fois, j'avoue ma sottise, si c'en est une ; mais je suis imbu des vieilles erreurs de mes ancêtres [111], et mes narines ne sont pas d'une autre nature que les leurs. Tout cela revient à notre idée, si souvent répétée, et si souvent prouvée dans nos *Lunes*, que tout est préjugé dans la vie ; et plus on parcourt de pays, plus on est convaincu de cette vérité pratique, que le préjugé est le premier souverain de toutes les nations, le premier mobile de toutes les opinions, la première origine de tous les usages[88]. Mais c'est assez parler de tabac ; je craindrais que ma plume ne fût imbibée de cette même matière sur laquelle j'ai trop insisté ; qu'en voulant faire connaître aux Français des peuples si opposés à leurs mœurs et à leur genre, ils ne me soupçonnassent d'être mauvais citoyen, et de préférer à ma nation les nations dont je les entretiens.

Une particularité qui nous frappa tous à notre descente dans ces contrées, c'est que tout le monde avait le visage presque rôti ; il n'était pas défiguré pour cela ; mais le teint de chaque citoyen ressemblait à la peau [112] d'un gigot de mouton qui sort de la broche. Ce spectacle, je l'avoue, n'était pas autrement gracieux, mais il fallut nous y faire ; on nous expliqua ce malheureux phénomène ; chaque année, à une époque plus ou moins rapprochée, il passe dans ce pays une comète d'une longueur énorme, qui se promène de long en large pendant quatre ou cinq jours au-dessus de la contrée, à peu de distance de hauteur, et qui rôtit toutes les figures, par la proximité de sa chaleur. Quelque précaution que prennent ces malheureux habitants pour garantir leur visage de l'ardeur

---

86   Aux parfums animaux, comme l'ambre gris, le musc et la civette, on tend au XVIIIᵉ siècle à préférer des parfums végétaux moins entêtants.

87   « Il n'était ambre, il n'était fleur, Qui ne fût ail au prix » (« La Cour du lion »).

88   « On la nomme la *reine du monde* », écrit Voltaire (*Questions sur l'Encyclopédie*, s.v. « Opinion »), après Pascal.

de la comète, ils n'y réussissent que bien faiblement ; et les plus adroits en reçoivent toujours de terribles atteintes ; mais il faut dire aussi que la peau du visage étant une fois happée, elle se durcit comme du cuir et devient inaccessible aux traits du feu, jusqu'à un certain point. Leurs mains et leurs bras sont comme leur visage ; et toutes les productions que le sol fait éclore [113] pendant le séjour de la comète se ressentent de la même empreinte. Si l'on pouvait savoir au juste le jour et l'heure du passage de la comète, il serait possible de prévenir ses ravages, et ce peuple pourrait déserter son habitation jusqu'au départ de l'astre fatal ; mais elle est capricieuse comme une jolie femme, cette comète ; et elle arrive là, au moment où l'on y pense le moins.

Comme on sait que j'ai le côté gauche de la figure un peu marqué du sceau de Vulcain, quoique mon teint fût, à dire le vrai, bien différent du leur, ces peuples m'accueillirent d'abord avec une sorte de vénération ; leur réception fut beaucoup plus fraternelle qu'elle ne l'aurait été sans cela ; ils semblaient tous me dire des yeux : *vous êtes déjà notre compatriote d'un côté, soyez le bienvenu ; nous ne vous regarderons pas tout à fait comme étranger.* En cette considération, mes camarades participèrent aux droits de l'hospitalité ; et ils [114] convinrent unanimement que le proverbe qui dit : à quelque chose malheur est bon, venait de se réaliser en ma faveur.

Tous cependant me pressaient de partir ; ils craignaient qu'il ne prît envie à la comète de venir faire sa visite dans le temps où nous serions encore parmi ces peuples ; moi, qui ne craignais, et qui ne crains encore les comètes qu'à demi, je n'étais pas tout à fait pressé de m'en aller. Néanmoins, en y réfléchissant plus d'une fois, je compris qu'il valait encore mieux avoir un côté de la figure sain et sauf que les deux côtés grillés ; et je consentis à notre départ, qui se fit publiquement, sans qu'il prît fantaisie à personne de nous en empêcher ; au contraire, on vit venir notre ballon sans mot dire, et on le vit s'élever avec autant d'admiration que de curiosité ; plusieurs citoyens, en nous disant adieu, nous offraient encore de loin des prises de leur tabac ; mais nous les refusâmes avec une espèce de dédain qui les affecta vivement [115]. Ce fut le seul nuage que nous laissâmes dans l'esprit de ce bon peuple, qui, à quelques petits ridicules près, mérite une place dans notre souvenir, et a des droits à notre reconnaissance.

La suite du Voyage au numéro suivant.

35ᵉ NUMÉRO
Nouvelle Lune de mai 1787

ANECDOTE

J'ai amené de la Lune un naturel du pays, qui était grand, droit et bien bâti. Cet homme, que j'ai mené partout à Paris, a visité tous nos établissements, examiné tous nos usages, vérifié tous nos abus. Qu'est-il arrivé de là ? Que cet homme a les épaules tellement élevées et la tête tellement enfoncée, qu'il en est tout contrefait. Quand il est retourné dans la Lune, on a été tout étonné de revoir bossu celui qu'on avait vu droit et bien fait ; on en a demandé la cause : Hélas ! a-t-il dit, j'ai si souvent levé les épaules de tout ce que j'ai vu sur la Terre, que ce mouvement involontaire m'a démis la clavicule. Ses compatriotes ont été si effrayés de cette métamorphose, qu'ils ont craint d'éprouver le même sort ; cela les a dégoûtés du voyage.

36ᵉ NUMÉRO
Pleine Lune de mai 1787

[118]

SUITE DU VOYAGE
DANS LA LUNE

Ce volume est le dernier que recevront les personnes qui ne se réabonneront pas pour la troisième année.

La scène va changer ; un spectacle nouveau va s'offrir à mes lecteurs, et leur donner un avant-goût de mes travaux à venir.

Jusqu'ici nous avons erré autour d'une planète inconnue, peuplée d'êtres insensés ou ridicules ; nous voulions raconter au public des choses merveilleuses, parce que nous nous imaginions en rencontrer à chaque pas ; mais, comme on ne peut dire que ce qui est, quand on se pique, comme nous, d'être exacts à la vérité de l'histoire, il a fallu supporter[89] nos récits ; et en effet, ne trouvant partout sur cette fatale planète que des objets, des usages et des [119] caractères plus fous qu'intéressants, nous n'avons guère pu présenter que le tableau de la folie, mais d'une folie moins piquante, quoique plus originale, que bien d'autres… Car, loin de me flatter sur l'intérêt de mes derniers récits, je suis le premier à les trouver destitués d'agrément, je ne dirai pas de *vraisemblance*, puisque je n'ai raconté que ce que j'ai vu. J'ai demandé à ces peuples chez lesquels nous avons séjourné, qu'est-ce que leurs usages avaient de si beau, de si remarquable[90]. Observez que ceux à qui je faisais cette question étaient des doctes, des gens de haut parage, espèces d'académiciens de ce pays-là. Comme on les avait mis au fait d'une partie de nos mœurs et de nos usages, toujours par la communication qu'établissait le langage de nos muets, voici ce que ces gens m'ont répondu :

« Vous vous étonnez de nos champs d'ail, et de nos forêts de raisin ; quoique cette diversité plaise au coup d'œil, [120] nous avouons qu'elle est assez monotone. Mais chaque pays a ses productions ; et l'industrie

---

89 Peut-être au sens de justifier, corroborer, appuyer, étayer.
90 Sur cette construction syntaxique, voir *Lune* n° 33, p. 84, note.

du cultivateur consiste à savoir adapter à la nature du terrain l'espèce de production qui lui convient le mieux. Nous avons une manière d'apprêter nos ciboules et nos oignons qui leur ôte ce qu'ils ont de trop piquant, et nous en faisons une pâte qui n'est pas désagréable au goût ; d'ailleurs nous y sommes faits par l'air même que nous respirons ici ; et l'abondance du vin, qui croît de toute part sans culture, vaut mieux pour nous que ces forêts qui coupent le sol de vos provinces, et ne sont utiles qu'à brûler ou pour la construction ; puisque nous trouvons ces avantages dans la vigne, joints à beaucoup d'autres[91]. [121] Vous ne savez ce que signifient nos carrières de pierres molles. Convenez que, si vous aviez dans votre pays des pierres qui pussent servir à plusieurs usages très différents ; si les minéraux que vous tirez des entrailles de la terre avaient une sève nutritive qui les rendît propres à vous alimenter, sauf quelques préparations préliminaires, et qu'ils fussent en même temps de nature à prendre sous la main toutes les formes qu'on voudrait leur donner, sans le secours de vos ciseaux et de vos fourneaux, sans que cette vertu les empêchât de se durcir au grand air et de se consolider en édifices, vous auriez une double obligation à la nature. Vous avez les mêmes ressources que nous par une plus grande diversité d'objets, dont chacun a ses vertus et son usage ; mais le climat le plus agréable et le sol le plus riche n'est pas tant celui qui varie beaucoup ses productions, et qui par conséquent exige bien plus de soins [122] et d'apprêts différents de la part des habitants, que celui qui produit partout la même chose, mais pour divers usages, dont l'uniformité devient, par le secours de l'industrie, d'une ressource générale pour les besoins de la vie[92]. Que vous recueilliez ce qui vous est nécessaire sur la surface de la terre ; que nous tirions nos secours du sein de la terre, tout cela devient égal, quant au but que s'est proposé la nature, puisqu'il est partout le même, et la différence n'est que pour la forme. Vous nous demandez pourquoi nous filons de la crotte, et vous ne soupçonniez pas qu'une matière si sale pût avoir la moindre utilité ; mais nous sommes bien plus étonnés, nous

---

91   [Note de Beffroy :] Le bois de la vigne est utile à toute sorte de chose ; et il n'y a pas jusqu'aux cendres du sarment qui n'aient leur propriété ; or, les vignes croissant en arbres vigoureux et touffus, l'utilité devient plus générale. [La cendre obtenue en brûlant les sarments de vigne – dite cendre gravelée – servait comme engrais, comme lessive et en pharmacie.]

92   L'uniformité et l'économie des moyens sont parmi les modes préférés de l'imagination utopique.

autres, du parti que vous tirez de cette même crotte pour en faire des briques, des tuiles, des poteries, de la faïence, des verreries, des glaces ; car il n'est pas plus étonnant de métamorphoser une boue filandreuse en habits et en vêtements [123], que de changer de la terre glaise en un cristal transparent ; c'est cependant ce qui vous arrive tous les jours. Vos chanvres et vos lins exigent bien plus d'apprêts que nos crottes, pour devenir des chemises et des mouchoirs. Quant à notre tabac, nous disaient les doctes du *Pays au tabac*, que trouvez-vous donc de si surprenant au goût que nous témoignons à cet égard ? Est-ce l'odeur, qui vous révolte ? Mais songez-vous que vous respirez chaque jour une odeur aussi désagréable que celle-là ? Est-ce la corruption ? Vos gibiers faisandés sont précisément de la corruption ; il n'est pas plus ridicule à nous de faire d'une manière sale et corrompue un objet de commerce, qu'à vous de vous nourrir de viandes malsaines et de lait corrompu. Vous vous délectez à respirer des odeurs désagréables et pernicieuses ; car votre tabac ne vous paraît d'une qualité supérieure que [124] quand il exhale une odeur de latrines ; le fromage ne vous semble bon que quand les vers en attestent la dépravation ; et vous savourez la vapeur pestilentielle du gibier gangrené, dont la dissolution vous prouve à vous-mêmes la bizarrerie de vos goûts. Si l'on vous détaillait les différents apprêts que donnent des mains mercenaires à tout ce que vous mangez, à tout ce que vous respirez, vous verriez que vos usages sont, comme les nôtres, subordonnés au caprice et à la prévention ; et qu'en cela, comme en toute autre chose, c'est le préjugé qui nous fait la loi, à nous, à vous, et à tout ce qui porte une figure humaine sous le ciel[93]. Il y a plus ; on dirait même, sans craindre un démenti, que nos sens ne sont presque que des illusions du préjugé, et que le préjugé règle notre odorat, notre ouïe et la sensibilité de nos organes. On arrive au monde investi des préjugés de ses ancêtres ; [125] l'éducation les fortifie ; et ils passent pour une loi de la nature, presque aussi invariable que celles qui servent de base au bel ordre de l'univers[94]. Car chacun raisonne d'une manière proportionnée à la sphère étroite dans laquelle le hasard

---

93 Les créatures les plus bizarres restent des hommes.
94 Beffroy corrige le sensualisme dominant du siècle, non par un retour aux idées innées mais par un accent mis sur les préjugés qui troublent l'exercice des sens. « L'habitude nous fait une *seconde nature* que nous substituons tellement à la première que nul d'entre nous ne connaît plus celle-ci », écrit Rousseau (*Émile*, livre II) ; mais l'idée et l'expression sont beaucoup plus anciennes (Cicéron, Montaigne…).

l'a placé ; on a pour ainsi dire, une raison de terroir, un esprit local qui asservit les opinions et les sens ; et il n'y a que le philosophe courageux qui, à force de s'instruire, sache se dégager à la longue des illusions dont on l'environne, et secoue le joug de toutes les préventions ridicules, compagnes inséparables de l'ignorance. Il est donc naturel de voir un homme ordinaire s'émerveiller des usages qu'il n'a jamais connus, parce qu'il ne les juge que par comparaison ; au lieu que le philosophe, qui se fait une loi d'analyser toute chose, d'en développer les principes et les effets, ne s'étonne de rien[95], voit tout de sang-froid, pèse tout dans la balance de [126] la saine raison, et ne trouve pas plus de ridicule à la manière de vivre de *tel* ou *tel* peuple, qu'à celle du peuple chez lequel il a pris naissance ; d'ailleurs, comme, etc., etc.

Les doctes auraient continué à nous parler de la sorte, et je ne doute pas qu'ils ne nous eussent débité de superbes maximes, si nos craintes, nos alarmes et nos projets ne nous eussent empêchés de les écouter plus longtemps ; leur philosophie nous parut ennuyeuse ; et nous leur souhaitâmes le bonjour, comme on l'a vu dans le volume précédent[96]. Mais, ne voulant pas continuer à voyager autour du même globe, que toute notre flotte avait pris en aversion, nous décidâmes sur-le-champ de ne pas différer plus longtemps notre voyage à la Lune. C'était là notre but principal ; nous ne l'avions manqué que par maladresse : et il fallait bien la réparer. Nous ne pouvions pas dire à quelle distance nous étions de cet astre chéri ; mais [127] nous l'apercevions très bien ; il nous paraissait beaucoup moins gros qu'il ne nous paraît sur la Terre ; ce qui nous faisait juger qu'il y avait encore bien du chemin à faire. N'importe, nous nous élevâmes avec assez de rapidité ; et, pour ne plus nous exposer à faire bien du chemin de trop, nous ne le perdîmes pas de vue[97].

Notre ascension dura soixante-sept heures, sans qu'il nous arrivât aucune chose extraordinaire. Nous nous apercevions seulement que nous étions bien près de la Lune, et bien loin de la maudite planète que

---

95   Vieille sagesse cicéronienne : « Nihil, cum acciderit, admirari, ut inopinatum, ac novum, accidisse videatur » (*Tusculanes*, V, 28). Dans les aventures du Cousin Jacques, le moment schopenhauerien (*admirari id est philosophari*) est toujours suivi de sa critique stoïcienne ou nietzschéenne.

96   Ce discours tardif, tenu à la fois par les doctes du premier et du troisième pays visités n'a pas de place assignable à un moment de la diégèse.

97   Le Cousin Jacques n'explique jamais comment il dirige son ballon. Il semble ici que cette opération se fasse par le seul exercice d'une volonté concentrée.

nous avions quittée. Tout à coup nous nous trouvâmes au milieu d'un tourbillon d'air impétueux, qui faisait aller notre ballon de droite à gauche, et de gauche à droite. Mais ce même air, qui n'était pas invincible pour nous, agissait avec beaucoup de violence sur une infinité de petits globes, que nous voyions courir çà et là dans les airs avec une impétuosité surprenante. Les plus minces de ces globes [128] étaient de la grosseur d'une belle pomme de reinette, et les plus gros, comme une forte citrouille. Il y en avait une quantité prodigieuse ; ils allaient et venaient, s'entrechoquaient dans l'espace avec une agilité singulière, mais comme guidés par la main du hasard. Ils venaient même donner aveuglément contre notre ballon, dont le choc élastique les renvoyait avec vigueur d'où ils partaient. Il en tomba un dans une de nos nacelles ; nous le prîmes avec curiosité, et nous l'examinâmes fort longtemps. Il était gros comme un énorme potiron, d'une couleur grisâtre, surchargé de plusieurs dessins très agréablement variés, et enveloppé d'une vapeur bleuâtre, qui l'entourait à trois lignes de distance, comme les nuages qui nous couvrent à une lieue d'élévation. Je pris mon microscope, et je vis des petites cases rassemblées dans plusieurs endroits, avec des arbres et des productions qui ne paraissaient pas avoir [129] un sixième de ligne de hauteur ; ce globe était inégal dans sa surface ; et les plus hautes montagnes nous paraissaient élevées d'un demi-pouce, et surpasser de plusieurs lignes les nuages dont j'ai parlé. En un mot, ce globe, dans la totalité de sa surface, avait beaucoup de ressemblance à un bas-relief, et c'est là ce qui en faisait l'irrégularité. Nous jugeâmes, au microscope, que ce globe devait supporter des villes et des villages ; cependant nous n'y découvrions aucun mouvement local... Mais bientôt, à l'aide de la lunette, nous découvrîmes sur un endroit de ce globe une petite tache rouge, qui nous teignit les doigts en y touchant ; mais rien de plus... cependant nous jugeâmes (et tout plein d'honnêtes gens l'auraient jugé comme nous) que cette tache était du sang ; et nous comprîmes très bien que le choc du globe contre notre ballon avait sans doute écrasé des milliers d'individus[98] ; car il devait y avoir un peuple immense victime [130] de notre étourderie, et des provinces entières dévastées en

---

98 Beffroy reprend et développe une idée brièvement évoquée dans la *Lune* n° 29, p. 62. L'épisode reprend sur le mode tragique le premier contact entre Micromégas et les créatures terrestres : « Enfin l'habitant de Saturne vit quelque chose d'imperceptible qui remuait entre deux eaux dans la mer Baltique : c'était une baleine. Il la prit avec le petit doigt fort adroitement ; et la mettant sur l'ongle de son pouce, il la fit voir au Sirien, qui se

une seconde sur ce petit globe… Nous fûmes touchés de compassion, et nous déplorâmes sincèrement la triste destinée de ces êtres, que des chocs fréquents et violents exposaient à des périls continuels, et à qui un seul moment coûtait la vie. Si ces globes sont habités par des créatures raisonnables, nous disions-nous avec intérêt[99], quelles réflexions douloureuses ne doivent-elles pas faire bien souvent sur les dangers inévitables qui menacent leurs jours ? Tout dans la nature chérit son existence ; or, quelle idée peuvent avoir du Créateur des individus qui se voient placés, malgré eux, sur des globes errants, sujets à se heurter en traversant les airs avec une aveugle rapidité, et qui savent très bien que le moindre choc peut détruire des villes et une nation toute entière[100] ? Au reste, nous ne savons pas ce que disent et pensent les habitants de ces *globes-citrouilles* ; mais nous présumons [131] qu'il doit y avoir parmi eux des athées, des gens qui croient que tout est fait par le hasard, des esprits rebelles aux raisonnements des âmes pieuses, et que les théologiens de ces pays-là ont bien de la peine à convaincre leurs auditeurs des intentions sages d'une Providence bienfaisante. À ces réflexions, nous n'avons rien à ajouter ; nos systèmes et nos principes ne peuvent s'adapter à des mondes d'une classe aussi extraordinaire que celle-là. Je n'ai rien à en dire ; c'est aux philosophes à discuter ; mais l'historien voit tout, raconte fidèlement, et laisse aux autres le droit de juger.

Plusieurs de nos docteurs voulaient que nous gardassions ce petit globe comme un objet de curiosité, pour le montrer sur la Terre à tous les curieux ; mais je leur fis ce raisonnement bien simple : « Si le Créateur avait fait des globes incomparablement plus grands que le nôtre, que [132] chaque créature de ces globes eût sept ou huit mille lieues de hauteur, et fût taillée en proportion ; que ces créatures monstrueuses voyageassent dans une nacelle aérienne, proportionnée à leur individu, et que, rencontrant notre terre qui se meut dans l'espace, il prît envie à l'un de ces messieurs de prendre la Terre dans ses deux mains, de la presser bien fort, et de la serrer dans une armoire ou dans un coffre, pour la faire voir aux curieux qui viendraient visiter leur cabinet, ou pour la

---

mit à rire pour la seconde fois de l'excès de petitesse dont étaient les habitants de notre globe. »

99 Dans un sens dramatique plus fort que le sens moderne : intéresser, c'est « émouvoir, toucher de quelque passion » (*Académie*, 1762).

100 Écho du débat entre Voltaire et Rousseau sur la providence, à l'occasion du tremblement de terre de Lisbonne de 1755.

montrer à la foire de leur pays ; dans quelle crise serions-nous réduits ? Quelles violentes commotions ! Songez donc où nous en serions, si la pression de deux mains, dont chacune aurait quinze ou seize cents lieues de longueur venait soutenir cet univers, l'empêchait de tourner sur son axe, le ballotait comme un *joujou*, écrasait nos bâtiments, rompait nos [133] arbres, étouffait nos blés et nos vignes, et nous interceptait l'air que nous respirons ? »

Ces réflexions firent leur effet ; tout le monde consentit à laisser ce globe-citrouille ; nous le jetâmes doucement par une fenêtre, et nous eûmes le plaisir de le voir, non pas tomber en ligne perpendiculaire, mais reprendre sa première activité, tourner sur lui-même comme une toupie, et voguer dans l'espace parmi les autres globes errants de la région desquels nous sortions. Sûrement l'accident que nous lui aurons fait éprouver aura fait époque dans les annales physiques du pays ; et je ne doute pas que les naturalistes n'aient composé des volumes considérables sur les causes de cette révolution. Hélas ! s'ils savaient qu'un auteur de ce globe-ci, voyageant pour son plaisir, a été la première cause de tout ce désastre-là, ils n'auraient pas une idée bien supérieure de notre humanité. [134]

La grande femme ailée, dont j'ai parlé dans la première partie de mon Voyage à la Lune, nous avait prévenus que nous passerions dans ce qu'elle appelait la *région des mondes errants* ; et nous jugeâmes, d'après ses discours, que nous n'étions plus bien loin de la Lune ; nous ne la voyions plus, à cause de l'éclat du Soleil, qui brillait dans ce moment-là d'une clarté très éblouissante ; mais, au bout de quelques heures, nous la revîmes sur une ligne parallèle à celle que nous décrivions ; elle nous paraissait descendre à mesure que nous montions ; tant qu'à la fin nous fûmes obligés de tracer une route oblique ; et quand nous fûmes perpendiculairement au-dessus de cette planète, nous descendîmes posément et sans fracas, modérant la vivacité de notre course, et ne craignant rien tant que de nous égarer encore.

La Lune semblait se développer à nos pieds comme un tapis qu'on étend, à mesure que nous en approchions. Sa surface, [135] extrêmement inégale, ne nous avait pas d'abord paru ce qu'elle était, à cause de la rotation de l'astre ; mais bientôt nous entrâmes dans son atmosphère, et nous suivîmes ses mouvements. Nous n'en étions plus qu'à une lieue, quand nous arrêtâmes notre ballon au milieu des airs pour reprendre haleine, et pour examiner avec notre lunette en quel endroit il fallait mettre pied à terre. Rien de plus curieux que le spectacle qui s'offrit alors à nos regards, d'autant plus avides que nous aspirions depuis long-temps à cette Lune chérie, à laquelle même nous avions craint d'être obligés de renoncer.

La Lune, comme nous nous en étions doutés, a beaucoup moins d'eau que de terre ; il y a beaucoup de rivières et de lacs, mais à des distances à peu près égales ; des montagnes si élevées que leur aspect offre quelque chose d'effrayant. Aucun globe, dit-on, [136] n'est si montueux que celui-là ; je le crois bien ; les collines s'y rencontrent à chaque heure ; les vallées y sont longues, étroites et tortueuses ; les coteaux y font face l'un à l'autre, à une lieue et demie de distance tout au plus, souvent à un quart de lieue ; et rien ne nous a tant frappés que l'inégalité de sa surface. Du reste cette irrégularité nous parut charmante ; tous les amphithéâtres que forme cette prodigieuse quantité de vallons et de montagnes sont plus fertiles et plus riants que tout ce que nous pouvons imaginer de plus agréable sur la Terre. Partout ce sont des vignes, des blés, des prairies émaillées, des fontaines limpides, des forêts vastes et hautes, des vergers d'un beau vert, peuplés d'oiseaux de toute espèce ; et on dirait que le printemps a fait de ce séjour merveilleux son domicile perpétuel. Le climat y est plus froid que chaud ; mais l'air est pur et sain ; et, quand nous y abordâmes, on y [137] respirait un vent frais, chargé des vapeurs de toutes les fleurs qui parent les nombreux jardins de ce pays-là.

Au premier aspect de cet astre, les collines et les vallées qui le coupent en tous sens ne nous parurent que des précipices et des trous d'une profondeur étonnante ; en somme, la Lune nous semblait une éponge, criblée de trous de tous les côtés ; on eût dit que ce globe était troué de part en part ; au fait, jamais monde ne parut si troué que celui-là ; et nous cherchions en nous-mêmes d'où pouvaient venir tous ces trous ; nous fûmes d'abord tentés de croire que beaucoup de Français et de Parisiens surtout, qu'on avait vu disparaître successivement, *pour raison à eux connue*, étaient les auteurs de tous ces trous ; il se pouvait que tous ces expatriés, ne trouvant plus d'asile assuré sur la Terre, fussent allés chercher fortune dans la planète la plus voisine de la nôtre ; et que, pour s'y mieux cacher, ils eussent, à force de peine, [138] et de travaux, fait des trous à cet astre, des trous et puis des trous, et puis encore des trous ; car on sait que le nombre de ceux qui font des trous à la Lune va toujours en croissant[101] ; et bientôt même cet astre, tout volumineux qu'il est, ne suffira plus au nombre des expatriés ; et, si cela continue, il faudra que cette pauvre planète ressemble à un fromage de Hollande, qu'on me passe la comparaison, percé d'outre en outre par les rats et les souris[102].

Voilà ce que nous disions ; mais nos conjectures se détruisirent d'elles-mêmes, quand nous vîmes la Lune de plus près. Nous y descendîmes doucement ; et nous nous arrêtâmes sur le haut d'une montagne très escarpée, au milieu d'une forêt majestueuse, dans une enceinte fort étendue, sur une belle nappe de gazon vert, qu'entourait un couronnement de chênes touffus, et de tilleuls, dont les fleurs parfumaient l'air. Parmi tous ces arbres se mêlaient quelques arbres à fruits, comme pommiers, poiriers [139] et pruniers, chargés de belles prunes ; cet aspect nous transporta, et nous nous félicitâmes tous de n'avoir pas tardé plus longtemps à prendre le chemin de la Lune. Ce que c'est que l'homme ! il s'arrête, il tergiverse, il s'amuse en route, il suspend l'exécution de ses projets ; et le bonheur, qu'il semble fuir, l'attend au moment qu'il y songe le moins, et dans l'endroit où il ne s'attend guère à le rencontrer.

Nous attachâmes le ballon à un gros arbre ; nous y mîmes quatre hommes en sentinelle ; et, avant de nous écarter dans des routes inconnues, nous nous amusâmes à cueillir des fruits à quelques arbres voisins ; nous les trouvâmes si délicieux, que nous en dépouillâmes plusieurs arbres entièrement... Nous les mangions avec volupté, quand nous vîmes sortir du bois un grand homme sec, bien bâti, et couvert d'un manteau de fin lin, de diverses couleurs ; il avait sur la tête un bonnet vert ; en le voyant, nous fûmes [140] tentés de revenir à notre première opinion des trous faits à la Lune, et de le prendre pour un des Français réfugiés, dont nous avons parlé ; mais il nous détrompa bien vite ; son air était imposant, mais sa physionomie douce ; il avait à la main droite un

---

101 Nouveau jeu de mot ?
102 « Faire un trou à la Lune, c'est-à-dire s'échapper furtivement comme si on faisait un trou la nuit au clair de la Lune » (Furetière). Beffroy recourt peu au calembour dans son Voyage dans la Lune ; celui-ci est pesamment amené, sans lien avec l'histoire. « Un homme de goût ne saurait être trop sévère sur le choix des *bons mots* qui, s'ils ne sont pas justes et délicats, dégénèrent en *calembours* », prévient pourtant le Cousin Jacques (*Lune* n° 33, p. 31). Voir *Courrier* n° 56, p. 9.

bâton, sur lequel il s'appuyait[103]. Nous crûmes d'abord qu'il allait nous menacer, et nous nous mîmes sur nos gardes ; mais il nous dit d'un ton de voix extrêmement doux et modéré : « *kérakail karicoca brand'cha ? kolubi mons palapharno colicantos mourmoulett ?* » Il n'est plus nécessaire de dire à mes lecteurs que mes trois muets, s'accoutumant très bien à deviner la langue par les gestes et par le ton de voix, me mettaient promptement au fait des discours qu'on m'adressait. D'ailleurs je pris goût à la langue de ce pays-là, et je l'appris avec une ardeur qui seconda très bien mes intentions. Cette phrase voulait dire : « *Pourquoi prenez-vous mes fruits ? Ne doit-on pas respecter les propriétés de* [141] *chaque citoyen ?* » Nous restâmes tous muets et confondus, et nous lui fîmes des excuses sans nombre ; et puis, mettant la main à la bourse, nous lui offrîmes de le dédommager de cette perte, par ce qu'il nous demanderait d'or et d'argent. Il considéra nos pièces de métal, et nous les rendit gracieusement, en nous disant : « Gardez votre or pour des circonstances où vous pourrez en avoir un plus pressant besoin. » (Je ne citerai plus les conversations qu'en français, pour ne pas employer du papier inutilement.) « Je suis assez riche, ajouta-t-il, pour supporter cette perte : j'aurais seulement voulu vous offrir ce que vous vous êtes approprié sans mon consentement ; vous m'ôtez le plaisir de vous obliger, et j'en suis fâché. »

Ce langage affectueux nous surprit autant qu'il nous charma. « Si c'était un seigneur de notre pays, nous disions-nous les uns aux autres, quelque opulent qu'il fût, [142] il nous eût envoyé un garde, qui nous eût fait un procès ; et le plaisir des officiers de sa justice eût été de nous ruiner pour assouvir la vengeance du maître, et pour satisfaire leur avarice particulière. – Où allez-vous ? Quel est votre dessein ? De quel pays venez-vous ? Et que cherchez-vous dans celui-ci ? » Nous répondîmes à toutes ces questions d'une manière claire et précise ; nous montrâmes à cet homme notre ballon et notre flotte ; il les examina, et nous dit en souriant : « Cette invention est plus belle qu'utile ; si le hasard favorise un aéronaute, il y en aura cent mille qui ne tireront de leur entreprise qu'un peu de fumée et beaucoup de fatigues[104]. » Nous comprîmes par

---

103 L'imagination de Beffroy ne le porte pas à imaginer des êtres d'allure autre qu'humaine ; alors que l'aéronaute de Momoro, par exemple, avait rencontré des Lunairiens aimables mais difformes : squelettes ambulants dotés d'une tête triangulaire et de trois yeux rouges (*Nouveau Voyage à la Lune*, 1784, p. 26).

104 « Toutes ces belles expériences, quand on ne les fait que pour gagner de l'argent, sont, pour l'utilité publique, du nombre des découvertes dont on peut dire : "Autant en emporte

tout ce que nous disait cet homme, qu'il était membre d'un gouvernement policé, que nous ne lui apprendrions pas grand-chose, et qu'il était au fait, non seulement des sciences et des arts, mais même d'une partie des usages [143] des différentes nations de tous les mondes de l'univers ; ou du moins qu'il s'en doutait ; car il est facile au philosophe de deviner à peu près les mœurs et les coutumes des peuples, l'homme étant partout le même[105] ; et ses vices et ses vertus se multipliant à mesure qu'il s'éloigne de sa constitution.

Hazaël, c'est le nom de cet homme[106], nous pria de nous laisser conduire où il nous mènerait, et nous assura que nous trouverions chez tous les habitants de son village la même franchise et la même aménité que nous remarquions en lui. Nous le suivîmes donc de bien bon cœur. Quand notre inclination ne nous y eût pas portés, il fallait bien nous y résoudre ; il connaissait mieux que nous la carte du pays.

Hazaël nous fit entrer dans la forêt voisine ; nous enfilâmes un chemin fort étroit, couvert d'arbres odoriférants, qui formaient une voûte assez régulière. Ce chemin allait [144] toujours en descendant. Hazaël nous tendait à tous la main l'un après l'autre, et nous avertissait des mauvais pas, et des endroits où il fallait prendre un peu de précautions. « Prenez garde, disait-il avec une attention singulière ; ici c'est une roche sur laquelle vous pourriez glisser ; là, c'est un soc[107] qui vous ferait tomber ; à côté est un trou plein d'eau que les arbres cachent, et que vous ne voyez pas. » Nous cheminâmes ainsi l'espace d'un bon quart d'heure, au bout duquel nous nous trouvâmes à l'entrée d'un village considérable, dont l'aspect riant fut un spectacle bien agréable à nos yeux. Il était situé sur une terrasse coupée à mi-côte de la montagne ; et trois autres villages étaient bâtis au-dessous, sur la même ligne, en amphithéâtre ; vis-à-vis ce coteau s'élevait un autre coteau, aussi divisé par terrasse ; chaque village était séparé de l'autre par des vergers et des bois ; et d'un seul coup d'œil, on embrassait une étendue de pays dans [145] cette vallée

---

le vent" » (*Dictionnaire néologique*, s. v. Blanchard).

105 Cette remarque va à l'encontre du programme développé jusqu'ici, qui insistait sur les différences locales et la tolérance avec laquelle il convient de les regarder. Si l'homme est partout le même, pourquoi voyager ?

106 C'est la première fois qu'un personnage est nommé (à l'exception de Sijas : voir *Lune* n° 31, p. 50). Hasaël est un personnage qui apparaît à la fin du livre IV des *Aventures de Télémaque* : c'est un généreux Syrien avide d'étudier la philosophie et les lois de Minos sous la direction de Mentor.

107 Une pièce de charrue ou un roc ?

étroite, où l'on pouvait compter trente ou quarante villages, ou fermes, ou châteaux. Les habitations de tous ces villages sont séparées ; il y a toujours entre une maison et la maison voisine un espace de terrain aussi considérable que celui qu'occupe la maison même. Les lois de ce pays défendent aux villageois de bâtir autrement. Ce serait alors des villes, et la campagne doit être différenciée[108]. Outre l'avantage inappréciable de préserver un village des incendies, on a celui de jouir au moins chez soi d'une certaine liberté, dont les voisins vous privent dans les villes, et dont on jouit encore bien moins dans nos villages de France, où le babil intarissable des commères et des voisines exerce une tyrannie affreuse sur les actions et sur la volonté de chaque villageois, parce que la curiosité trouve plus aisément de quoi se satisfaire quand les maisons se touchent et se font face ; et qu'on est bien plus curieux dans les petits [146] endroits que dans les grands[109]. À cet agrément des villages de la Lune, s'en joint un autre, la circulation de l'air, devenue plus libre, et la facilité d'isoler son domicile, comme un ermitage, en l'entourant d'arbres salutaires, que l'on brûle quand ils ont fourni leur carrière[110]. Au lieu que nos maudits villages des environs de Paris et de la plupart de nos provinces ne sont que de vilains amas de plâtre, où les maisons sottement alignées imitent les villes et dénaturent la campagne ; où la main avare du propriétaire transforme tous les jardins en bâtiments et en murailles, pour tâcher de trouver des locataires, comme dans la banlieue de Paris et de la plupart de nos capitales ; c'est là que la sottise du cultivateur maladroit tient à honneur d'imiter la grande ville qui

---

108 C'est l'équilibre idéal observé par Rousseau aux environs de Neufchâtel : « Une montagne entière couverte d'habitations dont chacune fait le centre des terres qui en dépendent ; en sorte que ces maisons, à distances aussi égales que les fortunes de propriétaires, offrent à la fois aux nombreux habitants de cette montagne, le recueillement de la retraite et les douceurs de la société. » (*Lettre à Mr. D'Alembert sur les spectacles*, Amsterdam, M.-M. Rey, 1758, p. 104).

109 On est loin de la représentation idéalisée de la campagne des pastorales du XVIIIᵉ siècle. On voit poindre ici la satire de la vie campagnarde ou provinciale qui sera bientôt un topos littéraire. Que l'on pense à la *Petite Ville* de Louis-Benoît Picard (1801) ou au chapitre du *Rouge et le Noir* ironiquement intitulé « Les plaisirs de la campagne » : la vie n'y est en réalité qu'un « enfer d'hypocrisie et de tracasseries » ; la « solitude et la paix champêtre » ne peuvent paradoxalement être trouvées qu'à Paris, « dans un quatrième étage, donnant sur les Champs-Élysées ».

110 Dans le *Dictionnaire néologique* (s. v. Arbre), Beffroy oppose la Beauce, la Champagne et la Picardie, « dont on ne peut traverser les plaines sans éprouver un sentiment involon- taire de regret et d'ennui », à l'Artois ou la Normandie, où « presque chaque habitation champêtre a son enclos, et paraît ensevelie dans un bocage aussi utile qu'agréable ».

l'avoisine, et, par un art grossier, singe une architecture ridicule, qui dépare toutes les beautés de la nature. C'est là qu'une ferme est située au milieu d'un terrain aride, sans ombrage et sans [147] asile pour le voyageur ; c'est là que les villageois sont entassés les uns sur les autres, et accumulent étage sur étage comme à la ville, sans respirer un autre air que le souffle empoisonné de toutes les haleines confondues, sans avoir d'autre point de vue que les tourbillons de poussière brûlante, qui obscurcissent la clarté du soleil. Des carrières, des amas de plâtre, des échafaudages, de petits jardins sans légumes, des vergers sans arbres, des avenues sans ombre, voilà ce que nos Parisiens appellent la campagne. La foule, qui se porte partout et qui trahit partout l'intention du campagnard solitaire, change nos bosquets en tavernes, et nos villages en cités. Les arbres et les fleurs n'y conservent ni leur éclat, ni leur verdure ; le sable qui voltige de toute part, et la chaleur malsaine des poumons dépravés ternissent les couleurs de la rose et de la violette ; et les feuilles, ensevelies sous un amas de poussière, n'ont plus ni fraîcheur ni coloris[111]. Mais revenons [148] aux campagnes de la Lune, qui sont véritablement des campagnes.

Hazaël était seigneur du village où nous étions ; il nous menait à son château ; mais comme les châteaux de ce pays-là ne sont pas des galetas immenses, ainsi que la plupart des nôtres ; comme les seigneurs de la Lune n'ajoutent pas sans cesse un bâtiment à un bâtiment, et qu'ils aiment mieux avoir tout uniment un joli pavillon régulier, et de grands vergers avec de vastes jardins, le château d'Hazaël n'avait pas de quoi nous loger tous. Mais, pour y suppléer, tous les villageois de sa terre vinrent à l'envi nous offrir leur logement, leur lit, leur potage, leurs habits mêmes ; et l'empressement avec lequel ils accouraient à notre rencontre nous étonnait autant qu'il nous charmait ; pour eux, ils s'étonnaient de notre étonnement, et ne pouvaient pas comprendre que des hommes fussent surpris de trouver de l'humanité parmi des hommes. Toute notre colonie se divisa en [149] plusieurs branches, et accepta un asile chez le premier qui le lui offrit. Il semblait que ce fût un régiment français, logé par ordre du roi dans toutes les maisons des particuliers d'une ville de France ; excepté que nos citoyens font

---

111 Même tableau de la proche banlieue chez Mercier : « Lorsque le citoyen veut, les fêtes et les dimanches, respirer l'air de la campagne, à peine a-t-il mis le pied hors des barrières, qu'il trouve les exhalaisons infectes qui sortent des *gadoues* et autres immondices » (*Tableau*, chap. 43 : « L'air vicié », 1783).

la grimace et cherchent le plus qu'ils peuvent à s'exempter de cette obligation, au lieu que les habitants de *Zilaa* (c'est le nom de ce village) paraissaient enchantés d'exercer envers nous les droits sacrés et précieux de l'hospitalité. Tous s'inquiétaient de notre situation ; dans chaque famille, depuis le chef jusqu'au plus petit enfant, on allait, on venait, on s'empressait, on s'étudiait à ne nous laisser manquer de rien. Un accès de toux, qui me prit, répandit la consternation sur tous les visages. Une dame de notre société se blessa légèrement le pied en tombant ; aussitôt tous ces bons villageois la pansèrent avec un zèle inquiet, qui ne permet pas d'en suspecter les motifs[112]. On n'entendait de toutes parts que ces [150] phrases entrecoupées : *N'êtes-vous pas bien fatigués ? Qu'avez-vous ? Vous êtes tristes ? Avez-vous du chagrin ? N'avez-vous besoin de rien ? Parlez ; ne nous refusez pas ; tout ce qui est ici vous appartient.* Enfin ils nous prodiguèrent tant de marques d'amitié, et nous firent un accueil si plein de charmes, que nous en avions tous les larmes aux yeux. Pour moi, je croyais être encore en Flandres, avec mes amis de Lille, ou chez mes chers cousins de Valenciennes, de Douai, d'Arras, de Bapaume, d'Arrouaise... Comment ne pas se plaire dans un si bon pays ? Comment ne pas aimer de si excellentes gens ?

Hazaël me conduisit à son château ; sa femme et ses enfants me reçurent comme si j'eusse été leur ami le plus cher ; on me donna la plus belle chambre de la maison ; tous les domestiques épiaient jusqu'au moindre signal de mes volontés, pour les satisfaire sur-le-champ. À table, un souvenir d'Agathe m'arracha quelques larmes, [151] et je devins sombre et silencieux pendant quelques minutes ; aussitôt je vis des larmes s'échapper de tous les yeux, et le tourment de l'inquiétude rembrunir tous les visages.

Après le repas j'allai me promener tout seul avec *Hazaël* dans tous ses jardins ; il me fit voir aussi son appartement et sa bibliothèque ; j'observai dans son cabinet la mappemonde de la Lune, et je me mis à l'étudier avec beaucoup d'intérêt ; Hazaël m'expliquait ce que je ne comprenais pas tout de suite. Et, par les conversations que nous eûmes ensemble, il me mit en trois jours au fait des usages de son pays[113]. Ce

---

112 Peut-être une allusion à la scène de la *Vie de Marianne*, où le zèle de Valville à soigner le pied de l'héroïne est quant à lui fort intéressé.

113 Le Cousin Jacques s'écarte ici du modèle qui a présidé à la description des trois précédentes étapes du voyage, pour adopter un procédé très courant dans les récits utopiques : le héros reçoit d'un guide toute l'information nécessaire, au lieu de découvrir progressivement le pays

n'est point ici le moment de les détailler à mes lecteurs. Je vais lui[114] dire seulement ce qu'il m'est indispensable de lui faire connaître, pour l'intelligence de cette histoire.

Le pays de la Lune, où nous venions d'aborder, est le plus ancien, le plus vaste et le plus florissant État de ce globe ; il peut [152] avoir cinquante lieues de diamètre ; et comme il est rond, il a partout à peu près la même dimension, et quatre cents lieues de circuit[115]. La Lune étant beaucoup plus petite que notre globe, un royaume de cette étendue peut y passer pour très considérable ; mais comme il n'y a presque point de mer, la nature y gagne en terrain ce que nous perdons en eau ; et comme le terrain y est partout très montagneux, il est clair que la surface du sol s'étend beaucoup à l'arpentage[116].

Le sol de cette planète est celui de presque toutes les autres, à quelques nuances près ; elle est partagée en un très grand nombre d'empires, qui ont chacun leur manière de se gouverner. Beaucoup de ces empires ont été sujets à des révolutions fréquentes, occasionnées par l'ambition, la haine, l'avarice et toutes les passions funestes qui s'emparent du cœur humain. La loi du plus fort a fini par être respectée ; mais, comme il y a toujours des climats plus heureux, [153] que la Nature semble avoir privilégiés parmi plusieurs autres, le gouvernement dont je parle n'a point été, comme tant d'autres, la victime déplorable de ces grandes catastrophes qui bouleversent tous les États. Ce gouvernement est monarchique et non despotique ; il jouit du destin dont jouiront toujours les empires fondés sur une bonne base, la justice, la modération et la bonté. Voilà les seuls vrais principes de la bonne législation ; et, quelque système qu'on adopte, il faudra toujours en revenir à celui-là, si l'on veut fixer le bonheur dans une nation.

Vous me demanderez, me dit Hazaël, pourquoi notre empire est le plus ancien et le plus paisible de tous les empires de la Lune ? Pourquoi

---

par lui-même. Il est désormais auditeur et spectateur, et il ne lui arrive plus grand-chose. C'est le modèle qui dominera dans les voyages interplanétaires du *Courrier des planètes*.

114 Sic.

115 Un diamètre de 50 lieues correspondrait à une circonférence de 157 lieues. Pour un circuit de 400 lieues, il faudrait un diamètre de 127 lieues. Plus loin Beffroy parle d'un rayon de (18+57=) 75 lieues. La superficie du royaume est donc celle de la Belgique (30.000 km²), de la Grande-Bretagne (200.000 de km²) ou de l'Italie (300.000 km²).

116 Dans *The Girl Who Wasn't There*, de Ferdinand Von Schirach (2015), un personnage fait cette plaisanterie : « La Suisse est un des plus grands pays au monde : si vous aplatissiez les montagnes, elle serait aussi étendue que l'Argentine ».

nos villageois, que vous supposez ignorants et grossiers, par conséquent plus sujets aux ravages des passions, mènent une vie aussi aisée que laborieuse ? pourquoi, dans un empire héréditaire, tous nos souverains, dont les caractères ne [154] doivent pourtant pas se ressembler, s'occupent uniquement du bonheur de leurs sujets ? Pourquoi, dans toutes les classes de nos citoyens, on voit régner une certaine égalité, et pourquoi les seigneurs et les gens d'un rang supérieur ne sont partout ici que les premiers parmi les égaux ? Pourquoi les peuples voisins, de la modération desquels nous ne pouvons répondre, nous laissent tranquilles en dépit des vues ambitieuses qui les dominent le plus souvent ? Pourquoi enfin nous connaissons, presque exclusivement, ce bonheur, cette félicité durable d'un empire, qui fait l'objet des désirs les plus ardents de chaque individu et de toute la nation en général ?... Nous répondrons nous-mêmes à toutes ces questions, ajoutait Hazaël, en remontant à l'origine des choses, et en développant les effets par leurs causes. Posez pour premier principe un code sage et raisonné, tel que le nôtre ; et, pour le mettre en vigueur, usez du grand secret que nous [155] possédons ; ce secret est l'ÉDUCATION[117]. C'est ici le principal objet de l'attention du gouvernement ; et nous avons forcé les esprits les plus incrédules de reconnaître la vérité de cette maxime fondamentale, que l'ÉDUCATION est le seul moyen d'élever un empire au plus haut degré de gloire et de perfection auquel il puisse parvenir. L'éducation des grands fait des hommes justes, modérés, bienfaisants, économes, politiques, des héros enfin ; car nous nous gardons bien de regarder ici comme des héros ceux qui ne savent que verser du sang[118]. L'éducation des petits fait des patriotes, des citoyens éclairés, judicieux, soumis, laborieux, vrais appréciateurs des droits de l'humanité ; et par ce moyen tout est dans l'ordre ; au point même que, si par hasard il s'élevait un perturbateur qui voulût s'écarter des règles, la masse même du bien l'emportant sur celle du mal, cet homme ne trouverait aucun moyen de réussir dans ses projets. Ainsi nous devons [156] le maintien des lois, l'équilibre du pouvoir, l'activité des citoyens, la félicité publique, à ce premier mobile de la destinée des

---

117 La question de l'éducation occupera une place considérable dans le *Courrier des planètes* (nº 21, p. 20-23 ; nº 54, p. 49-54 ; nº 56, p. 18-22 et 43-46).

118 Voltaire : « Vous savez que chez moi les grands hommes vont les premiers, et les héros les derniers. J'appelle grands hommes tous ceux qui ont excellé dans l'utile ou dans l'agréable. Les saccageurs de provinces ne sont que héros » (Lettre à Thériot, 15 juillet 1735).

empires, l'éducation. Vous ne trouverez pas un villageois parmi nous qui ne soit au moins assez instruit pour distinguer un préjugé d'avec la saine raison, et qui n'ait souvent sous les yeux l'histoire de tous les peuples de la Lune. Ce tableau plus utile que les leçons des plus habiles professeurs, lui sert d'objet de comparaison, et devient la boussole au milieu des écueils de la vie. Nous avons vu s'élever au milieu de nous des docteurs et des écrivains qui ont osé publier que l'éducation était la ruine des États, et que le bonheur des nations tenait à l'ignorance des individus subalternes qui les composent[119]... Mais ces maximes spécieuses n'ont étourdi personne, grâce à la sagesse de nos constitutions... – On s'est déchaîné, sans doute, repris-je alors, contre les audacieux auteurs de ces assertions dangereuses [157] ? – Qu'appelez-vous *déchaîné*, dit Hazaël ? – Je veux dire qu'on les a punis... – Punis !, reprit-il encore, punis ! ah ! oui, on les a punis par le mépris de leurs ouvrages ; et cette punition valait mieux que d'agir avec sévérité. Jamais on n'attente dans ce pays à la liberté d'un citoyen dont le cerveau mal organisé sacrifie sa propre réputation à la vaine gloire de se singulariser ; et nous ne savons ce que c'est que de priver un homme de ce qu'il a de plus cher ; jamais nous ne subordonnons l'existence et le bonheur d'un citoyen à des motifs de vengeance et d'animosité ; nous savons, par l'expérience de nos voisins, que cette méthode opère toujours un grand mal, ne procure jamais aucun bien, aigrit un esprit naturellement indocile ; au lieu que la douceur et la tolérance ramènent les cœurs à la vertu, et souvent les têtes à la raison... – Chacun a sa manière de voir là-dessus, répondis-je[120]. – Mais à propos, me dit Hazaël, les lois de cette [158] nation, relativement aux étrangers, ne me permettent pas de vous garder plus longtemps sans que j'avertisse le *Papa* de votre arrivée ; il faut qu'au moins vous, chef de votre colonie, vous lui soyez présenté ; je lui ai écrit une heure après votre descente dans cet empire ; et on vous attend à la cour avec d'autant plus d'impatience qu'indépendamment de l'accueil qu'on y fait toujours

---

119 Voltaire ? « Il me paraît nécessaire qu'il y ait des gueux ignorants. Ce n'est pas le manœuvre qu'il faut instruire, c'est le bon bourgeois, c'est l'habitant des villes » (Lettre à M. Damilaville, 1er avril 1766). « Distingue toujours les honnêtes gens qui pensent, de la populace qui n'est point faite pour penser. » (*Dictionnaire philosophique*, « Blé », section VI).

120 On verra plus loin (p. 180) les limites de cette mansuétude, laquelle est un topos utopique que Sade pousse à son extrême dans l'île de Tamoé d'*Aline et Valcour* : « Soyez justes : tolérez le crime. » (Le Livre de Poche, 1994, p. 322).

aux étrangers, parce qu'on suppose que l'infortune leur fait chercher ailleurs les secours qu'ils ne trouvent pas chez eux, on est très curieux de voir un homme qui vient de la Terre, à peu près comme vous seriez curieux chez vous d'examiner un homme qui tomberait de la Lune.

Je demandai à mon hôte ce que c'était que le Papa. – Papa veut dire Père, me répondit-il ; et nous appelons de ce nom celui qui nous gouverne : parce qu'il n'est souverain qu'autant qu'il est père de ses sujets[121]. L'État n'est considéré que comme [159] une grande famille, dont le prince est le chef, et dont tous les membres sont frères ; c'est cette douce fraternité qui consolide chaque jour les nœuds de la société ; et ce n'est que par les degrés de la parenté que nous mesurons ici la grandeur. Le prince est le Papa ; et en lui parlant, on lui dit, *Sire, votre Paternité* ; les grands qui sont le plus près du trône s'appellent *mon oncle*, et puis *mon cousin* ; et dans la classe ordinaire des citoyens on ne se parle jamais que par cette qualification : *mon frère*. Le mot de *Père* ou de *Papa* est le premier de notre vocabulaire ; nous n'avons rien de plus auguste que l'idée de la *paternité*, et notre esprit, quelque subtil qu'il puisse être, ne saurait concevoir quelque chose de plus grand ni de plus noble que les douces obligations qu'elle impose… Cette aimable idée rapproche tous les êtres raisonnables, modère une activité nuisible, tempère une sévérité blâmable, adoucit un caractère féroce, fait pour ainsi dire replier [160] un homme sur lui-même, et l'aide à rougir d'un sentiment coupable, s'il lui donnait entrée dans son cœur. Mais le temps nous presse ; il ne faut pas tromper l'attente du *Papa* ; vous verrez comme il vous recevra ; je vous y mènerai demain matin ; chemin faisant, je vous apprendrai les usages de la cour, et ceux de Lunol, capitale de cet empire de Lunollie ; cette ville n'est éloignée d'ici que de dix-huit lieues, parce qu'elle est précisément le centre de l'État, et que nous sommes ici à cinquante-sept lieues des frontières, en ligne directe[122]. Je vais commander la voiture pour le lever de l'aurore ; et, à votre lever, vous trouverez un habillement que je vous ai fait faire, avec un bonnet vert, suivant la coutume du pays où vous êtes. Vous voyez bien, ajouta-t-il en m'embrassant, que notre pays n'est pas si différent du vôtre que vous l'imaginiez ; vous trouverez chez nous les mêmes lumières, le même amour pour les arts, et des

---

121 L'expression « père de la patrie » apparaît plusieurs fois dans le chapitre V des *Aventures de Télémaque*, et la description du royaume d'Olmas rappelle celle de la Crète chez Fénelon.
122 Sur ces mesures, voir note p. 152.

usages [161] peut-être plus raisonnés ; partout où il y a des hommes, ils peuvent s'éclairer ; et partout où les hommes sont éclairés, ils n'ont qu'à vouloir être heureux pour le devenir.

J'allai me coucher, pénétré d'admiration et de reconnaissance pour le brave et digne Hazaël. Et j'attendis avec beaucoup d'impatience l'aurore du lendemain.

Les caractères de l'imprimerie dans l'empire de Lunollie sont les mêmes que les nôtres ; et nos livres sont à peu près reliés comme les leurs. J'ai oublié de dire qu'Hazaël, pour donner au Papa une idée de mon pays et de ma profession, lui avait envoyé quelques volumes choisis par moi, qu'il m'avait demandés dans la collection des *Lunes* ; car je ne l'avais pas oubliée dans la grande quantité de livres que j'avais emportés, et dont j'ai donné plus haut une espèce de nomenclature[123].

Le lendemain, avant de me mettre en route, j'allai rendre visite à toute ma [162] compagnie ; je leur proposai de me suivre, mais il n'y en eut aucun parmi nos voyageurs, tant hommes que femmes, qui voulût courir le pays ; ils étaient si contents de leurs hôtes qu'ils demandèrent tous à rester là pendant mon voyage à la cour[124]. Je leur promis de revenir bientôt m'informer de leur résolution, et leur donner des nouvelles de mon voyage.

Notre voiture était légère et commode ; mais les voitures de ce pays-là sont construites autrement que les nôtres, en ce que les roues sont beaucoup moins éloignées l'une de l'autre ; et l'essieu, quoique beaucoup moins long, est fait de manière à ne diminuer en rien la solidité de la caisse et la sûreté de l'équilibre[125]. Par ce moyen les roues ne décrivent pas une route aussi large que les nôtres, et les piétons y courent beaucoup moins de risques. Car on s'occupe toujours essentiellement des intérêts de l'humanité ; on prévoit tout ce qui pourrait y donner atteinte, et la chose [163] qu'on craint le plus à chaque instant de la vie, c'est de faire pâtir un individu quelconque. Les carrossiers de ce pays ont imaginé un ressort fabriqué en dessous de la voiture pour arrêter sur-le-champ

---

123 « Bibliothèque lunaire », *Lune* n° 26, p. 88-94.

124 On présume que le Cousin Jacques est toujours accompagné de ses interprètes muets, dont il ne fait plus mention. Il ne sera plus question des problèmes de langue avant une ultime visite à la planète de Mercure (*Courrier* n° 56, p. 4).

125 À partir d'ici, le Cousin Jacques délaisse provisoirement le grand genre de l'utopie pour s'attacher à des détails de la vie quotidienne. Il est un « homme à projets », tel que ceux qui s'expriment alors abondamment dans la presse parisienne.

des chevaux impétueux, dont la fougue pourrait quelquefois causer des accidents. Un particulier qui a équipage dans la *Lunollie* aime mieux être deux heures de plus en chemin que de sacrifier la vie ou la santé d'un citoyen à ses plaisirs et à sa commodité. Il aimerait même mieux manquer une affaire pressée que de risquer les jours de son semblable par une étourderie criminelle. Car la grande affaire de chaque citoyen dans cet empire, celle qui l'occupe sans cesse, celle auprès de laquelle toutes les autres affaires ne sont rien, c'est de ne faire de mal à personne[126]. Voilà le principe dont toutes les têtes sont préoccupées dès l'enfance, parce qu'on en a fait le premier point fondamental de l'éducation des jeunes gens. Les chevaux eux-mêmes [164] sont dressés exprès à s'arrêter au plus léger signal ; et l'on montrerait au doigt, comme un être ridicule et proscrit, un homme qui s'aviserait de courir en voiture, en traversant les rues d'une ville ou d'un village.

De cette méthode de rétrécir l'essieu des voitures, dont je viens de parler plus haut, naît un autre avantage, auquel on ne songerait pas même dans un autre gouvernement, c'est celui de l'économie en agriculture. Les grands chemins, même ceux qui avoisinent la capitale, sont une fois moins larges que les nôtres. On ne conçoit pas en *Lunollie* comment on peut appeler *majestueux* un chemin plus ou moins large ; pourvu qu'il soit commode et solide, on n'en veut pas davantage. Qu'importe la perspective qu'un voyageur a en face, quand il suit le pavé d'une grande route pour se rendre à destination ? Qu'importe qu'une route ait quatre fois plus de largeur qu'il n'en faut ? Pourvu [165] qu'il arrive sans inconvénient, il n'en demande pas davantage ; et, s'il cherche les points de vue, les campagnes bien cultivées, qu'il aperçoit à droite et à gauche, offrent un aspect plus riant qu'une avenue très ample, qui a l'air d'autant plus monotone qu'elle a plus de largeur. Un chemin qui a vingt-cinq pieds de largeur en a suffisamment. Trois voitures peuvent y passer de front très aisément ; et je demande s'il arrive souvent dans une route que trois voitures se croisent en même temps. Il y en a toujours une qui devance un peu l'autre ; et, puisque dans une ville, où il y a beaucoup plus de monde et d'embarras, les rues n'ont pas même la largeur nécessaire pour que trois voitures y passent de front, pourquoi exiger une plus grande perte de terrain dans les campagnes, où le tumulte et la foule

---

126 « Ô quel bien fait nécessairement à ses semblables celui d'entre eux, s'il en est un, qui ne leur fait jamais de mal ! » (*Émile*, 1762, livre II).

ne se rencontrent jamais[127] ? Dans les provinces de Flandres et d'Artois, les routes sont beaucoup plus étroites et tout [166] aussi belles que par toute la France. Qu'arrive-t-il de là ? Que l'agriculteur étend ses possessions, que le terrain est plus utilement employé, et que les arbres, étant plus rapprochés, donnent plus d'ombrage au voyageur. Sur une route large de cent vingt pieds, laissez-en trente pour le voyageur[128], prenez-en quatre-vingt-dix pour le cultivateur, et vous aurez à peu près, sur une lieue commune de France, la valeur de cent arpents de terre[129]. Calculez après cela sur la totalité des grandes routes qui coupent et entrecoupent le royaume fort inutilement dans plusieurs cantons, et voyez si cet objet de spéculation est à dédaigner. En supposant qu'un intendant de province, au lieu d'ajouter au terrain voisin, ne fasse que donner aux chemins deux rangs d'arbres de plus... C'est encore un double agrément pour le voyageur, et une augmentation considérable pour le bois, qui commence à manquer, et dont le royaume [167], si l'on n'y prend garde sérieusement, sera dans quelques années tout à fait dépourvu.

Mes regards se promenaient avec complaisance sur les riants coteaux que j'apercevais de toute part Nous ne faisions que monter et descendre ; car j'ai dit que la Lune est le globe le plus montagneux qui existe. Cette diversité me charmait la vue. On n'est pas tenté dans ce pays-là de déraciner toutes les forêts, sous le prétexte spécieux de l'utilité des défrichements. On recueille de quoi fournir aux besoins les plus

---

127 « Nos grandes routes, où il ne passe des voitures que de temps à autre, sont trop vastes, et nos rues, où il en passe des douzaines à la fois, sont si étroites, qu'il y a des embarras continuels » (Mercier, *Tableau*, chap. 851 : « Hauteur des maisons », 1789). Mais Mercier avait d'abord été plus enthousiaste : « Rien de plus magnifique aux environs de Paris que ces chaussées à perte de vue et en ligne droite, bordées de chaque côté d'allées d'arbres » (chap. 453 : « Grandes routes », 1783). Le Cousin Jacques reviendra à plusieurs reprises sur cette question, notamment dans le *Courrier des planètes* : « On m'a fait l'honneur de me citer dans un cahier de doléances d'une ville de la Normandie, relativement à ce que j'ai dit dans mes Lunes de la largeur des grandes routes » (n° 74, 16 décembre 1789, p. 25) ; doléance déjà émise par Voltaire en 1756 dans sa *Requête à tous les magistrats du royaume* : « On nous dépouille de nos champs, de nos vignes, de nos prés ; on nous force de les changer en chemins de plaisance. » Les maîtres de Clarens ont tranformé leur parterre en potager, remplacé l'inutile marronnier d'Inde par des mûriers, et les tilleuls par des noyers : « partout on a subsitué l'utile à l'agréable » (*La Nouvelle Héloïse*, 4e partie, lettre X).

128 Les routes royales construites à partir de 1747 sous l'administration de Daniel Charles Trudaine avaient 60 pieds de large.

129 Une fois encore, il est difficile de comprendre ces calculs : le gain est plutôt d'environ 23 arpents (ou acres) par lieue.

pressants ; mais on sait bien aussi, qu'outre la faim et la soif, le corps peut endurer d'autres fléaux presque aussi funestes ; et nul propriétaire ne dévaste ses bois ; parce qu'on est persuadé que, comme les élaguer peut être de quelque avantage aux agriculteurs, les déraciner est un coup terrible porté à cette branche de commerce. [168]

Nous rencontrâmes aux environs de *Lunol* des gens de tout âge, très mesquinement habillés ; mais on les saluait avec respect, et ils rendaient le salut avec empressement. Ils portaient à la boutonnière un ruban vert ; d'autres en avaient un noir, d'autres un jaune. Hazaël m'expliqua ce que cela voulait dire : par tout pays, me dit-il, l'inégalité des conditions est une suite inévitable de la réunion des individus ; et l'inégalité des richesses suit toujours celle des conditions ; pour obvier ici aux inconvénients du luxe, on accorde aux hommes d'un certain rang une marque distinctive, dont tout le prix consiste dans l'idée qu'on y attache. Les professions utiles et les différentes classes de la société sont différenciées par une décoration quelconque ; et l'on est dispensé de se faire reconnaître par le luxe des habits, quand un ruban fait tous les frais de la garde-robe[130]. [169]

Plus nous approchions de Lunol, plus ma curiosité s'alimentait de tous les objets piquants qui s'offraient à chaque pas. La banlieue de cette capitale n'est point, comme celle de Paris, un amas de villages semblables à des villes ; les routes n'y sont pas poudreuses comme les nôtres, et les campagnes ne sont point dévastées par le gibier[131]. Il n'y a aucun village autour de Lunol à une lieue à la ronde ; et toute la campagne est un pré verdoyant, coupé par des haies, mêlé de quelques bois touffus et couvert d'arbres fruitiers ; ce terrain est ce qu'on appelle

---

130 Même réglementation du vêtement distinctif dans le royaume de Salente chez Fénelon : « Les personnes du premier rang après vous seront vêtues de blanc, avec une frange d'or au bas de leurs habits. Ils auront au doigt un anneau d'or, et au cou une médaille d'or avec votre portrait. Ceux du second rang seront vêtus de bleu : ils porteront une frange d'argent, avec l'anneau, et point de médaille ; les troisièmes, de vert, sans anneau et sans frange, mais avec la médaille ; les quatrièmes, d'un jaune d'aurore ; les cinquièmes, d'un rouge pâle ou de rose ; les sixièmes, de gris-de-lin ; et les septièmes, qui seront les derniers du peuple, d'une couleur mêlée de jaune et de blanc » (*Les Aventures de Télémaque*, 1699, livre X).

131 « Rien ne ressemble moins à la campagne, que les villages et les châteaux des environs de Paris ; de la poussière, du plâtre, du monde et du tapage […]. Autant vaudrait-il rester à Paris » (*Dictionnaire néologique*, s. v. Campagne).

en France une *commune*[132]. Il résulte de cette situation deux avantages considérables ; le premier, c'est de ne pas intercepter l'air aux habitants de Lunol et de leur faciliter le plaisir de la promenade, plus nécessaire dans les grandes villes que partout ailleurs ; le second, c'est de ne pas priver plusieurs milliers d'êtres de leur subsistance journalière. On sent assez qu'une grande ville suffit dans un espace de trois lieues de diamètre, [170] sans aller encore bâtir dans la sphère étroite de sa banlieue ; et la ville, par ce moyen, n'affame point ses environs, comme cela n'arrive que trop souvent chez nous, où les vivres sont plus chers du double dans les environs de Paris qu'à Paris même.

Les clochers et les tours de Lunol sont extrêmement variés pour la forme. Les uns sont en pyramides, les autres en dômes ; ceux-ci carrés, ceux-là triangulaires, ceux-ci sont pleins, ceux-là sont à jour, ceux-ci d'une hauteur extraordinaire, et ceux-là de moyenne grandeur. Ce spectacle varie extrêmement le coup d'œil ; le palais du souverain se fait remarquer de loin parmi tous les bâtiments ; et l'élévation de tous les édifices publics annonce à l'étranger ce qu'ils sont. Les rues de Lunol sont une fois plus larges que les routes qui y mènent ; parce que, dans ce bon pays, où l'on raisonne tant bien que mal, on croit que plus une ville est peuplée en général, plus on [171] s'expose au péril des bagarres[133] ; et que, plus il y a de tumulte dans un chemin, plus le passage qu'il ouvre à la multitude doit être libre et dégagé. Chez nous, c'est tout le contraire ; les rues de nos villes sont étroites, et nos grandes routes ont trois ou quatre fois plus de largeur. On rétrécit les issues pour la multitude, et on les multiplie pour quelques individus... Mais nous nous piquons de goût, et nous nous disons philosophes ; il faut donc croire que tout cela est bien vu.

Les plus hautes maisons de Lunol ne peuvent pas avoir plus de quatre étages ; on a toujours peur que l'air ne manque aux citoyens. L'air est aussi nécessaire à l'homme que la liberté des mouvements ; et

---

132 « Le partage des biens communaux est une de ces opérations indiscrètes et irréfléchies que l'exaltation du moment peut seule excuser. C'est une injustice faite à toute une *Commune* pour obliger chaque particulier. C'est là le cas de dire que l'utilité publique se compose souvent des privations de chaque individu. Il en coûte aujourd'hui beaucoup plus qu'autrefois à chaque villageois pour nourrir sa vache [...] » (*Dictionnaire néologique*, s. v. « Communaux »). Voir plus loin, p. 177.

133 « Bagarre. Foule tumultueuse qui s'assemble dans les villes quand il y a des séditions, des attroupements et des cérémonies nouvelles et curieuses » (*Dictionnaire néologique*).

l'on s'imagine dans ce pays-là que plus la circulation de l'air est libre, moins il y a de maladies[134].

Je n'ai pas remarqué une seule gouttière qui avançât dans la rue comme les nôtres... Aussi, quand je leur ai parlé de nos [172] gouttières, qui menacent la vie et la tête des passants, et leur donnent des douches abondantes pendant la pluie, tous m'ont ri au nez ; et ils ont fini par ne pas me croire ; car ils supposaient, disaient-ils, dans des Français un peu de bon sens ; et ces usages ridicules et nuisibles, que l'on conserve chez un peuple jaloux de ses aises et assez industrieux pour se les procurer, choquent tout à fait le sens commun[135].

Il n'y a point de parapet dans les rues de Lunol, comme on en voit à Londres, et comme on en désirerait à Paris[136]. Outre que les parapets, qui ne sont élevés que d'un demi-pied, ne vous garantissent pas toujours des accidents ; outre qu'il faudrait des garde-fous pour séparer entièrement le trottoir des piétons d'avec le passage des voitures, et que ces trottoirs, bien conditionnés, coûteraient des sommes et un entretien considérable ; on considère encore qu'il faut les couper à chaque porte cochère, et les interrompre par des escaliers [173] pour faciliter l'entrée des maisons aux voitures ; et rien n'est si fatigant que de toujours monter et descendre. La capitale et toutes les grandes villes de Lunollie ont un préservatif contre les accidents, mais un préservatif bien plus solide et bien plus sûr que tout autre. Ce ne sont pas des barrières de bois,

---

134 « Il a fallu mettre un frein à la hauteur des maisons de Paris : car quelques particuliers avaient réellement bâti une maison sur une autre. La hauteur est restreinte à soixante-dix pieds, non compris le toit. Des malheureux bourgeois, dans certains quartiers, n'ont ni air, ni jour » (Mercier, *Tableau*, chap. 851 : « Hauteur des maisons », 1789). Des lettres patentes royales du 25 août 1784 avaient fixé une hauteur maximum aux façades des maisons : 54 pieds pour les rues de 30 pieds de largeur ; 36 pieds pour celles de moins de 23 pieds.

135 « On a supprimé les enseignes : pourquoi n'en serait-il pas de même de ces gouttières incommodes qui ruinent le pavé, multiplient les eaux fangeuses, et versent plusieurs dangers avec elles ? [...] À la vérité, depuis un certain nombre d'années, on a condamné ces gouttières : il est ordonné, dans toutes les nouvelles reconstructions, de faire descendre l'eau dans des tuyaux adaptés aux murailles » (Mercier, *Tableau*, chap. 863 : « Les gouttières », 1789).

136 « Je ne veux point que nous ayons des parapets à l'anglaise », écrit l'auteur d'une longue lettre consacrée à la circulation dans les rues des grandes villes, publiée par *Journal de politique et de littérature* de Linguet (juin 1776, n° 17, p. 230-236). « Absolument inconnus jusqu'à ce jour dans les rues de la capitale, malgré l'exemple de Londres ; l'on vient enfin d'en commencer un des deux côtés de la nouvelle route du Théâtre-Français » (*Tableau*, chap. 438 : « Trottoirs », 1783) ; mais Mercier critique l'usage des bornes.

qui exigent un entretien fraieux[137] ; mais ce sont des bornes plantées à six pieds de distance l'une de l'autre, et à six pieds de la muraille ; ces bornes sont unies les unes aux autres par des barres de fer, ou par des chaînes assez solides pour empêcher la communication des voitures[138] ; nous en avons de pareilles ici, rue de Tournon, excepté que ces bornes [174] sont trop près des maisons ; au lieu qu'à six pieds de distance, la largeur est proportionnée à la quantité de gens à pied qui s'entrecroisent des deux côtés de la rue[139].

Malgré toutes ces précautions pour garantir les jours du moindre citoyen, on ne voit jamais dans Lunol un cavalier courir le galop, et un carrosse aller autrement qu'au pas. Les riches aiment mieux perdre une heure de leurs plaisirs que de compromettre la sûreté des pauvres ; et ils renonceraient plutôt à leurs affaires, plutôt que d'avoir l'air d'insulter à la médiocrité de leurs semblables[140].

On est étonné dans Lunol de lire sur la porte des plus beaux hôtels : HÔTEL DU FRÈRE UN TEL ; et d'entendre un grand appeler tous les gens de sa maison, ou *mon neveu*, ou *mon cousin*, ou *mon fils* ; ils ont d'autres termes pour désigner les liens des familles ; ces termes signifient la même chose ; mais ils sont inventés pour [175] différencier seulement la parenté morale de la parenté du sang.

À chaque coin de rue, et à tous les carrefours, où les piétons ne sont plus préservés par les bornes enchaînées, il y a double garde et des poteaux, au haut desquels ces mots sont écrits en gros caractères : *Ménagez la vie de vos semblables !* Un homme payé à cet effet, une sonnette à la main, avertit à chaque instant les passants de cette maxime importante ; de sorte qu'on ne peut pas s'étourdir[141] pour n'y faire pas attention. Mais personne n'est tenté de l'oublier ; l'éducation y pourvoit ; et tous ces

---

137 L'adjectif est absent des dictionnaires, mais il n'était pas rare.
138 « Chaque propriétaire en Lunollie est tenu à cette dépense. Outre qu'elle garantit sa maison, elle est nécessaire pour la tranquillité publique ; et l'on présume qu'un particulier qui donne cent mille écus pour bâtir un bel hôtel, peut bien donner cent louis pour les bornes qui sont en face. » [Note de l'auteur.]
139 « Prenez garde à vous surtout au défilé du Palais-Royal, en face de la rue Vivienne, car les angles des maisons trahissent l'espoir des piétons qui veulent souvent se tapir contre le mur, ce qui n'arriverait certainement pas, si l'on arrondissait un peu cette espèce de place, et qu'on mît des barrières, ne fussent-elles que de bois, à trois pieds de distance de la muraille » (*Lune* n° 23, p. 51-52).
140 Ce point tient à cœur au Cousin Jacques, qui vient de l'exprimer dans des termes assez proches, p. 163.
141 S'assommer.

usages joints à la nécessité d'aller au pas, font que jamais dans Lunol il n'y a ni bagarre, ni tumulte, ni accident. La ville est régulièrement belle, bien percée d'une porte à l'autre ; elle a une lieue de diamètre en tous sens ; et toutes les issues se répondent par des rues tirées au cordeau. On y compte six cent cinquante mille habitants[142] ; tous les ans on fait dans [176] Lunol *la revue du Grand Jour*, dont je parlerai dans un autre ouvrage ; cette revue occasionne le dénombrement des citoyens ; et, quand il passe six cent cinquante mille, on prend tous les moyens que permettent la prudence et l'humanité pour que le nombre n'aille pas en augmentant ; car on croit dans ce pays qu'une ville qui cesse, et par sa grandeur et par sa population, d'être proportionnée à l'étendue et à la force de l'empire dont elle est la capitale, devient un poids non seulement inutile, mais incommode pour l'État[143] ; aussi regarderait-on comme une inconséquence très dangereuse la hardiesse d'un citoyen qui s'aviserait de bâtir aux portes de la ville. Les limites sont marquées par des colonnes de marbre, au haut desquelles sont en évidence des inscriptions en or, de date presque immémoriale ; au moins datent-elles du temps où l'on a bâti la ville ; et personne ne s'est avisé d'y toucher, ni d'y rien diminuer depuis cette époque. [177] Il serait d'ailleurs impossible de bâtir auprès de Lunol, parce que le terrain de toute la banlieue, comme je l'ai dit, étant un fonds public, cette propriété sacrée est inaliénable ; et on ne verrait jamais un boulevard, une place publique, une partie de promenade devenir, à prix d'argent, la possession d'un riche particulier ; car tout dans ce pays est subordonné au respect qu'on a pour le public ; et la santé ou l'agrément de plusieurs milliers de citoyens réunis paraît, auprès de la satisfaction d'un seul particulier, ce qu'un beau palais paraît à nos yeux en comparaison d'un atome.

Ce qui m'étonna singulièrement, en entrant dans la ville, c'est de voir beaucoup de gens se promener gravement avec un oreiller sous le bras. Je ne définissais pas cette singularité, quand Hazaël, à qui j'avais déjà raconté une partie de nos usages, se mit à rire, et me dit : « Qu'est-ce que vous trouvez-donc de si ridicule à nos [178] oreillers ? En cas de besoin on s'assoit sur un banc ou sur le gazon d'une promenade publique, et

---

142 C'est à peu près la population de Paris à cette époque.
143 « Vu politiquement, Paris est trop grand : c'est un chef démesuré pour le corps de l'État », écrit Mercier, avant d'ajouter : « mais il serait plus dangereux aujourd'hui de couper la loupe que de la laisser subsister. Il est des maux qui, une fois enracinés, sont indestructibles » (*Tableau*, chap. 3 : « Grandeur démesurée de la capitale », 1783).

cet oreiller sert à soutenir ou la tête ou les reins ; au lieu que je ne trouve aucun sens à vos chapeaux à mettre sous le bras, faits de manière que l'on ne pourrait pas les mettre, quand même on le voudrait. Je crois bonnement qu'il vaut mieux se munir d'un meuble utile, en cas de besoin, que d'être sans cesse accompagné d'une chose gênante et qui ne peut servir à rien[144]. »

Aux portes de la ville, nous trouvâmes des officiers de police, qui nous demandèrent très poliment qui nous étions et où nous comptions aller loger ; *Hazaël* leur dit que j'étais l'*Homme de Terre*, c'est-à-dire celui qu'on attendait à la cour avec beaucoup d'impatience ; ils me regardèrent avec une espèce de curiosité, et me saluèrent très poliment. Un d'eux me demanda ce que j'avais à l'œil gauche, si c'était l'effet [179] d'un accident qui me fût survenu dans la route, et si j'avais besoin de secours... Quand je lui eus dit que c'était l'effet d'une brûlure ; que ce malheur m'était arrivé à l'âge de treize mois, et que depuis vingt-huit ans que j'en portais la marque, j'avais eu tout le temps de m'y accoutumer et de m'en consoler ; alors l'inquiétude fit place à la douleur ; ils levèrent tous au ciel des yeux attristés, en s'écriant : *quel dommage !* Il vint aussi là des commis préposés aux barrières pour subvenir aux besoins des voyageurs qui arrivent dans la ville. Il y a à chaque barrière deux grands hospices magnifiques, où l'on fournit abondamment aux nouveaux venus tous les secours que la route leur a rendu nécessaires[145] ; enfin, jamais on n'a eu l'idée d'un peuple si prévoyant, si poli, si affable et si humain. Que ne peut une sage et bonne éducation sur de jeunes cœurs, disposés par la nature à prendre toutes les impressions qu'on leur donne !... [180]

Nous traversâmes une belle rue d'une demi-lieue de longueur ; et nous parvînmes à une grande place, sur laquelle il y avait une infinité de monde. Je demandai ce que c'était. On me dit qu'il s'agissait de faire trois exécutions ; que l'on conduisait au supplice trois criminels dignes de mort ; que ces tristes cérémonies étaient bien rares, mais que partout où l'inégalité des conditions était nécessaire, tout le monde

---

144 Selon Mercier, cet usage était déjà passé de mode : « On ne les porte plus le matin sous le bras. Ils couvrent la plus noble partie du corps, et pour laquelle ils sont faits. A-t-on vu le Turc mettre le *turban* sous le bras, les évêques tenir leur mitre à la main ? » (*Tableau*, chap. 305 : « Chapeaux », 1783).

145 *Cf.* George Psalmanaazaar, *Description de l'île Formosa en Asie*, 1705 : « S'il arrive que quelque étranger se trouve manquer d'argent, on lui fournit de tout ce dont il a besoin, dans toutes les villes et villages où il passe, aux dépens du public » (p. 127).

ne profitait pas également des soins paternels du gouvernement. Que ces trois coupables avaient commis précisément les trois seuls crimes qui fussent punis de mort, selon les lois fondamentales de la nation... J'allais m'informer quels étaient ces trois crimes; il faut, me dis-je en moi-même, qu'ils soient bien affreux, puisqu'ils sont jugés dignes d'un pareil supplice aux yeux du peuple le plus doux et le plus compatissant de tous les mondes de l'immensité... Mais plusieurs danses, que je vis à droite [181] et à gauche s'exécuter au son des flûtes et des tambours, me firent croire que l'on me trompait, ou que ce peuple, avec toute sa sagesse, avait un grain de folie. Hazaël m'éclaircit ce mystère.

« Vous voyez, me dit-il, des réjouissances dans l'endroit même où se passe une scène tragique; on ne fait mourir personne ici sans s'être convaincu de son crime; il faut même qu'on expose aux yeux de toute la nation l'histoire de sa vie, et le détail de son forfait. Les trois crimes qu'on punit de mort en Lunollie, ne sont ni le vol, ni aucune de ces faiblesses, suites d'une passion malheureuse, qui peuvent se réparer sans qu'il en coûte la vie à un citoyen. Mais on fait mourir d'abord un *assassin*; cet exécrable forfait est le plus odieux de tous. Nous ne pouvons pas le réparer, sans doute; mais si la mort d'un assassin ne rend pas la vie à celui qu'il en a privé, au moins sert-elle [182] d'exemple pour quiconque serait assez dénaturé pour attenter un jour à la vie d'un de ses semblables; et, comme ce forfait est le plus rare de tous, l'urbanité et les sentiments de compassion, qui dominent la masse des citoyens, font regarder aussi la mort de celui qu'on supplicie comme une chose affreuse, dont l'exemple est et doit être aussi frappant que mémorable[146]... Mais aussi, tandis que d'un côté le patient expire, de l'autre les citoyens se réjouissent d'être délivrés d'un monstre, qu'ils regardent comme le fléau de la société; d'ailleurs ces réjouissances publiques empêchent l'horreur de cette scène; si un silence imposant régnait sur la place, ce serait faire savourer au mourant tout ce que le supplice a d'affreux et d'ignominieux; on l'étrangle sur-le-champ, sans préliminaires effrayants.

---

146 Mercier ne croit guère quant à lui à l'exemplarité de la peine de mort : « Mais le len-demain un autre criminel fait relever l'échafaud, et le spectacle affreux de la veille n'a point empêché un nouveau forfait. La populace revient contempler le même spectacle » (*Tableau*, chap. 278 : « Sentence de mort », 1783); alors que le chapitre xvi de *L'An 2440* (1771) avait décrit l'exécution d'un criminel, dont le supplice, accepté par le condamné, était une forme de réconciliation nécessaire : « O! que l'humanité est respectée parmi vous! La mort d'un citoyen est un deuil universel pour la patrie! »

C'est bien assez d'ôter la vie à un homme, sans le réduire encore, [183] dans ses derniers moments, à tout ce que la mort a de plus désespérant. Quant à l'exemple, on sait qu'il meurt ; cela suffit pour faire impression sur un peuple qui regarde la vie comme le don le plus précieux sorti du Grand-Être.

Le second crime qu'on punit de mort est la *flatterie* ; quand il est prouvé qu'un petit a joué auprès d'un grand le rôle de *flatteur*, il est dénoncé au tribunal des lois, et rien ne peut le sauver de leur animadversion ; on le réprimande d'abord en termes violents ; et cet acte d'autorité, qui s'exerce en public, devient une sorte de flétrissure ; s'il retombe dans sa première faute, on le promène en ville en le fustigeant ; il a sur le dos un écriteau avec ces mots : FLATTEUR, ASSASSIN DU PEUPLE. Mais, s'il pèche une troisième fois, cela prouve qu'il est flatteur par caractère ; et c'est une peste [184] dont il faut bien vite se délivrer, de peur que la contagion ne gagne. On regarde ici les *flatteurs* comme la première cause de la désunion des grands et des petits dans tous les pays de l'univers. Celui qu'on va faire mourir avait été intendant d'un seigneur, et par ses conseils pernicieux, il était déjà parvenu à lui faire croire qu'il était un homme pétri d'un limon différent des autres. Ce seigneur oubliant déjà qu'il n'était et qu'on ne peut être jamais que le premier parmi ses semblables, il vexait les habitants de ses terres et leur faisait déjà répandre des larmes… Jugez : si cet exemple avait eu des imitateurs ! du petit au grand, quel danger courait la nation ! Car, s'il est essentiel à tout ce qui prime d'avoir de vrais amis et de connaître la vérité, l'importance de cette maxime augmente en proportion du rang où les hommes sont élevés. Aussi notre souverain a-t-il en [185] horreur tout ce qui sent la flatterie. L'autre jour un sot écrivain, qui voulait faire le bel esprit, et croyait se donner de la faveur à la cour, présenta à *Sa Paternité* un placet en vers lunolliens, où il l'appelait le *rival du soleil*, le *maître des hommes*, le *lion des batailles*, l'*aigle de la nature*… Le prince le fit appeler, et lui dit en riant : Prouvez-moi que tout ce que vous m'avez écrit est vrai… Le pauvre poète fut tout honteux ; mais OLMAS (c'est le nom du souverain et de sa famille) ajouta, en prenant un air sévère : je ne suis pas le *rival du soleil*, puisque cet astre éclaire et féconde plusieurs globes ; et que moi, qui ne peut briller que d'un éclat emprunté, je cherche à faire du bien sur un très petit coin d'un très petit globe que je gouverne ; encore ai-je bien de la peine à y réussir à force de zèle et d'activité. Je ne suis pas le *maître des hommes*, puisque je suis subordonné [186], comme vous, à toutes les infirmités humaines ; et qu'un souverain n'est grand que de la grandeur de ses sujets, comme il n'est heureux que de leur bonheur. Je ne suis pas un *lion*, puisque je ne regarde la force que comme un don funeste de la nature, si l'on s'en sert pour opprimer. Je ne suis pas un *aigle*, puisque je m'aperçois très bien que les aigles volent plus haut que moi ; et que je ne puis m'élever physiquement qu'en m'étayant d'échafaudages, moralement que par mes vertus ; en un mot j'aime infiniment les qualités pacifiques ; et je regarde la paix comme la gloire de mon trône. Mais vous, qui voudriez me faire oublier ce que je suis et ce que je me dois à moi-même, qui êtes-vous ? Un menteur, et vous êtes indigne de m'approcher ; allez-vous-en ; l'air de cette cour n'est pas bon pour vous... Il le congédia, après lui avoir fait donner le fouet bien serré, comme on fait [187] dans vos collèges ; et ce pauvre rimeur sortit du palais, hué et bafoué de tous les courtisans... Observez pourtant que *Sa Paternité* n'a point lâché le mot de *flatteur* ; car, si ce mot terrible était sorti de sa bouche, les juges de la loi auraient pris acte de ce mot pour faire le procès au pauvre poète ; et on n'eût pas attendu la récidive pour le condamner ; parce que le crime de *flatterie* auprès du trône est bien plus conséquent que partout ailleurs ; aussi le punit-on de mort dès la première fois[147].

Le troisième délit, poursuivit Hazaël, c'est celui de *libelliste*. Il y a quelquefois des gens qui, pour amuser leurs loisirs, font imprimer et circuler des libelles diffamatoires, où la calomnie atroce, l'ironie amère et la jalousie furieuse distillent avec art un fiel empoisonné. Ces livres affreux, obscurs enfants de l'imposture et de la cruauté, enfoncent tranquillement le poignard dans [188] le cœur d'un honnête citoyen qui ne s'y attend pas. C'est un des forfaits les plus abominables dont un cœur pervers puisse nourrir l'idée. Un homme se voit enlever sur-le-champ l'estime publique ; il devient l'objet, ou du mépris ou de la dérision ; il est marqué, pour ainsi dire, d'un fer chaud, sans l'avoir jamais mérité,

---

147 Cette condamnation de la flatterie est bien sûr une forme supérieure de flatterie : « On raconte publiquement que, dans un royaume de l'Europe, situé au nord de l'Espagne et au midi des Pays-Bas, *il y avait autrefois* un jeune monarque, plein de droiture, d'honneur et d'équité, qui se glorifiait plus d'être appelé *notre bon roi, notre père*, que d'être comparé à tous les héros de l'antiquité ; ainsi un poète qui lui aurait dit : *Sire, vous êtes comme les étoiles ; Sire, les lys et les Bourbons, etc. Sire, le firmament et vos augustes ancêtres, etc.* aurait été fort mal reçu » (*Lune* n° 1, p. 173).

sans l'avoir pu prévoir, ni parer le coup affreux que lui porte un écrivain soudoyé, effréné, obscur, méchant, bas et digne des plus cruels supplices. On a remarqué que jamais un honnête homme n'a fait un libelle. On a pu dénigrer des talents vrais, on a pu ridiculiser des auteurs pitoyables ; mais je parle de ces *coups fourrés*[148], de ces pamphlets qui répandent sous main des personnalités[149] odieuses contre le souverain, contre les grands, contre les gens en place, contre un citoyen quelconque ; car enfin, tout ce qui attaque personnellement est dangereux et criminel. [189] La malignité peut y trouver son compte ; mais l'amour-propre n'y trouve pas le sien, puisqu'il faut garder l'anonyme ; et d'ailleurs jamais un prétendu bon mot, jamais un placard ou une épigramme dans une affaire sérieuse n'a servi à rien[150] ; cela prouve l'impuissance et la bassesse ; et rien de plus. La probité ne connaît pas ces honteux manèges ; et le vrai talent y répugne aussi bien qu'un cœur droit. »

Nous nous étions arrêtés sur la place pour voir une de ces exécutions ; celles de l'assassin et du flatteur étaient finies ; je ne vis que celle du libelliste. J'avoue que j'éprouvai un plaisir assez vif, en voyant qu'on se vengeait d'un homme qu'il faudrait, selon moi, étouffer dès sa naissance, si l'on prévoyait qu'un jour il sera *libelliste*… Je ne peux pas bien rendre tout ce que ce terme a d'odieux et de révoltant pour mon imagination. [190]

Ce libelliste, qui croyait avoir fait les plus belles choses du monde, comme c'est l'ordinaire pour ces messieurs, avant de monter à l'échelle de la potence, se percha sur une table élevée, et dit au peuple :

« Messieurs, on va me pendre ; je le sais bien ; je le vois bien ; mais je proteste hautement contre la violence que l'on exerce ; et je déclare que je ne veux pas être pendu. Il est vrai qu'on me pendra toujours, parce qu'on a la force en main ; mais comme la force exécutrice n'est pas toujours celle de la justice, je les distingue ici, et je prends l'une et l'autre à partie… Ainsi, avant d'être pendu, je vous répète encore que je sais bien que je vais être pendu, mais que je ne veux pas qu'on me pende, et que ce n'est pas mon intention… »

---

148 « Un coup fourré : un coup que l'on porte avec furie et sans se mettre en garde, qui en fait recevoir un autre en même temps » (Furetière).

149 « Trait piquant, injurieux et personnel contre quelqu'un » (*Académie*, 1762).

150 Beffroy affaiblit ici son argument : si les libelles sont inefficaces, pourquoi les punir comme dangereux ?

Ce discours bizarre nous fit rire, en dépit de la circonstance ; nous quittâmes [191] ce endroit lugubre, et nous allâmes droit à la cour. Le Papa était dans son cabinet, quand son premier secrétaire alla nous annoncer, *Hazaël* et moi. Il me semble encore le voir, assis près d'un bureau d'ébène garni en or, occupé à lire des mémoires qu'on lui avait présentés, se lever tout à coup, ôter ses lunettes, venir à moi d'un air affable[151] et plein de douceur, me tendre la main et me la donner à baiser. Je vois encore son air bon, mêlé d'un peu de gravité ; mais ce sourire gracieux, qu'attire sur ses lèvres l'occasion de faire un acte de bienfaisance, ne me sortira jamais de devant les yeux ; je vois aussi ses cheveux blancs, flottant sur ses épaules et retenus par une simple agrafe d'or. Ses grands yeux bleus, affaiblis par le travail, brillaient encore d'un éclat doux et pur. Il avait toutes ses dents, et quoiqu'il fût assez mince et grand de taille, il avait [192] encore un air de fraîcheur, qui annonçait un tempérament robuste et sain. *Olmas* avait soixante-neuf ans ; et on espérait qu'il compterait encore bien des lustres, avant de payer à la mort le tribut que lui doivent les souverains et leurs derniers sujets[152].

Ce prince me parla le premier : « Soyez ici le bienvenu, me dit-il ; vous y verrez de braves gens, qui ont un bon cœur, et qui s'empresseront de vous donner des marques de leur amitié… » En me parlant de la sorte, il me serrait le bras affectueusement et j'avoue que cet accueil me coupa la parole : au lieu de lui répondre, je laissai échapper de grosses larmes, qu'il aperçut bien ; il saisit lui-même mon mouchoir entre mes mains, et eut la bonté d'essuyer mes pleurs, en me disant : *Allons-donc ; rassurez-vous, mon Cousin ; je ne saurais voir pleurer quelqu'un sans m'imaginer qu'il s'afflige, et l'idée seule* [193] *d'un cœur affligé pénètre le mien comme un dard…* Ces paroles sacrées ne sortiront jamais de mon esprit… Le Papa changea de conversation : *À propos*, me dit-il, *comment se porte M. de Charnois ?…* Cette question, si singulière dans un pareil moment, me fit rire, et je crus que Sa Paternité venait de perdre l'esprit. « Ma question vous étonne,

---

151 « Affable. C'est la première qualité qu'on doit attendre d'un homme en place, et surtout d'un gouvernant » (*Dictionnaire néologique*).

152 Portrait traditionnel du souverain en bon vieillard : « Zamé, c'était le nom de cet homme rare, pouvait avoir soixante-dix ans, à peine en paraissait-il cinquante ; il était grand, d'une figure agréable, le port noble, le sourire gracieux, l'œil vif, le front orné des plus beaux cheveux blancs, et réunissant enfin à l'agrément de l'âge mûr toute la majesté de la vieillesse » (Sade, *Aline et Valcour* [1795], Le Livre de Poche, 1994, p. 281). Inversement, Michaud XI, le roi de l'Isthme de réfugiés sera un adolescent (*Courrier* n° 56, p. 27).

poursuivit ce prince ; voyez, poursuivit-il encore en tirant de sa poche un volume des *Lunes* ; voici la raison qui me l'a fait faire. J'ai lu ce volume hier soir en me couchant ; vous y parlez d'un M. de Charnois[153], qui a une réputation dans votre pays, auquel vous paraissez même vous intéresser ; je m'informe de sa santé ; voilà tout le mystère... Mais, mais, mon cousin ; voilà trois volumes que j'ai lus de vos *Lunes* ; vous m'avez fait passer des moments bien agréables ; car j'ai ri de bon cœur, il est si doux de pouvoir rire de temps en temps ! on aime à rire de tout [194] dans ce pays[154] ; et la gaieté, loin de nuire aux sages opérations de l'État, est une suite du bon ordre public et de la saine philosophie ; et elle contribue beaucoup au bonheur d'un empire. Mais, poursuivit-il avec plus de gravité, vous êtes philosophe, mon Cousin, et plus philosophe qu'on ne pense ; dans un certain nombre d'années, la collection de vos *Lunes* offrira un tableau curieux de gaieté, de morale, de folie, de politique même, et d'objets extrêmement variés ; la prose et les vers qui s'y succèdent seront une amorce pour le lecteur ; et, sous ce voile heureux, qui vous permet de voyager à votre gré dans le pays des observations, vous aurez peint les mœurs de votre nation, et peut-être celles de beaucoup d'autres. »

Je souris à cet éloge du Papa ; et je lui dis franchement qu'il concevait de mes talents une trop haute idée ; que mes concitoyens n'avaient pas les mêmes yeux ; [195] que mes ouvrages avaient, il est vrai, un grand cours en Europe ; mais qu'on ne les regardait que comme une suite d'extravagances et de puérilités, à laquelle la plupart du temps on ne trouvait aucun sens ; et que, quand j'aurais passé les plus belles années de ma vie à tirer sans cesse des vers et de la prose de mon imagination ; quand, à force de travaux et de veilles, ma jeunesse aurait été sacri-fiée ; que mes cheveux seraient tout blancs avant quarante ans ; quand j'aurais été plusieurs années de suite comme un forçat à l'attache pour amuser les uns, instruire les autres, faire exister enfin plusieurs familles,

---

153 Jean Charles Levacher de Charnois (1749-1792), rédacteur du *Journal des théâtres* en 1777, « fut un des principaux rédacteurs du *Mercure de France* [de 1779 à 1783] ; il était chargé de la partie des spectacles, et il critiquait les pièces mieux qu'il n'aurait su les faire. Il fut massacré à l'Abbaye le 2 septembre 1792 ; on lui en voulait à cause du *Spectateur national*, journal modéré qu'il avait rédigé » (*Dictionnaire néologique*, s. v. Charnois). Il fut aussi l'auteur des *Costumes et annales des grands théâtres de Paris* à partir du n° 31 de 1787. Voir *Lunes* n° 4, p. 130 ; n° 8, p. 202.

154 Ou lire : « tout aime à rire dedans ce pays » ? Le texte porte : « tout aime à rire de dans ce pays ».

j'aurais pour récompense l'oubli des uns et la critique des autres ; et que, si malheureusement je tombais un jour dans la misère, il ne se trouverait personne qui s'occupât de me procurer une existence un peu moins laborieuse ; que telle était souvent en France la perspective des gens de lettres qui, naturellement peu courtisans [196], manquent les occasions de se faire un sort... Ces paroles affligèrent le souverain ; et je remarquai de la tristesse dans ses regards... Ainsi je parlai d'autre chose ; et j'eus le bonheur de lui plaire.

Je passai vingt-trois jours à la cour de Lunollie, aimé et considéré du PAPA et de tous les ONCLES et TANTES. Tout le monde m'appelait *mon Cousin*. Je rendrai un compte exact dans d'autres ouvrages de mes aventures en Lunollie, de mes conversations avec le Papa, et des prérogatives qu'on m'y accorda. Je vais même faire imprimer la pièce que je fis exprès pour le grand théâtre de Lunol, et qui eut en dix jours trente représentations, parce qu'on la donna trois fois par jour, tant ce genre-là eut d'attraits pour les Lunolliens ! Cette pièce se vendra 36 sous, chez le libraire que j'indiquerai, avec les airs nouveaux notés à la fin[155]. Ceci n'est point un conte ; on verra bien d'autres preuves de mon premier voyage dans la Lune. [197]

J'en partis le 5 mai 1787, et j'arrivai en ligne directe au bois de Boulogne, le surlendemain 7, à six heures du matin. Je n'ai ramené que vingt personnes ; il en est resté cent quatre-vingts dans la Lune. Le Papa leur accorda à tous des établissements, à condition qu'ils ne corrompraient pas les mœurs de ses sujets. Je compte y retourner en octobre, et y passer six semaines[156].

.

---

155 Le Cousin ne quitte pas la Lunollie avec « douze moutons chargés de cailloux d'Eldorado », comme Candide ; mais il ne repart pas non plus les mains vides.

156 Cette conclusion du récit, précipitée pour ne pas dire bâclée, est sans doute un effet de l'histoire éditoriale du périodique (fin de la seconde année des *Lunes* ; rupture avec le libraire Lesclapart).

SECONDE PARTIE

LE COURRIER DES PLANÈTES
(1788-1789)

INTRODUCTION

Le Courrier des planètes ou Correspondance du Cousin Jacques avec le firmament succéda aux *Lunes du Cousin Jacques* en janvier 1788. Beffroy de Reigny publia 74 numéros (hebdomadaires de 24 pages, puis bimensuels de 72 pages) jusqu'au 16 décembre 1789. Après la rupture avec Lesclapart, le libraire est désormais François Belin, rue Saint-Jacques, et l'imprimeur la veuve Valade, non loin, rue des Noyers[1].

Le voyage de la Colonie, qui s'est conclu avec le n° 36 des *Lunes*, ne se poursuit pas dans le *Courrier des planètes*. On trouve cependant quelques morceaux relatifs au séjour en Lunollie, dont l'un constitue une sorte d'épilogue à cette colonisation malheureuse ; et surtout des épisodes isolés d'un voyage interplanétaire, où le Cousin Jacques apparaît désormais sans ses compagnons (qu'il avait déjà délaissés lors de sa visite de Lunol).

Nous reproduisons ci-après tous les textes où il figure *en tant que personnage*. Nous avons en revanche écarté les lettres qui répondent strictement au sous-titre du journal (« *correspondance avec le firmament* ») ; et d'autres encore qui sont des allégories dans lesquelles le Cousin Jacques n'apparaît pas, fût-ce comme destinataire.

En général, l'inspiration faiblit ; les mêmes scènes tendent à se répéter d'une planète à l'autre ; Beffroy a de plus en plus recours à des calembours faciles (chute, cruche, bûche...) et à des allusions satiriques contre des cibles immuables (le parti philosophique, les médecins, les comédiens, les auteurs, les abbés petits-maîtres...), au détriment de la cohérence du récit. Son héros va et vient de façon quelque peu aléatoire entre Jupiter (sept visites), Vénus et Mars (trois visites chacune), Mercure et Saturne (quatre visites chacune). Ces planètes sont elles-mêmes divisées en une multitude d'empires – îles, isthmes ou satellites – sans contact entre eux,

---

1   Voir la notice « Courrier des planètes », rédigée par Pierre Rétat pour le *Dictionnaire des journaux. 1600-1789*. En 2014, Belin était la plus ancienne maison d'édition française indépendante ; après avoir été achetée par le groupe Scor, elle a été fusionnée en 2017 avec les Presses universitaires de France.

où diverses aventures sont parfois abruptement conclues par la promesse non tenue d'une suite. Dans le même souci de variété, on sort du système solaire pour explorer Sirius (où on ne voit pas grand-chose, tant les objets sont immenses) ; on découvre une nouvelle planète, Jacquinette ; on revient en Lunollie pour une courte visite. Ce papillonnage, qui a toujours été à la base des journaux de Beffroy, est revendiqué :

> Je hais un conteur méthodique,
> Qui dans un récit d'agrément,
> S'en vient immoler froidement
> La gentillesse à la logique.

Mais le *Courrier des planètes* témoigne surtout d'une difficulté croissante et avouée à imaginer autre chose que le même : « plus je voyage dans les planètes, plus je vois que les divers usages des mondes se ressemblent quant au fond. »

Au printemps 1789, Beffroy renonce à ses voyages imaginaires pour traiter plus directement de l'actualité politique. Depuis quelques mois, à l'approche de États généraux, les critiques de la noblesse s'étaient faites plus fréquentes et plus vives. Mais Beffroy n'est pas un révolutionnaire : ses sociétés idéales restent toujours placées sous l'autorité d'un roi paternel, et l'inégalité des conditions y est une « nécessité absolue ».

On trouve encore dans le *Courrier des planètes* plusieurs morceaux d'une fantaisie drôle et poétique (un monde sur roulettes, un monde à l'envers, deux mondes superposés ; l'oraison funèbre d'un général inepte…) qui méritent de trouver leur place à la suite du voyage dans la Lune. L'ultime grande aventure du Cousin Jacques, dans l'Isthme des réfugiés, est aussi l'une des plus intéressantes : le personnage a bien évolué depuis le début de ses voyages, deux ans plus tôt : il n'est plus désormais un modèle de joyeuse sagesse, mais un visiteur faillible, incapable de se soustraire aux préjugés nationaux, expulsé sans tambour ni trompette par un roi enfant.

SOMMAIRE DE LA SECONDE PARTIE

Le Courrier des planètes

six heures il parvient dans une île couverte de neige, de chardons et de bûches [17]. Visite de la manufacture des hommes, taillés dans ces bûches [20].

Courrier n° 15 (10 avril 1788[1])
À la recherche de son ballon dans Vénus, l'auteur s'égare [3]. Un coup de vent le transporte au sein d'une nation extraordinairement galante [4].

Courrier n° 16 (17 avril 1788)
Dans la planète de Mars, un pays peuplé de singes est dominé par les guenons [12]. Ce peuple imite ses voisins les éléphants [13]. Dans une autre région de la même planète, l'éducation des filles repose sur un principe de bienséance tout à fait contraire à la nature [20].

Courrier n° 19 (8 mai 1788)
Voyage du Cousin Jacques sur Jupiter, dans l'île des Cataplasmes [10]. Cette île est peuplée de penseurs à qui il est interdit de rire [12]. Quatre questions proposées par les sociétés savantes du pays [13]. Interrogatoire. Le Cousin persiste à croire que l'eau est humide. [14]. Il ne veut pas être un grand homme [19]. Il est ignominieusement chassé [22].

Courrier n° 20 (15 mai 1788)
Suite de l'île des Cataplasmes. Universalité du sentiment amoureux [3], néanmoins inconnu dans cette île [5]. Infirmités produite par l'esprit de sérieux [6]. Mode et commerce des cors aux pieds [9]. Usage général des roulettes [10]. Les dames vont à cul nu ; comparaison de cet usage avec celui de découvrir sa gorge [12]. Le Cousin Jacques est reçu dans une compagnie d'humidistes, puis par le roi [14]. Invité à parler de son pays, il montre que celui-ci a beaucoup de rapport avec l'île des Cataplasmes [17]. Enthousiasme général [20].

Courrier n° 21 (22 mai 1788)
Voyage du Cousin Jacques dans l'île des Miroirs. Planant au-dessus de la planète Mars [12], il s'échoue et est avalé par un goujon

---

1   Les numéros 13, 14 et 15 sont tous trois datés du 10 avril.

[13]. Dans l'estomac du monstre il rencontre une mère et sa fille qui se disputent à propos d'amour et de mariage [15]. Le goujon vomit ses prisonniers [22]. Le Cousin explique à des montreurs de lanterne magique ce qu'est un auteur [22]. La salle aux miroirs magiques [24].

Courrier n° 22 (29 mai 1788)
Suite de l'île des Miroirs. Intérêt philosophique des enterrements [3]. Convoi bizarre du directeur général des vidanges [5]. Le Cousin Jacques est asphyxié [7]. Charlatans protégés et bons médecins ignorés [8]. Le Cousin se soigne tout seul [10]. Oraison funèbre paradoxale d'un général [12]. Retour dans la salle des miroirs [18]. Le Cousin se reconnaît sous les traits d'un acteur de l'opéra [19]. Autres révélations des véritables dispositions de diverses célébrités [20]. Personne n'est à sa place [21]. Le ballon du Cousin heurte la comète de 1787 [24].

Courrier n° 25 (19 juin 1788)
Commencement du grand voyage du Cousin Jacques dans la planète de Jupiter. Adresse à sa muse [6]. Arrivée dans l'île Chichi [7]. Rencontre du fou de l'île Chichi [9]. Tout le monde rit aux vers du fou, sauf le Cousin [10]. Épitaphe du fou [12]. Romance du fou [14]. Son sentiment sur Frédéric II [19]. « Grand homme » : expression honteusement prostituée [20].

Courrier n° 26 (26 juin 1788)
Suite du jugement sur Frédéric II. Sa soif de gloire [3]. Sa répugnance pour les gens de lettres [5]. Chacun a sa manière de voir [7]. Frédéric fut un grand roi, mais pas un « roi philosophe » [9]. Son manque de respect pour la religion explique ses petitesses [11].

Courrier n° 30 (24 juillet 1788)
Promenade avec le roi de Chichi dans le Parc aux Choux. Projet extravagant de réunir les îles Louviers et Saint-Louis [4]. Augmenter Paris ! [6]. Insalubrité de la capitale et de sa banlieue [8]. Comment ruiner une réputation [12]. Tableau de la misère à Paris [13]. Pourquoi le Cousin Jacques n'est pas d'humeur à rire [14]. Son projet des deux Paris l'un sur l'autre [16].

Courrier n° 34 (21 août 1788)
Sur une île déserte de Jupiter, le Cousin Jacques rencontre une
danseuse de l'Opéra [13]. Il consent à vivre avec elle, à condition
de pouvoir retourner sur Terre tous les jeudis [19]. Il est nommé
directeur-inspecteur général des coiffures par Botobo, roi de l'île
Chichi [20]. Façon choquante de traiter les vieillards dans un
royaume de la planète de Mercure [22].

Courrier n° 37 (11 septembre 1788)
Cabinet d'histoire naturelle dans la planète de Jacquinette [9].
Cœurs pétrifiés [10]. Cœur-caillou [14].

Courrier n° 38 (18 septembre 1788)
Visite d'un satellite de Jupiter [8]. Rencontre d'un homme barbu
qui marche sur les mains [8] et parle à l'envers [9]. Cet homme est
une femme [10]. Son mari, vêtu en femme [11]. Ail à goût d'orange
[13]. Télépathie [14]. Transport par écrevisses [15]. Oiseaux dans
l'eau ; poissons dans le ciel [18]. Métamorphose des fainéants et
des méchants [18]. Arrivée à Cordialie [19].

Courrier n° 46 (13 novembre 1788).
Extrait du journal de Lunollie. Arrivée sur la Lune du devin
Scientificos [13]. Le Cousin Jacques consulte l'oracle [16]. France,
réjouis-toi ! [18].

Courrier n° 51 (18 décembre 1788)
Le Cousin Jacques se promène sur la planète de Saturne, dans les
environs de Vastopolis [8]. Il visite la manufacture des jouissances
humaines [9].

Courrier n° 53 (1ᵉʳ janvier 1789)
Visite de la manufacture des âmes dans Mercure [11]. L'armée de
bois du prince Laudin dans Jupiter [22]. Voyage vers Sirius [29].
Anges de police et coups de pied au cul [32]. Atterrissage sur la
tête d'un habitant de Sirius [39] ; d'où le Cousin Jacques observe la
fabrique générale et le lancement des planètes, à l'aide d'une lunette
d'éloignement [41]. Amusements des ouvriers [45]. Population

de Sirius [46]. Modèle en carton de la terre [48]. Règles bizarres de deux abbayes de Mercure [53]. Parachutes dans la Lune [62]. Gens de Saturne qui courent sans savoir où [65]. Trois manières de souhaite la bonne année [65]. L'île des boudeurs dans Jupiter [69].

Courrier n° 54 (15 janvier 1789)
Étroitesse de la presqu'île de Giblouk dans Mercure [3]. Élection démocratique de l'Assemblée nationale [5]. Son fonctionnement [11]. L'île des puces dans Jupiter [18]. Maître puciers [20]. Grand gala dans la planète de Mars ; nobles et négociants à table [21]. Prix remporté dans la planète de Mars ; impartialité de l'Académie de Gnomac [25]. Monument du roi Bonis IX dans la planète de Saturne [27]. Succès contraire de deux comédiens débutants de la planète de Mercure [47]. Éducation dans la planète de Saturne [49] ; réflexions d'un père sur l'art de marier ses filles [53]. Qualité de l'air dans les églises de la Lune [54] ; indécent usage de réclamer l'auteur après le sermon [56]. Habitant de Vénus qui veut marier sa fille à un prêtre [57].

Courrier n° 55 (1er février 1789).
Vers ou prose ? [3]. Orage sur Saturne [4]. Le Cousin Jacques rencontre des fantômes [5]. Fondateurs d'hôpitaux ou de maisons de charité, qui demandent des nouvelles de la Terre [9]. Bicêtre [15]. Dénonciation générale des administrateurs infidèles [20]. La fondatrice de l'Opéra [25]. Fondateurs de magasins à blé [28]. Avortons du Parnasse et plumes mercenaires [31]. Suite de l'armée de bois contre l'armée de chair [58].

Courrier n° 56 (15 février 1789)
Bon accueil que reçoit le Cousin Jacques dans un pays de la planète de Mercure [3]. Le curé lui raconte l'origine de la maison des Michaud [6]. Arrivée de M. Michaud sur Mercure [10]. Rencontre de l'ours [12]. Pouponnière-cimetière à ciel ouvert ; le solitaire fait un grand massacre d'oiseaux carnivores et recueille onze cent cinquante-trois nouveau-nés [16]. Leur éducation, leur multiplication [19]. Le royaume des Réfugiés est une imitation de la France en beau [23]. Audience de Michaud XI [27]. Le Cousin est condamné

à ne parler qu'en bien de sa patrie [30]. Ambassadeurs de l'île des Breloques [31]. Discours du Cousin contre la libre circulation des grains [35]. Urbanisme [40]. Écoles publiques [43]. Respect pour la vieillesse, pour la religion, pour la famille [45]. Sous l'effet du vin, le Cousin provoque en duel le gouverneur [52]. Il est conduit en prison ; prévenances envers l'accusé avant son jugement [56]. L'exécuteur sensible [61]. Machine à exécuter [62]. Le Cousin est gracié [65]. Il conte à Michaud XI l'histoire de la France telle qu'elle est [67]. Colère du roi, qui lui ordonne de quitter le pays [68].

Courrier n° 57 (1ᵉʳ mars 1789)
Manière de voyager à dos d'homme dans une île de la planète de Jacquinette [25].

Courrier n° 65 (1ᵉʳ juillet 1789)
Nomenclature des planètes [38]. Nouvelles planètes Jacquinette et Fafofu [39].

RELATION DES VOYAGES
DU COUSIN JACQUES DANS LES PLANÈTES

Ill. 1 – Cette vignette figure au haut de la première page
des 65 livraisons du *Courrier des planètes*.

2ᵉ NUMÉRO
Courrier du 10 janvier 1788

[5]

Jupiter est quatorze mille soixante et dix-neuf fois aussi gros que la Terre ; il en est éloigné de cent quatre-vingt millions sept cent quatre-vingt-quatorze mille sept cent quatre-vingt-onze lieues ; sans doute qu'entreprendre ce voyage, c'est aller un peu plus loin que d'ici à Pontoise[1], et même d'ici à Arras, pour y être reçu de l'Académie[2]. Aussi voit-on sur la vignette de nos volumes deux globes, qui vont d'une vitesse[3] !... c'est un éclair. Jupiter est habité en partie, mais il n'y a presque que des îles[4] ; c'est un globe entouré d'eau, sur lequel la nature a pris plaisir à jeter çà et là des morceaux de terre, épars, qui sont autant d'empires particuliers. Nous parlerons de ce pays, où il n'y a point de ce qui s'appelle *continent*, et nos voyages dans toutes ces îles offriront un tableau très singulier.

---

1   Pontoise était le lieu traditionnel d'exil du parlement de Paris, notamment en 1720 et en 1753.

2   Beffroy de Reigny était membre honoraire de la Société littéraire d'Arras, qui, depuis 1783, comptait l'avocat Robespierre parmi ses titulaires (Eugène Van Drival, *Histoire de l'Académie d'Arras, depuis sa fondation, en 1737, jusqu'à nos jours*, 1872).

3   Le haut de la page 3 du *Courrier des planètes* (jusqu'au n° 28) est en effet occupé par une vignette rectangulaire représentant deux ballons disposés symétriquement de part et d'autre d'une lyre posée sur un livre, devant un fond parsemé d'étoiles.

4   Beffroy écrira plus loin : « j'aime beaucoup les îles » (*Courrier* n° 25). La « sur-insularité » joue un rôle important dans l'imaginaire géographique du Cousin Jacques : à peine arrive-t-il sur une planète que celle-ci est divisée en plusieurs états. Contrairement à celles des *Voyages de Gulliver*, ces îles n'entretiennent entre elles aucune relation.

5ᵉ NUMÉRO
Courrier du 28 janvier 1788

[3]
Je n'ai pas besoin de dire de combien de lieues la Lune est distante de la Terre, ni d'entrer dans des détails sur cette planète, dont j'ai suivi les phases pendant deux ans, à laquelle j'ai dédié cet ouvrage, et sur laquelle j'ai déjà entretenu mes lecteurs assez au long dans les derniers volumes de la seconde [4] année des *Lunes*. Seulement pour mettre au fait les personnes qui n'ont pas lu les *Lunes*, nous leur dirons que nous avons fait un long voyage dans la Lune, que nous y avons trouvé un peuple policé, aimable, humain, éclairé et philosophe. Ce peuple était gouverné par un monarque digne de lui commander. Ce monarque se nomme Olmas ; Olmas m'avait accueilli avec bonté ; il avait pris goût à ma conversation, moins par l'intérêt que j'y mets, que par la curiosité, bien légitime assurément, qu'excitait chez lui la vue d'un habitant de notre planète. Nous avons eu ensemble bien des conversations, dont je ferai part au public, sur ma parole. En attendant, voici une anecdote que je me rappelle, et qui eut lieu la surveille de mon départ de la Lune.

La veille du jour que j'avais fixé pour quitter la cour d'Olmas, ce prince me parut rêveur et moins gai qu'à l'ordinaire ; toute la cour s'en aperçut avec la plus vive inquiétude : on essayait en vain de le distraire. J'osai lui demander la cause de son chagrin. – Ton départ, me dit ce prince ; tu m'égayais ; tu m'intéressais quelquefois, et j'aimais à t'entendre parler de ton pays ; rien ne donne plus de lumières pour la conduite d'un gouvernement, que la description fidèle des [5] usages et des lois de tous les autres. – Vous avez raison, Sire ; Solon ne donna de si sages lois aux Athéniens, qu'après avoir recueilli chez tous les peuples leurs usages et leurs maximes. – C'est très bien : mais je pense, mon ami, que les abus, et les abus criants, ont existé de tout temps chez tes compatriotes. – Sire, il faut le croire ; le concours des philosophes a pu parvenir à en déraciner quelques-uns ; mais, comme ce sont les derniers qu'on consulte, l'intérêt personnel, l'égoïsme, et les catastrophes de la guerre ont souvent replongé les peuples dans l'abîme dont ils étaient prêts de sortir. Lorsque j'entends nos *dialecticiens* discuter du fond de leur grenier les grands intérêts d'une nation, qu'ils s'imaginent gouverner comme leur ménage, je lève les épaules de pitié. Prétendre que tous les abus actuels doivent disparaître en un clin d'œil, à la lueur du flambeau de la philosophie, c'est vouloir être démentis par l'expérience de tous les temps : la superstition, par exemple, est, sans contredit, un des fléaux les plus redoutables que les philosophes aient à combattre. Toutes les petitesses, toutes les absurdités dont elle est mère, nuisent essentiellement [6] au bonheur des peuples. Qu'on ne nous dise pas qu'il est étrange de voir le même siècle qui a produit les Voltaire, les Jean-Jacques, les Montesquieu et les Mably, conserver encore une foule d'usages barbares qui dénaturent le caractère auguste de la religion, et qui dégradent la majesté des lois. Les Grecs se livraient avec fureur au culte infâme de leurs divinités libertines, quand Socrate, Platon et les sages, que nous admirons encore, vivaient au milieu d'eux ; et les Romains couraient applaudir à leurs gladiateurs ; ils maintenaient avec respect les usages les plus opposés à la saine raison, dans le temps même que Cicéron faisait ses beaux livres de philosophie, et que les écrivains les plus civilisés tâchaient de plier leurs mœurs féroces par des poésies pleines de goût et d'urbanité. – C'est fort bien, Cousin Jacques ; je suis de ton avis, et j'ajoute que l'orgueil a toujours été le premier obstacle aux progrès de la civilisation. – Sire, toutes les fois que je pense aux ravages de l'orgueil, je plains le sort de la pauvre humanité, dont cette passion semble avoir toujours été le premier apanage. L'orgueil a fait plus de sottises que n'en feront jamais toutes les autres [7] passions conjurées ensemble contre la félicité publique. Depuis que j'écris, et que je m'avise d'étudier un peu le cœur humain jusque dans les plus petites opérations de la société, je trouve partout l'orgueil comme premier mobile de ce qui se passe chez nous : et tenez, sans aller plus loin, je trouve autour de moi l'orgueil dans toutes les classes d'hommes qui m'environnent ; la moindre chose devient un tableau moral pour celui qui veut l'approfondir. Ma rue Phélypeaux, cette rue où je demeure actuellement… – Halte-là, dit le roi ; ne vas pas couper des raisonnements par des folies : qu'a besoin dans ton discours la rue Phélypeaux ? – Sire, la rue Phélypeaux est une rue pleine d'ivrognes ; et en cela, elle ressemble assez à toutes les autres rues de Paris, où le peuple ne connaît d'autres spectacles que la maison des marchands de vin. Si j'ouvre mes fenêtres, j'aperçois des ivrognes : l'autre jour encore, en voyant un ouvrier, absolument abruti par le vin, insulter un garçon perruquier, qui l'écoutait tranquillement sur sa porte, je remarquais que cet ivrogne, malgré le silence de l'injurié, continuait à lui dire des injures, *et poursuivait le cours*, non pas *de ses assassinats*[5], mais [8] de ses grosses invectives : cela dura plus de trois quarts d'heure. Si cet homme, disais-je, n'avait pas un fond d'orgueil qui lui fait la loi, il se tairait, ou il irait ailleurs débiter ses ordures : mais malgré l'anéantissement de ses facultés, il lui reste encore assez de conception pour qu'il se dise à lui-même : je ne veux pas m'en aller, parce que cela aurait l'air de céder ; et céder, c'est avoir le dessous. L'enfant en bas âge, qui ne comprend pas encore que trois et trois font six, comprend déjà qu'il faut soutenir son sentiment pour ne pas céder, et céder lui semble un acte de soumission qui l'humilierait. Il s'obstine à demander ce qu'on lui refuse, précisément parce qu'on le lui refuse, même quand il n'en a plus envie. Il veut parler quand on veut le faire taire, et disputera pendant plusieurs heures, si on ne lui donne pas raison sur-le-champ. Ainsi l'orgueil est la première et la dernière de nos sensations ; c'est, pour ainsi dire, l'aînée des passions et celle qui survit à toutes les autres. – Vous avez la manie de moraliser, Cousin Jacques ; et il faut que cela vienne naturellement : l'envie de pérorer vous écarte quelquefois de votre thèse ; mais avant de prendre congé de [9] moi, apprenez-moi ce que vous entendez à Paris par un philosophe. Ce mot-là frappe si souvent mes oreilles depuis que vos Français habitent mes états, qu'il excite singulièrement ma curiosité. Vous êtes donc, vous, par exemple, un grand philosophe aux yeux de vos compatriotes ? – Moi, Sire ? ha ! ha ! ha ! ha ! Moi, passer pour un philosophe ? Qu'avez-vous dit là ? Quelle injure pour le parti philosophique ! On me regarde tout au plus comme l'histrion de la littérature. Croiriez-vous qu'il y a tels et tels docteurs parmi nos gros bonnets, qui, sur le seul titre des *Lunes*, m'ont condamné à n'avoir pas l'ombre du sens commun, qui, sans avoir jamais été tentés de jeter un coup d'œil sur mes ouvrages, les ont jugés dignes des tréteaux de la foire, même avant leur naissance ; qui, sans me connaître autrement que sous mon sobriquet, ne soupçonnent pas même qu'il puisse exister un sentiment dans mon cœur ? Si je vous disais que tel journaliste obscur, ignorant au-delà de toute expression, bête, mais bête à manger du foin… Mais je réserve tous ces détails pour

---

5   « Un poignard à la main, l'implacable Athalie / Au carnage animait ses barbares soldats, / Et poursuivait le cours de ses assassinats » (Racine, *Athalie*, acte I, scène 2).

d'autres entrevues ; à mon prochain voyage, ou par ma correspondance épistolaire, en vous mettant au fait de notre [10] république des lettres, je vous en apprendrai *de belles*[6] ; soyez-en sûr. J'en reviens aujourd'hui à notre épithète de philosophe ; et je vous dirai que je crois avoir trouvé, sans beaucoup de peine, la définition de ce mot. *Un philosophe*, selon moi, *est un homme qui voit les choses telles qu'elle sont* : cela est court, simple, clair et vrai dans tous les sens. D'après ce principe, un homme que ses passions aveuglent, n'est pas philosophe. Un homme, au contraire, qui sait discerner le vrai d'avec le faux, qui va démêler le bien parmi la foule des préjugés et des abus ; un homme qui respecte le mérite sous les haillons qui le défigurent, qui méprise le vice et la sottise sous les broderies qui les parent, est certainement un philosophe ; un homme qui s'embarrasse peu des opinions et des bavardages, pourvu qu'il fasse le bien, qui néglige la forme pour s'attacher au fond, qui s'occupe moins des mots que des choses, peut s'appeler à bon droit philosophe. La morgue de certains hommes célèbres en France, qui se sont donnés arrogamment pour les chefs de la philosophie moderne, a fait prendre le change au vulgaire ignorant, qui juge toujours de ce qui est par ce qu'il voit : tous ces [11] hommes illustres n'ont été souvent que de froids égoïstes, dont l'orgueil insoutenable a toujours dégénéré en insensibilité ; et puis on a cru qu'un être isolé sur la terre, toujours replié sur lui-même, toujours parlant des intérêts d'autrui, et toujours s'occupant des siens, toujours dur et absolument insensible aux revers de l'humanité, un être enfin, habitué par ses prétendues observations à ne s'affecter de rien, était un philosophe. Extravagance inouïe ! absurdité qu'on ne peut croire que dans le pays même où elle règne, tant on a peine à concevoir qu'un homme puisse s'égarer jusqu'à ce point !

Le philosophe s'affecte ; le philosophe pleure ; le philosophe rit et s'égaie, le philosophe a des jouissances et des sensations plus ou moins vives, selon l'organisation dont la nature l'a doué ; en un mot, on n'est pas philosophe pour être exempt de passions, mais pour savoir les modérer : on n'est pas philosophe pour se priver des plaisirs, mais pour n'en être pas la victime : on n'est pas philosophe pour mépriser les erreurs humaines, mais pour n'en être pas la dupe… Quel est ce personnage à *principes*, qui me fait un crime de m'affliger des malheurs qui m'arrivent [12], et de sentir vivement les pertes que j'essuie ? Je dois être philosophe,

---

6   L'expression est en italiques pour attirer l'attention sur le jeu de mots (belles lettres).

dites-vous, et par conséquent inaccessible aux traits de la douleur. – Mais !
vous extravaguez, si vous parlez de bonne foi. Suis-je convenu que je
dénaturerais en moi l'ouvrage du Créateur, parce que j'adopterais pour
maxime favorite l'amour de la vérité ? Faut-il, en renonçant aux préjugés,
renoncer au pouvoir de ses sens, aux affections de son cœur ? Il y a plus
d'égoïsme à heurter de front la mauvaise fortune qu'à s'abandonner au
chagrin qu'elle excite. Eh ! pourquoi voulez-vous me priver de l'usage
de ma sensibilité ? Si je m'endurcis contre le malheur, si je n'ai plus la
faculté de m'émouvoir, j'évite, il est vrai, bien des occasions de pleurer,
mais je m'ôte aussi les occasions de jouir : on ne pleure pas toujours
sur soi-même, on pleure souvent avec les malheureux, et c'est ce qui
donne envie de les soulager. D'ailleurs, toutes les larmes qui tombent
de nos yeux, ne sont pas des larmes de douleur ; il y a des larmes de joie
qu'il est si doux de laisser couler abondamment !... lequel de ces deux
philosophes, Sire, trouvez-vous le plus sage, ou de ce stoïcien vanté si
mal à propos, qui dit à la goutte : [13] « Tu as beau me tourmenter, je
n'avouerai jamais que tu sois un mal[7] » ; ou de cet homme vertueux,
que, par une hypothèse plus heureuse que la réalité, j'oppose à ce stoïcien
ridicule, et qui dit à la goutte : « Tu es un mal, sans doute, un mal cruel,
un des fléaux les plus terribles de l'humanité ; j'aimerais bien mieux, à
vrai dire, te voir à cent lieues d'ici que de te loger chez moi ; mais je t'y
souffre patiemment, parce que ma colère aigrirait mon mal[8] ; et que je
donne à l'Être Suprême une preuve de résignation d'autant plus forte
en te supportant, que tu es un mal et un très grand mal, assurément...
Eh bien, Sire, que vous en semble ? »... Mais je m'aperçus que le roi
dormait ; peut-être ai-je eu le talent d'endormir aussi mes lecteurs.

---

7   Possidonius, dont l'exemple est cité par Cicéron (*Tusculanes*, II, 25).
8   Principe horatien : « Durum, sed levius fit patientia, Quidquid corrigere est nefas » (*Odes*,
     I, 24, v. 19-20). Même critique du « fantôme de vertu et de constance » stoïcien face à
     « la goutte la plus douloureuse » chez La Bruyère (*Les Caractères*, « De l'homme », 3) et
     chez Rousseau (*La Nouvelle Héloïse*, 3ᵉ partie, lettre XXI).

9ᵉ NUMÉRO
Courrier du 2 mars 1788

[2]

Variétés

Messieurs! Messieurs! grande nouvelle! J'ai découvert une planète. – Une nouvelle planète? – Une nouvelle planète; Herschell' est la huitième, la mienne est la neuvième. Vous me demanderez si cette planète est couleur de rose, ou au moins de quelle couleur elle est; si c'est une planète *caca dauphin*, une planète *puce*, une planète *bran d'oie*, etc. Rien de tout cela, Messieurs, ma planète est diaphane, resplendissante comme un beau cristal; et néanmoins on s'y promène, on y mange et on y boit. Ce que j'y ai vu fera le sujet d'un numéro tout entier, et vous conviendrez alors que la chose en vaut la peine. – Comment nomme-t-on cette planète? – On la nomme *Jacquinette*, du nom du *Cousin Jacques*, qui l'a découverte. – Où est-elle? – Elle est tout là-bas, là-bas, là-bas, derrière le soleil, dont elle se sert comme d'un éventail pour cacher son visage. Convenez donc, Messieurs les astronautes, que vous êtes encore bien novices dans votre art! Prédire les éclipses, à la bonne heure; c'est quelque chose, mais découvrir une planète! passe pour cela.

[4]

Lettre du roi de Lunollie,
grand empire de la Lune, au Cousin Jacques.

Nota. L'auteur prie les lecteurs susceptibles, de ne point s'offenser du ton de hardiesse et de vérité qui règne dans cette lettre. Il n'a pu s'empêcher de la publier par égard pour le prince, qui a paru le désirer; mais il y fera une réponse convenable, qui paraîtra dans un des numéros suivants; il doit ce dédommagement à ses concitoyens et à lui-même; car il avoue que cette lettre l'a extrêmement chagriné: il a senti le premier tout ce qu'elle a de mortifiant; et, comme c'est lui qui a conduit ses compatriotes dans la Lune, toute la honte des reproches qu'on leur fait, retombe sur lui-même.

Depuis que vous avez quitté ma cour, mon cher Cousin Jacques, je vous ai regretté d'autant plus vivement, qu'outre l'amitié tendre et sincère que je vous ai vouée, j'ai eu de trop bonnes raisons pour désirer souvent votre présence. J'ignore où vous êtes maintenant ; mais comme je sais que vous voyagez de planète en planète, et que nous avons dans nos grands bureaux de correspondance un bureau particulier pour les planètes, je vous dépêche un courrier extraordinaire, avec [5] ordre de faire toute diligence pour vous trouver, dans quelque lieu que vous séjourniez. Le bruit a couru ici que vous étiez dans Herschell' ; eh bien, j'espère que ma lettre vous trouvera dans Herschell', d'où je vous prie de partir aussitôt que vous l'aurez lue, pour venir en ligne directe dans mon empire de Lunollie.

Pourquoi faut-il que je chagrine un des hommes que j'affectionne le plus ? et comment, dans un si court intervalle, le temps a-t-il pu devenir aussi nébuleux, aussi orageux qu'il était calme et serein, quand vous êtes parti de la Lune ?

Vous me devinez sans doute à présent, et vous conjecturez que les Français avec lesquels vous vous êtes embarqué pour les airs, qui vous ont suivi dans une partie de vos voyages, que j'ai si bien accueillis en votre considération, à qui j'ai offert un asile dans mes états, et que vous y avez laissés par égard pour leurs instantes sollicitations, vous conjecturez, dis-je, que ces Français m'ont donné quelque sujet de grave mécontentement. Eh bien, vous ne vous trompez pas. C'est pour me plaindre d'eux que je vous écris ; c'est pour vous prier très instamment [6] de les venir chercher, ou d'envoyer un de vos ballons pour les prendre, mais le plus tôt possible ; car cela presse ; et, si vous usez de délais, je serai forcé de les bannir de mon royaume par un édit solennel, dont vous pouvez prévenir les tristes effets.

Je leur avais assigné un canton d'assez grande étendue, dont le produit était plus que suffisant pour fournir à tous leurs besoins, si chacun d'eux avait voulu cultiver avec soin la portion qui était confiée à sa vigilance. Je m'attendais à les voir prospérer dans ce nouvel asile ; je bénissais déjà le ciel de m'avoir fait cadeau d'une si belle occasion d'exercer sur des hommes ma bienfaisance et ma sensibilité ; je voyais avec un plaisir infini une colonie se former au sein de mes états, et je disais : « Ces Français, si vantés dans toutes les parties de leur globe, vont communiquer à mes peuples cette surabondance de lumières, cette activité, cet esprit inventif, cette industrie qui les caractérise. » Toutes mes espérances se sont évanouies, et je suis réduit à maudire le jour où je ne sais quelle divinité malfaisante a conduit ces Français en Lunollie. Savez-vous ce qui est arrivé ? Au lieu de cultiver le [7] terrain gras et fertile qui leur était accordé, la plupart ont voulu faire des essais ; c'est ainsi qu'ils appellent l'art de dénaturer les plantes et le sol qui les produit. On a commencé par abattre les bois qui entrecoupaient les terres labourables ; et, quoiqu'il soit défendu chez les Lunolliens de déraciner ou d'abattre un seul arbre sans une nécessité bien démontrée, ils ont défriché tous les taillis, toutes les hautes futaies, tous les bosquets, et toutes les garennes. Qu'en est-il résulté ? que l'on a eu quatre cents fois plus de bois qu'il n'en fallait pour le chauffage de cette année, et pour tous les ouvrages de construction dont on a besoin d'ici à deux ans. Qu'en est-il résulté encore ? que l'on a eu quatre cents fois plus de terre qu'il n'en faut pour produire le blé, les légumes et les fruits nécessaires à la vie d'ici à douze ans. Vos Français disent à cela : « Nous échangerons le bois qui nous est à charge maintenant, contre d'autres objets de luxe et d'agrément. » Je leur réponds : « Vous pouvez faire ces échanges dans des pays où le défaut de lois somptuaires et l'exemple général encourage le luxe, parce que vous pouvez espérer que le luxe des autres subviendra à vos besoins [8] dans d'autres circonstances ; mais ici vous perdez vos peines ; vous donnez l'exemple contagieux d'une prodigalité funeste, et vous vous préparez un avenir malheureux en sacrifiant à une plus grande quantité de biens présents les années que vous auriez dû ménager dans une répartition plus égale et plus sage. D'ailleurs, Messieurs les Français, tous vos systèmes sur le luxe sont illusoires ; vos gros livres tendent au dépérissement des premiers arts utiles ; et vous finirez par mourir de faim au milieu de vos brillants projets d'opulence et d'amélioration, si vous continuez à subordonner vos nécessités à vos caprices, et les travaux utiles aux arts d'agrément. »

Ne croyez pas, mon Cousin, que toute la colonie ait songé à ensemencer les terres qu'ils ont dépouillées des forêts, dont elles étaient couvertes. La plupart, pour plaire, dit-on, à quelques dames de moyenne vertu, qui leur font la loi, ont érigé de belles et bonnes plaines bien fertiles en ce qu'ils appellent des *jardins anglais*. Savez-vous ce que c'est que cela, Cousin Jacques ? le savez-vous ? Quelle rage indécente de gâter ce qui est bon, de défigurer [9] ce qui est beau ? Quelle manie ridicule de contrarier les vues et la marche de la nature pour le seul plaisir de les contrarier ? Des *jardins anglais* sont chez vos Français :

Du sable et des rochers, des rochers et du sable

De sorte que si j'avais permis à cette colonie de disposer à son gré de tout le terrain de mon empire, ils n'auraient fait de mes belles provinces qu'un *jardin anglais*[9]. Cette extravagance ne trouve point d'accès dans mon imagination ; elle est au-dessus de mon entendement. On se plaint déjà de ce qu'il y a sur les globes habitables beaucoup trop de places incultes et stériles ; plusieurs gouvernements ont encouragé l'industrie des agriculteurs ; ils ont proposé des récompenses à quiconque tirerait parti des terrains arides et sablonneux. Vous autres, Messieurs les Français, vous convertissez les terrains fertiles en terrains sablonneux, et vous avez l'air de vous être donné le mot pour vous opposer aux vues bienfaisantes du Créateur. Les Anglais passent pour avoir des goûts solides, et surtout pour ne pas sacrifier leur intérêt à leur agrément. Je suis bien sûr que leurs belles [10] avenues fournissent des herbes abondantes, des arbres utiles, et que leurs vallons factices, s'ils en ont, sont couverts d'arbres fruitiers et de bons légumes ; et vous, vous allez copier tout ce que les autres ont de mauvais, sans prendre jamais ce qu'ils ont de bon ; vous enchérissez sur leurs modes ; vous les imitez mal ; vous dénaturez leurs usages ; et, en faisant mal ce qu'ils font bien, vous ne voyez pas que vous prêtez partout au ridicule, et que vos petites vues, bien mesquines et bien frivoles, vous font regarder en pitié par vos voisins altiers, qui ne peuvent voir en effet tant de travers sans en lever les épaules !

Je suis très sûr, à présent que je connais vos compatriotes, que, si la nature avait permis qu'on pût manger des pierres et se nourrir de sables et de bruyères, les Français, pour contrarier tout exprès la nature, auraient changé en jardins potagers, en vergers fertiles, en prairies abondantes et en terres à blé, tout ce qu'ils auraient trouvé d'inculte et de pierreux dans l'arrondissement de leurs domaines. Il me semble que j'entends dire à un homme riche, qui transforme en désert, pour son plaisir, quarante ou cinquante arpents de bonnes terres : « Voilà [11] trente arpents

---

9   La mode des jardins à l'anglaise avait gagné la France dans les années 1770-1780, avec celui réalisé au Petit Trianon pour Marie-Antoinette ; mais aussi Bagatelle, Ermenonville, le désert de Retz, le parc Monceau…

de moins dans l'État ; c'est autant de pris sur la portion des citoyens ; mais, tandis que je suis entouré de terres incultes, où je promène mon orgueil, ma sottise et mon indolence, des milliers de bras, que je paie pour cela, cultivent d'autres terres qui m'appartiennent encore ; mais si ces terres ne suffisent qu'à ma subsistance, si ces citoyens laborieux ne peuvent pas se soutenir du surplus de ce qui doit me revenir de le leur travaux... Eh bien, peu m'importe ! Que me fait l'estomac d'un pauvre villageois, quand le mien se remplit tous les jours ? et pourquoi m'inquiéter du sort d'un être souffrant, quand la souffrance est bannie de chez moi, quand l'abondance et les plaisirs flattent mes sens, et pénètrent pour ainsi dire ma voluptueuse existence ? »

Hélas ! malheureux opulent ! quand tu raisonnes ainsi, pourquoi la population ne diminue-t-elle pas ? Le grand mal, c'est qu'au moment où le riche s'endurcit le plus, le nombre des pauvres est toujours égal, s'il ne va même en augmentant. Il me semble que la quantité des individus devrait toujours [12] diminuer en proportion des progrès que fait l'égoïsme.

Si ce n'était que sur eux-mêmes que rejaillît la honte de leurs systèmes et le ridicule de leur conduite, je m'en inquiéterais peu, et je leur dirais : « Soyez maîtres de vos opinions ; réglez ou déréglez vos mœurs ; faites en un mot tout ce qu'il vous plaira. » Mais ils ont la fureur de vouloir communiquer la contagion de leurs usages et de leurs idées à tout ce qui les approche. Il semble qu'ils se croient faits pour régenter les autres hommes ; et ce peuple présomptueux se regarde très sérieusement comme le précepteur né de tous les peuples. Voilà ce que je ne vois pas de sang-froid ; voilà ce qui jette partout le trouble et la division.

Quel nouveau système viennent-ils encore étaler parmi nous ? À les entendre, tout est l'effet du hasard, à les croire, tout périt avec le corps. Cette opinion si commode, dont je vois presque tous vos voyageurs entichés, ne manquerait pas, à la longue de prévaloir parmi mes sujets, si je n'avais le plus grand soin d'en arrêter les progrès ; car, quelque vertueux que soit un peuple, il est homme ; et l'empire des passions, qui ne demande qu'à [13] s'agrandir, lui fait trouver des charmes dans tout ce qui peut flatter ses sens et son ambition. Si la raison sévère et l'esprit judicieux rejettent avec horreur des idées contraires au bon ordre, le cœur et les sens sont intéressés à les adopter, et la victoire reste toujours du côté du vice, quand la vertu ne s'y prend pas à temps pour la lui disputer.

Quoi ! mon bon peuple, quoi ! mes enfants et mes amis seraient imbus de ce principe funeste ? Quoi ! des hommes civilisés, fidèles aux lois de la bienfaisance, soumis aux règles de la décence, des hommes qui passent ici leurs jours à se soutenir, à se consoler, à se soulager les uns les autres, qui partagent leurs heureux loisirs entre les arts utiles et les arts agréables, qui, dès leur tendre enfance ont accoutumé leur langue à bénir l'Auteur de la nature, qui ont appris à leurs yeux l'art sublime de fixer les cieux, et d'embrasser, pour ainsi dire, d'un regard, l'immensité ; qui ont exercé leur esprit dans l'étude des vérités morales, et qui s'élèvent sans cesse vers les nobles objets, qu'ils regardent comme leur destination ; quoi ! ces hommes-là verraient, en un instant, s'évanouir toute leur félicité ; [14] s'éclipser cette clarté secourable, qui leur découvre le chemin du bonheur ? Ces hommes-là perdraient, en un clin d'œil, tout l'attrait de leurs espérances, tout le fruit de leurs travaux et de leurs études ?... Ah ! si notre croyance n'était qu'une chimère, nous aurions donc inventé quelque chose de plus parfait que ce qu'aurait inventé l'Être infiniment parfait !

Aussi je ne m'étonne plus, mon cher Cousin, de cette différence de lois et d'usages qui existe de votre pays au mien. Malheur aux empires où prévaudra ce malheureux système ! De là naîtra certainement le mépris de la vie ; et si tout un peuple s'accoutume à mépriser la vie, adieu l'honneur ; adieu les mœurs ; adieu la sûreté publique ; il n'y a plus ni décence, ni frein, ni propriété, ni repos.

Ce qui m'indigne le plus, c'est de voir vos compagnons les plus ignorants, s'acharner aussi le plus contre les vérités qui sont la base du culte et de la tranquillité des peuples. À peine sait-on lire chez vous, à ce qu'il me paraît, qu'on débite déjà d'un ton de maître ses folies, ses erreurs et ses absurdités. On n'a fait encore qu'un pas dans la [15] carrière des sciences, et l'on veut en montrer le chemin à ceux qui l'ont parcourue. Mille secrets que nous ne pouvons pas contester, dont les effets frappent chaque jour nos regards étonnés, sans que nous puissions en pénétrer les causes, restent néanmoins toujours des secrets ; la physique en cent ans peut à peine en deviner un, et nous convenons tous qu'ils sont au-dessus de notre conception ; cependant nous ne les nions pas. Les vérités que nous contesterions, seraient donc précisément celles d'où dépendent le bonheur et la tranquillité de chaque individu, et de tous les individus rassemblés. Quelle extravagance ! Eh ! quelle vérité, s'il vous plaît, est à l'abri des contradicteurs ? Quel principe se présente sous une seule face, sans qu'on puisse l'envisager autrement ? Celui qui nous touche de plus près, sera-t-il le plus combattu ? S'il y a quelques sophismes *contre*, il y a mille raisonnements *pour* ; mais vos compatriotes décident, tranchent, n'examinent rien ; il faut que cela soit, parce qu'ils l'ont voulu… Petits êtres, dont la sphère étroite atteste à chaque pas l'insuffisance et l'incapacité, vous seriez bien plus heureux sans vos chimères et vos prétendues [16] découvertes ! Vous seriez bien plus heureux si, sacrifiant vos préjugés à ceux qui n'en sont pas, vous laissiez là le vain délire de votre esprit pour vous livrer à la simplicité de votre cœur[10].

Eh ! pourquoi donc voudriez-vous me faire renoncer à ma plus belle prérogative ? Si je ne dois plus rien attendre à ma mort, je me trouve le plus à plaindre des êtres. Parce qu'un sophiste a dit quelque part qu'il y avait trop d'orgueil à croire son âme immortelle, un autre sophiste l'a répété sans le croire ; celui-ci l'a fait répéter à d'autres encore ; ces autres l'ont écrit ; un ignorant l'a lu et l'a redit à vingt sots, qui l'on cru sans savoir seulement ce qu'ils croyaient. Y a-t-il plus d'orgueil à moi, de me croire destiné à de grandes choses par l'Être infiniment grand, qu'à vous de vous croire destiné[11] à m'éclairer contre ma conscience et mes intérêts, sans autre mission que la prétendue sagacité de votre esprit ? Et en quoi, s'il vous plaît, mon orgueil est-il déplacé, s'il ne peut en résulter que du bien[12] ? Allez ; toutes vos idées folles sont si au-dessous de ma conception, que je rougirais de m'y arrêter longtemps. [17]

---

10 Cette diatribe anti-française du roi de Lunollie doit quelque chose à Rousseau, lui-même inspiré par la *Lettre sur les Anglais et les Français* de Béat Louis de Muralt (1725) : « Tu ne l'ignores pas, mon ami, l'esprit, dit notre Muralt, est la manie des Français » (*La Nouvelle Héloïse*, II, 15).

11 Lire sans doute : « destinés ».

12 Variation sur l'argument de Jean Georges Lefranc de Pompignan (l'archevêque, frère du poète) : « Nous entendons quelquefois des écrivains incrédules reprocher à l'homme, que c'est par un sentiment d'orgueil qu'il se croit immortel. [...] Il n'y a pas d'orgueil à croire, d'après le témoignage de sa conscience et celui du genre humain, l'immortalité de son âme : il n'y en a pas non plus à discerner la nature humaine de celle de la brute, et à reconnaître la haute supériorité de l'une sur l'autre ; c'est une juste estimation que l'homme fait de soi-même, qui lui est commune avec tous les hommes semblables, et ne l'élève à ses propres yeux, que pour ennoblir ses sentiments et épurer ses mœurs. Si c'est là ce qu'on nomme de l'orgueil, malheur à quiconque y renonce. Mais comment appellerons-nous le mépris que les impies affectent pour la nature humaine ? Ils ne la dégradent en général que par un amour-propre personnel : c'est là un véritable orgueil,

Personne n'est d'accord parmi vos compatriotes ; et tout ce qu'on voit clairement à travers l'obscurité de leurs systèmes *pour* et *contre*, c'est qu'ils s'accordent tous à vouloir s'éclipser mutuellement ; ce n'est pas pour le plaisir de dire, *cela est vrai*, qu'on discute ces matières importantes, sans y rien entendre ; mais seulement pour dire : *c'est moi qui ai raison...*

Vous avez dans votre colonie des beaux esprits, qui s'imaginent rendre un grand service à l'humanité, en écrivant sans cesse des choses qui sont écrites partout, et beaucoup mieux écrites que par eux. Vous ne devineriez pas quelle est leur principale occupation ; pour moi, je ne suis pas encore revenu de ma surprise : ces Messieurs font DES VERS. Demandez-leur à quoi ils passent leur temps, ce qu'ils font ici-bas pour le bonheur des autres ; ils vous diront fièrement qu'ils font... DES VERS ! Ha ! ha ! ha ! toute ma cour a ri de cette prétention souverainement bizarre... Je plaindrais votre nation, si elle était condamnée à nourrir dans son sein de pareils êtres... Sans doute que le nombre n'en est pas considérable ; car il faut des bras, non pour faire DES VERS, mais pour conduire [18] la charrue, et pour scier du bois. Qu'est-ce que c'est donc que faire des vers ? ai-je demandé à un de vos Français. Sire, m'a-t-il répondu ; c'est la plus belle chose du monde ; ne fait pas des vers qui veut... — Mais sont-ils bons, ces vers ? Ont-ils un but moral ? Célèbrent-ils une action héroïque ? et la célèbrent-ils dignement ? Car pour qu'un portrait soit admiré, il faut que le pinceau de l'artiste réponde au mérite de l'original qu'il a peint.

Point du tout ; ces Messieurs font des vers à Cloris, à Philis, à Daphné ; et qu'est-ce que c'est que Daphné, Cloris et Philis ? — C'est une femme sans vertu, c'est une beauté minaudière, qui ne fait que rire ou pleurer machinalement ; c'est une libertine insolente, qui passe sa vie à faire des dupes et à se moquer des sots, qui ont la bassesse de l'encenser.

Vous ririez de les voir se tourmenter du matin au soir pour coudre deux mauvaises rimes à une mauvaise pensée... Il s'agirait du salut de l'État, qu'ils n'y mettraient pas plus d'importance. Ce qu'il y a de plus comique, c'est de voir leurs assemblées de connaisseurs disserter très gravement : sur [19] quoi ? sur le mérite d'un vers ; c'est-à-dire, sur un mot. On ne songe pas à applaudir à une pensée solide, écrite en bonne prose ; mais une bluette, habillée en rime, excite l'enthousiasme général ;

---

et d'autant plus condamnable, qu'il cherche sa gloire dans sa confusion. » (*Avertissement de l'Assemblée générale du clergé tenue à Paris en 1775*, in *OC*, Paris, Migne, 1855, t. 1, col. 871).

je vois même que c'est moins ce qu'on dit parmi eux qui fait juger de celui qui parle, que la manière dont il le dit ; et, s'il s'enveloppe d'un titre à prétention, on est tout disposé à l'écouter ; mais, s'il est simple, uni, sans pompe, sans apprêt, et à la portée de tout le monde, on y fait à peine une légère attention ; je croirais volontiers que le naturel chez vous est un titre d'exclusion pour les honneurs littéraires. Je vous prierai d'éclaircir mes doutes là-dessus.

Qu'on transmette avec l'art des vers les traits de vertu à la postérité ; j'approuve cet emploi de la rime ; qu'on égaie même une société par des couplets bien faits, qui donnent au sentiment de l'amour ou de l'amitié une expression plus digne de lui, pourvu qu'on n'en fasse pas son unique passe-temps, je ne puis qu'applaudir à cela. Mais, fût-on le premier versificateur de tous les globes, si l'on n'est rien dans le monde avec cela, on est toujours un pauvre hère, un être pitoyable dans l'ordre social. Mais c'est bien pis encore, [20] quand on fait gravement de mauvaises poésies, et qu'on attache une grande importance à de grandes sottises. On dirait que ces messieurs-là se sont voués aux balivernes dès leur première jeunesse. Eh ! qui diable a pu leur fourrer dans l'esprit de se faire poètes ? ce n'est sûrement pas la nature. Leurs pensées sont si mesquines et si communes ! leurs élégies sont si risibles ! leurs madrigaux sont si plaisants ! la glace et les frimas semblent toujours présider à leurs couplets, et l'on voit tout de suite qu'ils aiment bien plus leurs vers que la belle pour laquelle ils les font. Est-ce que par hasard tous ces petits hommes-là seraient vos grands hommes, mon Cousin ? J'aurais peine à me le persuader ; mais si cela est, je vous en fais mon compliment.

J'ai vu parmi vos colons quatre ou cinq petits-maîtres[13], qui ont un penchant irrésistible, non seulement à braver toutes les lois, mais à se moquer de tout ce qui n'est pas eux. Ils sont bien heureux de se trouver ainsi toujours prêts à rendre aux autres la pareille ; car ils doivent s'apercevoir qu'on rit partout à leurs dépens. Aucun talent, aucune qualité digne d'estime n'échappe à leur raillerie ; toutes les vertus, selon eux, [21] sont des grimaces, et toutes les perfections d'un artiste ne sont que médiocrité. Par exemple, je vous avoue, mon Cousin, que cette arrogance-là me passe. Est-ce qu'on souffre cela sur la Terre ? Est-ce qu'il n'y a point des donneurs de coups de canne, payés exprès par le

---

13   Jeune élégant prétentieux (La Bruyère, « Des petits maîtres », *Les Caractères*, 1688).

gouvernement, pour faire justice de ces merveilleux-là ? Ils sont frisés et musqués, et ils sont intimement persuadés que la frisure et le musc sont le vrai mérite. À les voir se promener arrogamment sur la pointe du pied dans les rues de la capitale, on les prend exactement pour des marionnettes, que vous avez voulu faire passer pour des hommes. On commence à douter ici que les habitants de la Terre soient des êtres organisés comme nous ; on vous regarde, vous, mon Cousin, comme un habile machiniste, arrivé de quelque autre planète, avec un certain nombre de poupées à ressort, de votre invention, que vous voulez faire voir en Lunollie par curiosité, comme on montre à la foire un automate. Mes sujets sont tentés de croire que j'ai perdu la tête, pour avoir accueilli de pareilles momies comme j'accueillerais des hommes véritables. Il semble que le Créateur ait dit à ces êtres-là : *Sois poudré,* [22] *frisé, ambré ; regarde-toi dans un miroir ; articule des sons ; prononce des phrases, ne pense pas, ne sens rien ; mange, bois dors, fais l'insolent et promène-toi ; tu auras rempli ta destination ; je ne t'ai créé que pour cela.* Parlerai-je de ceux que vous appelez philosophes, ou du moins qui se disent tels ? Pour ceux-là, il faut remercier la Providence de les avoir donnés à la Terre. On dirait toujours, à les juger sainement, qu'ils adressent chaque jour ces paroles au Tout-Puissant : « Nous sommes un cadeau[14] précieux, dont les hommes vous remercient ; c'est une grâce que nous leur faisons, d'exister parmi eux ; et nous nous[15] faisons, à vous-même, beaucoup d'honneur, de vouloir bien nous avouer vos créatures ! »... Bon dieu ! quel tissu d'extravagances !

Hier soir un de vos Français voulut me parler ; c'était l'heure de mon travail, et mes gardes lui défendaient l'entrée de mon cabinet ; il les traita avec une sorte de mépris ; comme l'esprit militaire n'est pas chez nous l'esprit de vengeance et de brutalité, ils se contentèrent de s'obstiner dans leur refus, et rirent beaucoup des airs de hauteur de cet [23] étranger, qui ne pouvait pas concevoir qu'on s'occupât d'autre chose que de lui. Excité par le bruit de cette querelle, je me levai, et j'allai voir ce dont il s'agissait... Loin d'aigrir ce personnage par un nouveau refus, je l'introduisis chez moi. Là, je le fis asseoir, et voici ce qu'il me dit :

---

14   L'Académie ne donne pas encore à ce mot, en 1762, le sens moderne de *présent*, mais celui de « Repas, fête que l'on donne principalement à des dames ».

15   Lire sans doute : « nous vous faisons... ».

« Sire, je viens, plein de confiance en votre PATERNITÉ[16], solliciter un emploi digne de moi… Je brûle du désir de vous servir, mais sans déroger à ma naissance. – Que savez-vous faire, Monsieur ? – Sire, je sais faire tout ce que doit savoir faire un homme de mon rang. – Mais encore, quoi ? – Interrogez-moi, Sire ; et vous verrez. – Savez-vous conduire une charrue ? – Fi donc, Sire ; un homme comme moi ! – Monsieur ! Monsieur ! ce qu'on dédaigne dans un pays est révéré dans un autre[17] ! Savez-vous faire des bas, des souliers, des habits ? – Non, Sire. – Savez-vous [24] faire du pain, au moins ? – Non, Sire ! – Savez-vous le jardinage, la taille des arbres ? – Rien de tout cela, Sire. – Savez-vous tenir des registres en règle, calculer la recette et la dépense ? – Non pas, Sire, non pas. – Savez-vous écrire, au moins ? – Écrire ! oui, Sire, un peu ; tant bien que mal. – Et lire ? – Un peu… pas tout à fait ; mais tout doucement. – Que savez-vous donc faire ? – Comment, Sire ! ce que je sais faire ! Je sais être gentilhomme. – Et quels sont vos titres ? – Sire, les voici dans ma poche (il me remit alors un gros paquet de paperasses toutes noires de fumée). – Je vois bien là, lui dis-je, les titres de vos pères ; mais les vôtres, où sont-ils ? – Sire, les miens sont les leurs. – Votre mérite consiste donc uniquement dans ces paperasses-là ?… Eh bien, Monsieur, tenez, voilà le cas que j'en fais. »

J'allais jeter au feu le mérite, les vertus, les talents et les hautes qualités de cet étranger, sans mon valet-de-chambre-coiffeur, qui fait usage de papillotes, et qui entra là fort à propos pour réclamer ce paquet de magnificence.

La suite, et la réponse à la lettre au numéro 12.

---

16 [Note de Beffroy :] On a vu dans les *Lunes* [n° 36, p. 159] que ce mot est le terme de l'étiquette quand on parle au roi de Lunollie. Il équivaut à celui d'*Altesse* chez tel peuple, de *Majesté* chez tel autre, de *Hautesse* en Turquie, d'*Excellence* autre part, etc.

17 Ici, comme en quelques endroits, nous remplaçons un point d'interrogation par un point d'exclamation.

10ᵉ NUMÉRO
Courrier du 11 mars 1788

[3]

L'autre jour, en traversant dans Vénus une vallée d'assez grande étendue, au moment où nonchalamment assis sur mon cheval, je parcourais d'un œil avide toutes les beautés que la nature a prodiguées à ce pays-là, je suis frappé du son lugubre de plusieurs voix gémissantes ; je dirige ma course vers l'endroit d'où j'entendais partir le bruit… Quel spectacle !… Je me trouvai dans une espèce de bourgade bien peuplée, bien bâtie et très riante ; mais la cérémonie dont je fus témoin, ne répondait pas à la gaieté du site et des paysages qui l'entouraient. Un vaste temple s'élevait au milieu d'une espèce de [4] cimetière ; ce cimetière était jonché d'hommes et de femmes à genoux, qui avaient l'air de prier, et poussaient des gémissements à fendre le cœur, voire même le cœur d'un dévot. Le temple était tendu au dehors d'une immense tapisserie de drap noir ; tout le peuple que je voyais était aussi habillé de noir comme le temple, excepté que l'habit de chaque individu n'était pas aussi volumineux que celui du temple, parce qu'il faut moins d'étoffe pour habiller un homme que pour habiller une église. Les tours mêmes de cette église étaient en redingote noire, comme tout le reste ; et je ne me souviens pas au juste si chaque individu, pour mieux marquer sa douleur, n'avait pas été jusqu'à peindre sa figure en noir d'Espagne, ou en noir de la Chine, ou en noir de tel pays qu'on voudra ; car dans *Vénus* on ne commerce pas beaucoup avec nos Indes orientales, ni même occidentales, encore moins, j'imagine, avec les marchands de couleur du royaume d'Espagne.

Je mets pied à terre ; j'attache mon cheval à un anneau (qui se trouva là fort à propos), et je tâche de percer la foule aussi modestement [5] que faire se pouvait ; enfin j'arrive jusqu'à la grande porte du temple ; je me guinde sur le bout de mes pieds comme nos auteurs se guindent à Paris pour paraître plus grands ; moi, ce n'était pas pour faire le grand homme, mais pour mieux y voir.

De là, je découvrais très bien toutes les particularités de ce temple, et tous les détails de la cérémonie qu'on y pratiquait.

Au milieu de ce temple, s'élevait en pyramide un beau catafalque tout noir, avec des groupes tout noirs de génies en pleurs, et des guirlandes de roses aussi toutes noires, des flambeaux tout noirs brillaient d'une clarté aussi toute noire, en un mot, c'était la plus magnifique cérémonie, le plus magnifique appareil (mais un appareil tout noir) qu'on eût jamais vu de mémoire de nègres. Non, les convois de Paris, portés à la plus haute somme, les convois des princes, les convois des riches capitalistes, les convois même de nos agioteurs, n'ont rien qui approche de celui-là. Ils en sont encore à deux cents lieues...

Un prédicateur, vêtu d'un manteau noir, montés sur un piédestal de marbre noir, entouré d'une balustrade d'or moulu, tout noir aussi, faisait [6] l'oraison funèbre du défunt ; tout le monde pleurait, et je ne sais même si les larmes qui coulaient sur ces joues-là n'étaient pas aussi des larmes toutes noires, tant il y avait de noirceur dans cet acte de désolation solennelle ! Enfin, tout annonçait le deuil et la tristesse la plus profonde.

Je m'informai de mon voisin, homme qui me paraissait très réfléchi, très raisonnable, très philosophe, très grave et très lugubre ; je m'informai de lui quel était donc ce personnage si important, qu'on paraissait regretter si vivement. Quoi ! monsieur !, me dit-il en ôtant ses lunettes pour mieux me regarder, vous êtes ici ! et vous ignorez la mort de son Altesse ? – De quelle Altesse parlez-vous-donc, Monsieur ? – Comment ? de quelle Altesse ? Parbleu ! j'aime bien cette ignorance ! L'Altesse qui est morte : ah ! Monsieur, c'est l'Amour ! – L'Amour !... cela n'est pas possible. L'Amour est un dieu, et les dieux sont immortels. – Nous l'avions cru comme vous, Monsieur ; mais nous ne fûmes jamais plus surpris qu'hier soir, en apprenant tous les détails de sa maladie et de sa mort... Hélas ! sa maladie n'a pas été longue, à ce pauvre cher homme de prince. [7] Il gouvernait cette planète avec tant de zèle et de bonté ! – De quoi est-il mort, s'il vous plaît ? – Il est mort à dix heures six minutes du matin, des suites d'une indigestion... – Eh ! de quoi diable s'avisent les dieux d'avoir des estomacs qui ne digèrent pas ? – Oh ! son Altesse a toujours eu un bon estomac ; et, sans un excès... – Comment ? un excès ! est-ce que les dieux font des excès ? – Il faut le croire ; Bacchus, comme vous savez, passe pour être le camarade de l'Amour. On les met toujours ensemble quand on parle à table de l'un ou de l'autre. – C'est très bien fait. – Au contraire, c'est très mal fait, puisque Bacchus n'est bon qu'à jouer de vilains tours au gens. L'autre jour il invita l'Amour à un souper fin ; il le grisa si bien, que celui-ci n'avait plus sa tête à lui ; sa santé en fut dérangée, et la surabondance des aliments, jointe à l'excès du vin, l'obligea à se mettre au lit, on manda tout de suite un médecin de France, que le hasard a conduit dans notre globe, et dont l'esprit systématique lui a fait parmi nous une grande réputation ; le docteur commença par faire saigner son Altesse ; on lui observa que la saignée n'était pas vraiment le traitement des [8] indigestions ; pour toute réponse, il ordonna une seconde saignée, puis une troisième ; tant qu'à la fin son Altesse, victime de l'ordonnance et des systèmes, a rendu le dernier soupir...

Ici le conteur fut interrompu par une tirade véhémente du prédicateur, dont je me souviendrai toute ma vie ; je veux même régaler mes lecteurs de cette oraison funèbre, qui n'est pas longue ; car dans ce pays-là, les orateurs, apparemment par esprit de contrariété, et pour prendre le contre-pied des nôtres, s'accoutument à mettre dans leurs discours plus de choses que de mots (chaque pays a ses usages ; on n'a pas le mot à dire à cela)... je donnerai donc ce discours dans un de mes numéros ; il y a vraiment des choses originales ; c'est le style du pays.

Toute l'assemblée fondait en larmes. Pleurez donc, me dit mon voisin ; quel homme êtes-vous ? Quand tout l'auditoire sanglote, vous seul restez tranquille ; vous seul écoutez d'un œil sec. – Pleurer ?, lui dis-je, et pourquoi pleurerais-je ?... Excusez, mais je ne suis pas de la paroisse[18] ; car j'arrive de Paris dans un ballon aérostatique, dont je me sers pour aller toutes les semaines dans une planète. – Qu'on saisisse cet étranger, s'écria tout-à-coup [9] cet enthousiaste ; citoyens et citoyennes de Vénus, je vous le dénonce comme rebelle aux lois du pays, dont personne n'est dispensé. Il dit qu'il ne veut pas pleurer, et qu'il ne pleurera pas, parce qu'il n'est pas de ce pays-ci... À l'instant la cérémonie cessa ; les sanglots firent place aux injures et aux *brouhaha*, et la consternation générale à la plus vive indignation. Le prédicateur m'apostropha de manière insultante, et je me vis entraîner hors du temple, suivi de la foule, qui m'accablait d'invectives, comme un criminel que l'on mène au supplice.

---

18   « Un homme, à qui l'on demandait pourquoi il ne pleurait pas à un sermon où tout le monde versait des larmes, répondit : "je ne suis pas de la paroisse". Ce que cet homme pensait des larmes serait bien plus vrai du rire. Si franc qu'on le suppose, le rire cache une arrière-pensée d'entente, je dirais presque de complicité, avec d'autres rieurs, réels ou imaginaires. » (Henri Bergson, *Le Rire*, 1900, chap. I). Anecdote citée dans *Menagiana*, Amsterdam, Gallet, 1694, p. 107.

On me fit entrer dans une grande salle, où j'aperçus une vingtaine de très jolies femmes, en habits de juges, assises sur des fauteuils très élevés ; on me fit asseoir aussi, mais sur la sellette, et je vis à côté de moi une jeune et jolie personne, toute prête à écrire ; telle est la magistrature du pays. Aussitôt on procéda à l'interrogatoire de la manière suivante : la salle était pleine, je dirais presque comme un œuf, s'il était permis de se servir de termes si familiers, en parlant des augustes fonctions de Thémis.

Est-il vrai que vous n'avez pas voulu pleurer ? – Je ne demandais pas mieux, mais [10] je n'en pouvais venir à bout. – Est-il vrai que vous avez ri ? – Non, ceux qui disent que j'ai ri, ont menti. Je n'ai vu là ni de quoi rire, ni de quoi pleurer, et j'y ai conservé toute mon indifférence. – De l'indifférence ! écrivez, greffière... et la jolie greffière écrivait ; je l'aurais volontiers embrassée, comme elle était ma voisine ; mais le moyen de compromettre la majesté des lois dans un lieu si sacré ! – Vous n'avez donc jamais connu l'Amour ? – J'en ai souvent ouï parler. – Vous n'avez donc jamais aimé ? – J'ai aimé à la manière de mon pays. – Est-ce qu'on a différentes manières d'aimer ? – Je n'en sais rien ; mais je ne puis connaître que celle de France, mon pays natal, où j'ai sucé avec le lait de ma nourrice les principes et les idées reçues en amour. – Et comment aime-t-on dans ce pays-là ? – Ma foi, mesdames, on aime singulièrement ; aujourd'hui l'une, demain l'autre ; souvent l'une et l'autre à la fois. J'avais bien l'envie d'être sincère, fidèle, délicat, passionné, constant ; mais quand j'ai vu qu'on se moquait de moi, et que j'aurais perdu ma peine, j'ai fait comme les autres. – Allons donc, dirent les juges ; sentence, qui condamne [11] le Cousin Jacques au bannissement, et lui défend de reparaître dans cette planète, jusqu'à ce qu'il soit amoureux, mais amoureux de ce bon amour, qui n'est pas l'amour de Paris. – *Cela dit, je partis de Vénus.*

12ᵉ NUMÉRO
Courrier du 26 mars 1788

[3]

Suite de la lettre du roi de Lunollie

Je ne conçois pas comment vos concitoyens peuvent vivre une semaine en bonne santé. Leurs ragoûts salés, poivrés, épicés, musqués, sont une poison véritable, dont le fréquent usage ne peut manquer d'altérer visiblement la meilleure constitution, et puis venez vous plaindre, messieurs les Français, de vos maux de tête, de vos coliques, de vos attaques de nerf, de vos rhumatismes, et surtout de vos indispositions journalières ; quelqu'un m'a dit que vos riches concitoyens se familiarisent si bien avec les indigestions qu'il y avait toujours chez eux des remèdes tout prêts contre ce fléau ; leur estomac est comme leur tête ; l'un et l'autre fermentent sans cesse, et ne connaissent point de frein.

On m'a présenté ce matin un livre nouveau, composé par un abbé de Paris, qui veut absolument me le dédier ; je [4] ne sais pas encore très bien votre langue ; mais, autant que je puis m'y connaître, et par la comparaison de vos plus célèbres auteurs, je juge que cet abbé, dévoré par la rage d'écrire, est un de ces nombreux parasites dont vous m'avez parlé, qui tiennent une plume à Paris come un enfant tient un fusil ; même danger, même inexpérience, même ignorance, même impéritie ; la plupart de vos faiseurs de livres écrivent leurs ouvrages comme un honnête homme n'écrirait pas même le linge de sa blanchisseuse.

Autre sottise de vos Français. Comment se fait-il que ces hommes si philosophes, qui néanmoins ont si besoin d'indulgence pour eux-mêmes, n'en veulent point avoir pour les autres ? Sont-ce là les principes et les maximes du Dieu qu'ils adorent ? Comment ne veulent-ils pas tolérer chez leurs semblables d'autres usages, d'autres mœurs et un autre culte que le leur ? Quel affreux système que celui qui réprouve un homme parce que cet homme pense de telle et telle manière ! Mon système, à moi, est tout différent ; je regarde la tolérance[19] comme le [5] soutien des états florissants. Est-il rien de plus beau sous le ciel que le spectacle

---

19   [Note de Beffroy :] Il devait y avoir ici une note superbe ; mais elle n'y est pas.

de plusieurs milliers d'individus rassemblés sous un même chef, qui les aime tous, les protège tous, les encourage tous, qui, quoique divisés d'opinion, sont animés des mêmes intérêts, tendent au même but, et concourent également au bien de leur patrie ? Allez, hommes féroces ! allez, égoïstes pleins de vous-mêmes ! allez, visionnaires plus entichés de vos préjugés que zélés pour la vérité ; fuyez loin de mes états ! On n'y connaîtra jamais que l'indulgence et la douce égalité, qui ne privent point un être raisonnable de ses prérogatives, sous le vain prétexte du *bien public*... Le bien public ! bon dieu ! comme ce mot est profané parmi vous ! et que vos petitesses me font pitié !

J'aurais encore mille choses à vous dire, mon Cousin ; mais je les garde pour une circonstance où je serai moins indigné et plus tranquille. Revenez bien vite chercher vos grands hommes colifichets, venez reprendre vos philosophes marionnettes, vos écrivains, et tous vos importants petits-maîtres. Il n'y a point de temps à perdre. Je craindrais qu'en restant plus longtemps chez moi, ils ne [6] communiquassent à mes sujets leur morale et leurs opinions[20] ; et je suis très décidé à ne pas permettre à mon peuple de troquer ses idées pour vos bluettes, sa morale pour vos systèmes, ses travaux pour votre papillotage, ses sentiments pour vos épigrammes, ses principes pour vos chansonnettes, et son esprit pour vos calembourgs[21].

Dans la Lune, le 13 février 1788. Signé Olmas, roi de Lunollie.

---

20 Ce thème de la corruption d'une société utopique par les visiteurs, français de surcroît, est développé par Prévost dans *Cleveland* (catastrophe de la colonie des Rochelais). Les accents d'Olmas rappellent ceux que Diderot prête au chef des Tahitiens dans le *Supplément au Voyage de Bougainville*.
21 Beffroy emploie indifféremment les orthographes calembour et calembourg, mais pas celle du marquis de Bièvre dans son article « Kalembour » pour le *Supplément* de l'*Encyclopédie* (1777). Diderot écrit « calembour » dans le premier emploi connu du mot (lettre à Sophie Volland du 1er octobre 1768).

13ᵉ NUMÉRO
Courrier du 10 avril 1788

[7]

La planète de *Jacquinette* est distante de la terre de seize cent quatre-vingts millions huit cent treize mille neuf cent cinquante-neuf lieues, douze toises, cinq pieds, quatre pouces et trois lignes[22]. Cette dimension est exacte ; on sait que les astronomes ne se trompent pas d'une demi-ligne quant aux distances, et d'une demi-minute quant aux temps. C'est un globe immense, très solide, et presque généralement transparent, autant que j'en ai pu juger ; car j'aurais fort bien pu me tromper, et prendre une très petite partie de ce globe pour la totalité : ce globe est dix millions soixante-deux mille six cent treize fois plus gros que la Terre ; et, de ce que l'endroit où j'ai abordé était uni et transparent, il ne s'ensuit pas que tous les autres endroits soient de même. Ce qu'il y a de certain, c'est que j'y ai vu peu de variétés ; mais enfin j'en ai vu, et il est probable que j'en verrai encore. Commençons le récit de ce grand voyage, qui aura du moins le mérite de l'exacte vérité ; car je me bornerai à décrire de point en point ce que j'ai vu, ce que j'ai fait, ce que l'on m'a dit ; et je conserverai dans tous mes cahiers, jusqu'à la fin [8] de la dernière année de mon entreprise, cette fidélité scrupuleuse que tout historien doit à ses lecteurs, à son siècle, et à la postérité ! Oh ! le grand mot ! Combien de gens en parlent, ainsi que moi, dont les ouvrages et les vœux ne parviendront pas à leur adresse !

Quand je découvris la planète de *Jacquinette* (à laquelle je donnai mon nom d'auteur, sans plus de cérémonie, dès que je l'aperçus, comme nos voyageurs espagnols et portugais donnent le leur, tout en arrivant, à des pays qui ne leur appartiennent pas, et dont ils prennent possession au nom de leur maître), la première chose que je fis, ce fut aussi de prendre possession de ce vaste globe, sans savoir s'il était habité ou non[23]. Le pays où j'étais descendu me paraissait bien désert, ce n'était qu'une

---

22   La planète de Jacquinette est environ 40 fois plus distante (et 9 fois plus grosse) que le Soleil.

23   Critique de la colonisation de l'Amérique. Notons cependant que les conquistadors espagnols et portugais n'avaient pas pour habitude de donner leur propre nom aux pays qu'ils découvraient.

vaste plaine de cristal, que les rayons du soleil réfléchis en abondance rendaient éblouissante, et dont l'uniformité décourageante s'étendait à perte de vue en longueur et en largeur, sans le moindre signe de diversité ; je marchais sur une glace polie, où je me voyais répété de la tête aux pieds ; ce pavé, extrêmement glissant me paraissait d'une espèce très nouvelle ; j'avais beau m'appuyer sur ma canne, ma canne glissait toujours [9], et toujours je me laissais choir, tantôt sur le derrière, tantôt sur les genoux, tantôt sur le front, au risque de me casser la tête, et à chaque fois, c'était une chute nouvelle. Oh ! que nos femmes de Paris auraient ri de bon cœur, si elles avaient été là ! Elles sont si philosophes ! si humaines ! si sensibles ! Rien ne les amuse tant que de voir quelqu'un se casser les bras ou les jambes. Il faut être juste aussi, et convenir que rien n'est si divertissant que cela… En général, les Français s'amusent beaucoup d'une chute dans tous les genres ; c'est pour cela que M. de St. A…, le chevalier de…, et tous les agréables de nos foyers, ont procuré de fréquentes parties de plaisir au public ; c'est pour cela que messieurs les abbés qui font des parodies, sont prodigues de divertissements envers le parterre et les loges.

Ô mon dieu ! que je suis bête, m'écriai-je par un retour sur moi-même !… et puis, m'arrêtant tout court, je défis mes souliers, les pris de la main gauche, en portant sous le bras ma canne, mon épée et mon parapluie[24], trois choses que je n'oublie jamais dans mes voyages ; et tenant de la main droite la corde de mon ballon, que j'entraînais [10] partout avec moi, comme les cerfs-volants que les enfants promènent de rue en rue ; alors, ne courant plus risque de tomber, grâce à mes chaussons de laine, je me mis à courir, à courir… l'espace de cinq grandes lieues, au bout duquel j'aperçus de loin des espèces de grands rochers de cristal, sur lesquels s'élevaient encore des tours et des pyramides transparentes. Je jugeai dès lors que le pays était habité, sans doute par des créatures d'une autre espèce que la nôtre. Je me livrais à ces réflexions, quand je vis venir à moi trois cruches de grès[25], qui marchaient assez vite, et se parlaient assez haut… Saisi de frayeur et de surprise, je m'arrêtai pour les attendre… À peine ces trois cruches furent-elles à ma portée, qu'elles m'apostrophèrent d'un ton assez brusque. Que venez-vous faire ici ?,

---

24 Cette « sorte de petit pavillon portatif, qu'on étend au-dessus de la tête pour se garantir de la pluie » (*Académie*, 1762) était d'un usage relativement récent en France. Le mot n'apparaît guère avant 1752, dans le *Dictionnaire de Trévoux*.

25 Beffroy écrit « grais », qui n'est pas l'orthographe de l'époque.

me dirent-elles. Êtes-vous bien ou mal intentionné ?... Ma surprise, en les entendant parler français, fut sans bornes ; mais ce qui l'augmentait encore, c'était de voir des créatures parlantes et agissantes, sous la simple forme de cruche, sans que je découvrisse aucun organe qui pût me déceler le principe de ces facultés. Elles n'avaient ni bouche, ni nez, ni yeux, ni jambes, mais [11] uniquement la tournure d'une cruche avec une anse, dont elles se servaient pour me coudoyer[26] assez rudement. Il y a sans doute, dis-je en moi-même, quelque cause secrète, qui fait voir, sentir et parler ces cruches ; je voulus porter ma tête au-dessus de la gorge d'où partaient les sons, pour savoir s'il n'y avait pas quelque figure humaine cachée dedans ; mais je n'y vis absolument rien ! Ces cruches étaient vides et parlaient... Le grand mystère, c'est que l'espèce de poterie dont ces cruches sont composées, est tellement combinée par le Créateur, qu'elle est susceptible de se mouvoir, de s'agrandir, de se modifier par des ressorts impénétrables ; cette argile porte en soi-même le principe de toutes les facultés intellectuelles, sans qu'aucun autre mécanisme accessoire puisse aider à les développer[27]... C'est ici qu'il faut admirer en silence la profondeur de la nature, qui varie ses productions dans tous les globes d'une manière si étonnante.

Ces trois cruches, ne pouvant me prendre par le bras, me signifièrent impérieusement qu'il fallait me rendre, sous leur sauvegarde, à la ville voisine, et me poussèrent alternativement le derrière pour me faire [12] avancer. À peine fûmes-nous aux portes de cette ville transparente, que je me vis entouré d'une infinité de cruches, qui témoignaient la plus grande surprise de m'entendre parler comme elles, et ne pouvaient concevoir que, n'étant pas cruche, je pusse sentir et me mouvoir. Ce que c'est que le préjugé de l'habitude !... Parmi toutes les cruches de grès qui allaient et venaient autour de moi, j'en remarquais plusieurs qui étaient de belle faïence, et qu'on laissait passer avec une sorte de respect. Les cruches de faïence firent bientôt place elles-mêmes à des cruches de verre, celles de verre à celles de cristal ; et la vénération que toutes les autres cruches avaient pour ces dernières, me fit juger du haut rang qu'elles tenaient dans la nation des cruches... On m'entraîna à

---

26   « Heurter quelqu'un du coude » (*Académie*, 1762). « À pied je me crotte jusques aux fesses, et les petites gens sont subjects par ces rues à estre chocquez et coudoyez » (Montaigne, *Essais*, IV, 278, cité par Littré).

27   Locke avait discuté l'hypothèse de la matière pensante dans le livre IV de l'*Essai sur l'entendement humain* (1689).

un vaste palais, que je vis gardé par des cruches de six pieds de haut... Après avoir traversé plusieurs salles magnifiques, j'arrivai dans une espèce de chapelle, en forme de dôme, où je vis un trône, autour duquel étaient plusieurs cruches de verre et de cristal ; il y en avait quelques-unes de faïence... Toutes ces cruches avaient le bec tourné, et même un peu incliné vers une belle cruche de porcelaine [13] dorée, que je jugeai être le souverain de cette nation extraordinaire... Je me prosternai humblement devant la belle cruche de porcelaine, qui m'accueillit avec bonté... « Comment se fait-il, me dit-elle, que vous parliez ? Vous n'êtes pourtant ni de cristal, ni de grès, ni de faïence, ni de verre ; il me semble que vous voyez, que vous pensez, et que vous raisonnez ; ceci me confond. De quelle matière êtes-vous donc ?... » Je fis une réponse à Sa Majesté *Cruchienne*, qui, malgré la clarté que j'y mis, ne la satisfit pas beaucoup. Elle ordonna qu'on assemblerait sur-le-champ toutes les savantes cruches de l'empire, et que je paraîtrais dans cette assemblée pour y être disséqué, décomposé, analysé et jugé, le tout pour l'intérêt public, et pour le progrès des lumières et de l'histoire naturelle.

Très mécontent de cette décision, je sortis furieux ; mais toutes les cruches me suivirent et me serrèrent côte à côte, au point qu'il fallut me laisser entraîner à l'académie des cruches, où les savants étaient déjà assemblés. Dès que j'y parus, une grande cruche s'élança sur moi du haut d'une balustrade, et pensa me crever l'estomac pour commencer [14] l'opération ; plusieurs autres cruches se préparant à leur tour à fondre sur moi, je saisis ma canne, meuble ignoré dans ce pays, où il n'y a point de végétaux, et j'en frappai si rudement les cruches *disséquantes*, que j'en cassai trois du premier coup... Aussitôt l'alarme fut générale ; toute l'assemblée défila[28] ; je profitai du désordre pour m'échapper... Je trouvai les rues pleines de cruches courant çà et là, et se précipitant les unes sur les autres avec tant de raideur, qu'il y en avait déjà plusieurs en éclats... La terreur était générale ; les cruches de la police, au lieu de rétablir l'ordre, se sauvaient de leur côté, comme cela arrive toujours, quand la foule trop accumulée occasionne des accidents[29]... Je sortis

---

28 « On dit figurément, et dans le style familier, que *le chapelet se défile*, quand de plusieurs personnes qui étaient liées ensemble d'amitié ou d'intérêt, plusieurs viennent à être désunies par quelque accident que ce soit » (*Académie*, 1762).

29 Beffroy de Reigny pense peut-être à la catastrophe occasionnée par la célébration à Paris du mariage du Dauphin et de Marie-Antoinette d'Autriche, le 30 mai 1770. Voir Mercier, *Tableau*, t. VI, chap. 496 : « Bagarre ».

victorieux de cette ville abominable, que je n'oublierai de ma vie, et je ne fus content que lorsque je me vis hors de la portée de leurs cris tumultueux… Ces cruches ont des voix d'autant plus sonores, qu'elles sont vides ; il résulte de là que leurs assemblées académiques *résonnent* plus qu'elles ne *raisonnent*[30].

Les réflexions sans nombre qui assaillaient mon imagination, tiendraient ici trop de place. On m'assure que dans ce pays de cruches [15], depuis qu'on m'y a vu, on ne parle point de moi sans un mouvement d'horreur et d'effroi. Il y a plus ; comme j'ai dit que j'étais un *homme*, le nom d'*homme* est devenu chez ces cruches une grosse sottise, et l'on ne peut imaginer une injure plus mortifiante que celle-là. Je m'en console, en songeant que nous leur rendons bien la pareille, puisque c'est parmi nous une impolitesse marquée, de dire d'un honnête homme, et surtout d'un homme d'esprit ou d'un philosophe, que c'est une *cruche*[31]. D'ailleurs ce terme-là est bas ; la bonne société l'a biffé de son dictionnaire ; aussi ne m'arrivera-t-il jamais de compromettre un *bel esprit* par cette injure, et, quand même je penserais de lui tout ce que nous attachons à ce mot, de sens et de valeur, je me garderais bien d'en parler.

Il y a dans cet empire un établissement utile ; c'est un hôpital ou une maison de retraite, pour les *cruches fêlées*[32]. C'est comme nos fous, que nous renfermons dans des asiles fondés exprès pour eux[33] ; avec cette légère différence, que nous ne les enfermons pas tous, et même que nous abusons quelquefois de la permission pour immoler la liberté d'un citoyen à des intérêts particuliers. [16] On prouve en France qu'un homme est devenu fou, tout aussi aisément qu'on prouve que deux et deux font quatre… Mais brisons là-dessus, de peur qu'il ne plaise à quelque *inquisiteur* de persuader aux gens que je suis fou aussi, et qu'il faut m'enfermer à mon tour :

---

30   L'Académie cite un calembour du même tonneau : « raisonner comme un coffre ».

31   « Cruche, signifie figurément un homme bête et stupide, qui ne sait point raisonner » (Furetière).

32   « On dit qu'un homme a la tête fêlée, pour dire, qu'il est un peu fou, que sa raison commence à s'altérer » (Furetière).

33   Fondé en 1557, l'hôpital des Petites Maisons, à Saint-Germain-des-Prés, comportait un asile d'aliénés abritant des personnes de qualité enfermées par lettre de cachet, à la demande et aux dépens des familles. L'hôpital de Bicêtre accueillait indifféremment les fous, les indigents, les malades et les criminels (voir *Courrier* n° 55, p. 15 et suiv.).

Mes oreilles enfin seraient cornes aussi[34].

Je ne fis qu'une glissade sur le terrain luisant et poli de cette nation, jusqu'à ce que je n'aperçusse plus aucune trace de clochers diaphanes, de tours et d'habitations cristallines. La faim me pressait terriblement ; je ne voyais rien autour de moi qui me parût propre à m'alimenter. Un vaste miroir, c'était la prairie, les champs, les bois et les vergers de ce local surprenant.

Tout-à-coup je sentis que la glace commençait à *craquer* sous mes pieds... me voilà saisi d'une terreur nouvelle... Plus j'avançais, plus le *craquement* était terrible. Je voulais reculer, quand la glace s'ouvrit et m'engloutit... Ô prodige ! quel Français voudra y ajouter foi ? Je ne dis pas *quel Parisien ?* Les Parisiens croient tout, admirent tout, s'enthousiasment de tout. On les voit dans les champs [17] se rassembler autour d'un *chou cabus*, et s'émerveiller à ce spectacle, comme s'ils avaient devant les yeux la plus belle chose de monde.

Je n'eus pas le temps de faire de longues réflexions : la rapidité avec laquelle je tombai, saisit et glaça tous mes sens. Je ne voyais sous mes pieds que le vide ; il fallait pourtant bien que ce globe au sein duquel je m'engloutissais, eût un centre ; et la gravitation... Mais je ne veux pas faire le savant ; quoique je sois un très habile physicien, j'ai la modestie de n'en rien faire paraître... Je tombai toujours en ligne directe pendant cinq heures trente-trois minutes[35] ; je demande à nos auteurs les plus familiarisés avec les sifflets, s'ils connaissent rien de comparable à cette chute. J'ai vu des gens tomber pendant deux heures, parce que leur pièce durait tout autant. Mais tomber pendant près de six heures ! il faut avoir de la patience ; ce qu'il y a de plus heureux, c'est que je tombai sur mes pieds, sans me faire le moindre mal. Je me trouvai dans

---

34 La Fontaine, « Les oreilles du lièvre » : « [...] / Un lièvre, apercevant l'ombre de ses oreilles, / Craignit que quelque Inquisiteur / N'allât interpréter à cornes leur longueur, / Ne les soutînt en tout à des cornes pareilles. / Adieu, voisin grillon, dit-il, je pars d'ici. / Mes oreilles enfin seraient cornes aussi ; / Et quand je les aurais plus courtes qu'une Autruche, / Je craindrais même encor. Le Grillon repartit : / Cornes cela ? Vous me prenez pour cruche ; / Ce sont oreilles que Dieu fit. / On les fera passer pour cornes, / Dit l'animal craintif, et cornes de Licornes. / J'aurai beau protester ; mon dire et mes raisons / Iront aux Petites-Maisons. »

35 Beffroy est plus laconique que Casanova qui, dans la première journée de l'*Icosameron* (1787), décrit pendant plus de vingt pages une chute de deux heures et demie vers le centre de la Terre.

une île couverte de neige ; il y faisait un froid cuisant. Quelques cabanes lointaines m'indiquaient un pays habité ; beaucoup de chantiers, et de très grosses [18] bûches éparses dans la neige facilitaient le plaisir de se chauffer... Il est clair que cette glace sur laquelle j'avais glissé, n'était qu'une espèce de *ciel*, ou de première enveloppe de cette planète singulière. On verra plus tard qu'il faut la comparer à ces boîtes de fer-blanc, dont la plus grande en contient par progression une vingtaine d'autres, toujours plus petites, à mesure qu'on les ouvre.

J'avais faim, je l'ai déjà dit ; et cependant aucun de mes lecteurs n'a été assez généreux pour m'offrir des rafraîchissements... Croira-t-on que je me trouvai très heureux de la seule nourriture que m'offrit cette île ? On n'y voyait que des chardons, qui élevaient leur tête altière au-dessus du sol qui les produisait. – Des chardons ! Est-ce là la nourriture d'un auteur ? – Hélas ! il fallut bien m'en contenter... La nature en avait été prodigue dans ce pays-là ; et, quand elle aurait attendu exprès la nombreuse compagnie de nos *romanciers*, de nos *esprits forts* et de nos *aimables des foyers*, elle n'aurait pas fait mieux les choses. Ô providence !...

Il faut l'avouer ; peu fait à ce mets indigeste, je voulus essayer de le faire cuire, puisque j'avais du bois à ma disposition... [19] J'avais déjà préparé mon briquet, et je tenais sous le bras une grosse bûche... quand je vis venir à moi un homme, dont la longue barbe et le regard terrible avaient quelque chose de sinistre : « *Pourquoi prends-tu mes bûches*[36] ?, me dit-il brusquement en m'arrachant celle que je portais. Sais-tu que ce bois-ci est sacré ? Sais-tu que ce sont-là les chantiers de l'Éternel ? Sais-tu que c'est ici la manufacture des habitants d'une planète qu'on appelle la Terre, et qu'il n'y a pas ici la plus petite bûche qui n'ait sa destination[37] ? Cette bûche... oui, tiens, cette bûche-là, ajouta-t-il très gravement, cette bûche dont tu t'allais servir, sais-tu quel doit être son usage ? Sais-tu qu'on doit en faire un Comédien Français ? – Un Coméd... ». Je n'achevais pas, tant je fus interdit de ce que j'apprenais.

Oui, continua-t-il, pendant que je mangeais mes chardons crus, puisque je ne pouvais les manger cuits ; oui, on doit en faire un comédien.

---

36   Variation sur une scène de vol par inadvertance, déjà survenue à l'arrivée du Cousin sur la Lune (*Lune* n° 36, p. 69) et qui se renouvellera sur un satellite de Jupiter (*Courrier* n° 38, p. 8).

37   « On appelle figurément un homme stupide, une grosse bûche ; et on dit d'un paresseux, qu'il ne se remue non plus qu'une bûche, qu'il vaudrait autant parler à une bûche » (Furetière). Beffroy avait déjà exploité ce jeu de mot dans le premier numéro des *Lunes*, p. 140-141.

– Et comment fera-t-on pour y parvenir ? – Parbleu ! cela est bien malaisé ! on y fera une tête, des bras et des jambes, et puis on le fera remuer. – Et le talent ? – Bon ! est-ce qu'il n'y a pas des billets payés ? – Et la mémoire ? – Bon ! est-ce [20] qu'il n'y a pas un souffleur ?... Je prenais cet homme pour un fort mauvais plaisant ; mais son air sérieux m'embarrassait, et j'en eus une toute autre idée, quand il me dit : suis-moi ; tu vas voir la manufacture des hommes ! réjouis-toi ; le hasard te favorise ; tu vas connaître un grand mystère, qu'ignorent tous tes semblables ; mais je ne te conseille pas de le leur révéler. Ils ont trop d'orgueil pour en rien croire ; et, tout en disant l'exacte vérité, tu finiras par te faire moquer.

Je le suivis ; nous arrivâmes dans une grande cour, entourée de bâtiments très vastes, où je voyais une multitude d'ouvriers courir çà et là, aller, venir, sortir, entrer, porter des bûches, enfin travailler avec la plus grande activité. J'entrai dans un grand atelier, où l'on faisait les *philosophes*... et je ne fus pas peu scandalisé de voir que dans cet atelier, on se servait de *bûches* comme dans tous les autres.

Expliquez-moi, s'il vous plaît, votre procédé, dis-je poliment au directeur de la manufacture. Volontiers, répondit-il ; approchez de cette grosse bûche, dont on va faire un *philosophe*... D'abord il faut vous mettre dans la tête que tous les hommes sont plus ou [21] moins bûches... et puis vous partirez de là pour juger des modifications qu'ils subissent. Ici vous voyez un tourneur, dont le seul métier est de faire des têtes ; et ces têtes de bois ont précisément la forme et la figure qu'elles auront sur la terre. Voyez là-bas cet autre tourneur, il fait des jambes ; cet autre fait des bras ; cet autre polit la grosse bûche, et lui donne la conformation de ce qu'on appelle le *coffre* du corps humain ; quand tout cela est fini, on rapproche les parties, et le mannequin se trouve accompli. Mais ce qu'il faut voir, c'est la fabrique de l'intérieur du cœur et celle de l'intérieur de la tête. Venez par ici ; entrez dans cette salle... Vous voyez ici plus de deux cents tonneaux ; chaque tonneau est étiqueté ; lisez : vous verrez *esprit, finesse, gaieté, mélancolie, orgueil, jalousie, etc.* on prend une pincée de poudre dans le tonneau qui convient, et on le place à l'endroit qu'elle doit animer. On va remplir la tête du *philosophe* ; tenez, approchez... J'approchai, et je vis un soufflet en forme de vessie, qu'on vidait par un tuyau dans l'intérieur de la tête de bois ; et, quand je demandai ce qu'il y avait dans cette vessie, on me répondit sèchement : *du vent*. – Du [22] vent ! voilà une substance qui n'est pas trop philosophique... Alors je vis mettre une pincée de vif-argent dans le menton ; on me dit que c'était pour faire aller la tête en avant et en arrière[38] ; que rien ne donnait plus d'importance que ces signes muets d'approbation, qu'on accompagnait d'un *hom* ou d'un *hum*, et que cela tenait lieu d'esprit. Je vis entasser dans le cœur d'un philosophe de la limaille de fer ; ils en fourraient des paquets avec leurs doigts, comme quand on farcit une andouille... et cela me fit de la peine. Ne vous affligez pas, me dit le directeur, ce n'est ici qu'un simulacre de philosophe ; il s'appellera *grand homme*, et son crédit éblouira les femmelettes. Venez-en voir faire un véritable ; j'arrivai dans un petit cabinet, où je vis mettre dans une petite tête une pincée de poudre, prise dans un tonneau étiqueté : *idée* ; et puis dans un autre : *mépris profond des préjugés* ; et dans un troisième tonneau : *rage de s'instruire, amour du silence*. De là, je vis mettre dans son cœur plusieurs pincées de poudre intitulée : *sensibilité*... et aussitôt on en prenait une autre, intitulée : *malheur*... Ces deux tonneaux sont toujours voisins, me dit-on [23] ; alors on déboucha une bouteille, et on la vida tout à fait dans son cœur... On me dit que cette bouteille contenait de l'*essence de larmes*... Voilà, ajouta-t-on, le germe de toutes les vertus ; vertueux celui qui fait pleurer ! mais aussi ce sont ici les larmes du cœur ; il ne faut jamais en confondre la source. Cet homme-ci use pour lui seul une bouteille d'essence ; ce n'est qu'un germe qui se fécondera dans son cœur ; nous lui donnons une provision de larmes ; et il en aura besoin, car il connaîtra les hommes... Passons, lui dis-je, à des idées plus riantes ; j'aime bien un vrai philosophe, mais je n'en aime pas la *fabrique*... On me fit voir une bûche énorme, que l'on creusait avec une grande force. Vous oubliez, observai-je, de lui donner un cœur ; il n'en aura pas besoin, me dit-on ; nous en voulons faire un riche capitaliste[39] ;

---

38   Peut-être une allusion au jouet nommé *ramponeau* ou *poussa*, apparu à Paris vers 1760, qui, grâce à sa base lestée de plomb ou de mercure, oscille et se redresse quand on le culbute.

39   « Ce mot n'est connu qu'à Paris et dans quelques villes de France, il désigne un monstre de fortune, un homme au cœur d'airain qui n'a que des affections métalliques » (Pierre Nicolas Chantreau, *Dictionnaire national et anecdotique*, 1790). Le mot s'était en fait répandu dans la presse économique au cours des années 1760, pour désigner, sans valeur péjorative, un homme en possession d'un capital (*Journal de commerce*, février 1761). On trouve quelques rares occurrences dès le début du siècle : dans les *Mémoires de la famille et de la vie de madame *** [de Zoutelandt]* (La Haye, Van Bulderen, 1710, p. 291), un capitaliste est celui qui, à Amsterdam, a vingt mille florins de biens. Vers 1745, un capitaliste était plus spécifiquement le détenteur d'une rente viagère.

aussi voyez-vous que nous lui creusons un estomac et un ventre dont la capacité vous étonne… Son estomac est tout ce qu'il lui faut… on n'a que faire d'un cœur pour placer son argent à gros intérêt, pour prêter à usure, pour *agioter* sur la place, et pour dîner de bon appétit… Je vis une jolie petite bûche, dont on ne remplissait point la tête ; au contraire [24] au lieu de mettre dedans des pincées de poudre, on les mettait en dehors, et plusieurs perruquiers y attachaient des essences de *frivolité*, et de beaux cheveux. Cette bûche-là, me dit-on, sera un abbé coquet, qui n'aura nul mérite intérieur, mais un grand mérite tout autour de la tête… Je vis ensuite faire un mannequin dont on avait placé le cœur dans les jambes ; un autre, dont on mettait l'esprit au bout des doigts[40]. J'avertis les ouvriers de leur méprise : laissez-donc, me dirent-ils ; nous savons ce que nous faisons ; le premier de ces mannequins est une danseuse, qui suppléera par ses jambes à tout ce qui lui manquera d'ailleurs pour se faire aimer[41] ; le second est un musicien, qui n'aura d'esprit que son instrument à la main, etc. *La suite plus tard.*

---

40 « On dit proverbialement et figurément, Avoir de l'*esprit au bout des doigts*, pour dire, être adroit aux ouvrages de la main » (*Académie*, 1762).

41 On retrouvera cette danseuse dans le *Courrier* n° 34.

15ᵉ NUMÉRO
Courrier du 10 avril 1788

[3]

Ces jours passés, en cherchant mon ballon dans Vénus, je m'égarai dans un bois, dont les détours variés me conduisirent sur le bord d'un lac… J'aperçus mon ballon, qu'un gardien infidèle avait perdu de vue, et qui flottait au gré du *houff* (c'est le vent des planètes) sur l'onde paisible de ce lac… Il fallut se mettre à la nage ; et, comme je suis peu fait à cette manière de me promener, je m'appuyai sur un gros paquet de plumes (dont j'ai toujours une provision pour écrire), et sur ce nouveau navire je voguai légèrement sur l'*on… on… on… on… onde*, qui, comme dit la chanson, était *dans une paix profon… on… on… on… onde*[42]… lorsqu'un coup de vent terrible me porta d'un seul élan à trente-sept lieues de là, tout au bout du lac, où je trouvai une plaine fertile et riante ; dans cette forêt il y avait des murs ; dans ces murs était une ville ; dans cette ville étaient des maisons ; dans ces maisons étaient des appartements ; dans ces appartements étaient des boudoirs ; dans ces boudoirs étaient des sophas, sur ces sophas étaient des femmes, aux genoux de ces femmes étaient des [4] hommes ; dans les yeux de ces hommes il y avait de la passion ; dans leurs gestes, encore plus ; dans leurs discours, encore plus ; et dans leurs cœurs, encore bien plus que davantage, pour terminer ma phrase comme les Suisses[43]… On voit par là que le peuple chez qui j'abordai est versé dans l'art de la galanterie ; aussi est-ce la nation la plus galante de tout le globe de Vénus ; elle se pique de l'emporter sur toutes ses rivales, dont elle s'annonce pour le modèle. On ne s'en ferait pas d'idée, si je n'en donnais pas une courte description.

D'abord on me demanda si j'aimais les dames ; c'était aux barrières qu'on me faisait cette question. Je répondis que je les aimais à la folie,

---

42 Peut-être une allusion au chœur des nymphes dans *Isis* de Quinault et Lully (1677) : « L'empire de l'amour n'est pas moins agité Que l'empire de l'onde : Ne cherchons point d'autre félicité. Qu'un doux loisir dans une paix profonde. »

43 Dans *L'Après-soupé des auberges*, comédie de Raymond Poisson, 1680, cette expression est attribuée à un Flamand (« Je ly trouve fort bon moy sti longue visage ; / Jy l'aime moy stila bien plus que davantage »), mais Lesage la place en effet dans la bouche d'un Suisse : « *Meiner lieben frau* ! Chel vous aimerai encore plus que davantage » (*La Tête noire*, 1721).

alors on fouilla dans mes poches, et on me prit tout mon argent. Indigné de cette audace, j'allais faire le méchant ; mais on me dit poliment que tel était l'usage ; que cet argent servirait à acheter des rubans et des pompons aux dames du pays ; qu'elles en étaient toujours chargées comme des reposoirs[44], mais qu'elles n'en avaient jamais assez ; et que d'ailleurs un étranger galant ne pouvait pas trop se ruiner pour le beau sexe. La seconde cérémonie fut de me faire raser la tête[45]... Oh ! pour le coup !, m'écriai-je, je ne souffrirai pas cette insulte... Laissez-moi du moins mes cheveux ; c'est un passeport pour bien des têtes, qui ne seraient pas présentables sans cela. – Vous n'avez donc pas remarqué, me répliqua-t-on [5] posément, que nous portons des perruques de laine ? On va vous coiffer comme nous ; tous les hommes de ce pays-ci font aux dames le sacrifice de leurs cheveux ; outre les leurs, qu'elles cultivent à grands frais, elles ajustent encore les nôtres à leurs coiffures pour paraître plus jolies. On va faire de vos cheveux un faux chignon et de fausses boucles pour une vieille dame, qui ne saurait trop chercher les moyens de plaire, ayant soixante-seize ans, et ne comptant plus à sa toilette que vingt-cinq adorateurs[46]. – Vingt-cinq !... – C'est bien peu, comme vous le voyez, dans un pays où la femme la plus laide a toujours autour d'elle cent chevaliers, qui lui débitent des madrigaux de hasard, des flagorneries exquises, et des compliments délicieux... – Il y a donc ici plus d'hommes que de femmes ? – Certainement ; quand il naît dans ce pays-ci une femme, c'est une réjouissance publique... et l'on ne prend seulement pas garde aux cinquante hommes qui naissent en même temps... J'allai faire ma cour à la vieille dame qui s'affublait de ma chevelure ; je l'abordai d'un air timide, croyant que cela lui plairait... Quand elle me vit, elle s'écria : *Est-ce là cet étranger ? Ah ! mon dieu ! qu'il est bête !* Cette apostrophe ne me plut point ; cependant, accoutumé à me consoler de ce malheur en bonne compagnie, quand je

---

44   « Autels qu'on élève dans les rues, qui sont fort ornés, pour faire reposer le St. Sacrement » (Furetière).

45   C'est la troisième fois que l'on attente à l'intégrité physique du Cousin Jacques, déjà menacé d'un agrandissement de la bouche dans le Pays au fromage (*Lune* n° 31, p. 141) et d'une dissection en règle sur la planète Jacquinette (*Courrier* n° 13, p. 13).

46   *ne... que...* : syntaxe fréquente de l'humour voltairien : « Car enfin Saturne *n*'est guère *que* neuf cents fois plus gros que la terre, et les citoyens de ce pays-là sont des nains qui *n*'ont *que* mille toises de haut » (*Micromégas*). *Cf. Courrier* n° 34, p. 20 : « Il vient incognito, et *n*'a pas d'autre suite *que* trois mille gardes ».

reste à Paris, je ne m'en affectai pas beaucoup… On servit au dîner des poissons ; les dames eurent la chair, [6] et on ne donna aux hommes que les *arêtes*… C'est l'usage de ce pays, comme on voit, extraordinairement galant[47]… – *La suite plus tard.*

---

47   Le tableau de cette société vénusienne ressemble à celui que Saint-Preux fait des mœurs parisiennes : « Dans chaque société la maîtresse de la maison est presque toujours seule au milieu d'un cercle d'hommes. On a peine à concevoir d'où tant d'hommes peuvent se répandre partout. […] Il est convenu qu'un homme ne refusera rien à aucune femme, fût-ce même la sienne. » (*La Nouvelle Héloïse*, 2de partie, lettre XXI ; et 4e partie, lettre X).

16ᵉ NUMÉRO
Courrier du 17 avril 1788

[12]

Il y a dans la planète de Mars[48] une grande étendue de pays, qui n'est peuplée que par des singes et par des guenons, ou plutôt par des guenons et par des singes ; car les guenons dominent sur les singes[49], et ces messieurs sont les très humbles serviteurs de ces dames, dont ils copient servilement les manières, et dont ils étudient les goûts avec un soin minutieux, qui dégénère en une contention d'esprit très fatigante. Il faut voir ces guenons se pavaner de l'air du monde le plus important, se croire les premières créatures de leur globe, et prendre des tons maniérés, qu'elles regardent comme du mérite, et qu'elles font passer pour des charmes. Ces guenons tiennent le haut bout dans l'administration des affaires, non pas qu'elles aient voix délibérative dans les assemblées publiques ; mais l'ascendant qu'elles ont sur l'esprit et sur le cœur des singes, leur donne une influence prodigieuse sur le sort de cet empire. Ces guenons passent le tiers de leur journée à faire toilette ; le second à manger et à boire, et l'autre tiers à se promener, chanter, danser, médire, calomnier, se moquer les unes des autres sans savoir pourquoi, s'embrasser comme des folles sans avoir [13] la moindre amitié l'une pour l'autre, se mirer comme des Adonis dans des glaces de cheminée de huit et dix pieds de diamètre ; enfin ces guenons s'imaginent avoir fait des choses très importantes, après tout cela, et rien n'égale leur fierté, leur

---

48 Le Cousin Jacques ne dit pas comment il est arrivé sur cette planète.

49 Les exemples de gynocratie sont peu fréquents dans les fictions littéraires. Le mythe des Amazones ou l'*Assemblée des femmes* d'Aristophane n'ont guère inspiré les auteurs avant les années 1970. L'île de Babilary dans *le Nouveau Gulliver* de l'abbé Desfontaines (1730, t. I, chap. II-VII), *Les Femmes militaires, relation historique d'une île nouvellement découverte par le C.D.**** de Saint-Jory (1735) et *La Colonie* de Marivaux (1750) constituent des exceptions, auxquelles il faut ajouter le *Voyage dans l'île des plaisirs* (publié en 1787 dans le t. IV des *Œuvres* de Fénelon) : « En ce pays-là, les femmes gouvernent les hommes, elles jugent les procès, elles enseignent les sciences et vont à la guerre. Les hommes s'y fardent, s'y ajustent depuis le matin jusqu'au soir ; ils filent, ils cousent, ils travaillent à la broderie, et ils craignent d'être battus par leurs femmes, quand ils ne leur ont pas obéi. On dit que la chose se passait autrement il y a certain nombre d'années : mais les hommes, servis par les souhaits, sont devenus si lâches, si paresseux et si ignorants, que les femmes furent honteuses de se laisser gouverner par eux. »

bavardage et leur impudence. Elles mettent du blanc, du vert, du noir et du cramoisi sur leurs joues de guenon ; de grands chapeaux de gaze couvrent leur tête de guenon, et leurs longues pattes de guenon sont emmitouflées dans des manches de taffetas, de gaze, de blonde, auxquelles on ne saurait se reconnaître. Les plus vieilles de ces guenons sont les plus amoureuses, et les plus laides se croient à coup sûr les plus jolies.

Ce peuple de guenons et de singes est un peuple imitateur ; il n'invente jamais ; il perfectionne quelquefois, mais il copie toujours. Il est voisin d'un autre peuple, plus sage, mais plus orgueilleux que lui, quoique ce soit beaucoup dire ; sa principale occupation est de savoir ce que fait cet autre peuple, pour faire de même aussitôt[50]. Cet autre peuple est un peuple d'éléphants, un peu lourds, bien méthodiques, fort ennuyeux, mais prudents, altiers, réfléchis, de bon conseil, et pleins de courage. Les éléphants mettent-ils un chapeau carré ? vite, les singes ont des chapeaux carrés. – Les éléphants ont-ils des habits fourrés ? vite, les singes font fourrer leurs habits. Quand les éléphants [14] vantent des ragoûts[51] singuliers ; vite, ces ragoûts composent l'ordinaire des singes. Les éléphants s'amusent beaucoup de cette basse imitation, qu'ils finissent par regarder comme un tribut. Il leur arrive quelquefois d'affecter des mœurs et des usages souverainement ridicules ; et vite, ils sont sûrs de les voir accueillir chez les singes. Ce n'est pas là ce qu'il faudrait imiter, Messieurs les singes ; vous ne prenez que la lie, et vous laissez la quintessence. Sachez vous apprécier un peu. Ce qui convient à des éléphants, ne convient pas à des singes ; s'ils ont de la prudence et du courage, vous avez de l'esprit et de l'adresse ; ils sont pesants, et vous êtes légers ; gouvernez vos estomacs comme vous voudrez, et non pas comme les leurs, qui sont des estomacs d'éléphants. En un mot, soyez

---

50   Après un premier paragraphe d'une violente misogynie, inhabituelle chez Beffroy, la satire change d'objet. Il s'agit peut-être de critiquer l'anglomanie qui avait gagné la société française après la guerre de Sept Ans. La caractérisation des Anglais comme froids et fiers est un lieu commun ; la nation rencontrée dans la *Lune* n° 33 (« superbe » et « très peu communicative ») présentait déjà, de façon beaucoup plus négative, des traits associés à l'Angleterre. La présentation des Français comme peuple imitateur est moins courante, mais on la rencontre chez Voltaire : « Toute industrie en France n'a-t-elle pas été très tardive ? Et depuis le jeu des cartes, [...] jusqu'au compas de proportion et à la machine pneumatique, y a-t-il un seul art qui ne lui soit étranger ? » (*Supplément* à l'*Essai sur les mœurs*, 1763, XXI, 8)

51   Le mot avait un sens plus large qu'aujourd'hui, désignant tout met « apprêté pour exciter l'appétit » (*Académie*, 1762). C'est ainsi que le *Journal des sciences et des beaux-arts* parle du « ragoût anglais appelé *pudding* » (1er juillet 1777).

vous-mêmes, et vous vous en trouverez bien, etc. Voilà ce que je leur ai dit en les quittant ; mais ils m'ont répondu : « Cousin Jacques, allez régenter les singes de votre planète, et laissez les singes de Mars se conduire comme ils l'entendent. »

[20] Il y a dans une grande région de la planète de Mars une manière assez singulière pour l'éducation des filles ; elles sont obligées de rester toujours assises sur le bord d'un tabouret, sans remuer les bras, sans croiser les jambes, sans détourner la tête ni à droite ni à gauche. Il faut qu'elles entendent tout ce qui se dit de bien ou de mal dans la société, sans y répondre par un signe d'approbation ou de mécontentement ; il faut qu'elles n'y paraissent pas faire la plus légère [21] attention. Ces jeunes têtes, remplies d'impressions neuves, de soupçons et de désirs, de projets et de curiosité, saisissent avidement tout ce qui peut flatter leur imagination, et fermentent sans cesse, précisément à cause de la gêne qu'on leur impose ; moins on laisse de liberté aux mouvements du corps, plus on en permet à ceux de l'âme. Mais[52], si l'on pouvait ouvrir la tête d'une jeune demoiselle, on la viderait entièrement, et on en bannirait toutes les facultés intellectuelles, afin qu'il ne s'y présentât aucune idée ; si l'on pouvait de même faire raboter l'intérieur de son cœur, on la façonnerait de manière qu'il ne pût y entrer un sentiment quelconque, et surtout un sentiment de tendresse ou d'affection. Enfin on veut qu'elles existent jusqu'au moment qui doit les conduire à l'autel dans une parfaite inertie, dans une apathie universelle, dans une nullité absolue ; on veut qu'elles soient aussi mortes au monde au printemps de leur âge, que la plupart de nos rimeurs actuels sont morts à la réputation, au bon goût, à l'estime publique, à la célébrité, au sein même des arts et des lettres.

En vain voudrait-on représenter aux papas [22] et aux mamans de ce pays-là que l'estomac d'une demoiselle est comme l'estomac d'un garçon ; que le sang de la sœur a besoin de circuler dans ses veines

---

52 La valeur de ce *mais* n'est pas adversative, mais argumentative ; comprendre : « en fait cette éducation serait bien meilleure si on pouvait aussi leur vider la tête et les priver non seulement de leur liberté de mouvement *mais aussi* de leur liberté de penser ». Cette critique des bienséances fait écho aux propos de Julie dans la lettre VII de la 2de partie de la *Nouvelle Héloïse* : « Dans la force des passions affecter d'être insensible ; en proie à mille peines paraître joyeuse et contente ; avoir l'air serein et l'âme agitée ; dire toujours autrement qu'on ne pense ; déguiser ce qu'on sent ; être fausse par devoir, et mentir par modestie : voilà l'état habituel de toute fille de mon âge. »

comme celui du frère ; qu'il faut au corps humain un changement fréquent de position, un mouvement réglé, un exercice modéré, une libre circulation d'air, etc., et tout ce qui conserve et soutient le principe de la vie ; on vous répondrait que des poumons de femme, que des veines de femme, que des bras et des jambes de femme sont subordonnés, non pas aux lois de la nature, comme ceux des hommes, mais aux lois de la bienséance... LA BIENSÉANCE ! Qu'est-ce à dire ? – C'est un grand mot, un mot énergique, qui ne signifie rien du tout ; un mot superbe, qui n'a pas le sens commun ; un mot noble, qui atteste le ridicule et la petitesse des hommes ; un mot enfin, qui règne sur le beau sexe en despote, qui l'empêche de digérer, de respirer, de marcher, de remuer, de parler et d'agir, parce qu'il n'est pas de la *bienséance* de faire tout cela, quoique tout cela soit dans la nature. Ô la belle éducation ! Si jamais demoiselle de ma connaissance va dans ce pays-là, je la prie, la supplie, la conjure [23] d'exister tout naturellement, de manger selon son appétit, de digérer à loisir, de faire usage enfin de ses pieds pour marcher, et de ses yeux pour regarder, au risque de se déshonorer, et de se moquer des bienséances et de toutes les sottises imaginées par les hommes.

19ᵉ NUMÉRO
Courrier du 8 mai 1788

[10]

Voyage du Cousin Jacques dans l'île des Cataplasmes.

Cette île est située au soixantième degré [11] de latitude septentrionale de la planète de Jupiter ; elle a dix-sept lieues de longueur sur trente-trois de largeur. Elle est gouvernée par un monarque, dont la cour n'est pas très brillante, parce que ce peuple est entièrement subjugué par l'esprit de système. Son vrai nom est l'île des Grands Hommes, mais j'ai mieux aimé l'appeler l'île des Cataplasmes, pour plusieurs raisons que mes lecteurs sentiront aisément⁵³. Les villes y sont assez paisibles ; il y a peu de villages, et ils ne sont pas fort peuplés, parce que l'agriculture s'y érige elle-même en système. Ce sont des gens qui passent leur vie à *s'immortaliser*, et qui comptent pour rien tout ce qui n'a pas un air d'étude, de science ou de philosophie. Il n'est pas jusqu'au plus mince des citoyens, qui ne se mette sans cesse l'esprit à la torture pour imaginer quelque nouvelle découverte ; et, dès qu'un projet paraît neuf, dès qu'il semble avoir coûté des soins et de l'étude, on l'adopte avidement, sans examiner s'il est utile ou non.

Tout le pays est peuplé d'académies⁵⁴, de musées, de lycées, de cercles, d'associations littéraires, de chambres de lecture, de cabinets de physique et autres établissements [12] relatifs aux sciences. Dans ces assemblées, on dispute du matin au soir ; chacun propose ses systèmes ; chacun a droit d'y trouver à redire ; chacun se fait fort d'être d'un sérieux de glace, et il est même défendu de rire sous des peines corporelles. Entre autres *découvertes utiles à la patrie*, celle-ci est consacrée par le suffrage

---

53 La raison sera donnée plus loin (*Courrier* n° 20, p. 5).

54 Ce passage semble inspiré par Swift : à Balnibarbi, a été fondée par des citoyens de retour de Laputa « une académie d'ingénieurs, c'est-à-dire de gens à systèmes » ; « il y a une académie de ces gens-là dans toutes les grandes villes » ; « dans ces académies ou collèges, les professeurs avaient trouvé de nouvelles méthodes pour l'agriculture et l'architecture, et de nouveaux instruments et outils pour tous les métiers et manufactures ». Ces méthodes nouvelles produisent des résultats catastrophiques, mais « loin d'être découragés, ils en sont plus animés à la poursuite de leurs systèmes. » (trad. Desfontaines, 1727).

universel, et les lois y ont donné leur sanction, de date immémoriale. Il y a dans chaque ville un magistrat intitulé : *inspecteur des visages*, qui veille sans relâche à ce que personne ne rie, et ses lieutenants font la ronde tous les jours ; ils ont même le droit d'entrer dans les maisons ; ils sont aussi divisés par brigades dans les campagnes ; et on paie, au nom du souverain, les délateurs qui peuvent certifier qu'ils ont vu rire un citoyen.

À peine un enfant est-il né, qu'on lui fait une incision dans l'intérieur de chaque côté de la bouche, qui rend le rire plus difficile pour toute la vie[55] ; de sorte qu'il faut, s'il veut rire, qu'il fasse une grimace douloureuse, par laquelle il est trahi, découvert et dénoncé sur-le-champ. Cette cérémonie est même consacrée par la religion de ces peuples ; et c'est un *Upokritail*, ou prêtre du pays, qui la lui fait lui-même solennellement en disant trois [13] fois : *Pathos comico-sottisail* ; ce qui veut dire : *Les grands hommes ne rient pas.*

Quand j'arrivai dans cette île, quatre grandes questions agitaient toute la nation. On avait déjà écrit des volumes *pour* et des volumes *contre* ; on s'était déjà critiqué, condamné, invectivé, calomnié, insulté, battu, assassiné très philosophiquement. La querelle était encore plus animée qu'auparavant ; toutes les têtes étaient montées, tous les esprits échauffés, toutes les imaginations en effervescence, toutes les plumes en activité. Le gouvernement, toujours attentif à ces disputes *intéressantes*, loin de laisser ces feux naissants s'assoupir et s'éteindre d'eux-mêmes, avait pris fait et cause pour et contre les combattants, favorisait aujourd'hui un parti, demain l'autre, et allumait prudemment le feu de la discorde, le tout pour le bonheur du peuple et pour la gloire des beaux-arts, au sujet desquels l'opinion ne doit pas être libre, à ce que disaient ces gens-là. Mais de quoi s'agissait-il donc ? Il s'agissait de savoir, 1°. Si *l'eau était humide* ; 2°. Si *deux et deux faisaient cinq ou bien quatre* ; 3°. Si *les gimblettes*[56] *étaient le remède universel contre toutes les maladies* ; 4°. Si *un écrivain, qui était alors en* [14] *vogue dans ce pays-là, avait dû mettre un point ou une virgule à tel endroit d'un de ses volumes.*

---

55   Dans le Pays au fromage (*Lune* n° 31, p. 130), la même opération avait une autre fonction.
56   « La gimblette est une sorte de pâtisserie en forme de petits anneaux de chiffres, qu'on fait avec une pâte dans laquelle on fait entrer du vin d'Espagne, ou d'une autre espèce agréable, de la fleur d'orange ou une autre odeur ; on y mêle de la farine, du sel et des œufs. Cette pâtisserie est bonne, agréable et croquante, on en donne aux chiens gâtés des dames » (*Encyclopédie méthodique*, Médecine, t. 6, 1793).

La première de ces questions : *L'eau est-elle humide ?* avait été proposée par l'Académie d'architecture. La seconde : *Deux et deux font-ils cinq ou bien quatre ?* par la Société d'agriculture. La troisième : *Les gimblettes sont-elles le remède universel ?* Par l'Académie des belles-lettres. Et la quatrième : *A-t-il dû mettre un point ou une virgule ?* par la Société de médecine.

Quand on m'aperçut aux barrières de la capitale, des gardes à cheval s'emparèrent de ma personne, et me conduisirent chez le premier magistrat de la police. Là, je trouvai un tribunal nombreux de savants et de philosophes, dont le président, m'ayant fait asseoir sur la sellette, m'interrogea de la manière suivante :

Interrogatoire

– Croyez-vous que l'eau soit humide ?

– On l'a toujours cru dans mon pays, et je le crois aussi.

– Détrompez-vous ; l'eau, bien loin d'être humide, est au contraire très sèche. (Au [15] moment de cet interrogatoire, il pleuvait à verse, et j'étais trempé jusqu'aux os ; malgré cela, je répondis que j'étais tout prêt à abandonner mon erreur sur l'humidité de l'eau, si l'on me prouvait par des raisons bien claires que l'eau était sèche.)

– Monsieur est étranger ; c'est un titre à nos égards : mais qu'on donne à Monsieur les cent soixante et treize mille volumes *in-*4° que les *séchistes* ont composés contre les *humidistes*[57] ; et, quand il les aura lus, il fera son rapport au tribunal, pour qu'on soit instruit de ses sentiments orthodoxes.

– Deux et deux font-ils quatre ?

– On me l'a dit dans mon enfance ; ce vieux préjugé s'est enraciné dans ma tête ; et, comme je suis bonhomme, j'ai bien peur qu'on n'ait de la peine à l'extirper.

– Bonhomme, ou non, la philosophie doit vous servir de guide ; et, si l'on vous démontre que deux et deux font cinq, le croirez-vous ?

– On a *démontré* dans mon pays des choses encore plus révoltantes que cela, et les trois quarts de mes compatriotes les ont crues ; mais moi, je m'en suis moqué. Ma raison est ma croyance, et mon cœur éprouve un [16] sentiment intime qui ne saurait se tromper.

---

57   On pense ici aussi à Swift, et à la querelle des Gros-boutiens et les Petits-boutiens qui oppose Lilliput et Blefuscu.

– Laissez là votre *sentiment intime* ; c'est une erreur populaire ; et qu'on donne à Monsieur les cinquante-trois mille sept cent treize volumes *in-folio* qui prouvent clair et net que deux et deux font cinq.

– Regardez-vous les gimblettes comme le remède universel ?

– Cela me paraît difficile à croire ; mais, en fait de médecine et de maladie, on se trompe si lourdement et si solennellement dans mon pays, que je suis déterminé à ne rien croire là-dessus. Les gimblettes sont bonnes à mettre sous la dent pour s'amuser à croquer quelque chose ; mais je ne les crois pas si souveraines contre la goutte et les rhumatismes, que l'exercice et le régime ; ni tout à fait aussi efficaces contre toutes les maladies d'humeur, d'âcreté, de plénitude ou d'engorgement, que les boissons rafraîchissantes, les moyens d'évacuation ou de transpiration.

– Qu'on donne à Monsieur les six cent trente-deux mille neuf cent dix-sept volumes, grand *in*-12, de huit cents pages chacun, caractère *petit texte*, qu'on a composés en faveur des *gimblettistes*. [17]

– On a proposé en France, vers la fin de l'année 1787, les rôties aux oranges, comme le spécifique le plus sûr contre toutes les infirmités humaines ; mais j'ai ri de cette extravagance, comme de bien d'autres...

– Vous avez ri ?

– Oui, sans doute ; j'ai ri.

– Vous avez ri ? vous ?... Quoi ? vous avez ri ?

– Assurément, et je ne sais à quoi il tient que je rie encore à présent de toutes les puérilités qui contrastent si bien avec la gravité de vos figures. Mais à Paris, je me suis accoutumé tellement à voir agiter sérieusement des questions absurdes, à entendre débiter des sottises et des enfantillages sous des titres imposants, qu'en vérité je n'y prends seulement pas garde. Il y a quelquefois plus de morale dans un conte pour rire que dans un livre bien didactique ; et j'ai remarqué que les perruques les plus volumineuses couvraient souvent des chefs en vérité bien chétifs.

– Que croyez-vous du point ou de la virgule ?

– Je n'ai pas lu les ouvrages de *M. un tel* ; et, contre l'usage de ma nation, je ne juge jamais des ouvrages sans les lire. [18]

– Vous êtes un sot et un impertinent. S'il fallait lire un livre pour le juger, où en serions-nous ? Le titre doit suffire ; sans quoi, l'on n'aurait jamais le plaisir de critiquer. Mais on va vous donner l'ouvrage en question ; et vous verrez, à la page soixantième, dont il s'agit, si c'est un point ou une virgule qu'il faut mettre.

— Qu'il faille un point, qu'il faille une virgule, peu importe au mérite de l'ouvrage. Les gens sensés s'occupent des choses, et non pas des mots ; encore moins des accents et des points.

— On ne s'occupe donc que des choses dans votre patrie ?

— Bien loin de là, c'est toujours sur des mots que roulent les dissertations les plus graves. On ne fait pas la plus petite attention à ce qu'un auteur a de moral ou de critique ; mais, s'il a tourné une phrase vide de sens avec harmonie, ou, s'il a mis un mot plus énergique ou plus scientifique qu'un autre mot, on le *grand-hommatise* tout de suite. Tenez, Messieurs ; voilà un mot de ma fabrication ; et, si je le prononçais en France, je serais reçu à l'Académie *ipso facto*, sans faire même mes visites ; car les visites sont tout ; et le [19] mérite… Au reste, je ne m'y connais pas.

— Quoi ? vous ne vous occupez pas essentiellement de points et de virgules ?

— Non, Messieurs.

— On ne doit donc pas avoir de vous une bien haute opinion dans votre pays ?

— Non, certes ; mais il vaut mieux être approuvé, comme je l'ai dit, par les lecteurs qui lisent, que dédaigné par les lecteurs qui ne lisent pas.

— Vous ne passez donc pas pour un grand homme ?

— Tout au contraire ; j'y passe pour un si petit homme, que les *connaisseurs* par excellence sont obligés de prendre un microscope pour m'apercevoir. On a même fait un *Almanach*[58], où j'occupe une page tout entière, pour dénigrer tous les petits hommes qui se sont rendus utiles ou agréables au public, parce que ses auteurs, qui ne sont ni l'un ni l'autre, ne veulent pas permettre qu'on soit l'un ou l'autre ; et, quand

---

58 Rivarol et Champcenetz, *Le Petit Almanach de nos grands hommes*, 1788 (plusieurs fois réédité), p. 31-32 : « BEFFROY DE REYNY, (M. DE) si connu sous le nom de *Cousin-Jacques*. Ses *Lunes* sont une de ces productions originales auxquelles on ne peut rien comparer : elles font le bonheur de la nation française ; mais comme le Cousin-Jacques peut nous manquer un jour, tout immortel qu'il est, nous ne voyons pas sans frémir, l'état de langueur et de tristesse où la France va tomber, quand il faudra se sevrer de tant d'aimables folies. Nous conseillons donc à nos Lecteurs de renoncer peu à peu à cette sirène qui les enchante et les dégoûte des dialogues de Lucien, des facéties de Voltaire, des badinages de Gresset et de Swift ; c'est sous ce point de vue que le *Momus français* est vraiment dangereux. »

on m'a nommé les deux auteurs de cet *Almanach*, je me suis écrié sur-le-champ, comme par un mouvement naturel : *Voilà le tableau des fourmis fait par des cirons*[59].

– Et cet *Almanach*, en parle-t-on encore ? [20]

– Mon dieu non ; on l'a oublié tout aussitôt après l'avoir lu ; les deux tiers même des Français l'ont oublié sans le lire ; et c'est ce qui me fâche, car il n'y avait pas un mot de vrai d'un bout à l'autre du volume ; et les contes d'enfants sont ordinairement très amusants pour ma nation, surtout quand ils n'ont pas le sens commun.

– D'après tout ce que vous nous dites, il est clair que vous n'êtes rien moins qu'un grand homme.

– J'en conviens ; mais aussi je ne veux pas l'être ; on me fera peut-être *grand homme* malgré moi ! Oh ! parbleu ! cela serait violent ! J'aime à rire ; je suis franc ; je ne juge qu'après avoir vu ; j'aime mes enfants et mes amis ; je pleure les maux des indigents ; je me donne bien des peines pour un gain très modique ; je lève les épaules quand on cite une épigramme sans justesse ; mon unique but est de vivre tranquillement et sans éclat… Il est trop clair, d'après cela, que je ne suis pas propre à faire un *grand homme* ; et, quand certaines gens me diront sans cesse : *Eh ! mais, Monsieur, ce n'est pas comme cela qu'ont fait les Corneille et les Montesquieu ; ce n'est pas comme cela qu'on s'immortalise*, [21] je leur répondrai sans cesse : *Eh ! mais, Messieurs, je n'ai ni les talents, ni le génie des Corneille et des Montesquieu* ; je ne prétends en aucune manière à leur gloire : Ah ! qui vous a fourré dans l'esprit que je voulais m'immortaliser ? Ah ! qui vous répond d'ailleurs de ce que diront et penseront nos neveux ?… Je délivre par semaine une feuille qui n'a rien de philosophique ni d'immortel ni de glorieux ; telle qu'elle est, elle vaut bien dix-huit francs par an ; puisqu'on ne peut pas exiger moins pour l'exactitude seule des livraisons. Eh ! quel homme au monde a jamais songé à s'immortaliser par une feuille périodique ? Assurément il y a de l'extravagance à vouloir que j'aie un but auquel je ne puis atteindre, que je ne puis avoir en vue, et à vouloir me juger sans cesse, comme si je devais agir en conséquence. Voulez-vous vingt-quatre pages d'immortalité par semaine ? donnez-moi cent louis au lieu de dix-huit francs, et commencez par dénaturer mon genre ; alors vous apprécierez les choses selon leur valeur ; ou bien laissez-moi ; personne

---

59   Le plus petit des animaux visibles à l'œil nu. Beffroy pense peut-être à La Fontaine : « Dame Fourmi trouva le Ciron trop petit » (« La besace »).

qui vous force de m'acheter ; il est impossible que je plaise à tout le monde ; si je vous déplais, un autre voudra de moi, et [22] ne trouvera pas trop cher qu'on l'amuse un instant, franc de port, tous les huit jours, pour une somme si extraordinairement bornée.

– Tra tra tra tra… Voilà bien des verbiages pour rien… Allez, levez-vous ; vous êtes un fou sans conséquence ; et nous vous permettons de croire que *l'eau est humide*, que *deux et deux font quatre*, etc. Cette liberté d'opinion est la plus grande preuve du peu de cas que nous faisons de vous.

Cela dit, on me chassa de la salle ignominieusement, et je sortis au bruit des huées populaires, en levant les épaules de pitié, sur la pitié que je leur inspirais… Oh ! par ma foi ! me disais-je en éclatant de rire, j'ai vu des petitesses à Paris ; mais, dans les infiniment petits, il n'y a point de petitesse imperceptible qui soit si petite que le petit esprit de ces petits *grands hommes-là*.

J'allais remonter en ballon ; mais un homme me dit à l'oreille : *Monsieur, je suis humidiste ; venez chez moi ; vous y serez le bienvenu.*

La suite au numéro prochain.

20ᵉ NUMÉRO
Courrier du 15 mai 1788

[3]
Ce sentiment délicieux, qu'on ne peut comparer à nul autre, ce sentiment qui subjugue l'âme du puissant et du faible, qui maîtrise les sens du riche et de l'indigent, ce sentiment qui console le prisonnier dans son cachot et l'infortuné dans ses chagrins, et les grands au sein des ennuis du rang, et les petits au sein de l'oubli qui les environne, et l'épouse esclave d'un brutal, d'un sot ou d'un jaloux, et le mari dupe d'une coquette ou victime d'une dissipatrice, et la mère, encore dans la vigueur de l'âge, entourée des épines de la bienséance, et la fille de seize ans qui n'ose encore faire parler que ses yeux, et nourrit en secret la flamme dont elle est dévorée, et la prude qui se venge par le mystère des regards curieux d'une voisine, et la bigote dont la ferveur s'alimente de la jouissance des sens ; ce sentiment qui répand des charmes sur les situations les plus tristes, [4] qui donne avec les maux qu'il cause l'oubli de ces mêmes maux ; ce sentiment, qui seul a fait plus de héros que tous les motifs honorables que l'histoire nous étale ; ce sentiment, qui change en fleurs toutes les épines de la vie, qui s'anime des obstacles, qui résiste aux puissances, et qui triomphe de tout ; ce sentiment, qui donne un prix à des riens, par qui la rose conserve son éclat, de qui une simple violette reçoit une valeur inappréciable ; ce sentiment, qu'avoue le premier cri de l'homme dès qu'il sait articuler des sons, que préconise toute la nature, qu'ont vanté tous les siècles, célébré tous les peuples, et qui seul fut et sera toujours l'âme de nos chansons ; ce sentiment, qu'on anathémise au même instant qu'on l'éprouve, qu'on maudit en le chérissant, qu'on dénigre en le caressant, qu'on savoure en le combattant ; ce sentiment, qui seul entretient le foyer du génie, seul aiguillonne le talent, seul vivifie les beaux-arts et toutes les productions de l'esprit ou du goût ; ce sentiment, qui brille seul au fond de l'âme, et commande en vainqueur aux autres passions, auprès duquel s'éclipsent l'ambition, la gloriole, et tous les fantômes de la réputation, comme les astres [5] de la nuit disparaissent autour du soleil ; ce sentiment, qu'idolâtre un cœur sensible et tendre, dont il fait sa divinité favorite, dont il compose

jusqu'à son dernier soupir l'essence ou la chimère de son bonheur ; ce sentiment, qui, sous le voile du mystère, opère sourdement des révolutions et des prodiges ; ce sentiment, qui colore les joues de la timide Aglaé, depuis qu'elle règne au fond du cœur de Lindor, qui lui fait lire dans un clin d'œil des phrases éloquentes, qui l'aide à sourire aux agaceries délicates, qui donne de l'esprit à un serrement de main ; ce sentiment, qui va prêter à ses facultés une nouvelle énergie, et développer en elle mille charmes qu'on ne lui connaissait pas, etc. etc. etc. etc. etc. etc. etc. etc. etc. etc. etc. etc. ce sentiment enfin, qu'ignore seule la sublimité froide d'un prétendu philosophe, est inconnu dans l'*île des Cataplasmes*. La gêne et l'étiquette de tout ce qui sent le pédant est l'épouvantail de l'amour ; et l'amour s'enfuit bien loin de tout ce qui est affecté ; car il n'affecte, lui, que l'indifférence, quand ses intérêts l'exigent.

On a tout réduit en système dans ce pays-là, et plusieurs académies ont proposé [6] sérieusement la question, *si un homme peut aimer une femme*.

Le code anti-risible de ce peuple est une source de maladies ; aussi est-il attaqué d'humeurs froides, de gourmes[60] et d'érysipèles, de furoncles, de clous[61] et d'abcès, qui lui font traîner une vie pleine d'infirmités. Les affections hypocondriaques s'emparent de leur individu dès leurs plus jeunes ans, et presque tout le monde est en robe-de-chambre, en bonnet de nuit, avec un cataplasme sous le menton, qui s'attache par-dessus la tête comme une gourmette[62]. Il y a des citoyens qui ont un cataplasme sur la gorge, un vésicatoire sur la nuque, une compresse sur la joue, et un emplâtre sur l'œil. Ceux-là sont les plus sérieux et les plus savants ; étudiant, commentant, compilant, analysant, disséquant, démontrant sans cesse, et ne souriant jamais, comment jouiraient-ils d'une bonne santé, fruit précieux d'une vie simple et frugale, joyeuse et active[63] ? Je n'ai pas vu chez ce peuple un seul visage qui ne surpassât de beaucoup en pâleur le safran et l'orange ; ce n'est pas là ce qui s'appelle être pâle ; mais ils sont jaunes, jaunes, jaunes !... La jaunisse est une maladie endémique dans ce pays [7] original. On rencontre partout des valets, portant d'une main un gros volume, de l'autre une seringue. Les tisanes,

---

60 « Mauvaises humeurs qui surviennent aux jeunes chevaux » (*Académie*, 1762).
61 Furoncle.
62 « Petite chaînette de fer qui tient à un des côtés du mors du cheval » (*Académie*, 1762).
63 Samuel Auguste Tissot, *De la santé des gens de lettres*, 1768. Dans *Le Rêve de d'Alembert*, Bordeu prophétise : « Nous marchons si peu, nous travaillons si peu et nous pensons tant, que je ne désespère pas que l'homme ne finisse par n'être qu'une tête ».

les potions, les élixirs, les apostèmes[64], les bouillons, les anodins, les purgatifs, les onguents, les pommades, les pilules, les tablettes, etc., etc. sont le principal mobilier des citoyens, et on ne les trouve presque jamais que prenant des clystères, ou dissertant ; on fait même l'un et l'autre à la fois ; la nécessité, devenue générale, a fait adopter la mode des lavements en pleine académie ; et on ne s'étonne pas de voir l'orateur, au milieu d'une séance, interrompre son discours, et remplir l'*alinea* par la réception d'un clystère ou la levée d'un vésicatoire. On m'a même assuré que dans certaines sociétés littéraires et savantes, on avait substitué aux fauteuils des chaises percées ; ce qui est beaucoup plus commode, je l'avoue, mais ce qui ne m'a pas l'air trop ragoûtant. Mais le charme de la science fait oublier l'odeur des savants.

Les dames de ce pays n'ont pas une toilette bien recherchée à cause de leurs infirmités ; elles sont d'abord toutes en bonnet de nuit, et presque pas une qui n'ait un cataplasme et deux ou trois emplâtres. Toutes ont des [8] goitres énormes, c'est-à-dire le cou prodigieusement enflé par l'engorgement des glandes. Il y en a cependant d'assez jolies, à la pâleur près ; mais leur beauté, comme leur santé, est victime de l'étude et des systèmes. On ne leur parle jamais d'amour, et la défense du *rire* regarde le sourire de l'amour comme tous les autres sourires. Voyez pourtant ce que c'est que l'empire de ce sexe par tous les globes sur un homme accoutumé de bonne heure à la galanterie française ! Je devins amoureux de la femme d'un grand seigneur, qui n'était point du tout mal de figure et de taille : à l'exception de trois cautères, un abcès, deux dartres vives et un cou monstrueux, elle avait de quoi plaire. Spirituelle et sémillante, capable de s'enflammer, elle ne se livrait à la mélancolie que par respect pour les lois ; ma gaieté lui parut plus naturelle ; et, à force de se livrer à la joie dans nos rendez-vous particuliers, elle se dégoûta des systèmes, et parvint à rattraper une bonne santé.

Parmi les modes et les ajustements de ce pays, j'ai remarqué les colliers des femmes et leurs boucles d'oreilles, qui sont des espèces de chapelets, de petites boules taillées [9] comme des perles ; mais on ne voudra guère me croire, si j'assure que ces perles ne sont autre chose que les cors des pieds, enlevés artistement, taillés ensuite, et polis en rond avec un fini précieux. Chaque pays a ses modes ; l'une n'est pas plus ridicule que

---

64   « Enflure extérieure avec putréfaction. Un abcès est un apostème ouvert » (*Académie*, 1762).

l'autre, et j'aime autant des chapelets de cors que ces chaînes de montre, composées de graines rouges, telles qu'on en porte encore à Paris[65]. J'ai vu un fat aux Italiens portant une chaîne de petits radis ; il est possible qu'on porte bientôt des oignons et des gousses d'ail. À tout cela, rien d'étonnant ; l'empire des modes est le réceptacle de toutes les bizarreries humaines, et Paris en a toujours été la preuve la plus convaincante. Il n'y a rien au monde de plus ridicule et de moins significatif que la variété de nos ajustements. Les cors au pieds sont, dans l'île dont je parle, un objet de commerce ; plus ils sont gros, mieux on les vend ; mais aussi il arrive là ce qui arrive partout, c'est que l'intérêt domine avec un despotisme que rien n'égale. Tous les cordonniers ont grand soin de faire des souliers trop étroits ; tous les gens du peuple ont la constance d'endurer des tourments inouïs pendant plusieurs mois de suite, non pas pour avoir [10] le pied mignon comme nos dames françaises, mais pour laisser grandir leurs cors, afin d'en tirer plus d'argent. Presque personne qui ne soit estropié, et ne se fasse une habitude de souffrir toutes les douleurs qu'occasionnent les cors invétérés, et même accumulés, par l'espoir du gain.

Il est vrai que, pour soulager les pieds de la fatigue d'une marche insupportable, cette nation conserve et maintient le plus singulier usage que jamais on ait ouï raconter de mémoire d'hommes.

Tous les souliers sont à roulettes ; tous les escarpins, toutes les bottes, tous les sabots, toutes les claques[66], toutes les galoches, toutes les savates et toutes les pantoufles, sont aussi à roulettes ; et non seulement tout ce qui emboîte les pieds des hommes, mais même les sabots des chevaux et les pieds des bœufs, des ânes, les pattes des chiens et des chats, tout cela est très adroitement enchâssé dans des encadrements à roulettes. C'est peu dire que les lits, secrétaires, buffets, armoires, commodes, fauteuils, canapés, chaises, tables, etc. sont portés par des roulettes ; mais il n'est pas jusqu'aux bouteilles, aux carafes, aux cuillers, aux plats et aux assiettes, qui [11] ne soient soutenues par de petites roues très joliment façonnées[67]. Les estampes même et les livres sont à roulettes, pour

65 « Les dames portant aujourd'hui des pendants d'oreilles en petites graines de couleur, dans le genre des petites chaînes de montre que portaient naguère nos jeunes gens » (*Magasin des modes nouvelles*, 11 mars 1789, p. 85).

66 « Espèce de sandale qu'on met par-dessus le soulier, pour se garantir de l'humidité et des crottes » (*Académie*, 1762). On disait aussi mule (*Trévoux*, 1704).

67 Cette idée d'un monde sur roulettes est encore plus remarquable si l'on songe qu'un objet aussi simple que la valise à roulettes n'est apparu que deux siècles plus tard. Voici

avoir une plus grande facilité de les transférer d'un endroit à l'autre ; les couteaux, ciseaux, les tabatières même, sont pareillement à roulettes. Je dirai plus ; les maisons pareillement ; et, dans certains temps de l'année, quand chacun change de place sa maison, il est curieux de voir tous les quartiers d'une même ville en mouvement, aller, venir, se croiser ; et tous ces bâtiments roulants forment un tableau fort original[68]. Mais rien n'égale le spectacle des hommes et des femmes, qui, prenant leur élan à la porte de leur logis, ne font qu'une roulade dans la rue jusqu'à l'endroit où ils ont dessein de se rendre ; ce n'est rien pour le lecteur, qui n'en peut juger que par ce que je lui dis ; mais pour moi, qui l'ai vu de mes deux yeux, je vous jure que tous ces personnages en cataplasmes, roulant sur leurs souliers avec le plus grand sérieux, se heurtant nez à nez, et traversant une grande ville en tous sens avec une merveilleuse rapidité, m'a beaucoup amusé. J'ai désapprouvé hautement un autre usage, selon moi très indécent chez cette nation [12] roulante ; c'est que les dames vont à cul nu ; mille pardons, cher lecteur, de ces détails, que je voudrais gazer de mon mieux ; mais ma qualité d'historien m'obligeant à la fidélité des récits, comment exprimer décemment une mode aussi ridicule que celle-là ? L'usage de montrer son derrière n'est assurément

---

quelques éléments pour une histoire de ce mode de locomotion. Au dix-septième siècle, le Lyonnais Nicolas Grollier de Servières imagina une « Chaise ou fauteuil très commode pour les boiteux, ou pour ceux qui ont la goute aux jambes ; et par le moïen duquel on peut se promener dans un apartement de plein pied, ou dans un jardin, sans le secours de personne » reposant sur cinq petites roues (*Recueil d'ouvrages curieux de mathématique et de mécanique, ou description du cabinet de Monsieur Grollier de Servière*, Lyon, Forey, 1719, p. 96-97). En 1733, le *Recueil des machines approuvées par l'Académie* présente une « Machine pour faire tenir les pieds en dehors », inventée par M. Des Hayes, maître des ballets, que l'on peut considérer comme un lointain ancêtre du *skateboard*, mais à usage strictement orthopédique. Selon le compositeur Thomas Busby (*Concert Room and Orchestra Anecdotes*, 1805), c'est un mécanicien belge installé à Londres, John Joseph Merlin (1735-1803), qui a le premier eu l'idée de remplacer les lames des patins à glace par des roulettes ou rouleaux. L'*Almanach de Gotha* de 1790 signale que « M. Vanlede [Maximilien-Louis Van Lede ou Lodewijk, Bruges 1759-1834], sculpteur médailliste de l'Académie de Paris, a inventé des patins, qu'il nomme patins à terre, à l'aide desquels on peut courir aussi vite sur la terre en pays plat que sur la glace avec les patins ordinaires » (p. 139). Le 12 novembre 1819, Charles Louis Petibled dépose, à Paris, le premier brevet de « Nouveaux patins à roulettes, destinés à exécuter dans les appartements tout ce que les patineurs peuvent faire sur la glace avec des patins ordinaires » (*Description des machines et procédés spécifiés dans les brevets dont la durée est expirée*, Paris, 1825, t. XI, n° 1043).

68   Pas tout à fait : Cyrano de Bergerac avait déjà imaginé dans les *États et empires de la Lune* (1657), des villes « qu'on change d'air à toutes les saisons », grâce aux roues et aux voiles dont sont équipées les maisons.

ni louable, ni beau ; et je n'ai pu m'empêcher d'en être révolté, au point de leur exprimer ma surprise en des termes peu mesurés. Quelques femmes plus instruites que les autres (et toutes le sont plus ou moins) m'ont répondu avec douceur : « Vous sied-il bien, à vous, Monsieur le Français, de trouver mauvais que nous ayons le derrière à l'air, tandis que les femmes de votre pays ont presque toujours la gorge découverte, ou, ce qui est pis encore, gazée de manière à provoquer exprès les regards cupides des libertins ? Nous sommes voilées par tout le corps, et il n'y a précisément que notre derrière qui soit à découvert ; mais[69] il n'y a pas de gestes, de mouvements et d'attitudes voluptueuses que vos femmes n'inventent pour mettre en évidence les agréments de leur corps ; on apprend à vos demoiselles l'art de la coquetterie avant de [13] leur parler de l'art de s'instruire et de se former le cœur et l'esprit ; une petite fille en France sait danser, se tenir droite, chercher à plaire, montrer sa gorge, avant de savoir lire et prier Dieu ; elle parle savamment d'un corset, d'une bonnette[70] ou d'un ruban, quand elle ne parle pas encore de livres, de morale et de vertu. Si, selon vous, nous violons la décence en ayant nos derrières à l'air, vos femmes outragent la pudeur et la nature, en exposant à nu des appas destinés au mystère. D'ailleurs, à tout prendre, il y a plus de danger à l'un qu'à l'autre ; et si vous consultez la santé des individus, il est bien certain que la nôtre court moins de risque à mettre à l'air une partie charnue, que celle de vos dames à montrer un sein délicat, susceptible des impressions de l'air, et qui a besoin de chaleur pour se préserver des engorgements, etc., etc., etc. » À ces réflexions, je n'eus pas le mot à dire, et je pris le parti de ne plus critiquer.

Le monsieur dont j'ai parlé, qui m'avait offert un asile chez lui, et qui croyait que l'eau est humide, malgré la prépondérance des lumières académiques, avait invité une [14] nombreuse compagnie d'*humidistes* pour me recevoir avec plus de distinction. Tous ces messieurs commençaient (plutôt par pique que par amitié, comme cela se pratique toujours chez des *philosophes*) à me choyer, à me festoyer, à me caresser, à me complimenter, à me... quand on entendit à la porte de la maison un grand bruit de roulettes ; c'était une compagnie de soldats à cheval, qui venaient me chercher de la part du roi. Ils m'emmenèrent sur une belle

---

69 Voir *Courrier* n° 16, p. 21 : note.
70 Le « chapeau-bonnette à haute forme » est décrit dans le *Magasin des modes nouvelles*, 20 décembre 1787, p. 26.

jument à roulettes, et nous marchâmes, ou plutôt nous roulâmes, au milieu d'un peuple immense, qui nous suivait en roulant aussi, jusqu'au palais de Sa Majesté.

Des suisses et des grenadiers à roulettes faisaient le service à toutes les portes ; des gardes du corps, guindés sur des roulettes d'argent, roulaient sans cesse autour des appartements ; et des gentilshommes tout pleins d'emplâtres et de cataplasmes, roulaient autour de la personne du roi ; ce prince n'était pas dans la grande salle d'audience quand j'y arrivai, mais bientôt on y traîna son trône à roulettes, et je le vis environné d'une foule de seigneurs et de courtisans, aussi montés sur des roulettes, dont la tournure me parut [15] brillante et noble, aux emplâtres près, dont ils étaient surchargés. Le roi avait une physionomie très pâle et très mince ; une couronne d'or roulait autour de sa tête ; sous cette couronne était un bonnet de nuit à roulettes, sous lequel était attaché un cataplasme de mie de pain et d'eau de sureau. Une multitude de lecteurs et de bibliothécaires entouraient aussi le trône, chargés de livres *in-folio*, de paquets de plumes, de cahiers et d'écritoires. La fureur de disputer est telle chez ce peuple de docteurs, que même auprès de Sa Majesté, ils se livraient à leurs accès de jalousie systématique. Malgré la présence du souverain et d'une cour imposante, malgré l'hermine, les robes noires et les bonnets carrés dont ils étaient couverts, ils osaient encore se prendre aux cheveux, se dire de gros mots, et s'apostropher mutuellement par des coups de poing bien appliqués et bien rendus. *L'humidité de l'eau* était en ce moment le sujet de leur dispute, mais le *point* et la *virgule* les animaient encore davantage.

Le roi leur fit signe de se taire quelques minutes ; alors, m'adressant la parole avec dédain, il me dit d'un ton sec : *On m'assure* [16] *que tu n'as pas le sens commun ; voyons ; amuse-moi un moment, puisque tu n'es bon qu'à cela... – Sire*, lui répliquai-je d'un air embarrassé... *– Amuse-moi, te dis-je*, reprit-il d'un ton superbe... Et toute la cour avait les yeux fixés sur moi seul ; mais je démêlais dans tous leurs regards ce sentiment de mépris et d'ironie qu'on a dans ma patrie pour tous ces êtres voués au ridicule, dont l'ignorance et la bêtise semblent composer une classe à part. Bref, je passais à cette cour pour un franc imbécile, et on voulait m'humilier. – Grand roi, répondis-je en tremblant, comment votre Majesté veut-elle que je l'amuse ? est-ce par des singeries ? est-ce par des éclats de rire ? est-ce par des contes ? est-ce en lui parlant morale ou politique ?... est-ce en vers ou bien en prose ? – Eh bien, dit le souverain, conte-moi l'histoire de ton pays. – Volontiers, Sire ; donnez-moi quelques minutes pour respirer, et vous serez satisfait.

Alors il se fit une rumeur dans l'assemblée, qui m'annonçait qu'on se préparait à se moquer de moi complètement. Cependant je me remis un peu de ma frayeur, et je commençai mon récit en ces termes : [17]

SIRE,

Je suis né dans le plus beau royaume de la plus belle partie de la plus belle planète qu'il y ait dans l'immensité des mondes. Ma nation, dont il n'est pas permis d'ignorer le nom depuis le Soleil jusqu'à l'étoile Sirius, est la plus sage contrée de la terre, qui est elle-même le globe le plus sage de l'univers. Les Français, mes compatriotes, ont reçu de la providence les plus beaux dons en partage ; esprit, beauté, talents, force, raison, courage, adresse, noblesse, valeur, générosité, grandeur d'âme, et surtout connaissances profondes et jugement solide ; ils possèdent tout cela dans la plus grande perfection... Nulle science qui leur soit étrangère ; point de frivolité, point de superficie chez ce peuple philosophe ; on y approfondit toujours, et jamais on n'effleure ; point de réflexions inutiles, point de vains raisonnements, point de ridicules découvertes, point de faux calculs chez les Français ; personne n'est moins superficiel... En un mot, c'est la nation la plus véritablement philosophe qu'il y ait sous le soleil ; et...

Ici S. M. m'interrompit avec humeur : *Es-tu bientôt las de vanter ton pays ? Ce n'est pas tout d'avancer ; il faut prouver.*

– *Sire, que Votre Majesté*
Ne se mette pas en colère ;
Mais plutôt qu'elle considère[71]

que je vais prouver aussi ce que j'ai avancé. *D'abord* tout citoyen chez moi s'érige en critique avant d'avoir appris à lire... Vous conviendrez qu'il faut être doué pour cela d'une sagacité prématurée. *Ensuite* on juge très impartialement tous les ouvrages que l'on ne connaît pas ; il est sûr que c'est un bon moyen de n'être point guidé par un esprit d'intérêt particulier ; car enfin, n'ayant pas lu tel ou tel livre, je ne suis pas entraîné dans mon jugement par le plaisir qu'il m'a fait, ou par l'ennui qu'il m'a causé ; et c'est là véritablement ce qui s'appelle l'impartialité... Et puis,

---

71   La Fontaine, « Le Loup et l'Agneau ».

Sire, dans ma patrie, tout se transforme en académies, en musées, et en clubs ; et les femmes mêmes sont enfin parvenues, à force de bon sens et d'étude, à sacrifier le soin de leur ménage à l'honneur de prendre séance dans une académie. *Et puis*, Sire, vous saurez qu'on fait chez nous le plus grand cas des gros livres et des frontispices amphigouriques ; c'est là la pierre de touche du vrai mérite... *Et puis* on invente chaque jour des modes admirables, et vraiment utiles à l'humanité. Si je vous détaillais ici tous nos usages, tous nos systèmes, tous nos combats d'opinion...
– Vos combats d'opinion ! Vous êtes donc vraiment philosophes ?, dit le roi, qui commençait à se prévenir en ma faveur. – Que ne puis-je vous tracer un tableau fidèle des guerres et des [19] dissensions, auxquelles nos disputes théologiques ont donné lieu ! du sang que l'opinion a fait répandre ! des volumes énormes, et grossis d'invectives, qu'un mot pris pour un autre a fait écrire, des commentaires innombrables que les querelles didactiques ont fait naître !... Que ne puis-je ajouter à ce tableau la description des chapeaux à la Marlborough[72], des rubans coquelicots[73], des promenades philosophiques de Longchamp, des séances polémiques de nos cafés, des ariettes de Tarare[74] et des tabatières à la Cagliostro ! vous verriez d'un coup d'œil à quel point nous sommes conséquents et judicieux ! combien nos vues sont profondes, et quels progrès étonnants font chaque jour parmi nous le bon goût et la saine raison... *Et puis*, quand pour couronner l'œuvre, je vous apprendrais qu'en France il n'est plus permis de rire sans se compromettre, que la gaieté est réputée folie, et reléguée dans la classe du bas peuple... »

À ces mots, le roi, les grands, les docteurs, les gentilshommes, les gardes du corps, toute l'assemblée roulante partit ensemble d'un battement de mains, qui me prouva la joie que lui causait mon discours. *Quoi ! s'écriait-on, on ne rit plus en France ! Ô la sage nation ! ô l'estimable peuple ! ô l'heureux empire ! quelle intéressante découverte !* « Ah ! [20] notre ami ! pardonnez, si nous vous avons mal jugé ! Mais, d'après tous les

---

72   En 1782, la nourrice du Dauphin avait remis au goût du jour la vieille chanson de *Malbrough s'en va-t-en guerre*. « Cet air, en effet assez gracieux et très naturel, plut à la reine ; on le chanta à la cour, à Paris, en province ; de là la mode des chapeaux, des chignons, des cannes, etc. à la Marlborough » (*Marlborough, poème comique en prose rimée, par le Cousin Jacques, avec des notes de M. de Kerkokurkayladeck, gentilhomme bas-breton*, 1783, p. 25).

73   La couleur à la mode : « Une ceinture de large ruban coquelicot, [...] des souliers coquelicots, [...] un chapeau lié d'un ruban coquelicot, et qui est garni d'un bouquet de fleurs coquelicots [...] » (*Magasin des modes nouvelles*, 20 novembre 1787).

74   *Tarare*, opéra de Salieri et Beaumarchais, 1787.

rapports que les Français ont avec nous, soyez ici le bienvenu… Mais, de bonne foi, ajoutait-on d'un air plus réfléchi ; là, convenez donc que vous ne croyez pas sincèrement que l'*eau soit humide* ?… Vous participez sans doute aux lumières que la science a répandues sur votre patrie ?… Ah ! Monsieur ! recevez nos compliments ; restez avec nous »… et l'on m'accabla d'un déluge de félicitations, etc., etc. *La suite plus tard.*

21ᵉ NUMÉRO
Courrier du 22 mai 1788

[12]

Voyage du Cousin Jacques dans l'île des Miroirs.

Je planais (Ah! dame! c'est beau, ça, de planer), je planais donc comme les aigles (Ah! c'est grand de planer comme les aigles); je planais fièrement (Ah! c'est noble de planer fièrement). Eh bien? finirai-je aujourd'hui?... Allons; m'y voilà. Je dis donc que je planais dans mon ballon sur les forêts [13] et les prairies de la *planète de Mars*, lorsque je fus poussé par un coup de vent sur un rocher planté au milieu des eaux. Alors mon ballon s'enleva de lui-même, et partit[75]. Je me vis seul sur la cime de ce rocher, entouré des vagues de la mer à perte de vue... Je réfléchissais à ma sinistre aventure (car on m'a toujours dit que c'était une très belle action que celle de réfléchir), lorsque j'aperçus à fleur d'eau une tête de goujon qui me parut monstrueuse.

CHAP. I. *Comme quoi*[76] *je suis avalé par un goujon*[77].

Dans mon pays les hommes mangent les goujons; dans ce pays-là les goujons mangent les hommes. Celui dont je parle était de la plus grosse espèce; il avait soixante-quinze pieds de longueur; les moindres du pays ont vingt-cinq pieds. Dès qu'il me vit à sa portée, j'eus beau m'évertuer et me débattre, il m'avala... mais m'avala si bien et si crûment, qu'il

---

75   Même mésaventure que sur le globe des crottes (*Lune* n° 29, p. 85). Le ballon sera retrouvé
à la fin du *Courrier* n° 22.

76   « *Comme quoi* pour *comment*, n'est plus guère en usage. L'*Acad.* dans la 1ʳᵉ édit. de son *Dict.*
ne condamnait pas cette expression. Dans les dern. édit. elle avertit que *comme quoi* est du
st. fam. Dans le style badin ou critique, il vaut mieux que *comment* : "Vous savez ce qui en
est advenu, dit M. Linguet, et comme quoi cette charlatanerie réussit". "Vous savez *comme
quoi* je vous suis toute acquise". *Rodog.* Cela ne vaut rien dans une tragédie. » (Féraud,
Dictionnaire critique de la langue française, 1787). Beffroy s'inspire peut-être de Crébillon :
« Chapitre XV. Comme quoi l'on se trompe à ce qu'on imagine » ; « Chapitre XX. Comme
quoi les plus fins y sont pris » (*L'Écumoire*, 1735).

77   Les variations sur l'épisode biblique de Jonas ne manquent pas, de Lucien de Samosate
(*L'Histoire véritable*) à Carlo Collodi (*Les Aventures de Pinocchio*).

ne fit de moi qu'une bouchée ; et que, comme dit La Fontaine, je lui fus *hoc*[78] dans la minute… Dieux ! quel moment ! Mes lecteurs ont beau faire les [14] intrépides, je parie que, si on les avalait aussi, leur bravoure serait un peu déconcertée.

CHAP. II. *Comme quoi l'on me digère.*

D'abord, étourdi de mon malheur, je fus quelques minutes dans un état de stupidité ; mais quand je fus arrivé dans l'estomac du goujon, et que je me trouvai respirant librement et sans gêne, je commençai à me remettre un peu de ma catastrophe. Je me retournais avec aisance dans la capacité de cet estomac très vaste, et je remerciais encore la providence de m'avoir ménagé dans mon exil un appartement aussi commode.

CHAP. III. *Comme quoi j'ai une dispute.*

Je songeais à la bizarrerie de mon sort, lorsque j'entendis du bruit dans la chambre d'à-côté, je veux dire dans les intestins de l'animal vorace. Je prêtai l'oreille, et je distinguai deux voix de femmes qui se disputaient. La curiosité me maîtrisa, et je passai ma tête dans le conduit qui sépare le ventre de l'estomac ; alors j'aperçus une dame de moyen âge, qui pressait tendrement dans ses bras une jeune demoiselle, qu'elle paraissait aimer beaucoup. La dame parlait sans cesse ; [15] la fille répondait par monosyllabes, et toutes deux gémissaient et se lamentaient à qui mieux mieux. L'apparition subite de ma tête leur coupa la parole ; mais comme je crus voir qu'elles n'étaient pas d'accord, je me mêlai de la dispute, et je les priai vivement de me laisser prendre part à leur querelle. Voici de quoi il s'agissait :

---

78 « Bonne chasse, dit-il, qui l'aurait à son croc ! Ah ! que n'es-tu mouton ; car tu me serais hoc » (La Fontaine, « Le Cheval et le Loup » ; « Ce mot est pris d'un jeu de cartes et signifie tu serais à moi », *Trévoux*, 1752).

CHAP. IV. *Comme quoi je me mets en colère.*

Une mère, extraordinairement bizarre dans ses maximes et ses principes, s'était fourré dans l'esprit qu'une fille ne peut pas se prévenir sans crime en faveur d'un objet aimable, et que le plus grand crime en société, c'est d'oser aimer ce qui nous plaît. En conséquence, ayant cru s'apercevoir que sa fille nourrissait dans le fond de son âme une prévention secrète pour un homme qu'elle ne pouvait pas épouser, elle avait cru aussi devoir mettre des obstacles salutaires à cet amour naissant ; elle avait commencé par l'arracher à toute la société, et elle s'imaginait bonnement que le moyen d'oublier toutes les figures humaines, c'était de n'en voir aucune. Quand je sus les motifs qui conduisaient cette mère, la fausseté de sa morale, l'inconséquence [16] de ses démarches, et la manière gauche dont elle s'y prenait pour guérir un mal qu'elle ne faisait qu'aigrir, je ne me défendis pas d'un mouvement de colère, et je me fâchai de toutes mes forces contre cette femme extravagante.

CHAP. V. *Comme quoi j'ai raison.*

« Ma chère fille, disait cette bonne dame ! je suis votre meilleure amie ; je mérite et j'exige votre confiance. Avouez-moi que vous aimez Lindor ; j'en suis sûre, et c'est en vain que vous voudriez me le cacher. Ma fille ! découvrez-moi si vous aimez Lindor ; ne craignez pas de me l'avouer ; car, si vous l'aimez, vous ne le verrez plus. Ma fille ! je vous ai soustraite au commerce de la vie sociale ; je vous ai emmenée avec moi dans des déserts pour vous préserver de l'amour... Notre chaloupe a fait naufrage ; un goujon nous a toutes les deux avalées sans pitié ; mais, au sein même de cette affreuse captivité, dans les entrailles obscures de ce goujon, je tremble encore que votre cœur n'éprouve un sentiment désordonné... » Cependant la fille pleurait et se désolait, et cependant la mère insistait : [17] « Ma fille ! aimez-vous Lindor ? – Ma mère ; non je ne l'aime pas. – Ma fille ! vous mentez ! je parie que vous l'aimez. – Ma mère ! si vous êtes si sûre de votre fait, pourquoi m'interrogez-vous ? – Ma fille ! il ne faut pas aimer. – Ma mère ! pourquoi cela ? – Ma fille ! cela n'est pas dans l'ordre. – Ma mère ! cela est dans la nature. – Ma fille ! la nature est une sotte. – Ma mère ! je le pense comme vous ; mais que voulez-vous que j'y fasse ? ce n'est pas à moi de la réformer. – Ma fille ! vous vous perdez. – Ma mère ! en quoi voyez-vous cela ? – Ma fille ! les plus grands malheurs seront la suite de votre amour. – Ma mère ! suis-je la maîtresse de mes sentiments ? – Ma fille ! il faut l'être de sa conduite. – Ma mère ! très volontiers ; je veillerai ma conduite ; mais je ne puis rien à mes sentiments. – Ma fille ! il ne faut pas plaire ; c'est un crime. – Ma mère ! il ne faut donc voir que des objets qui déplaisent pour leur épargner un crime ? – Ma fille ! les talents, la jeunesse, l'amabilité et toutes les qualités heureuses, sont des épines cachées sous les fleurs. – Ma mère ! par tout pays on préfère la société des gens aimables à celle [18] de sots et des ennuyeux. – Ma fille ! qu'avez-vous dans l'âme ? Vous mangez, vous buvez, vous dormez ; voilà qui est fort bien ; mais je ne sais pas ce que vous pensez ; et voilà ce qui est fort mal. – Ma mère ! il n'y a point eu de tyran depuis l'origine du monde, qui se soit avisé de scruter le fond des âmes ; nos idées sont la seule propriété qu'on ne puisse nous contester ; et, fussiez-vous dix mille fois plus ma mère que vous ne l'êtes, vous n'auriez aucun droit sur mes pensées. Mes actions relèvent de votre autorité, mais mon cœur est à moi. – Ah ! ma fille que dites-vous là ? C'est donc à dire que vous aimez mieux la compagnie d'une personne séduisante que celle d'un homme sans conséquence ? – Ah ! ma mère ! l'une a bien plus d'attrait que l'autre, et ce n'est pas ma faute. – Ma fille ! vous me martyrisez. – Ma mère ! vous vous tourmentez en pure perte. – Ma fille ! n'aimez que celui que la bienséance vous ordonnera d'aimer. – Ma mère ! si celui-là ne se présente pas, puis-je empêcher mon cœur de parler ? Et s'il se présente sous des traits hideux ou révoltants, comment voulez-vous que je l'aime ? [19] – Ma fille ! ma chère fille ! un cœur qui aime sans le notaire, est un cœur criminel. – Ma mère ! ma chère mère ! il n'est dit nulle part que le notaire ait un pouvoir magique sur nos sens et sur notre âme ; toute la nature, tout l'univers nous crie que l'amour est de tous les âges, de tous les états, de toutes les classes, et qu'il ne connaît ni distinction ni rang, ni lien, de quelque nature qu'il soit ; c'est à l'honneur à lui mettre un frein ; mais rien ne sait l'anéantir quand il veut régner en maître au fond d'un cœur. – Ma fille ! – Ma mère ! etc., etc. » Et bien d'autres arguments proposés et repoussés avec la même rapidité.

On me demanda ce que j'en pensais. – Parlez franchement, me dit-on; laquelle de nous deux a tort ou raison? Je dis que la maman avait tort, et que la fille avait raison[79]; et, en donnant raison à la fille, je donnais tort à la maman; et, en donnant tort à la maman, je parlais d'après mes sentiments innés; et, en parlant d'après mes sentiments innés, je croyais n'avoir pas tort; et, en croyant n'avoir pas tort, je ne l'avais pas en effet; et, en n'ayant pas tort en effet, il est certain que j'avais raison; car quand on est [20] du sentiment qui a raison, on n'est pas du sentiment qui a tort; et, ayant raison, je justifiais le titre de ce chapitre, qui est intitulé : *Chapitre v, comme quoi j'ai raison.*

CHAP. VI. *Comme quoi l'on me fait une confidence.*

Cependant la mère, que l'inquiétude la plus déplacée, un bavardage encore plus déplacé, une agitation mille fois plus déplacée encore, avaient empêchée de dormir depuis deux mois, quoique pour se guérir de l'insomnie elle eût été vingt fois chez Audinot[80], et qu'elle eût lu tous les romans nouveaux et les réflexions critiques du comte de R....l[81] avec une attention scrupuleuse, se sentit accablée de sommeil au moment qu'elle y songeait le moins. Pendant qu'elle se livrait à ce repos de courte durée, la demoiselle s'approcha de moi, et me dit : « Monsieur l'aventurier; serez-vous discret? – Mademoiselle l'amoureuse, comptez sur moi... – Eh bien! Monsieur l'aventurier, je vous avouerai que ma mère me soupçonne d'aimer Lindor; franchement, ce n'est pas Lindor que j'aime; c'est un autre, et je suis charmée d'entretenir l'erreur de ma mère, [21] parce qu'en lui donnant ainsi le change, je détourne ses regards de mon véritable amant, pour les fixer sur mon amant imaginaire; et cela me réussit très bien... ». J'allais faire un discours superbe et même fort long à cette demoiselle, pour lui prouver clair et net que cette supercherie cadrait mal avec la candeur de son âge et la modestie de son sexe, et je voulais lui témoigner ma surprise, surtout au sujet de

---

79   Le Cousin et la fille partagent le point de vue exprimé par Milord Édouard dans la lettre II de la 2de partie de la *Nouvelle Héloïse* : « Le lien conjugal n'est-il pas le plus libre ainsi que le plus sacré des engagements ? »

80   Nicolas Médard Audinot (1732-1801), après avoir montré des marionnettes à la foire Saint-Germain, avait fondé sur le boulevard du Temple le théâtre de l'Ambigu-Comique, spécialisé dans les pantomimes.

81   Antoine de Rivarol. Voir *Courrier* n° 19, p. 19.

Lindor, qui portait le péché d'autrui, etc., etc., etc., quand je fus inter-rompu par l'arrivée d'un nouvel hôte, que le goujon venait d'avaler ; c'était un petit abbé sans état, n'ayant de la décence de son caractère absolument qu'un petit collet et une frisure en rond. La demoiselle s'évanouit en le voyant ; c'était son amant ; la mère, que le bruit éveilla en sursaut, fut enchantée de l'arrivée de l'abbé, parce qu'elle croyait que sa fille le haïssait ; de cette manière, tout le monde fut content, excepté moi, qui, n'ayant aucun intérêt à la chose, commençais à m'ennuyer de mon nouveau domicile.

CHAP. VII. *Comme quoi je déménage.*

Nous restâmes encore trois jours et demi dans le ventre du goujon ; la mère se taisait ; [22] la fille ne disait mot ; l'abbé gardait le silence ; et moi, j'enrageais… quand tout-à-coup il prit envie au goujon d'avoir une indigestion, qui lui fit vomir sur une terre étrangère tout ce qu'il avait avalé depuis quelques jours.

Par ce moyen, je fus très aise de me trouver libre, dans une belle plaine, plantée d'arbres fruitiers. Les trois compagnons de mon infortune prirent congé de moi, et allèrent, je ne sais où, porter leurs arguments, leurs sollicitudes, et se tromper à l'amiable.

CHAP. VIII. *Comme quoi l'on me fait crédit.*

Je marchai deux heures à travers champs jusqu'à une bourgade assez peuplée, dont les habitants, de grandeur ordinaire, vinrent tous ensemble me demander si je voulais voir la lanterne magique de leur pays, et combien je leur donnerais pour cela. Je retournais mes poches, en leur disant : Voyez, Messieurs, ce que vous pouvez exiger d'un auteur. – Qu'est-ce qu'un auteur ?, me dirent-ils tous. – Un auteur dans ma patrie, leur répondis-je, est un être isolé parmi ses concitoyens, qui les amuse, ou les instruit, ou les ennuie, qui les vante ou les persifle pour leur argent, qui consacre souvent à leur plaisir sa jeunesse [23] et sa santé, et dont les veilles et les travaux sont payés, tantôt par l'oubli, tantôt par la calomnie, toujours par l'ingratitude ; un auteur est un homme qui court toute sa vie après un fantôme de gloire, qu'il n'attrape que lorsqu'il n'est plus temps d'en jouir ; qui poursuit la réputation au lieu du bonheur, et qui préfère l'immortalité la plus incertaine à toutes les jouissances réelles ; et, pour vous mettre mieux au fait de la considération qu'on accorde en France aux auteurs, il faut vous dire encore que leur classe, comme celle des artistes, est la plus indigente de l'État... – Suffit, M. l'Auteur ; suffit, s'écrièrent toutes ces bonnes gens ; ne nous en dites pas davantage... nous vous dispensons de payer. – Quoi, Messieurs ! vous pensez que je puis voir vos curiosités *gratis* ! ce serait compromettre ma dignité d'homme de lettres... Et j'étalai des principes de fierté, habillés en gasconnades, qui les déconcertèrent d'abord, de façon qu'ils me dirent d'une voix unanime : Eh bien ; venez toujours ; nous vous ferons crédit.

CHAP. IX. *Comme quoi je vois des choses très curieuses.*

On me conduisit par des corridors souterrains, [24] obscurs et détournés, dans une grande salle, où je ne vis de toute part que des rangs de loges comme dans nos spectacles, excepté d'un côté, qui me parut garni d'un grand rideau violet... On alluma toutes les bougies, et l'on me dit : « Nous possédons ici une merveille qui nous attire beaucoup d'étrangers ; cette merveille consiste en une infinité de miroirs de toute grandeur, où l'on voit tous les mondes de l'immensité ; 1°. tels qu'ils sont ; 2°. tels qu'ils devraient être, si l'ordre des choses n'était pas entièrement perverti ; et outre ces miroirs, qui nous représentent les différents globes, nous en avons un pour chaque nation de ces globes, et encore un autre pour chaque individu. Il y a plus ; nous en possédons d'autres aussi, dont la vertu est de faire voir tous les hommes qui ont existé depuis la création des mondes, tels qu'ils sont après leur mort, selon la vie qu'ils ont menée parmi leurs semblables... – Ah ! Messieurs mes amis ! que me dites-vous là ? Vous êtes gratifiés, si cela est, du trésor le plus précieux qu'il y ait au monde entier[82]. »

La suite au prochain numéro.

---

82 Ces miroirs révélateurs sont un lieu commun de la littérature morale de l'époque ; de Marivaux (*Le Miroir*, 1755) à Cousin de Grainville (*Le Dernier Homme*, 1805), en passant par Tiphaigne de La Roche (*Giphantie*, 1760, chap. XII).

22ᵉ NUMÉRO
Courrier du 29 mai 1788

[3]

Suite de l'île des Miroirs

CHAP. X. *Qui est beau comme tout.*

On me demanda lequel de tous les miroirs je voulais voir d'abord...
J'allais répondre, quand on entendit un chant funèbre dans la rue ; c'était
un convoi. J'ai toujours été très curieux d'enterrements ; et je n'en laisse
passer aucun dans ma rue, sans ouvrir mes fenêtres, jusqu'à ce qu'à
mon tour je les fasse ouvrir à d'autres, ce qui ne tardera peut-être plus
longtemps ; car la vie de l'homme est si incertaine !... Ce n'est point
curiosité de ma part, ni cet esprit de frivolité, qui ameute nos stupides
badauds au moindre spectacle d'apparat ; mais je trouve dans un convoi
une mine de réflexions inépuisable. Je me demande l'âge du mort, son
état, ses passions, sa conduite, ses sentiments, ses principes, ses vues et
ses espérances, peut-être est-ce un père de famille ; peut-être une mère
tendre ; peut-être [4] une amante chérie ; peut-être, et très probablement,
le chagrin est-il une des causes de sa mort, peut-être la fortune répon-
dait-elle à ses souhaits ; mais de quoi lui ont servi ses richesses ?... Le
luxe des convois, la joie des héritiers, l'indifférence des prêtres, tout cela
me fournit des heures entières de méditation. Mais rien ne me paraît
plus digne de remarque que l'esprit de système, l'ignorance doctorale,
la prévention des garde-malades, l'insouciance des parents, qui presque
toujours ont précipité dans le tombeau *tels* et *tels* individus destinés à
fournir une carrière longue et honorable. Les deux tiers des enterrements,
à Paris surtout, et ensuite dans les campagnes, sont la suite de l'ignorance
et de la sottise. Un vieux préjugé, qu'on tient de ses ancêtres, indique
un remède contraire, le diable n'en ferait pas démordre ; et l'abus de
confiance de la part des médecins est une nouvelle atrocité, qui cause
en France plus de ravages que la peste et la famine... Mais, comme je
dois traiter plus au long cette matière importante, je brise aujourd'hui
là-dessus, pour passer à l'enterrement de l'île des Miroirs. Les cérémonies

religieuses se font dans ce pays avec plus de pompe que [5] les nôtres. Un deuil[83] nombreux pousse au loin des cris, des gémissements, des hurlements, des beuglements, et même des rugissements terribles. Les ministres des autels, en habit d'église, vont à pas lent, et psalmodient, au son des instruments, des prières épouvantablement lugubres… La personne qu'on enterrait alors, avait possédé une charge très lucrative, une charge en honneur dans son pays ; c'était la direction générale des vidanges, objet de finances très conséquent, et que le souverain affermait à un prix considérable. Ce directeur avait sous lui des inspecteurs, des sous-inspecteurs, des chefs de bureaux, des commis, et ensuite toute la compagnie des vidangeurs, qu'il nommait, et qu'il payait (car chaque particulier dans cette île paie à la direction, et non à l'ouvrier, qui souvent exige un prix arbitraire[84]). Tous les gros bonnets commençaient le deuil ; et c'était la bonne société ; mais venait ensuite la litanie de tous les vidangeurs de l'île, qui par respect et par devoir assistaient à l'enterrement. On peut se figurer quelle odeur s'exhalait dans les rues, de tous ces corps longtemps imprégnés de vapeurs méphitiques. Mais [6] ce qui m'a paru plus remarquable encore, c'était de voir le curé, les prêtres, les chantres, les enfants de chœur, les suisses et les bedeaux, occupés à se tenir d'une main les narines, à tenir un cierge de l'autre main, et chanter, tout en nasillant, les louanges du Créateur et les vertus du défunt ; car l'éloge et la critique du mort sont, je pense l'essence et l'âme d'un convoi, et la seule utilité réelle qui puisse résulter d'une cérémonie funéraire pour ceux qui en sont témoins ; rappeler aux assistants les qualités bonnes ou mauvaises par lesquelles un de leurs concitoyens a eu des titres à leur mépris ou à leur estime, c'est tirer tout le parti possible d'une circonstance d'apparat, qui n'aurait, sans cela, pour but qu'une vaine ostentation… Mais figurez-vous ce deuil nombreux d'amis et de parents, portant épée, en longues manchettes, en belles perruques, gémissant et se désolant, toujours en se pinçant les narines… Malgré la tristesse d'un enterrement, vous auriez ri sans doute de la bizarrerie de ce spectacle[85]. [7]

---

83 « Il signifie aussi les parents qui assistent aux funérailles de quelqu'un. Voyons passer le deuil. Mener le deuil » (*Académie*, 1762).

84 Comprendre sans doute que l'ouvrier exige un prix arbitraire quand le particulier traite directement avec lui.

85 Beffroy ouvre ici une « parenthèse » consacrée à des bouts-rimés envoyés par des lecteurs, que nous supprimons.

CHAP. X[86]. *Comme quoi je tombe malade.*

Les miasmes pestilentiels, qui s'exhalaient de tous ces corps vêtus de noir, me firent tomber dans une asphyxie complète[87]. Me voilà donc asphyxié ; on envoya chercher un médecin du pays. Il avait une longue perruque, une longue taille, une longue mine, un long nez, de longs doigts, un long babil, et procurait un long ennui partout où il allait. La [8] protection et l'intrigue en avaient fait un homme de mérite, quoiqu'il n'eût pas le sens commun ; et la connaissance d'un grand l'avait changé en habile homme, quoiqu'il fût d'une ignorance crasse. Naguère il avait acquis une haute réputation, pour avoir fait à une grande dame une opération très facile, tandis qu'on laissait végéter dans l'oubli plusieurs praticiens, qui avaient fait à de simples bourgeoises des opérations bien plus conséquentes dans le même genre, car la mode de Paris semble avoir infesté ce malheureux pays. À Paris, qu'un charlatan protégé guérisse un homme en place d'une piqûre d'épingle, et vite, et vite, on le prône, on le vante, on le préconise, on l'achalande ; c'est à qui l'aura ; à Paris, qu'un homme sage, observateur, expérimenté, sans brigue, sans ambition, simple et modeste, fasse une cure merveilleuse, qu'il répète sur de simples particuliers ignorés, des guérisons qui tiennent du prodige, on n'y songe pas même, et personne ne s'en occupe ; à Paris, le malade qui veut se mettre sur le bon ton, ne veut pas se laisser guérir par les médecins qui vont à pied ; à Paris, on aime mieux périr victime de la sottise d'un pédant, qui vient vous tuer en [9] carrosse ; c'est pour cela que dans l'île des Miroirs, comme à Paris, on ne met pas la tête à la fenêtre qu'on n'aperçoive un convoi funèbre ; c'est pour cela que les trois quarts et demi des hommes sont moissonnés avant l'âge de leur maturité, comme les arbres d'une belle forêt expirent sous la hache du bûcheron, avant d'avoir atteint le degré de vieillesse auquel les a destinés la nature ; c'est pour cela enfin, et n'en cherchons pas d'autre cause, que les registres mortuaires de nos paroissiens excèdent du

---

86 L'auteur s'est perdu dans son compte : il y a deux chapitres X.

87 Voir l'article « Vuidangeur (Art du) », dans le *Dictionnaire raisonné universel des arts et métiers*, Didot, 1773, t. IV, p. 439-445. « Les vapeurs empoisonnées qui règnent à la surface des matières, et que les vidangeurs appellent le *plomb*, sont tellement nuisibles, qu'elles ont quelquefois causé une mort soudaine à ceux qui ont été assez imprudents pour s'y exposer. »

triple la longueur qu'ils devraient avoir[88]... Bien des gens conviennent de cela ; plusieurs de mes lecteurs diront, à la vue de ces réflexions : *Le Cousin Jacques dit vrai* ; *le Cousin Jacques a raison* ; et ces lecteurs-là finiront par en rire ; ces lecteurs-là seront les premiers à faire venir un assassin au premier signe d'incommodité dont ils s'apercevront. On aime la vie, dit-on ; et il semble qu'on ne puisse trop se dépêcher d'arriver dans l'autre monde, puisqu'on paie exprès des gens pour accélérer le voyage.

CHAP. XI. *Comme quoi je me moque du médecin.*

Le docteur *in-folio*, d'un ton mielleux, [10] d'un air doucereux, avec un geste patelin, dit à voix basse : Il faut à Monsieur un remède doux et simple ; point de drogues, point de médecine compliquée ; qu'on aille chercher de la ciguë, du vert-de-gris, du jalap[89], du mercure et de l'acide vitriolique ; qu'on mêle le tout dans une pinte d'esprit-de-vin ; qu'on y ajoute une demi-once d'arsenic, et qu'on le fasse avaler à jeun tous les matins au malade ; si Monsieur va mieux, on diminuera la dose ; si Monsieur va pis, on augmentera la dose ; si Monsieur trépasse, on cessera la dose... – L'indignation qu'excita dans tous mes sens une pareille ordonnance, me causa une révolution avantageuse ; et, tout évanoui que j'étais encore, je dis cent sottises à ce docteur burlesque, qui venait insulter au bon sens, à la nature et à l'humanité. Je congédiai le pédant à force d'invectives, et ma maladie, à force de diète, de calmants et de rafraîchissants : car, à la suite de mon asphyxie, j'avais eu une inflammation de bas-ventre, avec fièvre putride, inflammatoire et gangreneuse. Dieu sait combien les drogues sont nuisibles en pareil cas ! Dieu sait aussi combien de gens meurent en pareil cas pour avoir pris des drogues ! [11]

CHAP. XII. *Comme quoi je suis bien surpris.*

Ma maladie m'avait empêché de retourner à la *salle des miroirs magiques* ; et je n'avais encore rien vu, lorsque, me disposant à y rentrer, je fus

---

88   Conclusion (délibérément ?) absurde : l'espérance de vie ne change rien au nombre des décès.
89   Poudre purgative tirée du jalapeno, piment de Jalapa (Mexique).

distrait par un nouveau convoi ; mais c'était celui d'un général d'armée, l'un des plus puissants princes de la nation[90]. La pompe surpassait en magnificence tout ce que j'ai vu de plus pompeux en tout genre, et l'amphigouri de nos versificateurs académiques n'égale pas l'étalage dont je fus alors témoin. Tous les militaires de marque et toute la cour assistaient à la cérémonie ; j'y fus entraîné par un mouvement de curiosité, bien plus que par ce penchant naturel dont j'ai parlé… Quelle fut ma surprise d'entendre l'oraison funèbre du défunt en ces termes ; je n'en rapporterai qu'un précis, qui fera juger du reste. D'ailleurs, je fus si étourdi d'une semblable éloquence, que je me retirai précipitamment, en éclatant de rire malgré moi ; car ma surprise allait au-delà de tout ce que l'on peut croire.

CHAP. XIII. *Comme quoi c'est fort beau.*
(Fragment d'oraison funèbre.)

Vous peindrai-je[91] ce grand homme, [12] Messieurs, au milieu des batailles ? vous le peindrai-je au sein de la vie civile ? Dans les batailles, c'est un lion ; dans la vie civile, c'est un agneau. À l'armée, quel courage a jamais égalé le sien ? Quelle bravoure ! quelle hardiesse ! quelle intrépidité !… Dès l'âge de dix-huit ans, chargé de commander l'aile droite de la *cavalerie miroiraise*, il s'avance vers l'ennemi comme un géant, il arrive en face ; il livre la bataille, il est battu à plate couture, et forcé de s'enfuir dans les forêts voisines… Quel courage ne lui fallut-il point pour supporter cette défaite ! Cependant il se remontra à la cour et à la ville avec un front aussi calme que s'il eût remporté la victoire… Quelques années après, vous le savez mieux que moi, braves militaires qui m'écoutez, il commande en chef une armée de cent vingt mille hommes… On lui conseille de se porter sur une hauteur : *Non*, dit-il,

---

90 Le prince de Soubise, mort l'année précédente, est la cible implicite de cette satire. Médiocre stratège, mais grand courtisan, il fut capitaine à dix-huit ans, maréchal de camp à vingt-huit. Son armée fut battue par Frédéric à Rossbach, subissant de lourdes pertes, sans que sa faveur en souffrît. Adepte de l'art de l'euphémisme, il décrivait ainsi la fuite de son armée devant l'ennemi : « l'infanterie combattit sans empressement et céda à son inclination pour la retraite… » (cité par Nicolas Bouvier, *L'Usage du monde*). Époux peu fidèle, il fut l'amant de mainte danseuse, dont mademoiselle Guimard.

91 *Cf.* « *Vous peindrai-je ce héros aimable…* » (éloge de Stanislas dans l'oraison funèbre de Marie Leczinska par l'abbé de Boismont, 1768).

restons dans les fonds. – Mais, mon général, nous serons enveloppés par l'ennemi. – Non, répondit-il toujours avec une fermeté d'une âme vraiment philosophique ; ils ne nous envelopperont pas. – Mais, mon général, nous serons taillés en pièces. – Non, dit-il, nous ne serons pas taillés en pièces. – Mais, mon général, [13] nous périrons tous. – Non, dit-il, nous ne périrons pas tous. Il avait raison ; car il échappa seul, avec quatre officiers supérieurs, au carnage que les ennemis firent de nos soldats ; nos cent vingt mille hommes furent massacrés, nos chariots enlevés, nos provisions incendiées, nos campagnes ravagées, nos villes démantelées, et nous essuyâmes un échec dont notre monarchie se ressentira encore longtemps. Mais croyez-vous qu'il ne lui fallut pas une fermeté plus qu'héroïque pour voir périr en une seule journée toute son armée ? Quel assaut pour ce père tendre ! quel chagrin pour son cœur sensible ! On sait qu'il en pleura à chaudes larmes ; des critiques ont dit que cela n'était pas vrai, et qu'il ne pleura pas, mais ceux qui prétendent le contraire, soutiennent qu'il pleura ; et gardons-nous d'en douter ; ce serait outrager les mânes de ce grand capitaine.

À l'âge de trente-trois ans, il commandait en chef à la fameuse bataille que nous perdîmes encore. Il ne s'agissait rien moins que de la conservation de nos trois plus belles provinces. Il est vrai qu'il avait affaire au plus grand général que les ennemis eussent jamais vu à leur tête ; son nom seul était [14] l'effroi des contrées voisines. Mais mon héros n'était pas moins redoutable ; à l'air ferme et noble avec lequel il se présenta devant l'ennemi, qui n'eût cru que la victoire allait se décider en notre faveur ? Qui n'eût cru qu'elle serait au moins indécise ? Eh bien, Messieurs, point du tout… La victoire ne balança pas ; elle fut complète, mais du côté de l'ennemi, car à peine mon héros, à la tête de notre nombreuse armée, se vit-il en face de son redoutable adversaire, qu'il lui tourna le dos, et jugea à propos de s'enfuir à toute bride avec toute l'armée, qui suivit son exemple ; ce qui décida la bataille entièrement à l'avantage de nos ennemis, et leur valut nos trois provinces sans coup férir. Des critiques ont prétendu qu'il agit ainsi, commandé par la peur, tandis qu'il est clair qu'il n'agit ainsi que par prudence. En effet, ne se sentant pas assez de courage pour résister, n'était-il pas bien plus sûr et bien plus avantageux de gagner pays ?

Ô grand homme ! qu'on ose maintenant décrier vos vertus militaires ! Vous êtes plus grand par la constance qu'il vous a fallu pour supporter tant de défaites, pour perdre tant de batailles, pour être si souvent battu à plate couture, mis en déroute, et poursuivi dans [15] des montagnes, dans des bois, dans des ravins, dans des détroits[92], etc., etc. que vous ne l'auriez été par les triomphes et les trophées militaires, si la victoire, au lieu de vous tourner le dos constamment, vous eût constamment favorisé ! S'accoutumer à être toujours battu, toujours vaincu, contracter l'habitude de s'enfuir dès qu'on aperçoit l'ennemi, et de voir périr tous ses soldats en une journée, braver l'espèce de déshonneur attaché à une défaite, et conserver au milieu des disgrâces un front serein, voilà ce qui s'appelle de la grandeur d'âme ! etc., etc., etc.

Considérons maintenant ce grand homme rendu à lui-même, à ses amis, à sa patrie, après les expéditions militaires.

Doué du caractère le plus heureux, mon héros vivait paisiblement avec tous ceux qui l'environnaient ; il est vrai qu'ils s'étudiaient sans cesse à le copier (et pouvaient-ils suivre un plus beau modèle ?), à le flatter (et ne le méritait-il pas bien ?), à ne le contrarier en rien (et ne le devaient-ils pas, puisque leur sort dépendait de lui ?) ; il est vrai qu'on l'accuse d'avoir souvent passé les bornes de la modération, dont il s'était fait une loi. Un mot, dit-on, un mot déplacé était puni [16] sévèrement, et jamais il n'a pardonné une offense. Mais cela tient à la noblesse du rang, qu'un grand doit soutenir pour l'honneur et l'appui du trône. Il est vrai qu'on lui reproche d'avoir, dans des fréquents accès de colère, battu ses enfants, estropié ses domestiques, cassé ses vitres et ses glaces, brusqué ses protégés, renvoyé ses secrétaires, bouleversé toute sa maison, etc. ; mais telle est la nature des grands génies, qu'ils paient toujours à la faiblesse humaine le tribut par quelque endroit. Ce qu'on appelle ici colère, n'était qu'une simple vivacité qu'il faut pardonner à ces âmes énergiques et véhémentes, qui sont destinées à de grandes choses. Les grandes passions font les grands hommes ; tous les siècles nous le prouvent. Celui dont je fais l'éloge ne vit jamais une femme impunément ; et c'est en cela qu'il faut l'admirer. Quel spectacle ! Voyez ce grand capitaine, illustre par ses batailles perdues, illustre par ses malheurs, illustre par son nom, illustre par tant de qualités brillantes, illustre enfin par tous les genres d'illustration réunis sur sa tête, voyez-le soupirer modestement aux pieds de la beauté, et rendre hommage par une tendresse, il est vrai,

---

92 « Il se dit aussi des passages serrés entre les montagnes » (*Académie*, 1762).

banale et [17] circulaire[93], mais timide et discrète, à la loi suprême de l'amour, que le grand Être a gravée dans nos cœurs.

Une autre accusation se présente à mon esprit indigné. Il vexait, dit-on, ses vassaux ; il augmentait ses fermiers ; il décourageait l'agriculteur, il ruinait ses tributaires ; il écrasait l'indigent ; et jamais aucune aumône… De bonne foi, Messieurs, est-il un auditeur sensé, parmi les grands qui m'écoutent, qui puisse faire un crime à un riche de ses économies ? Eh ! que deviendrait l'ordre, si l'on satisfaisait indistinctement à toutes les demandes des solliciteurs ? Consultons toutes les annales, non seulement de ce pays, mais de tous les globes dont nous connaissons l'histoire ; partout nous verrons les nobles et les riches préférer une sage réforme dans l'administration de leurs biens, à de folles prodigalités envers le laboureur, qui par état doit travailler péniblement, et récolter son pain à la sueur de son front ; consultons l'histoire de la France ; ce royaume si philosophique, si sage, si vanté par tous les mondes de l'univers. Y a-t-il en France beaucoup de grands qui soutiennent l'agriculteur et l'entretiennent dans une aisance qui ne lui [18] appartient pas ? Ne voit-on pas, au contraire, dans cet empire si florissant, les riches propriétaires doubler chaque année leurs revenus par les vexations et par l'agiotage ?… D'après un si grand exemple, qu'aura-t-on encore à nous répliquer ? etc., etc.

Et tout le discours était dans le même genre ; en louant l'adresse de l'orateur, je louai sa franchise ; s'il transformait des vices en vertus, du moins il ne les niait pas, comme font nos faiseurs de panégyriques et d'oraisons funèbres, qui n'avouent jamais rien des faits et gestes de leur héros, qui masquent et déguisent leur caractère et leur vie au point de les rendre méconnaissables, et qui font un roman d'une histoire arrivée sous les yeux de leurs contemporains.

CHAP. XIV. *Comme quoi je suis tout ébahi.*

Je retournai bien vite à la salle des miroirs. Je demandai d'abord à me voir moi-même : rien de plus naturel ; *primò mihi*[94], et les plus modestes de mes lecteurs auraient commencé par là ; or, moi, qui ne suis

---

93 Expression toute faite : on disait un encens, un compliment, banal et circulaire.
94 Expression souvent attribuée au lion de Phèdre, qui dit plus exactement : « Ego tollo primam, quia nominor Leo » (« La Vache, la Chèvre, la Brebis et le Lion »). Voir *Courrier* n° 53, p. 67.

rien moins que modeste, mais au contraire tout bouffi de vaine gloire, je n'en étais pas plus dispensé qu'un autre. [19]

On leva une toile verte, et je fus bien étonné de reconnaître mes traits, mon air, ma taille, ma tournure et mon maintien, sous le costume d'un acteur de l'opéra... Ah! Messieurs! l'on s'est mépris!, m'écriai-je avec indignation. – Non, Monsieur, non; on ne s'est pas mépris; c'est vous qui vous êtes mépris; vous étiez né pour le théâtre; le préjugé vous a fait manquer votre vocation; mais ici, qu'on voit les objets tels qu'ils sont, le préjugé se tait et la raison triomphe (1).

(1) Deux des plus célèbres acteurs d'un grand théâtre de Paris, me reprochaient sans cesse de ne m'être pas destiné à la scène chantante; hélas! mon dieu! il fut une seule fois question de me faire chanter dans un concert public; les académies dont je suis membre[95], me menacèrent de me vomir de leur sein, les gens de lettres de me rayer du tableau[96], etc., les gens *comme il faut* de me fermer leur porte, etc., etc., etc., si je m'avisais de songer seulement à pareille chose. Ainsi le plus sot de tous les préjugés empêche un citoyen honnête de tirer parti des talents qu'il a cultivés à grands frais, même quand il est maltraité par la fortune... Ô siècle philosophique! ô grands hommes!

À ce miroir succéda celui de quelques auteurs en vogue; dont j'étais bien aise de voir [20] les dispositions, pour ainsi dire, *in puris naturalibus*[97]. Que devins-je, lorsque j'aperçus *M. le comte de*[98]..., ce grand homme, qu'on a accusé injustement de vouloir remplacer Voltaire, en habit de marmiton, en bonnet de coton crasseux, un grand couteau à sa ceinture, une casserole à la main, occupé très sérieusement à faire des ragoûts à la diable[99], où il entassait force poivre et point de sel; et voulant donner ses sauces pour des mets exquis, quoiqu'ils répugnassent au palais de tous ceux qui voulaient en goûter! Auprès de lui était un

---

95   Arras, Caen, Rouen et le Collège des Philalèthes de Lille.

96   Expression normalement réservée à l'ordre des avocats.

97   À l'état naturel. « Voudrais-tu voir mon maître *in naturalibus* ? » (Regnard, *Le Joueur*, I, 2).

98   Nouvelle allusion à Rivarol, dont le père avait été aubergiste à Bagnols-sur-Cèze.

99   « Salmigondis. Pour viande mal accommodée, ragoût à la diable, mal assaisonnée et malproprement arrangé » (Le Roux, *Dictionnaire comique*).

marquis d'aventure[100], écrivant des libelles de hasard, qu'il donnait à son camarade à mesure qu'ils étaient finis, et dont celui-ci se servait ingénieusement pour envelopper ses gigots et ses côtelettes en papillotes.

Je vis aussi plusieurs miroirs de suite, que je me garderai bien d'analyser ; entre autres un fameux conquérant, vanté par toute l'Europe, habillé en garçon boucher, avec une veste brune, un tablier sanglant et un couperet à la main… Quoi ? disais-je consterné, c'est là ce grand monarque ?… – Il était destiné à être boucher, me répondit-on, et le bouleversement général l'a fait prince ; [21] il a conservé les inclinations de son véritable état au sein de son état factice[101]…

Un célèbre artiste, pour qui j'ai toujours eu la plus singulière vénération, me parut bien défiguré, sous l'extérieur d'un fripier de la halle, portant perruque ronde, et rajustant les vieux habits à la mode régnante ; enfin allant fureter partout pour se procurer des vieilles nippes, qu'il déguisait en nouvelles, tout en se les appropriant.

On me demanda si je voulais voir le monde tel qu'il était ; je répondis que je savais trop bien ce qu'il était ; mais que j'étais très curieux de savoir ce qu'il devait être, et surtout de parcourir à mon aise les tableaux de ceux qui avaient comme moi manqué leur vocation.

CHAP. XV. *Comme quoi j'ai beaucoup d'esprit.*

Je raisonnai longtemps sur la diversité des objets que m'offraient tous ces miroirs ; en voyant que presque personne en France n'était à sa place, en voyant que presque tout le monde s'écartait, ou par ambition ou par ignorance, du but auquel il devait tendre, en voyant qu'on manquait partout son objet et sa vocation ; que tel, que le ciel destinait à [22] être apothicaire, était jurisconsulte ; que tel autre, destiné à la médecine, était théologien ; que tel autre fait pour la guerre, portait la soutane et le rabat, etc., etc., je me mis à rire, mais à rire aux éclats ; un grand miroir me présenta le portrait frappant de deux ou trois cents auteurs de ma connaissance (c'est-à-dire que je les connaissais de nom et par

---

100 Louis René Quentin de Richebourg de Champcenetz ; contrairement à celle de Rivarol, sa noblesse était authentique, mais le marquis de Champcenetz était son père, gouverneur des Tuileries.

101 Si l'allusion est à Frédéric II, elle est difficile à concilier avec l'éloge contenu dans les n° 25 et 26.

leurs écrits, car je vois très peu d'auteurs, et je m'en trouve très bien), qui battaient le pavé de Paris, mais sous un extérieur bien singulier. Je les vis tous habillés en opérateurs de place, ayant dans un grand tablier des drogues qu'ils vantaient comme un excellent spécifique ; ils avaient, disaient-ils, le secret exclusif de guérir l'ennui, la mauvaise humeur ; et, qui pis est, d'éclairer les esprits et de former les cœurs. Tous ces charlatans s'annonçaient sous des titres et des dehors plus ou moins imposants ; mais remarquez bien une chose ; leur spécifique avait une vertu efficace et prompte pour assoupir, et l'on n'avait pas même débouché la fiole, qu'il s'en exhalait un méphitisme soporifique, plus dangereux pour les esprits vitaux que tous les narcotiques de la médecine. Ce qui prouve que les charlatans sont des gens à [23] craindre dans tous les pays, et qu'ils font partout des dupes ; excepté moi, qui ne serai jamais la leur, grâce à mon étoile et à ma tournure d'esprit, assurément très agréable, car chacun sait que j'ai beaucoup d'esprit ; et, si quelqu'un en doutait encore, d'après mon aveu plus sincère que modeste, je lui conseille de relire ce chapitre où la critique est voilée très adroitement ; ce qui prouve invinciblement que j'ai en effet beaucoup d'esprit.

CHAP. XVI. *Comme quoi je rencontre la Comète.*

On se doute bien que je reviendrai sur les miroirs ; le sujet prête ; mais il ne faut pas, dit le proverbe, mettre tous ses œufs dans un panier. Je laisse à mes lecteurs le plaisir de deviner les miroirs de la destinée, et de s'amuser dans les cercles à désigner l'état que chacune de leurs connaissances devrait avoir et n'a pas ; je ne me réserve en tout que la description des miroirs magiques qui peignent les héros morts, et qui souvent démentent l'opinion qu'ils ont laissée parmi les hommes ; ce chapitre vaut bien un *numéro* tout entier. Je passe à d'autres articles.

L'inconstance, qui est si naturelle aux [24] Français, me fit partir de l'île des Miroirs, avec promesse d'y revenir. À peine étais-je à trois journées de distance de ce globe, qu'en traversant le vide avec mon ballon, je fus tout à coup heurté (*c'était le soir, il faisait noir*[102]) par un corps très volumineux, dont le choc me réveilla en sursaut (car je dormais,

---

102 Beffroy cite peut-être ici une chanson de Choderlos de Laclos : « Lison revenait au village, C'était le soir ; Elle crut voir sur son passage, Il faisait noir, Accourir le jeune Silvandre... »

encore rempli de la lecture des Métamorphoses d'Ovide, traduites par M. de[103]...). J'ouvris les yeux, et j'aperçus... Quoi ? LA COMÈTE... – La Comète ? – Eh ! oui, vraiment, la Comète elle-même, non pas en chair et en os ; mais la Comète en personne, cette fameuse Comète attendue vainement à Paris à Pâques dernier[104]... cette même Comète, encore, à laquelle M. de Saint-Aubin, dans une charmante pièce de vers insérée dans le Mercure de France 1787, me charge de faire ses compliments[105]. Je m'acquittai d'abord de ma commission avec beaucoup de respect, et même je tenais très humblement mon chapeau à la main, car je m'aperçus que je n'étais pas le plus fort.

Forsan et hæc olim meminisse juvabit[106].

---

103 Ange-François Fariau de Saint-Ange, *Les Métamorphoses d'Ovide en vers français*, Paris, Valleyre, 1783.

104 Le *Mercure de France* du 28 avril 1787, annonce la découverte de cette comète par Pierre Méchain le 10 avril, « entre les Pléiades et les belles étoiles de la tête du Taureau ». Mais Charles Messier, qui suivit pendant plus d'un mois son parcours, souligne qu'il n'a pu l'observer qu'avec une lunette (« Comète de 1787, observée à Paris, de l'Observatoire de la Marine, depuis le 11 avril jusqu'au 20 mai », *Mémoires de l'Académie des sciences*, pour l'année 1787, p. 70-75).

105 « Passez de globe en globe, et de chaque planète Décrivez-nous les mouvements ; Et si par le chemin vous trouvez la comète, ... Faites-lui bien me compliments » (« Stances au Cousin Jacques, sur son nouvel ouvrage périodique, intitulé le Courrier des planètes », *Mercure de France*, 24 novembre 1787, p. 146-147). Dans la *Lune* n° 26, p. 94, hommage avait déjà été rendu à Jacques Thomas Mague de Saint-Aubin (1746-1824) dont *Les Chiffons, ou Mélanges de raison et de folie ; par Mlle Javotte, ravaudeuse* (1786-1787) sont dédiés au Cousin Jacques : « Nous emportons les *Chiffons* périodiques de M. St-Aubin, comme la seule production capable de ne pas nous compromettre, parmi toutes celles qui ont été copiées sur la nôtre ».

106 « Peut-être un jour ces souvenirs auront pour vous des charmes », dit Énée à ses compagnons au livre I de l'*Énéide* (v. 203). Ce vers qui conclura d'autres numéros du *Courrier* (n° 25, 28, 29, 30, 32, 34, 39) ne s'applique pas nécessairement à ce qui précède.

25ᵉ NUMÉRO
Courrier du 19 juin 1788

[6]
*Commencement du grand voyage du Cousin Jacques dans toutes les îles
de la planète de Jupiter, la plus fertile, la mieux peuplée,
la plus florissante et la plus variée de toutes les planètes.*

(Je voudrais bien faire autre chose que des mauvais vers et de la
mauvaise prose, mais cela est au-dessus de ma portée.)

> Ma muse, allons, prenons courage ;
> Tous deux nous en avons besoin ;
> Moi, pour voyager aussi loin ;
> Et vous pour parler du voyage.
> Mais vos succès étant les miens,
> Mes récits dépendront des vôtres ;
> Et c'est pourquoi je vous préviens
> De laisser critiquer les autres.
> Qu'on dispute sur vos talents ;
> Laissez disputer de plus belle ;
> Ne prenez part à la querelle
> Que pour rire des combattants.
> Qu'un libelle injuste vous blâme,
> N'allez pas employer les lois,
> Et perdre à soutenir vos droits
> Un temps que le plaisir réclame.
> Permettez à votre gaieté
> Toujours des écarts dignes d'elle,
> Et que votre enjouement rappelle
> Toujours à la moralité.
> La gaieté sans doute a des charmes,
> Mais son délire par instants
> Doit savoir s'arrêter à temps
> Pour laisser répandre des larmes.

Parfois essayez d'attendrir ;
Soyez parfois douce et sensible ;
Cédez à l'attrait invincible
Qui souvent m'arrache un soupir.
Chantez l'amour et ses alarmes ;
Chantez la tendre humanité ;
Et tour à tour rendez les armes
À la nature, à la beauté !…
Sapez les travers de notre âge
Sans étalage et sans humeur,
Et ne m'annoncez pour censeur
Que par un léger badinage.
Allons, commencez maintenant :
Eh bien ?…Ah ! quelle nonchalance !
Allons ; j'insiste vainement ;   [7]
Paix donc ; car c'est moi qui commence.
S'il est un genre abandonné
Et qui réclame mon suffrage,
De cet aimable infortuné
Le sort deviendra mon ouvrage.
Dans des écrits pleins de vigueur,
Je veux que des feux de mon cœur
À chaque pas il étincelle ;
Qu'il soit l'image d'une belle,
Qui de la main du coloris
Reçoit une fraîcheur nouvelle ;
Et, si je suis frustré du prix
Qu'en devait attendre mon zèle,
Je l'aurai du moins entrepris.

Comme j'aime beaucoup les îles, et que celles de la planète de Jupiter forment pour la plupart des gouvernements séparés, la curiosité et l'envie de m'instruire m'engagèrent à me fixer sur ce globe *insulaire* pendant plusieurs mois. J'arrivai d'abord dans l'île *Chichi*[107] ; là, les hommes, tout à fait superficiels, étaient soumis humblement à l'empire

---

107 Peut-être d'après l'adjectif *chiche* (mesquin), dont dérivera de même, à la fin du XIXe siècle, le substantif *chichi*, petite chose (faire des chichis).

des chimères et du préjugé. L'enthousiasme dictait tous leurs arrêts ; et ils se prévenaient pour ou contre un citoyen, sans pouvoir se rendre compte de leur estime ou de leur éloignement. Chez eux, on louait à tort et à travers ; on critiquait de même, et l'on se passionnait toujours sans savoir pourquoi. Chez eux, le premier venu, un être nul, sans [8] jugement et sans mission, s'arrogeait le droit de décider du sort d'un artiste, d'un homme de lettres et d'un héros ; et l'on voyait souvent un avorton assigner à un géant une place parmi les pygmées, ou, ce qui revient au même, un insecte déterminer fièrement, selon son caprice, le rang que devait tenir les quadrupèdes dans le règne animal, et des ignorants au suprême degré, dire hardiment : Cet homme-là sera dans trois cents ans l'honneur de la postérité, cet autre dans cinq cents ans sera méprisé de nos neveux, etc., etc. Cette fureur de juger, cette prévention ridicule, ce caractère superficiel, cette inconséquence nationale enfin, me parut une nouveauté, à moi *qui suis français, et qui par conséquent n'ai rien vu de tout cela dans ma patrie*, et, pour la rareté du fait, je suis curieux d'examiner des caractères aussi singuliers.

Deux hommes connus occupaient alors l'imagination de ces insulaires ; et leur genre, très opposé, partageait l'attention de tout le monde, mais d'une manière bien différente. L'un était, à ce qu'on m'assura, un fou de la première espèce ; l'autre, à ce qu'on prétendait, un grand philosophe ; justement admiré de sa nation. Parlons d'abord du premier : [9] c'était un jeune homme qui s'était avisé de se faire imprimer de bonne heure ; et malheureusement pour le bon sens et pour l'honneur des lettres, ses ouvrages avaient plu à une partie de ses concitoyens, qui soutenaient qu'il avait du mérite, au lieu que les vrais connaisseurs soutenaient qu'il n'en avait pas l'ombre.

Histoire du fou de l'île Chichi

Au fond d'une étroite cellule,
Dans un fauteuil était assis
Un homme, qui de sens rassis,
Prêtait sans cesse au ridicule.
Passant partout pour insensé,
Mais raisonnable sans le dire,

En butte aux traits de la satire,
Il n'en était point offensé.
Au sein de la philosophie,
Il paraissait abandonné
À certains écarts de génie,
Qu'il était lui-même étonné
De voir transformer en folie.
Regard de sensibilité
S'échappait d'un œil plein de flammes;
Noble et décente gravité
Peignait la candeur de son âme;
Douce et tendre ingénuité
Colorait encor son visage;
Et, sombre sans être sauvage,
D'un cœur vivement affecté
Son air nous présentait l'image.   [10]
Loin de ses lèvres de rubis,
La cohorte des noirs soucis
Avait écarté le sourire;
Et l'ivresse de la gaieté
Semblait, après l'avoir quitté,
Regretter encor son empire.

Je désirais ardemment de l'entendre; voici ce qu'il dit d'abord; son geste répondait à la vivacité langoureuse de ses regards; il tenait de la main gauche un portrait, qu'il avait dessiné lui-même; de la droite il montrait son cœur, et sa main semblait palpiter avec lui. Il apostropha le portrait en ces termes:

Si grand mal fait couler des pleurs,
Grand mal donne de l'énergie;
Saurai bien, fortune ennemie,
Saurai bien braver tes rigueurs!
Saurai trouver au fond de l'âme
Courage d'amour, qui m'enflamme,
Courage pour te résister!
Malheur qui m'accable sans cesse,

Loin d'ôter rien à ma tendresse,
Ne servira qu'à l'augmenter...

Ici tout le monde l'interrompit en riant aux éclats, et chacun se tuait de répéter : *Le pauvre homme! il est fou! il est fou! il a perdu la tête!* On se tut pourtant encore, et le fou continua :

Cœur sensible a tant à souffrir!
Dieux tout-puissants! est-il possible   [11]
Qu'il soit partout à cœur sensible
Tant de mal, si peu de plaisir?
Déité que mon cœur adore,
Du bonheur m'a montré l'Aurore;
L'Aurore a lui sur mon amour!...
Mais las! l'Aurore est peu de chose;
C'est bouton qui promet la rose!
Et suis encore au point du jour!

Allons, s'écria tout le monde, *ce baladin tombe dans de nouveaux accès. A-t-on jamais vu des parades comme celle-là ?* Le fou continua :

Encore un rayon d'espérance,
Destin!... de la félicité.
Offre à mes yeux la vraisemblance
Au lieu de la réalité!
C'est un éclair dans la nuit sombre
Qui fait paraître au sein de l'ombre
Un jour trompeur et passager.
Qu'au moins pour un instant j'oublie
Les coups de la main ennemie
Qui va bientôt m'y replonger!

À ces mots, toute l'assemblée se mit à rire de plus belle, et toutes les bouches se récrièrent sur sa *folie*; *rien*, à les entendre, *rien n'*était si plaisant que ce farceur-là; et moi, qui ne voyais rien là de *si farce*[108], je

---

108 « Farce, adj. Drôle, bouffon, plaisant, fam. et peu usité » (F. Raymond, *Dict. gén. de la langue française*, 1832). « Farce est un substantif et non un adjectif, quoique M. Raymond ait cru pouvoir le placer comme tel dans son dictionnaire, contrairement à l'avis de

regardais les assistants avec bien plus de surprise que le *fou*. Il jeta sur moi un regard plein de douceur et d'expression, et me dit ces paroles, que je n'ai pas oubliées : [12]

« Quoi ? Monsieur ? quand tout le monde rit de mes extravagances, vous seul gardez votre sérieux ! Des larmes d'attendrissement roulent dans vos yeux !… Ah ! Monsieur ! quelle erreur vous aveugle ! Est-il sage et décent de penser par vous-même ? Et ne voyez-vous pas que je ne suis qu'un fou, puisque c'est un cri général autour de moi ?… »

À ses pieds l'on voyait une tombe, sur laquelle il avait gravé lui-même son épitaphe, en ces termes : il invitait fréquemment son amante à venir partager, à sa mort, le dernier asile, dont il jouirait avant elle[109].

Épitaphe du fou de l'île Chichi

Ci-gisent amant et maîtresse
Maîtresse aimable, amant discret ;
Ci-gît avec eux le secret
De leur mutuelle tendresse.
Tous deux cédèrent au penchant
De la tant douce sympathie ;
Tous deux périrent du tourment
Que leur causa la tyrannie.
Dieu ! qui nous fis pour le bonheur !
Être qui formas tous les Êtres !
Seul grand de ta propre grandeur !
Maître de ceux qui sont nos maîtres !
Tu fus témoin de leurs vertus !
Jamais ils ne te refusèrent
Les hommages qui te sont dus !
À ta puissance ils consacrèrent   [13]
Les dons qu'ils en avaient reçus !

---

presque tous nos grammairiens » (Platt, *Dictionnaire du langage vicieux*, 1835). L'emploi se répand sous la plume de Sue, de Scribe…

109 Le fou de l'île Chichi correspond à une figure du poète qui se développe en France dans la seconde moitié du siècle. Avec Gilbert (« Au banquet de la vie, infortuné convive / J'apparus un jour et je meurs »), Malfilâtre ou Chénier, l'idée de la mort est liée à celle de la jeunesse.

> Jamais leur âme simple et pure
> Ne connut l'adroite imposture ;
> Pourtant, s'il faut ajouter foi
> Aux erreurs qui te font injure,
> Ils sont criminels devant toi,
> Si c'est prévariquer ta loi
> Que d'obéir à la nature.

Je lus tout haut cette épitaphe, et mes compagnons me demandèrent *s'il y avait sur les boulevards de Paris une paillasse*[110] *qui eût inventé des farces plus comiques que cette inscription.*

Je ne répondis rien à cette question, parce que, franchement je ne voyais là [rien] de bien *comique*, et que les *paillasses* de Paris ont un langage un peu différent. Telle était du moins ma façon de juger ; mais tout le monde n'a pas les mêmes yeux.

« Ce n'est pas tout, me dit-on ; nous allons le faire chanter ; c'est pour le coup que vous allez bien rire… » On m'engagea donc à le prier de chanter ; ce que je fis avec beaucoup de politesse. « Volontiers, me répondit-il ; vous êtes honnête et juste, vous ; et vous méritez qu'on vous satisfasse. » Il saisit aussitôt une harpe reléguée dans un coin de sa chambre, et je remarquai qu'en se [14] disposant à chanter, des larmes abondantes tombaient de ses yeux. J'ai retenu l'air et les paroles de sa romance ; tout cela m'a paru d'un genre simple, et très analogue au caractère des romances[111]. La voici ; mais je ne sais si mes *lecteurs chantants* la rendront avec l'expression de ce *fou*.

R O M A N C E
Du fou de l'île Chichi
Doux, triste et lent

> Ne peut durer encor longtemps
> Fièvre d'amour qui me consume.

---

110 De l'italien *pagliaccio* : clown. Le titre français de *Pagliacci*, l'opéra de Ruggero Leoncavallo, est *Paillasse*. Voir Mercier, *Tableau*, chap. 649 : « Paillasse ».

111 « Romance : vieille historiette écrite en vers simples, faciles et naturels. La naïveté est le caractère principal de la romance. Ce poème se chante ; et la musique française, lourde et niaise est, à ce me semble, très-propre à la romance » (*Encyclopédie*, 1765).

> Ardeur en moi qui tant s'allume,
> Fane la fleur de mon printemps.   [15]
> Tant va l'amour, tant va sa flamme
> Que plus ne reste qu'à languir ;
> Et puis langueur dessèche l'âme,
> Et puis langueur nous fait mourir[112].

J'avoue que je me crus, en l'entendant, renvoyé aux siècles de l'antique féerie, tant cet air m'inspira d'émotion ! Peut-être ne dus-je ce sentiment qu'à la manière dont il [16] s'exprimait ; c'est aux gens de l'art à en juger *avec désintéressement*.

Second couplet.

> En vain raison cherche à guérir
> Fièvre d'amour, qui me tourmente ;
> Raison se tait, amour augmente :
> Ai chaque jour plus à souffrir.
> Soyons atteints de maladie ;
> Espoir du moins nous fait jouir…
> Moi, suis dégoûté de la vie ;
> Moi, ne demande qu'à mourir !

Ha ! ha ! ha ! ha ! ha !… Ce fut là tout le résultat de ce couplet parmi nos charmants auditeurs… Tous se tenaient les côtes de rire ; je les aurais volontiers souffletés l'un après l'autre (pour ne point faire de jaloux), mais songeant que nous avons dans nos spectacles de Paris, et ailleurs encore, nombre de gens de cette espèce, nombre de juges et de connaisseurs, que le sentiment fait rire, à qui une scène déchirante fait faire des éclats, et qui s'indignent d'une bonne plaisanterie, je craignis que ma main ne contractât l'habitude de souffleter, et que je ne m'exposasse en France à me faire une mauvaise affaire.

---

112 Beffroy note l'air de ce premier couplet.

Troisième couplet.

Comme fermente dans mes sens
Fièvre d'amour qui toujours dure !   [17]
Pour égaler le mal qu'endure,
Ne peux former dignes accents.
Au monde il n'est prose, ni rime,
Qui rende bien tel déplaisir ;
Agit beaucoup et peu s'exprime,
Tourment du cœur, qui fait mourir !

Quatrième couplet.

Sais bien qu'agit aussi sur toi
Fièvre d'amour, belle Marie !
Pâtirais moins de maladie,
Si ne faisais pâtir que moi.
Loin de tes yeux pleurer sans cesse !
Pas n'est aux larmes de plaisir !...
Mais près de toi, douce maîtresse,
Aurais plus de force à mourir.

Je ne pus m'empêcher de partager les sentiments du chanteur à ces derniers couplets ; et, soit par l'intérêt qu'il m'inspirait, soit par une analogie secrète, je laissai aussi tomber quelques larmes[113]... La politesse engagea mes hôtes à prolonger cette entrevue, parce qu'ils s'aperçurent que j'y prenais goût... Je questionnai le fou sur différents sujets, et il répondit à tout de la manière la plus satisfaisante, du moins pour moi, qui suis franc, et qui rend hommage au mérite partout où je le trouve. Je remarquai plusieurs brochures sur la table, et je ne fus pas peu surpris de voir là tous les ouvrages composés au sujet de *Frédéric II,* [18] *roi de Prusse,* traduits en langue *chichienne,* par un des académiciens de l'île. Sa vie en quatre volumes, sa vie en deux volumes, sa vie en un

---

113 La romance de Chérubin, dans le *Mariage de Figaro* (acte II, scène 4), est dans le même style archaïsant (« Qui vous fait tant plorer ? Nous faut le déclarer ») et développe la même thématique funèbre : « Je veux, traînant ma chaîne, (Que mon cœur a de peine !) Mourir de cette peine ; Mais non m'en consoler. » La réaction de la comtesse ressemble à celle du Cousin Jacques : « Il y a de la naïveté... du sentiment même. »

petit volume, les mémoires relatifs à ses campagnes, les éloges et les critiques auxquelles il a donné lieu, enfin tout ce qu'on a écrit pour et contre cet homme célèbre[114].

> C'est ainsi, m'écriai-je alors,
> C'est ainsi que, malgré l'envie,
> Tous les héros, quand, ils sont morts,
> Jouissent encor de la vie !
> Leur ombre semble s'agrandir
> Sur l'aile de la renommée ;
> Ce feu ne peut s'anéantir ;
> Le reste s'exhale en fumée.
> Le génie a bientôt des cieux
> Traversé les plaines profondes ;
> Le rang est fait pour quelques lieux,
> Et le talent pour tous les mondes.

Je demandai donc à ce fou s'il avait lu tout cela. – Tout cela, me répondit-il ; je le sais par cœur, et peu de lectures m'ont intéressé davantage. – Eh bien, Monsieur, dites-nous franchement ce que vous en pensez, et faites-nous part du résultat de vos réflexions sur un sujet qui partagera longtemps les opinions des habitants de la terre. –Volontiers, répliqua-t-il ; et voici à peu près ce qu'il nous dit : [19]

Sentiment du fou de l'île Chichi sur Frédéric II

Vous savez, Monsieur, que je ne suis qu'un pauvre fou, et qu'un pauvre fou n'est sujet à conséquence ni dans sa morale ni dans ses opinions, et qu'on ne doit attendre d'un pauvre fou que de pauvres folies, et qu'il ne faut pas demander à un pauvre fou des choses bien pensées et bien suivies, et qu'un pauvre fou ne saurait être un homme posé et réfléchi, et que la philosophie n'habite point chez un pauvre fou ; et qu'au

---

114 Frédéric était mort le 17 août 1786. Venaient notamment d'être publiés : *La Vie privée du roi de Prusse, ou Mémoires pour servir à la vie de M. de Voltaire écrits par lui-même*, Amsterdam, héritiers de MM. Rey, 1784 ; *Frédéric le Grand, contenant des anecdotes précieuses sur la vie du roi de Prusse régnant*, Amsterdam, héritiers de Michel Rey, 1785 ; Jean-Charles Thibault de Laveaux, *Vie de Frédéric II, roi de Prusse*, Strasbourg, Treuttel, 1787, 4 tomes.

contraire la tête d'un pauvre fou est un vrai répertoire de misérables extravagances et d'indécentes puérilités ; et qu'enfin un pauvre fou[115]…
– Ah ! Monsieur ! voulez-vous bien finir ce bavardage ?, et il commença son récit en ces termes :

Sentiment du fou de l'île Chichi sur Frédéric II

Il est, Monsieur, de notoriété publique que, n'étant qu'un pauvre fou, je ne dois pas être regardé comme politique, encore moins comme philosophe ; ainsi je dirai tout bonnement ce que peut dire un pauvre fou, qui ne peut ni ne veut tenir sa place parmi les raisonneurs de sa nation ; car… – En vérité, Monsieur, vous nous désolez avec vos préambules ; et… – Allons ; j'entre en matière, reprit modestement le fou, et c'est ainsi qu'il parla : [20]

Sentiment du fou de l'île Chichi sur Frédéric II

Si j'étais autre chose, Monsieur, que ce qu'on appelle un pauvre fou…
– Allons ; encore !… Quoi ? toujours ce pauvre fou ? – Eh bien ; ne vous fâchez pas ; je commence ; et voici ce qu'il nous dit :

Véritable sentiment du fou de l'île Chichi sur Frédéric II[116]

Lorsque j'entends quelque lecteur me dire, en quittant la Vie de Frédéric II : *Savez-vous bien que ce roi de Prusse est un grand homme ?* Je suis tenté de lui répondre : *Savez-vous que le soleil est un globe lumineux ?* Dire que Frédéric II est un grand homme, c'est ne rien dire d'analogue à Frédéric II ; cet éloge ne caractérise point un homme d'une trempe et d'un genre tout à fait distingués. Le titre de grand homme s'accorde à tant

---

115 Le fou de l'île Chichi se rapproche ici du neveu de Rameau (« Il faut donc que je sois ridicule et fou ; et quand la nature ne m'aurait pas fait tel, le plus court serait de le paraître. […] »)

116 Le statut de cet éloge de Frédéric II est incertain. D'une part la parole du fou – sorte de double hyperbolique du Cousin Jacques – est valorisée ; d'autre part cet éloge vient après celui, clairement parodique, du général incompétent (*Courrier* n° 22, p. 12-18), dont il imite la structure (« grand homme à la guerre, […] grand homme dans la société privée ») et les procédés rhétoriques.

de gens de toutes les classes ! Il est devenu l'apanage de tant d'hommes médiocres, dont l'arrogance en impose à leurs contemporains, qu'on ne peut plus guères appeler grand homme celui qui s'élève au-dessus des grands hommes de ce siècle, comme l'aigle au-dessus des oiseaux ordinaires. Les académies comptent autant [21] de *grands hommes* qu'elles renferment d'individus (1),

> (1) Il n'est pas question ici de particularités ; sans doute qu'il y a des académies à excepter du grand nombre. On s'imagine bien, par exemple, que je ne puis avoir en vue ces sociétés modestes et philosophes, qui s'occupent, sans apparat, des projets utiles, et ne font cas ni des éloges ni de la frivolité ; tel est le collège des Philalèthes de Lille[117], etc., et plusieurs autres académies, dont je parlerai plus tard.

les foyers de nos théâtres s'enorgueillissent du nombre prodigieux de *grands hommes* frisés et musqués, dont l'*immortel* génie concourt à la gloire des spectacles ; les coulisses elles-mêmes semblent s'applaudir du rare mérite des *grands hommes*, tant mâles que femelles, qu'elles lâchent tous les soirs sur la scène, sous différents costumes ; et les orchestres veulent aussi regorger d'artistes, qui s'érigent eux-mêmes en *grands hommes* ; il n'y aura bientôt plus jusqu'aux danseurs des Italiens, jusqu'aux portiers des académies, et jusqu'à nos régents de petits collèges borgnes[118], qui ne veuillent à toute force participer au titre de grand homme ; et l'on peut dire que, dans ce siècle moins fécond en [22] *grands hommes* que tous les précédents, il est assez curieux de voir les *grands hommes* se coudoyer dans les rues, et toute la France fourmiller de *grands hommes*, à son insu.

C'est donc une expression vague et très peu significative, que celle de *grand homme*, pour un monarque qui a paru extraordinaire en tout genre, dans un temps où cette même expression a été prostituée honteusement à toute espèce de mérite subalterne. J'aimerais bien mieux adopter l'épithète qu'a donnée l'Allemagne à Frédéric II ; elle l'a nommé *Frédéric L'UNIQUE* ; cette qualification convient parfaitement au feu roi de Prusse, parce qu'elle peint très bien un homme qui n'est comparable qu'à lui-même, et parce qu'elle ne blesse point la vérité de l'histoire,

---

117 Fondé à Lille au milieu des années 1780, ce collège tenait à la fois de l'académie provinciale et de la loge maçonnique. Beffroy en était membre correspondant.

118 « Un collège, une pension borgne : un collège, une pension où les études sont incomplètes » (*Académie*, 1835).

en déguisant aux yeux de la postérité les fautes énormes dont ce prince s'est rendu coupable ; ce sont des taches ineffaçable dans un tableau magnifique ; elles subsisteront autant que sa grandeur, parce qu'elles semblent en être inséparables. J'ouvre les annales du genre humain ; je recueille soigneusement les traits d'héroïsme qui s'y rencontrent ; je fixe un œil curieux sur tous les hommes qui se sont illustrés dans tous les genres depuis l'origine du monde, ou du moins depuis qu'on connaît l'histoire des hommes, et je n'en trouve aucun qui soit comparable à Frédéric. Je ne veux pas dire qu'il les surpasse tous ; plusieurs lui sont supérieurs à bien [23] des égards, mais il a suivi une route qu'on n'avait pas même frayée avant lui ; et son genre d'immortalité, si je puis ainsi m'exprimer, lui appartient exclusivement.

Ici le fou fut interrompu par des *brouhaha* et par des huées, qui durèrent près d'un demi-quart d'heure ; il était clair que l'*orateur n'avait pas le sens commun* ; ce qu'il venait de dire n'était *qu'un radotage bien avéré* ; cependant on ne pouvait pas encore en juger... mais que voulez-vous ? la prévention !... Il se remit d'un moment de trouble involontaire, causé par cette parenthèse un peu malhonnête, et nous entendîmes ce qui suit :

Frédéric dut à la nature et à la fortune bien plus qu'à son éducation ; né du père le plus bizarre et le plus ridicule qui fut jamais, il semblait n'avoir qu'un pas à faire pour lui ressembler ; et il ne tenait qu'à lui, pour ainsi dire, de gouverner des hommes comme un piqueur gouverne des chiens, et de regarder les arts comme les ennemis naturels de son empire ; le plan était tracé, la route frayée ; la besogne faite ; les sujets de son père étaient abrutis par un sceptre de fer, les arts effarouchés par la superstition, l'humanité désolée par l'appareil des ordonnances militaires, qui semblait avoir pris la place du monarque, et s'asseoir sur le trône en guise d'épouvantail, pour en imposer à la nation... Mais les [24] fastes de l'histoire nous offrent rarement dans les fils l'image des pères ; et c'est cette diversité des caractères, cette inconstance du sort, cette bizarrerie de la nature dans les princes, qui tour à tour alarme les peuples et les rassure selon les circonstances ; mais cette réflexion nous mènerait trop loin... Le caractère impétueux de Frédéric II lui donna les moyens d'exécuter de grandes choses, et les obstacles cédèrent constamment à son ambition. Soit qu'on le considère comme monarque, soit qu'on ne voie en lui que le général d'armée, soit qu'on remarque le législateur, soit qu'on observe l'habile politique, soit qu'on le mette simplement au rang des écrivains et des artistes, soit enfin qu'on le restreigne tout uniment à la qualité d'homme, partout il brille, partout son génie étonne, partout il est grand, avec toutes les faiblesses qui le déparent. Un seul des titres auxquels il mérite une place distinguée dans l'histoire suffirait pour la lui mériter. Il est grand homme sur le trône, grand homme à la guerre, grand homme avec ses ministres, grand homme au sein des lettres et des arts, grand homme dans le sanctuaire des lois, grand homme dans la société privée ; et tous ces grands hommes résident en un seul !... Peut-on, d'après cela, lui refuser le surnom d'*unique* ? Peut-on même le caractériser autrement ?

La suite au numéro suivant.

26ᵉ NUMÉRO
Courrier du 26 juin 1788

[3]

Suite du jugement sur Frédéric II, roi de Prusse.
(C'est toujours le fou qui parle.)

À la tête de vingt mille hommes, il fait face à deux cent mille, qui semblent avoir juré sa perte; mille traits de bravoure et d'intrépidité le rendent la terreur des ennemis et l'exemple de ses soldats; les batailles qu'il gagne[119] sont des trophées arrachés par la valeur; celles qu'il perd[120] le couvrent encore de gloire, et c'est peut-être le seul capitaine qui n'ait jamais cueilli de cyprès, sans les entrelacer de quelques lauriers. Quand il ne peut réussir par la force, il a recours à l'adresse; et l'adresse ne le trahit jamais.

Quand j'entends dire que Frédéric ne doit ses victoires qu'à son ambition, je me demande quelle sorte d'ambition l'on entend par là; est-ce amour de la gloire? Oui, sans doute, toute sa vie le prouve incontestablement. Il ne va point comme Alexandre, comme Attila, comme Charles XII, porter partout le fer et la flamme pour le plaisir de dire : *Me voilà! voilà votre vainqueur et votre maître!...* Il se défend contre toute l'Europe armée pour le perdre; et, quand [4] il est à la veille de conquérir la plus grande partie de l'Europe, s'il eût voulu; au lieu de profiter de ses victoires et de ses ressources, il est le premier à proposer des conditions de paix; et le conquérant de l'Allemagne en devient le pacificateur.

La soif de gloire est-elle donc un motif blâmable dans un roi? Qu'on me cite un conquérant que n'ait pas animé le même motif; et j'en ferai le reproche à Frédéric.

La Silésie est le seul pays qu'on puisse l'accuser d'avoir usurpé de sa pleine autorité sur ses voisins; et l'acharnement avec lequel il la recouvre après l'avoir perdue, avec lequel il la conserve, avec lequel

---

119 Rossbach, le 5 novembre 1757; à Leuthen, le 5 décembre 1757, Frédéric écrasa l'armée du Saint-Empire malgré des forces deux fois inférieures.
120 Kolin, le 18 juin 1757; Hochkirch, le 14 octobre 1758; Kunersdorf, le 12 août 1759.

il s'en occupe toute sa vie, prouve, ou qu'il ne voulait rien perdre des droits qu'y avaient ses ancêtres, ou qu'il la regardait à la fois et comme une province essentielle à son Empire, ou comme un dédommagement des peines que lui avaient suscitées ses ennemis.

L'homme de cabinet le plus neuf dans la science des évolutions militaires, le suit avec plaisir dans toutes ses campagnes ; et la tactique lui devient familière, quand il fixe les yeux sur les manœuvres habiles dont Frédéric fut l'inventeur.

On lui reproche d'avoir eu des inconséquences avec les gens de lettres qu'il avait attirés à sa cour. Eh ! quel monarque n'en aurait pas eu ? Quoi ? Frédéric, animé par de grandes vues ; Frédéric, [5] occupé de projets vastes et sublimes ; Frédéric, l'aigle de son siècle, pouvait-il voir sans une pitié mêlée d'indignation, des hommes se décorer du nom de philosophes, et afficher avec cette fastueuse apparence tout l'attirail des faiblesses, des misères et des inconséquences humaines ? Pouvait-il conserver une haute opinion de gens qu'il voyait sans cesse acharnés les uns contre les autres, flatteurs aujourd'hui, demain satiriques, dévoués tantôt à la tyrannie, tantôt au patriotisme, suivant que leur intérêt particulier semblait l'exiger ? Voilà pourtant le spectacle qu'il eut à soutenir pendant plusieurs années ; et quel homme, à sa place, n'eût pas été révolté ? Quel homme ne se fût pas dégoûté d'une société si noble en apparence, si basse en réalité ? Quel homme n'eût pas enfin préféré les plaisirs purs de la solitude et de la réflexion, à ce chaos d'intrigues littéraires et d'animosités honteuses qui défigurent depuis si longtemps la république des beaux-arts ? On a cru mal à propos que sa répugnance s'étendait de ceux qui cultivent les lettres, aux lettres mêmes ; et rien de plus mal raisonné. C'est un voyageur passionné pour les paysages agréables et pour les sites pittoresques, qui parcourt un beau vallon qu'il voit habité par des brigands ; il fuit les habitants ; il chérit le pays, et regrette amèrement de ne pas le voir peuplé d'une manière plus digne de lui.

J'aime à voir ce monarque, après une bataille [6] glorieuse, se promener au milieu des rangs de ses soldats, causer familièrement avec eux, répondre à toutes leurs questions, et s'assimiler sans cesse au plus simple d'entre eux, par l'habitude des fatigues et d'une vie laborieuse ; j'aime à le voir déconcerter, d'un coup d'œil, les mesures de la cabale et de l'envie ; j'aime à le voir étendre sa main paternelle sur toutes les branches de commerce qui peuvent concourir à la prospérité de ses états ; j'aime à le voir surtout, au retour de cette fameuse guerre de sept ans, qui l'a couvert d'une gloire éternelle, interrompre les chants d'allégresse de ses sujets par les sanglots et les larmes que lui arrache le souvenir des désastres dont l'Allemagne avait été la victime… Un seul des traits de la vie privée du roi de Prusse aurait immortalisé des monarques de l'Antiquité, qui n'ont eu rien de supérieur aux autres hommes qu'une couronne, et qui, par là même, leur ont souvent, hélas !, été trop inférieurs… Toutes les fois que je lirai l'histoire de Frédéric, si je retourne ensuite à l'histoire des siècles reculés, il me semblera voir aux Champs-Élysées l'ombre du roi de Prusse errer fièrement, et les ombres d'une infinité de princes subalternes, qui n'ont point encore passé la barque fatale, lui tendre des mains suppliantes, et lui dire du ton de la plainte et de l'admiration : *Frédéric ! jetez un regard favorable sur ces grands de la terre, que leur médiocrité enchaîne encore sur ces rives, et dont la* [7] *grandeur a disparu avec le souffle de la vie ! Donnez-nous un peu de cet héroïsme, qui vous a mérité une si belle place dans le séjour de la gloire et du bonheur ; quelque parcelle qu'il vous en reste, vous en aurez toujours assez pour être encore un héros…*

Ces paroles me frappèrent, j'en conviens (s'il le faut, à ma honte), mais elles n'excitèrent encore que les sifflets des auditeurs. Tout le monde s'indignait, et l'unanimité des voix condamnait une *extravagance* que mes lecteurs jugeront peut-être avec moins de sévérité. Mais voici des réflexions qui très probablement n'auront pas un succès général ; quant à moi, je les adopte de bon cœur ; mais, moi ! moi ! qu'est-ce que c'est que moi ? Très peu de chose, en effet, et mon opinion compte pour *zéro* parmi les gens raisonnables. Il n'importe ; c'est encore le *fou* qui va parler ; permis à ceux qui l'entendront de lever les épaules tant qu'ils voudront ; chacun a sa manière de voir, et je ne serais pas surpris qu'au premier jour un Parisien, mieux organisé que moi, vînt me trouver un beau matin avec un télescope à la main, et me dît : *Monsieur, regardez par ma lunette ; voyez-vous dans l'espace des airs l'âme d'Alexandre le Grand, qui voyage en croupe sur* [8] *l'âme de Bucéphale ?…* Je répondrais à ce radoteur, en regardant complaisamment à travers sa lunette : *En effet, Monsieur, vous avez raison ; j'aperçois l'âme d'Alexandre ; personne ne peut s'y méprendre…* sauf à moi de lui fermer la porte au nez, et de rire, après son départ, tout à mon aise, au fond de mon cabinet, et des ses visions et de son orgueil.

Fin du jugement du fou de l'île Chichi sur Frédéric II

Peu de personnes, Monsieur, vont être de mon sentiment ; vous-même peut-être ne m'approuverez pas dans ce que je vais dire, mais j'ai dans la mémoire le grand principe d'une célèbre Française (madame la marquise du Châtelet) qui s'était fait une loi de ne jamais se laisser entraîner par le torrent de l'opinion ; il est bien rare que l'esprit de [9] parti ne fasse pas dégénérer nos jugements en enthousiasme ; mais l'homme vraiment homme ne laisse pencher la balance d'aucun côté, sans avoir examiné quel côté doit l'emporter ; et, si quelque chose annonce le caractère distinctif de la grandeur d'âme, c'est cette intrépidité de pensée, si je puis ainsi m'exprimer, qui soutient seule le choc des idées reçues pour s'attacher aux idées vraies, quand même tout l'univers serait aveuglé par la prévention. D'après ce sentiment, qu'aucune puissance humaine ne peut me faire abandonner, j'oserai porter un jugement sur Frédéric, contradictoire à celui de tous les écrivains qui en ont parlé. Tous l'ont appelé le *roi philosophe* ; c'est là l'épithète favorite qu'ont adoptée, ce me semble, toutes les nations témoins ou victimes de sa grandeur[121] ; et moi, j'ose dire que le roi de Prusse fut un grand roi, un grand législateur, un grand capitaine, un grand écrivain, etc., mais qu'il ne fut rien moins qu'un philosophe ; qu'en un mot il fut tout, excepté philosophe.

Qu'est-ce donc enfin que cette *philosophie*, qu'on fait du matin au soir retentir à mes oreilles ? Qu'on m'explique au moins ce que c'est. Consiste-t-elle à gagner des batailles ? Tout le monde va me répondre : *non*. À donner le change à l'ennemi ? *non*. À bien conduire les négociations ? *non*. À faire des livres ? *non*. Si ce n'est rien de tout cela, qu'est-ce donc qu'un philosophe ?... [10]

Ah ! ce que c'est !, me répond au fond du cœur une voix secrète, ce que c'est ! Le voici. Le philosophe est celui qui pose pour première base l'amour des autres et l'oubli de soi-même ; celui qui sait immoler l'orgueil et l'ambition à l'utilité publique ; celui qui va discerner la vérité, malgré le

---

121 Par exemple Voltaire dès le 20 janvier 1742 dans une *Lettre au roi de Prusse* (« Ce serait pour moi la plus grande des consolations de vivre auprès de ce *Roi Philosophe*. »)

voile épais qui veut la lui déguiser ; celui qui voudra demain le bien qu'il veut aujourd'hui ; celui qui s'est formé des principes de droiture invariables ; celui qui sait dire généreusement : *j'ai tort*, quand il s'est trop avancé ; celui enfin que ne peut dominer ni la vengeance, ni la colère, et sur lequel la flatterie n'a pas plus de prise que la calomnie… Voyons maintenant si Frédéric fut un véritable philosophe. Non, certainement ; toute sa vie nous le prouve… Est-il philosophe, quand, par un mouvement de vengeance trop impétueux, il permet à ses troupes de porter le ravage et la désolation dans la Saxe ? Est-il philosophe, quand, après une bataille perdue, il veut rendre victimes de sa mauvaise humeur ses propres frères, et tous les braves généraux qui l'ont servi de tout leur cœur ? Est-il philosophe surtout, quand il condamne l'innocent à périr, et qu'il justifie le coupable, exprès pour contrarier les juges, et leur faire voir qu'il est plus éclairé qu'eux ? Est-il philosophe quand il disgracie des citoyens estimables, parce qu'ils ne soumettent pas leur opinion à la sienne ? Est-il philosophe, quand, au lieu d'avouer [11] la supériorité d'un joueur de flûte, il le congédie pour ne pas souffrir auprès de sa personne quelqu'un qui ait plus de talent que lui[122] ? Toutes ces petitesses prouvent l'empire de l'amour-propre sur la raison, et l'on est fâché de ne pouvoir laver ces taches, qui déparent le tableau d'un homme si extraordinaire. Est-il philosophe surtout, quand il affiche pour le culte religieux une indifférence qu'on pourrait appeler du mépris ? Et voilà le grand défaut de Frédéric ! Ne craignons pas de le dire hautement : oui, si Frédéric avait eu plus de respect pour la religion, s'il eût pu se persuader intimement qu'il serait un jour responsable devant Dieu de toutes ses actions, il eût été non seulement l'admiration, mais l'amour de l'univers. Dès lors plus de petitesses qui contrastent avec sa grandeur ; dès lors sa sensibilité naturelle, dirigée par un motif sublime, en eût fait le père et l'ami de tous les honnêtes gens ; dès lors, plus d'intérêts particuliers qui l'eussent emporté sur la félicité des peuples ; dès lors, en un mot, sa politique se fût immolée d'elle-même à la sagesse et à l'humanité ; et le germe des vertus, qui subsista toujours dans son cœur généreux, aurait pu se développer dans tous les moments de sa vie. C'est ce que pensait la plus vertueuse femme de sa cour, madame de Camas[123], et le respect qu'il lui voua jusqu'à la fin de ses jours, prouve évidemment que ce monarque

---

122 *Vie de Frédéric II*, 1787, vol. 4, p. 203-204.

123 « Si mes sujets me voyaient aller maintenant à l'église, ils se moqueraient de moi, et m'accuseraient de faiblesse. Non, Sire, lui répondit Madame de Camas, on les verrait

étonnant n'était pas, comme l'ont prétendu les dévots, [12] irréligieux par principes... *Ami de la vertu plutôt que vertueux*[124], c'est un hommage qu'il faut rendre à sa mémoire, en matière de religion.

Résumons : Frédéric, grand sur le trône, redoutable dans sa politique, admirable dans les combats, supérieur dans sa législation, aimable au sein des arts, noble et généreux dans sa vie privée ; Frédéric, grand homme en tout, héros en plusieurs points, souvent faible et pliant sous le joug de ses passions actives ; et, s'il faut l'ajouter, rarement philosophe ; Frédéric sera toujours, quoi qu'on en dise, un des hommes les plus miraculeux qui aient paru sur la terre ; et, si la nature et la fortune se firent un plaisir de concourir à sa gloire, il se fit par lui-même un devoir de les seconder par son héroïque activité... Voilà, Monsieur, mon sentiment sur un homme dont la postérité ne taira point le nom, et que le temps fera mieux apprécier que tout ce qu'en diront les écrivains de son siècle.

Ainsi finit le discours du *fou*, qui fut jugé par tout le monde une véritable *parade*, ne signifiant rien du tout, n'ayant aucun sens, aucun sel, aucun goût, et digne des tréteaux de la foire de *Chichi* ; car il y a des foires aussi dans ce pays-là ; et des baladins qui amusent les badauds ; et des badauds qui se repaissent de leur *baladinage*, et des *connaisseurs* [13] qui savent tout, et jugent, comme on le voit, sans prévention et sans partialité.

Avant de passer à l'histoire du *philosophe* célèbre de cette île (car mes lecteurs doivent être las du verbiage d'un insensé), je veux leur faire le cadeau de très jolis couplets [...].

---

verser des larmes de joie. Vos sujets vous aiment maintenant ; ils vous adoreraient alors. » (Laveaux, *Vie de Frédéric II*, 1787, t. IV, p. 372-373).
124 Boileau, Épître X.

30ᵉ NUMÉRO
Courrier du 24 juillet 1788

[4]

Le roi de *Chichi* me demandait l'autre jour, en se promenant avec moi dans le Parc aux Choux (c'est une promenade publique de sa capitale, où l'on cultive, au lieu de fleurs inutiles, des choux, des carottes et des oignons, à l'usage du pauvre peuple) me disait : «*Cousin Jacques*, je viens de lire dans un papier français le projet d'un citoyen de votre pays, qui propose d'augmenter la ville de Paris sans en reculer les limites ; et, pour cela, il propose de détourner le cours de la Seine entre les *îles Louviers* et *Saint-Louis*, et de combler le lit de ce fleuve pour y bâtir des rues, qui rapporteront, dit-il, beaucoup d'argent[125]... Que pensez-vous de ce projet, Cousin Jacques ?»

Ces paroles, toutes nouvelles pour moi, parce que je ne sais rien de tout ce qui se passe en France que par les papiers publics [5] que reçoivent quelques habitants des planètes, et parce qu'il est tout naturel que le souverain les lise avant moi, ces paroles me firent éprouver une sensation indéfinissable ; tout ce que je sais, c'est qu'avant de répondre au roi questionneur, je reculai d'étonnement... mais je reculai, reculai, reculai... (en arrière, s'entend ; car on ne recule pas plus en avant dans ce pays-là que dans celui-ci) je reculai donc avec une vitesse que je ne conçois pas moi-même ; de sorte que j'étais, en moins d'une minute, à l'autre bout du jardin, qui a une demi-lieue en carré... Le roi, qui me voyait reculer, reculer, et reculer, et puis encore reculer, comme ne reculent pas même chez nous les beaux-arts et les lettres, ne savait à quoi attribuer cette *reculation*-là[126].

Mes talons allaient, allaient, allaient et trottaient toujours à *reculons* avec une telle rapidité, que je pensai me casser la tête contre le mur du jardin... Cependant ma surprise cessa, en songeant aux projets qu'on propose tous les jours chez moi... Et, après avoir tant [6] reculé, je m'avançais tout doucement vers le prince, qui m'attendait dans une allée

---

125 En 1847, l'île Louviers fut réunie non à l'île Saint-Louis mais à la rive droite de la Seine.
126 [Note de Beffroy :] On pourrait dire *reculement*, va m'objecter un puriste. – D'accord ; mais moi, je veux dire *reculation* ; qui m'en empêchera ?

de choux ; et, en marchant comme on marche ordinairement, je me vis
à ses côtés comme j'étais auparavant ; alors je lui répondis :

« Seigneur, votre QUINTESSENCE (c'est le titre honorifique que porte
le roi de *Chichi*) s'attend sans doute à beaucoup de franchise de ma part ;
car, ici comme en France, je ne passe pas pour courtisan ; ce n'est pas
que je ne trouve que c'est un superbe métier que celui-là ; mais pour
l'exercer, il faut étudier, et je n'en ai pas le temps. Je vous avouerai
donc que, de tous les projets (et ils sont en grand nombre) que publient
chaque jour mes compatriotes à la tête exaltée[127], celui dont vous me
parlez me semble le plus extravagant. Augmenter Paris ! Et pourquoi,
s'il-vous-plaît ? Paris n'est-il pas déjà beaucoup trop grand[128] ? Agrandir
Paris ? Cette idée peut-elle venir à l'esprit d'un homme qui connaît ses
semblables et qui les aime ?... Agrandir Paris ! Assurément, l'étendue et
la population de cette capitale ne sont nullement proportionnées à celles
de la France ; il n'est pas juste, il est à peine concevable, que la vingtième
partie des individus qui peuplent deux cent vingt-cinq [7] lieues carrées
de pays cultivé[129], se trouve rassemblée dans un espace de deux lieues
tout au plus ; et cette énorme multitude de citoyens, qui se pressent et
s'entassent les uns et les autres, qui s'étouffent et s'écrasent les uns les
autres, qui semblent se dévorer les uns les autres, doit nécessairement
affamer les pays circonvoisins, et épuiser même d'hommes et de vivres
une grande partie des provinces... Ce qu'il y a de plus monstrueux, c'est
qu'au lieu de permettre à la belle et riante nature d'orner et d'enrichir
les environs de cette ville immense, on y souffre à peine de la verdure ;
il semble que Paris même ne soit pas assez fourni de maisons ; on en
recule les limites de plus en plus ; on déracine les arbres ; on détruit
les jardins ; et tout ce qui devrait être vergers, coteaux, prairies, jardins

---

127 Voir Roxana Fialcofschi, *Le* Journal de Paris *et les arts visuels, 1777-1788*, thèse de doc-
torat, Lyon 2, 2009, chap. « Les projets d'embellissement de la capitale », p. 299-363 et
Annexes p. 501-551. R. Fialcofschi analyse l'expression « homme à projets », p. 147-148.
Voir aussi Mercier, *Tableau*, livre I, chap. 73 : « Faiseurs de projets ».

128 Mercier, *Tableau*, livre I, chap. 2 : « Grandeur démesurée de la capitale » et 88 : « On
bâtit de tous côtés ». Sur ce thème rebattu, voir notamment Fougeret de Montbron :
« Paris ne doit réellement sa splendeur et ses richesses qu'à la disette et à l'épuisement
des provinces » (*La Capitale des Gaules ou la Nouvelle Babilone*, 1760, p. 23).

129 Comme souvent, on a de la peine à suivre Beffroy dans ses calculs. 225 lieues carrées équi-
valent à 3 375 km² ; or, la superficie de la France était d'environ 450 000 km². Il suppose
donc que 0,7 % du territoire est cultivé. Selon le géomètre de *l'Homme aux quarante écus*, la
France contient « cent trente millions d'arpents » (444 000 km²), dont plus de la moitié
sont « d'un bon rapport ».

potagers, bois et terre à blé, n'est plus qu'une vaste arène, où l'ambition et la cupidité, disputent la palme au faste de l'opulence, où le luxe des bâtiments et la fureur de démolir pour reconstruire, occupent sur des échafaudages des milliers de bras qui manquent à la terre.

Voyez, Seigneur! Que votre QUINTESSENCE juge elle-même des convenances. Ne [8] devrait-il pas y avoir, immédiatement après les barrières, un pays riant et fertile, absolument dénué d'habitations, qui offrît aux citoyens un contraste agréable et salutaire ? Mais, loin de là, comme si l'air ne pouvait assez nous manquer, on intercepte sa circulation non seulement dans cette ville, dont les bâtiments par leur hauteur, et les rues par leur voie étroite, interdisent aux habitants l'aspect récréatif de l'astre du jour, mais encore dans sa banlieue, qui devrait du moins nous dédommager de cette privation d'air et de clarté[130]. Cette banlieue n'est qu'un vaste champ de ruines, où les pierres, les carrières, les charrettes, les plâtres, la poussière, le mélange malsain des haleines, l'exhalaison des fosses et des urines, les murailles à perte de vue, les grandes routes, absolument inutiles, et les guinguettes, où la partie crapuleuse du petit peuple va perdre un temps précieux à s'empoisonner à longs traits par le méphitisme d'un vin factice et pernicieux[131], tout cela semble prendre à tâche de défigurer entièrement le bel aspect de la simple nature... Partout ce ne sont que des soi-disant villages, entassés les uns sur les autres, qui n'ont rien de champêtre que le nom ; où l'art, non [9] content du luxe qu'il entretient à la ville, veut régner encore en maître dans les habitations bourgeoises ; point de vergers, point d'ombrages ; point de visage frais et vermeil, mais des figures sombres et pâles, exténuées par la fatigue, le jeûne et le mauvais air. On dirait qu'autour de ce colosse effrayant veulent s'élever d'autres masses de pierres, jalouses de sa stature et de son étendue. Enfin Paris est une hydre affreuse, dont la tête monstrueuse voit renaître autour d'elle cent autres têtes qui cherchent à l'égaler, et qui, furieuses d'être affamées par la première, veulent, par une vengeance aveugle, s'affamer aussi les unes les autres.

Les promenades publiques ne devraient-elles pas être à Paris quatre fois plus nombreuses qu'elles ne le sont ? Londres n'est guère plus peuplé que Paris ; les maisons n'y sont pas si hautes ; les rues y sont plus larges ;

---

130 Même critique de l'insalubre laideur de la banlieue dans *Lune* n° 36, p. 169. Voir Mercier, *Tableau*, livre I, chap. 43 : « L'air vicié »

131 Mercier, *Tableau*, livre III, chap. 264 : « Le regrat ».

l'air y circule d'autant plus librement, que les citoyens qui vont à pied n'y sont pas étouffés dans la foule des chevaux et des voitures, parce que les gens à carrosse n'y ont pas, comme chez nous, le droit authentique d'assassiner un malheureux piéton. Cependant, malgré toutes ces précautions, [10] Londres a beaucoup plus de promenades et de places publiques que Paris... Et, si l'on n'augmente pas nos promenades au lieu de les dégrader et de les métamorphoser en bâtiments, comment veut-on que ces ouvriers, renfermés toute la semaine dans des galetas obscurs et malsains, puissent renaître de temps en temps par une respiration nouvelle et plus libre? Comment cette jeunesse valétudinaire qu'énervent des travaux précoces, que blasent des plaisirs funestes, qu'affaiblit l'étroite enceinte d'une prison (décorée du nom d'appartement), comment cette jeunesse résistera-t-elle à tant de chocs et d'assauts livrés à sa santé, conjurés contre sa vie? Comment cette partie intéressante, et pourtant si négligée, du public, les enfants pourront-ils braver les maladies qui se déchaînent partout, et surtout à Paris, contre cet âge faible et tendre, s'il faut, pour trouver la campagne, l'aller chercher à cinq ou six lieues de la ville?

Boileau disait :

> Paris est pour le riche un pays de Cocagne ;
> Sans sortir de la ville, il trouve la campagne[132]...

Mais Paris qu'est-il pour le pauvre ? un séjour d'infortune et d'horreur, puisqu'en *sortant* [11] *de la ville, il ne trouve encore que la ville*, mais la ville avec tous ses désagréments, avec tous les dangers qui la caractérisent.

Tout ce qu'on traverse de plaines avant d'arriver à ce terme désiré, est à peine un simulacre de campagne, une effigie mesquine, un simple croquis de la nature. Des arbres, des fruits, des légumes, des prairies, de l'ombrage, voilà ce que j'appelle la campagne ; voilà la richesse du propriétaire, bien plutôt qu'un bâtiment de quinze croisées de front, quand on pourrait se contenter de quatre.

J'ai presque démontré dans un des derniers volumes de *Lunes*[133], que le gouvernement gagnerait un fond de près de cent arpents par lieue s'il faisait rétrécir les grandes routes, qui emploient inutilement un immense terrain dans le royaume ; et qu'il en résulterait aussi moins de frais pour

---

132 *Satire VI.*
133 *Lune* n° 36, p. 166.

l'entretien de ces routes, moins de poussière et plus d'ombrage pour les voyageurs. Mais c'est le *Cousin Jacques* qui l'a dit, et le *Cousin Jacques* est un *badin*... On rit des vérités qu'il propose à ses lecteurs, et c'est tout le fruit qu'il en tire. *Dès qu'une fois*, dit Voltaire, *la prévention est établie, la raison perd tous ses* [12] *droits; les noms en tout genre font plus d'impression que les choses*[134]... M. de Voltaire ajoute, peu après, ces réflexions bien remarquables : *La séduction et la charlatanerie entrent dans les choses purement de goût, dans le jugement qu'on porte d'une tragédie, d'une comédie, d'un opéra, d'une pièce de vers, etc. Tel qui fut enchanté de l'Arioste, n'osera l'avouer, et dira en bâillant que l'Odyssée est divine... Il y a une foule prodigieuse de gens d'esprit; mais les personnes d'un goût épuré, qui pensent juste, en dépit de la prévention, et qui disent ce qu'elles pensent, sont bien rares*[135]... Ces observations peuvent trouver leur place à la tête de tous les nouveaux ouvrages au sujet desquels les jugements sont partagés; et on peut, d'après ces vérités, appuyées par l'expérience de tous les jours, se permettre des doutes sur la validité des suffrages, jusqu'à ce qu'un auteur par sa mort laisse le champ libre aux opinions.

Un homme de lettres, dit encore Voltaire, est entraîné par un intérêt particulier, par la singularité de son caractère, souvent même par l'*erreur populaire*[136]; ajoutons, nous, que cet homme de lettres, s'il est accueilli dans une société, peut d'un monosyllabe détruire la [13] réputation de tel auteur, que personne n'a lu parmi ceux qui l'écoutent; chacun d'eux dit à ses amis ce qu'il a entendu dire; ceux-ci le redisent à un grand, qui le redit à un prince; le prince le dit à toute sa cour, la cour le croit fermement; et voilà un auteur jugé par dix mille hommes, sans qu'il soit connu d'un seul!... Mais revenons à notre projet.

Agrandir Paris! comme s'il n'y avait point assez d'individus dans cette grande ville, où le tableau de la misère arrache des larmes à chaque instant du jour, où des milliers de malheureux demandent inutilement du pain, où une foule de jeunes gens sans place perdent, au sein de l'indigence, le fruit de leurs talents et d'une belle éducation!... Voyez cette mère de famille, reléguée dans un galetas ignoré, chercher en vain à calmer ses enfants, dont les pleurs stériles, hélas! n'apaiseront point

---

134 Conclusion des *Doutes sur le testament du cardinal de Richelieu*, 1764.

135 *Lettre écrite depuis l'impression des Doutes.* Les mots « en dépit de la prévention » sont interpolés par Beffroy.

136 Cette troisième citation est peut-être apocryphe.

la faim ! Voyez ces laborieux artisans, lutter jour et nuit, par un travail insuffisant, contre les assauts de la misère, dans un temps où elle devient, pour ainsi dire, épidémique ! Agrandir Paris ! mais lisez donc ces fastes journaliers, dépositaires publics des besoins de chaque particulier, et comptez dans cette multitude de personnes qui demandent [14] à vivre, s'il s'en trouve une sur cent qui obtienne ce qu'elle sollicite ! Agrandir Paris ! et pourquoi ? Est-ce pour augmenter la foule des libertins, des désœuvrés et des fats ? ou bien, pour accumuler les trésors honteux de trente ou quarante capitalistes ?... Ah ! qu'on propose plutôt une récompense au citoyen généreux, qui trouvera des moyens honnêtes de réduire cette grande ville aux deux tiers de ce qu'elle est ; et qu'on n'oublie jamais cette phrase des *Lunes*, qui sans doute n'est pas nouvelle, *qu'il y a toujours trop d'hommes là où il se trouve un seul homme malheureux*[137] !

Et c'est quand je suis plein de ces idées, qu'on viendra me dire : *Riez donc, Cousin Jacques ! Vous n'êtes pas assez farceur ; et cela n'est pas bien.* Imbéciles ! il vous est aisé de rire, à vous, qui ne voyez que des tableaux riants ! Mais l'observateur, à qui les misères humaines ne peuvent échapper, peut-il, sans raison et sans vraisemblance, se livrer à une gaieté factice et indécente, quand il porte ses regards sur ce qui arrache des pleurs à tout le monde ? Riez donc, quand chaque jour votre cabinet est plein de gens de mérite, qui recourent à votre sensibilité pour avoir un morceau de pain ! [15] Riez donc, quand, en moins d'une année, vous avez perdu, par des coups aussi imprévus que déchirants, vos amis, vos enfants[138], votre aisance, votre tranquillité ? Riez donc, quand on vous écrase à chaque pas de libelles injustes, d'imputations déshonorantes, d'écrits calomnieux, etc., etc. En effet, il faut avouer que rien n'est si risible que tout cela... Est-ce que je suis un automate qu'on fait mouvoir à droite et à gauche, sans égard pour les circonstances ?... En vérité, je ris assez, et peut-être trop, quand l'occasion s'en présente ; et, grâce au ciel !, j'espère que je rirai encore, puisqu'au sein même des disgrâces les plus affligeantes, ma gaieté reprend souvent le dessus ; mais si vous ne voulez pas que je sois moral ou sensible avec succès, d'autres que vous

---

137 Nous n'avons pas retrouvé cette phrase dans les *Lunes*.

138 Le numéro précédent (n° 29 du 17 juillet) contient un Avis de l'auteur, qui commence pas ces mots : « J'ai perdu encore un enfant charmant avant-hier, après avoir eu sous les yeux le spectacle de ses souffrances pendant plusieurs mois... ». Joint à la rupture avec le libraire Lesclapart à l'automne 1787, ce deuil explique sans doute l'humeur chagrine du Cousin Jacques en cet été 1788.

m'apprécieront, et sauront distinguer un citoyen paisible et décent, qui ne parle jamais que d'après la nature, d'avec un polichinelle de la foire. »

SA QUINTESSENCE parut contente de mes réflexions… mais, pour lui faire mieux sentir tout le ridicule de nos faiseurs de projets, qui peuvent être d'ailleurs de fort honnêtes gens, et pour dérider en même temps par un peu de folie un front que mes raisonnements [16] avaient fait sourciller (je prie mes abonnés de vouloir bien s'apercevoir que cette précaution les regarde aussi), je continuai en ces termes :

« Eh bien, Sire, puisque l'on veut à toute force augmenter Paris, j'y consens ; et je me fais fort d'en donner un moyen préférable à tous les autres ; il ne faudra, pour cela, ni combler la *Seine*, ni reculer les barrières ; car lorsque je m'en mêle, je me flatte de l'emporter sur tous les faiseurs de projets ; voici donc ma recette :

1°. Vous ramasserez le plus d'argent que vous pourrez, parce que l'on ne peut rien faire sans argent ; c'est pour cela que tout plein de gens ont tout plein de mérite, quoiqu'ils n'en aient pas l'ombre ; c'est aussi pour cela que certains acteurs obtiennent des *bravo*, en les payant, et que certains écrivains ont une belle réputation sans avoir jamais écrit, ce qui prouve incontestablement qu'avec de l'argent on fait bien des choses admirables, auxquelles on n'aurait pas même songé sans argent.

2°. Vous paierez cinquante mille maçons, cinquante mille charpentiers, cinquante mille ouvriers des carrières, et cinquante mille tailleurs de pierres. Voilà tout de suite deux cent mille hommes que je trouve le moyen de placer ; c'est déjà quelque chose. [17]

3°. Vous ferez faire des fondations de cent pieds en terre dans tout Paris, à mille pieds de distance… Et si Paris a vingt mille pieds de surface[139], comme le carré de vingt est de deux cents [*sic*], vous ferez faire deux cents trous d'égale largeur ; un, par exemple, dans le jardin du Temple, un dans le marché S. Martin, un autre au Petit Carreau, ainsi du reste, dans une égale proportion.

4°. Vous ferez élever sur chacune de ces fondations une colonne ronde de douze pieds de diamètre, qui en aura par conséquent

---

139 La surface de Paris au dix-huitième siècle était de 3370 hectares, soit environ 363.000.000 pieds carrés. Par « vingt mille pieds de surface », Beffroy entend donc un carré de 20 000 pieds de côté, composé de 400 carrés de 1000 pieds de côté. Il faudrait dans ce cas 441 colonnes espacées de 1000 pieds pour supporter la voûte.

trente-six de circonférence ; et vous lui donnerez trois cents pieds d'élévation, à compter de la base à fleur de terre jusqu'au dessous de la corniche. Ces colonnes seront cannelées, pour orner d'autant plus la ville.

5°. Quand toutes ces colonnes seront élevées, vous poserez dessus leurs chapiteaux des échafaudages, qui serviront de support aux cintres d'une belle voûte[140], dont chaque arcade aura mille pieds carrés ; de sorte que cette voûte soit toujours élevée au moins de trois cent cinquante pieds[141] sous clef ; de cette manière, les tours de Notre-Dame, qui n'ont que deux cent quatre pieds d'élévation[142], le dôme des Invalides qui n'en a guère davantage, et celui de Sainte-Geneviève, qui n'en aura pas trois cents, seront toujours contenus à l'aise sous la voûte ; et même, dans les endroits les plus hauts de Paris, il y aura encore au moins cinquante pieds de [18] différence du sommet de l'édifice le plus élevé jusqu'à la nouvelle voûte ; de cette façon, tout Paris sera renfermé sous une voûte, et ses rues ressembleront à des tonneaux de vin rangés dans une cave.

6°. Quand la voûte sera finie, vous la couvrirez de terre à une hauteur suffisante pour qu'on puisse bâtir dessus des édifices solides, et vous entourerez les extrémités d'un beau balcon de pierre, qui garnira les boulevards, que vous planterez d'arbres ; cette balustrade, en ornant la nouvelle ville[143], empêchera ses habitants de se casser le cou, s'ils s'avançaient trop pour regarder ce que nous[144] faisons au-dessous d'eux.

7°. Vous bâtirez sur cette belle terrasse, d'une espèce nouvelle assurément, une ville aussi grande, mais mieux alignée et moins irrégulière que Paris. Vous aurez soin qu'il n'y ait ni rue Troussevache, ni rue Soly, ni rue de la Tacherie[145], et d'autres horreurs, qui font

---

140 Le Cousin Jacques imagine donc de construire au-dessus de Paris un *firmament*, au sens des Anciens, c'est-à-dire une voûte céleste solide.

141 Beffroy écrit : « trois cent cinquante pieds carrés ».

142 En fait 212 pieds du roi ; pas de problème pour loger le dôme de Sainte-Geneviève (le Panthéon) qui, achevé en 1790, culminera à 255 pieds ; en revanche celui des Invalides (329 pieds) devra être placé au centre d'une voûte.

143 L'idée des deux villes superposées vient peut-être des *Voyages de Gulliver*, où l'île de Laputa flotte au-dessus du royaume de Balnibarbi.

144 Ici, et à deux autres reprises, le Cousin se range parmi les habitants de la ville basse.

145 De ces trois rues courtes et étroites du centre de Paris, seule subsiste aujourd'hui la dernière, élargie, entre la rue de Rivoli et le quai de Gesvres. La rue Troussevache, lieu

dresser les cheveux d'un honnête homme. Vous y ferez au moins vingt grandes places, et autant de belles promenades, où l'on aura des légumes, des fleurs et de l'ombrage.

8°. Autour de cette nouvelle ville, sera un chemin pavé et garni d'arbres utiles des deux côtés, qui tournera en escargot, avec une pente douce pour la commodité des voitures ; et à chaque arche, il y aura un escalier tournant pour les piétons. À chaque distance de cent pieds, il y aura une ouverture ronde [19] de dix pieds de diamètre, pour donner du jour à la ville basse, où l'on ne verrait goutte sans cela.

9°. De cette manière, il y aura deux Paris l'un sur l'autre ; Paris sera augmenté du double, et on le divisera en *ville haute*, qui sera la ville bâtie sur les colonnes de trois cent cinquante pieds, et en *ville basse*, qui sera l'ancien Paris, tel qu'il est actuellement.

10°. Les deux villes, qui communiqueront sans cesse, auront une amitié fraternelle l'une pour l'autre ; mais, pour une plus grande sûreté, on ne peuplera la *ville haute* que de gens paisibles et honnêtes, sans égoïsme, sans envie, sans effervescence, sans ambition, pour que la *ville basse* ne soit pas exposée aux insultes de la *ville haute*, qui serait naturellement la plus forte. Il est vrai que ceux-ci pourraient faire partir des boulets, ou des pétards, ou même des fusées en l'air, pour molester leurs concitoyens d'en haut ; mais ils n'en feront rien, parce que tout cela leur retomberait sur le nez.

11°. Malgré ces précautions, il sera défendu expressément à tout habitant de la ville haute de jeter des pierres par les ouvertures sur la ville basse, comme de se permettre des disputes dont l'effet rejaillirait sur leurs concitoyens d'en bas. Ainsi on laissera dans l'ancien Paris les docteurs, les professeurs, les auteurs, les rhéteurs, les acteurs, les raisonneurs, les déclamateurs et les projeteurs qui y [20] sont, parce que ces gens-là ayant toujours la tête exaltée, et l'esprit plein de jalousie et d'animosité, sont les premiers tapageurs de la ville, quand la dissension se mêle parmi eux.

12°. Il sera défendu pareillement à toutes les élégantes de Paris de porter des bonnets, des gazes, des chiffons et des plumes, qui

---

de prostitution dans le quartier des Halles, est devenue rue de La Reynie en 1822 ; la rue Soly (« la plus étroite et la moins praticable de toutes les rues de Paris » selon Balzac dans *Ferragus*), a été absorbée par la rue Étienne Marcel en 1858.

atteignent jusqu'à la voûte du nouveau Paris ; et, dans la crainte que les coiffures allant toujours en augmentant, ne parviennent à cette hauteur démesurée, et qui pourrait fatiguer la voûte à la longue par le frottement et le tournoiement des bonnets, qui vont comme les têtes, on fixera la hauteur des coiffures de femmes à deux cent quinze pieds ; ce qui, comme on voit, est une élévation fort honnête, et laisse encore un champ libre à l'imagination des marchandes de modes.

12^{o146}. Défenses seront faites pareillement aux personnes de conséquence de la *ville basse*, de faire hausser leurs cabriolets jusqu'à la voûte ; et les wiski seront bornés par la police à cent vingt pieds de hauteur ; ce qui doit paraître suffisant à leurs propriétaires, quoique ce soient des wiski[147].

13°. Pareilles défenses aux auteurs et acteurs à prétentions, qui font jabot et se gonflent les joues. Permis à eux de monter sur des échasses, comme c'est leur ordinaire, et de faire exhausser la *cime* de leur toupet ; mais défenses de donner à leurs [21] talons et à leurs cheveux une longueur qui passerait les bornes, autant par ménagement pour eux-mêmes que pour la voûte, contre laquelle ils pourraient se casser la tête ; car on a remarqué que l'enflure de ces messieurs augmente à mesure que leur talent diminue.

14°. On ne pourra donner de bals dans la *ville haute*, à moins que ce ne soit un danseur léger comme Vestris, qui veuille s'y exercer ; on n'y souffrira point de sauteurs des Italiens, qui font trembler toute la salle, ni de danseurs des Porcherons ou de la Courtille, de peur qu'ils n'ébranlent la solidité de l'édifice par l'*aplomb* de [leur] grosse gaieté. Les ivrognes seront pareillement bannis de la *ville haute*, de peur qu'il ne leur prenne fantaisie de descendre dans la *ville basse* par un des soupiraux pratiqués pour le jour.

---

146 Il y a deux 12°.

147 « Hautes voitures imitées des Anglais. Elles sont, sur le pavé de Paris, incommodes, meurtrières, dangereuses [...] » (Mercier, *Tableau*, t. IX, chap. 740). Le mot (de l'anglais whisky) ne prit pas alors de *s* au pluriel : « À nos cabriolets ont succédé des voitures très élevées, nommées Wiski. Les femmes ont pris fantaisie de les conduire elles-mêmes » (*Journal historique et littéraire*, 15 août 1785, p. 627). « On a surtout donné la préférence aux plus meurtrières, aux plus incommodes, mais aux plus rapides de ces chaises, que les Anglais nomment *whisket* (voiture diligente, ou qui se précipite) » (Dufour de Saint-Pathus, *Diogène à Paris*, 1787, p. 220).

15°. Les carrosses n'iront qu'au pas dans la *ville haute*, pour ménager la voûte ; et ce ne sera que dans la *ville basse* qu'on aura le droit exclusif, selon l'usage, d'écraser ses concitoyens avec les roues de sa voiture.

16°. Il n'y aura point de cathédrale dans la *ville haute*, parce que cela serait trop lourd.

17°. Les voitures auront soin de ne pas trop se charger dans la *ville haute*, pour ne point fatiguer la voûte ; par conséquent tel agioteur au ventre énorme, tel fainéant qui ne sait que s'engraisser de [22] la substance des malheureux, tel chanoine de poids, qui porte son mérite dans son gros estomac, et tel écrivain dont l'esprit lourd assomme le public, seront exclus de la *ville haute*.

Tel est l'utile et merveilleux projet que je communiquai à SA QUINTESSENCE, avec cette soumission qui subordonne les lumières du proposant à l'examen du juge. Je pressentis néanmoins les objections, et je me hâtai de les pulvériser.

Première objection de SA QUINTESSENCE. Les habitants du nouveau Paris manqueront d'eau.

Réponse du Cousin Jacques. Il y aura à chaque soupirail une poulie avec une cuve solidement suspendue, qu'ils feront descendre jusqu'à nous, et nous la remplirons d'eau. Si ce procédé ne suffit pas, ils auront soin de fabriquer des réservoirs pour y ramasser la pluie[148], qu'ils recevront de la première main ; et, si ce procédé est encore insuffisant, on fera venir à Paris la machine de Marly, qui sera plus utile ici que là où elle est.

Seconde objection de SA QUINT. L'embarras principal des habitants de la *ville haute* sera de trouver des fosses d'aisance.

Réponse du C. J. Il y aura pareillement à [23] chaque soupirail une autre grande cuve, tout à fait distincte de l'autre, et qui sera uniquement destinée à recevoir les immondices de la ville, que chaque citoyen sera tenu de verser dans la cuve. Surtout on défendra, sous des peines afflictives, de rien jeter par les soupiraux, à plus forte raison, de vider ses pots de nuit par ces mêmes ouvertures, quoique cela arrive fréquemment dans la *ville basse*, par des soupiraux qu'on appelle *fenêtres*.

Troisième objection de SA QUINT. Où les cadavres seront-ils inhumés ?

---

148 Comme à Laputa.

Réponse du C. J. Dans la terre ; il y en aura assez là-haut pour que ces inhumations ne soient sujettes à aucun inconvénient. D'ailleurs on mourra beaucoup moins dans la *ville haute* que dans la nôtre, parce que, comme nous l'avons déjà dit, les médecins resteront dans la *ville basse.*

Quatrième objection de SA QUINT. S'il survient quelque secousse de tremblement de terre ?...

Réponse du C. J. Il n'y en aura pas.

SA Q. Qui vous l'a dit ?

Le C. J. Personne ; mais j'en suis sûr. Les faiseurs de projets sont sûrs de tout, ne voient point d'obstacles ; et pourvu [24] que la spéculation leur plaise, l'exécution leur est indifférente. D'ailleurs il n'y a pas de projets sans inconvénient ; et, si les difficultés décourageaient les entre-preneurs, on n'aurait jamais tenté aucune entreprise utile.

34ᵉ NUMÉRO
Courrier du 21 août 1788

[13]

J'errais dans une île déserte de Jupiter, et je n'y voyais que des rochers et du sable ; c'était un vrai jardin anglais que cette île-là. Ne voilà-t-il pas que, comme je m'asseyais sur un roc pour déplorer ma fatale solitude, j'aperçois dans le lointain quelque chose de blanc, qui gravissait les montagnes et sautait de rocher en rocher avec une agilité merveilleuse ? Qui que tu sois, dis-je en moi-même, animal raisonnable ou non, tu serviras à la [14] conservation de mes jours ! J'arme mon fusil, et je me mets à poursuivre ce gibier inconnu... Il m'aperçut, et se cacha dans un taillis formé d'arbres secs, comme des joncs et des bruyères... Je ne le distinguais pas bien encore ; la nuit avançait, et la lune n'éclairait que faiblement. Je le couche en joue, le coup part... heureusement il fut manqué... Grand dieu ! quels eussent été mes regrets ! J'entends une voix de femme, qui me crie : *Arrête, malheureux anthropophage ! respecte au moins la jeunesse, les talents et la beauté...* Frappé de ces paroles, je cours à celle qui les avait prononcées ; j'aperçois... le croira-t-on ?... une femme jeune, faite au tour[149], jolie comme les amours, vêtue d'un déshabillé galant de mousseline brodée... telle enfin que nos élégantes de Paris du meilleur ton, quand elles marient leurs attraits auxiliaires à leurs attraits naturels... Je la fixe de plus près... je reconnais... le dirai-je ?... une des plus jolies danseuses de l'Opéra... – Par quel hasard ?... C'est tout ce que je pus dire... En m'entendant parler, elle leva sur moi ses beaux yeux, que la frayeur avait fermés ; et, quand elle me vit vêtu à la française, je n'eus pas de peine à la rassurer. Par quel hasard ?... Elle n'en dit [15] pas davantage non plus... Cependant la parole nous revint à tous deux ; elle me conta en peu de mots qu'un jeune seigneur, dont elle avait fait la connaissance au foyer de l'Opéra, l'avait enlevée la nuit dans un ballon qu'il avait fait construire à grands frais ; et qu'après avoir satisfait sa passion déréglée, il l'avait placée dans une planète,

---

149 Beffroy avait commis des « Couplets à une jeune danseuse » : « D'une danseuse faite au tour Vous avez grâces et souplesse : Mais les danseuses, en amour, N'ont pas votre délicatesse » (*Almanach des muses*, 1785, p. 159-160).

bien sûr qu'on ne la découvrirait pas dans une semblable retraite... Le maladroit! il lisait les journaux et ne soupçonnait pas que le *Cousin*, qui parcourt le firmament, pourrait porter ses pas dans l'asile de cette belle danseuse!... Mais la passion nous aveugle, et l'amour est plus ingénieux que prudent. Je dis à la belle solitaire qui j'étais. – Quoi? réellement! c'est vous qui êtes le *Cousin Jacques* de la rue Phélypeaux? – C'est moi-même. – Ah! que je suis heureuse de trouver un Français dans une planète si éloignée de la France! – Je vais vous ramener à Paris, et vous rendre à vos parents, à vos amis, au théâtre qui vous a perdue. – Non pas, non pas, dit-elle; gardez-vous en bien... Je ne saurais quelle figure faire à Paris, après mon incartade... – Vous voulez donc rester ici? – Oui, certainement; et je veux que vous y restiez aussi. – Moi? [16] impossible; on m'attend chez moi tous les jeudis, jours de mes livraisons[150]. – Traître! tu me quitterais! moi qui te fais la grâce de vouloir vive avec toi. – Cette grâce me flatte, mais ne me séduit pas. – Moi! qui ai plu à tant de monde! – C'est précisément pour cela. – Moi! dont un simple sourire faisait le bonheur d'un millier de soupirants! – Oh! bien, moi, il me faut quelque chose de plus solide que des sourires. – Tu seras mon amant, mon époux, ma société, mon bien, mon tout... – C'est fort bien; mais mon devoir... – Ton devoir? cruel! l'as-tu toujours strictement observé? et ne le violes-tu jamais à Paris? Jeune encore, fougueux, emporté, auteur, que sais-je, moi? Et tu viens faire parade de ta vertu! – C'est précisément parce que je ne l'ai pas toujours pratiquée, que je veux réparer mes fautes... – Vois ces attraits, qu'un prince envierait... – Ils m'éblouissent mais ne me captivent pas. – Es-tu de glace? – Non, certes; mais, en amour, je veux que le cœur soit de la partie... – Crois-tu que j'en manque? – Une danseuse de l'Opéra, qui fait tourner tant de têtes, est peu capable d'éprouver des sentiments tendres et durables... – Bête [17] de Cousin! animal de Cousin! indigne et méprisable Cousin! tu oses me parler constance et tendresse, toi, la légèreté même! Crois-tu que je ne t'aie pas lu?... – Si je t'avais offert mon hommage à Paris, tu l'aurais dédaigné... – Qu'en sais-tu? – Cela va sans dire. Je n'ai ni équipage, ni maison montée. – Abuse, malheureux, abuse de ta supériorité; accable-moi de reproches injustes; mon état pourrait le mériter, mais l'état ne fait pas la personne; et d'ailleurs ils

---

150 C'était le cas depuis le n° 13 du 10 avril.

sont ici plus déplacés que jamais. – Je t'offre de te reconduire à Paris ; pourquoi n'acceptes-tu pas ? – Je t'offre de partager ici ton sort ; pourquoi me refuses-tu ? – Ma conscience... – Ah ! oui, la conscience d'un auteur de Paris !... – La défiance que j'ai toujours eue des femmes de ton état... – Mauvaise raison ; la jalousie n'a plus lieu, puisque nous sommes seuls dans cette île... et tu ne saurais douter de la pureté de mon cœur, quand je consens à passer avec toi seul le reste de ma vie... – Adieu ! ma chère ! adieu ! vos discours me font impression ; et je craindrais... dame ! je ne suis pas de fer, moi... – Si les talents ont quelque attrait pour toi, examine ma grâce et ma tournure ; je vais te danser [18] une chaconne... – Cela est fort beau ; mais l'illusion du théâtre manque à l'effet du tableau... – Voici un pas de deux qui doit te subjuguer tout à fait... ta la la la ; ta la la la... – Je conviens que tu es charmante ; mais si tu n'as pas d'autre mérite que celui-là... – En ferais-tu autant ? Mais regarde donc ; tiens, fais attention à ces entrechats... tan ti tan ti tan ti de ri dera... Et ces pirouettes, donc ? Tourrrou lou lou lou lou lou... – Fort bien ; mais ton esprit n'est-il que dans tes jambes ? – De l'esprit ! j'en ai plus que toi, malgré tes cahiers et tes paperasses... Interroge-moi, et tu verras... – Non, je pars... – Arrête, scélérat ! – Nous n'avons rien à manger ici... c'est la dernière raison que je te donne ; mais c'est la meilleure. – Nous cultiverons cette terre ; elle n'est pas stérile partout. – Oui, mais en attendant nous jeûnerons. – Mon ravisseur m'a laissé des vivres pour six mois. – Ah ! c'est parler, ça ; voilà qui raccommode un peu les affaires. – Vilain gourmand ! si tu ne promets pas de passer ta vie ici, je ne te donne pas à manger. – Dînons toujours. – Non ; je mourrai plutôt de faim. – Quelle obstination ! Où sont tes vivres ? – Ils sont [19] bien cachés. – Montre-moi le garde-manger. – Non. – Allons, je reste avec toi ; mais permets-moi de m'absenter tous les huit jours. – Oui, da[151] ! – Il le faut bien ; je reviendrai te trouver exactement. – Parole d'honneur ? – Parole d'honneur... Nous dînâmes, et je partis. Cette aventure m'est arrivée la semaine dernière. Retournerai-je dans cette île ? N'y retournerai-je pas ? Mes chers lecteurs, tirez-moi de cette indécision[152]. Si je manque à ma promesse, cette pauvre danseuse va se

---

151 Sûrement ! La particule *da* marque ici un doute ironique.
152 Le Cousin Jacques parodie le style des journaux de type « Spectateur », où des lecteurs perplexes ou désespérés demandent conseil au rédacteur. La *Lune* n° 7 contenait déjà un semblable appel aux lumières des abonnés (p. 161).

désoler, toute seule dans cette retraite affreuse… Elle s'appelle Eustochie ; c'est un nom du calendrier[153], que je lui ai donné pour déguiser son véritable nom. Cette histoire aura une suite, parce qu'il faut bien apprendre à mes lecteurs ce que deviendra Eustochie.

————

On prévient tous ceux qui lisent cet ouvrage que *Botobo,* roi de l'île *Chichi,* avec lequel j'ai eu l'honneur de m'entretenir dans mon trentième numéro, s'est déterminé à faire un voyage sur notre globe. Il partira le premier jour du mois d'août, et arrivera en Europe le 5 du même mois. On prépare la flotte [20] aérienne qui doit le transporter. Il vient *incognito,* et n'a pas d'autre suite que trois mille gardes, douze cents écuyers, quatre cents pages, six cents gentilshommes, quinze cents grands seigneurs de sa cour, et dix-huit cents valets de chambre… Ce n'est qu'un soixante-douzième de sa cour, dont il n'amène tout juste que ce qu'il lui faut, parce qu'il ne veut pas être remarqué. La flotte est de six mille ballons aérostatiques, dorés et vernis avec le pavillon de *Chichi,* et les armes de la famille régnante des *Botobo.* Comme c'est un prince observateur, je ferai part à mes lecteurs des impressions qu'exciteront en lui les divers objets qui vont frapper sa vue.

Ce prince m'a donné dans ses états la place de *directeur-inspecteur-général des coiffures* ; c'est une charge magnifique et très honorable ; elle donne le droit exclusif, et sans appel, de censurer toutes les frisures et tous les ajustements d'hommes et de femmes ; de créer des modes, d'en rectifier, d'en détruire, etc. Au lieu d'appointements en argent, on est payé en denrées et en effets utiles. Les honoraires de ma charge sont une bouteille de vin et deux bouteilles de bière par jour ; un cochon de lait, un dindon, une cloyère[154] d'huîtres par jour ; cent livres de pain (ne formant qu'un seul pain très long), trois [21] gigots, deux poitrines de veau, un lièvre, un chevreuil et quatre aloyaux par semaine ; un chapeau et trois chemises par mois ; et enfin trente paires de souliers, quarante paires de bas, une canne, une montre, une tabatière, et trente aunes d'étoffes de toute espèce par année. Tout cela m'est payé très exactement par les

---

153 Choix quelque peu ironique : sous l'empereur Julien l'Apostat, sainte Eustochie de Tarse conserva sa virginité jusqu'au martyre inclus.
154 Bourriche, panier contenant vingt-cinq douzaines.

officiers du prince. On sent bien que je ne suis pas en état de faire moi seul une si grande consommation, surtout n'étant à *Chichi* qu'un jour dans la semaine ; mais j'ai le plaisir de soulager les malheureux, et il n'en manque pas plus là-bas qu'ici… Je rendrai compte de temps en temps des ordonnances que j'ai portées concernant les modes, et surtout les frisures. Elles sont relatives aux usages du pays, comme cela doit être. On voit que je me prépare des matériaux pour la seconde année de cet ouvrage, qui sera réglé d'une manière différente de la première ; car l'on ne s'éclaire qu'à ses dépens.

[22] J'ai été aussi choqué que surpris dans la [23] planète de *Mercure*, d'un usage très ridicule et très bizarre, que j'hésite encore à raconter, tant j'ai peur qu'on n'y croie pas. Je ne sais pas si cet usage est en vigueur dans tous les états de ce globe, mais je sais qu'il a lieu dans un royaume fort étendu, que j'ai parcouru d'un bout à l'autre. Dans ce royaume, les vieillards sont traités, menés, nourris précisément comme les enfants au berceau, dès qu'ils ont atteint leur soixante-quinzième année. À cette époque, on les regarde comme retombés absolument dans l'enfance, et on rappelle pour eux le temps où ils n'avaient pas encore deux ans accomplis. Cette méthode m'a paru très absurde, surtout quand j'ai vu la plupart de ces vieillards, conservant encore toute leur raison, maudire la rigueur de la loi qui les réduisait à la captivité des enfants nouveau-nés. Dès qu'un homme entre dans sa soixante-quinzième année, c'est-à-dire le jour même qu'il a soixante-quatorze ans révolus, on le dépouille des habits d'hommes qu'il a portés toute sa vie ; on lui met un fourreau, avec un corps et des buscs, un bourlet d'enfant[155], un béguin[156] et une houppe derrière son bonnet pour le jour ; et pour la nuit, on [24] l'emmaillote comme un enfant en nourrice, sans qu'il puisse remuer ni les bras ni les jambes. On le promène le jour par une bretelle ; et, quand il est dans son maillot, on le porte à bras, comme les bonnes portent les enfants d'un an. La langue dégénère dès lors en diminutif, pour se rapprocher davantage de l'enfance de la vie. On ne dit plus *à boire*, mais *à bubuche*, comme nos mamans du petit peuple disent à leurs nourrissons. Il n'a

---

155 « Bourrelet ou bourlet. Espèce de coussin rempli de bourre ou de crin, fait en rond, et vide par le milieu […] qu'on met par dessus le bonnet des enfants, pour empêcher qu'ils ne se blessent quand ils tombent » (*Académie*, 1762).

156 « Espèce de coiffe de linge pour les enfants, qui s'attache sous le menton avec une petite bride » (*Académie*, 1762).

plus ni mains, ni pieds, ni bouche, ni menton ; mais il a des *menottes*, des *pétons*, une *boubouche* et un *tonton* ; ses dents deviennent des petites *kenottes*, etc. Je n'ai pu me défendre d'une espèce d'indignation, quand j'ai vu quelques-uns de ces vieillards, grands de près de six pieds, portant un béguin et une bavette, et mangeant la soupe avec une cuiller d'enfant, qu'on ne leur laissait pas tenir eux-mêmes... Il faut, pour les porter à bras, un homme d'une force extraordinaire, et l'on croit voir de véritables spectres emmaillotés. Mais enfin ! tel est l'usage, et l'on s'y conforme. Les fils emmaillotent leurs pères ; les neveux leurs oncles ; les vassaux, leur seigneur, dès que l'âge du maillot est venu ; aucune classe n'en est dispensée[157].

---

157 Dans les États et empires de la Lune, le démon de Cyrano lui démontre l'irrespect dû aux vieillards. Dans son *Nouveau Gulliver* (1730), Desfontaines imagine l'île des Letalispons, où les hommes à partir de l'âge de soixante ans, « rétrograd[ent] et recouvr[ent] toutes les années qu'[ils ont] perdues, en retournant à la jeunesse, et même à l'enfance » (t. II, chap. VI).

37ᵉ NUMÉRO
Courrier du 11 septembre 1788

[9]

Cabinet d'histoire naturelle dans une planète.

Parmi toutes les curiosités que j'ai vues dans la planète de *Jacquinette*,
dont je parle peu, tout exprès pour n'avoir pas l'air de m'occuper
de mes brillantes découvertes (ce qui me donnerait une réputation
d'amour-propre, à laquelle je n'ai garde de prétendre), j'ai remarqué
dans un cabinet d'histoire naturelle une pétrification de cœurs humains
qui m'a retenu fort longtemps, par les réflexions morales auxquelles ce
phénomène a donné lieu[158]. J'étais alors avec M. le directeur du cabinet ;
cet homme, que [10] j'amènerai quelque jour sur notre globe, mérite
les égards de mes lecteurs, autant par sa complaisance et son aménité,
que par ses vastes connaissances. Voici un extrait de notre conversation ;
c'est d'abord moi qui parle, et puis c'est M. le directeur qui répond :
Moi. Des cœurs pétrifiés ! oh ! mais, voici une singularité que je
n'ai vue nulle part. *M. le directeur.* En effet, j'ai lu tous les ouvrages
de Buffon[159], et je n'ai rien vu qui fût analogue à cette curiosité. *Moi.*
Voyons donc, s'il-vous-plaît, quelques-uns de ces cœurs en particulier
(ils étaient tous étiquetés). *M. le directeur.* Ils n'ont pas tous la même
cause de pétrification ; tenez, voici d'abord un cœur très volumineux ;
pesez-le... *Moi.* Oh ! qu'il est lourd ! il faut qu'il pèse plus de six livres.
M. le directeur. Entre six livres et demie et sept livres[160] ; c'est le cœur
d'un petit-maître de Paris, qui aimait vingt-sept personnes à la fois ;
le portrait de toutes ces personnes était renfermé dans ce même cœur ;
cela faisait vingt-sept portraits ; et, comme les petits-maîtres n'aiment
les gens que pour leur extérieur, tous ces portraits étaient parés, et cela
fait par conséquent encore vingt-sept coiffures complètes, vingt-sept
paires de boucles d'oreilles, et vingt-sept garnitures de dents postiches,

---

158 Le procédé satirique n'est pas très différent de celui de la manufacture des bûches dans
la même planète Jacquinette (*Courrier* n° 13, p. 20).

159 Dans le *Courrier des planètes*, n° 29 du 17 juillet 1788, p. 8-12, Beffroy critique les éloges
outrés auxquels avait donné lieu la mort récente de Buffon.

160 Soit dix fois plus que les 300 g d'un cœur masculin moyen.

qui étaient concentrées ensemble dans ce cœur. Jugez combien ce cœur devait être volumineux ; mais comme les cœurs banaux[161] n'ont point de sensibilité, tout cela s'est pétrifié avec le cœur, qui [11] contenait tout cela ; et, en se pétrifiant, tout cela nécessairement a diminué de volume… *Moi.* Ah ! ah ! c'est bien singulier ! Cependant je ne croyais pas que le cœur d'un freluquet pût être si lourd. *M. le directeur.* Observez donc que l'amour volatil, l'amour délicat, l'amour spirituel est un amour léger, qui s'évalue à la qualité et non pas au poids ; mais l'amour d'un libertin est un amour grossier, charnel, pesant, qui ne connaît que les voluptés sensuelles, et nullement les plaisirs délicats… D'après ce principe, il est surprenant que ce cœur-là ne pèse pas encore deux ou trois livres de plus. *Moi.* Ah ! ah ! voici un cœur transparent ! Oh ! qu'il est joli ! comme il me paraît mignon ! *M. le directeur.* Tous ces cœurs-là viennent presque de Paris ; c'est-à-dire que Paris fournit à notre pétrification de cœurs, plus abondamment que tous les autres pays de l'univers. Ce cœur dont vous parlez, paraît être vide à l'intérieur ; il faut effectivement y regarder de bien près pour s'apercevoir qu'il contient quelque chose ; au surplus, ce quelque chose est si peu de chose, que c'est à peu près comme rien. *Moi, prenant une lorgnette…* Ah ! oui ; j'aperçois une petite poupée, fort gentille, avec des mouches, du rouge, une calotte et un rabat. *M. le directeur.* Tout juste, c'est le cœur d'un abbé de Paris, qui a voltigé toute sa vie d'élégante en élégante, qui a su et débité comme un perroquet des madrigaux et des nouvelles, [12] qui a sifflé et applaudi tour-à-tour au spectacle, selon que ses maîtresses lui ont ordonné d'applaudir ou de siffler… Vous avez beau chercher dans ce cœur des maîtresses, des spectacles, des nouvelles et des madrigaux, vous n'y voyez rien de tout cela ; tout ce que vous pouvez y apercevoir, c'est ce petit abbé lui-même, parce qu'il n'a eu que lui-même en vue, parce qu'il s'est flatté lui-même en flattant les autres, parce qu'il n'a songé qu'à s'aduler lui-même avant de s'occuper des autres. Il est beaucoup de ces gens-là, dont le cœur n'est plein que d'eux-mêmes, sans qu'il se trouve la plus petite place pour toute autre chose. *Moi.* Voulez-vous bien m'avancer cet autre cœur cristallisé que j'aperçois dans cette encoignure ? Ah ! comme il est joli ! que d'objets y sont renfermés ! et comme on les voit clairement !… *M. le directeur.* Prenez garde de le laisser tomber ; tout pétrifié qu'il est,

---

161 « Qualifiant une personne qui se met à la disposition de tout le monde (1688) » (*Dictionnaire historique Robert*).

vous le casseriez net; c'est le cœur d'un jolie femme de Paris, et nous avons éprouvé, par plusieurs accidents, que ces sortes de cœurs-là sont très fragiles... Voyez que d'objets divers il contient! *Moi.* Ah! mon dieu! que de choses confusément rassemblées dans un si petit espace! c'est vraiment une lanterne magique; expliquez-moi donc tout cela. *M. le directeur.* Rien n'est plus aisé à reconnaître, mais rien n'est plus difficile à expliquer qu'un cœur de cette nature. L'objet de nos affections est placé dans notre cœur, puisque le cœur n'est que [13] le centre de nos affections... Vous voyez ici ce que cette femme a constamment et tendrement aimé toute sa vie... c'est un mélange d'opéras nouveaux, des petits abbés, de rubans, de fleurettes, de calembours, de beaux-esprits, de diamants, de dragées, de faux-chignons et de pièces d'or, qui sont amalgamés dans ce cœur d'une manière assez singulière... *Moi.* Laissons cela, comme je ne suis moi-même qu'un auteur à la mode, et que je ne puis être compté que parmi les bagatelles du jour, je craindrais de me rencontrer au milieu de toutes ces brillantes superfluités... Montrez-moi cet autre cœur, qui me paraît aussi de cristal, mais dans lequel je vois s'agiter une espèce de liqueur que je ne puis définir. *M. le directeur.* Ce cœur-là? oh! c'est bien la pièce la plus précieuse de notre cabinet. Savez-vous à quel personnage il a jadis appartenu?... à un philosophe plein d'humanité, qui a mieux connu que tout autre les misères humaines et les calamités publiques, mais qui a gémi toute sa vie au sein de la plus injuste indigence, de l'impuissance douloureuse de soulager ses semblables. Toutes les larmes qu'a versées de son temps la vertu malheureuse, ont été versées dans ce cœur loyal et sensible; il en fut constamment le dépositaire, et il s'est durci lui-même autour de ces larmes, qu'il a concentrées si précieusement, du chagrin amer de ne pouvoir autre chose que les recueillir... *Moi.* Vous avez là-bas un cœur d'une [14] couleur brune comme les cailloux, dont le volume me paraît bien peu considérable... *M. le directeur.* Ah! ne m'en parlez pas!... nous en avons ici plusieurs de la même espèce; mais nous les cachons avez soin, pour ne pas avoir sous les yeux trop d'objets révoltants; c'est bien assez d'un seul en évidence pour servir d'échantillon. *Moi.* Quel est donc ce cœur, si petit, si petit, si petit, qu'on croirait volontiers que celui à qui il appartient n'en avait point du tout? *M. le directeur.* Hélas! c'est un de ces cœurs sans délicatesse et sans pitié, endurcis par la richesse, pétrifiés par le vice, accoutumés de bonne heure à se replier sur eux-mêmes par excès d'amour-propre et d'égoïsme, un de ces cœurs dont l'avarice et la cupidité ont fermé tous les pores, et qui n'ont jamais offert le moindre accès aux larmes de l'indigence. Essayez de le jeter par terre, vous verrez qu'un caillou est moins dur encore, et vous n'en obtiendrez que l'effet naturel que produit l'élasticité quand deux corps durs se choquent avec violence...

Alors je jetai le cœur-caillou par terre de toutes mes forces, et n'eus d'autre plaisir que celui de jouer à la balle, parce qu'il rebondissait avec une vigueur merveilleuse. *Tiens donc, cœur plus dur que ce que nous connaissons de plus dur*, m'écriai-je alors avec indignation ; *tiens, casse-toi pour cette fois, brise-toi contre ce grès...* et, en disant cela, je lançai ce caillou contre un grès avec une raideur toute nouvelle... [15] Ma tentative fut inutile ; j'aurais cassé avec ce cœur vitres, vaisselles, cristaux et pavés, plutôt que d'y causer le moindre dommage... Je priai le directeur de me dire s'il en avait beaucoup de cette nature dans son magasin. Il m'ouvrit aussitôt une vaste armoire qui en était toute remplie... De quelle ressource seraient chez nous ces cœurs-pierres !, lui dis-je ; on s'en servirait dans les batailles, et l'ennemi ne tiendrait pas contre l'atteinte d'un cœur si dur... Il n'est ni balle de plomb, ni matière durcie avec art, qui ne le cède à la trempe de ces cœurs-là... vous nous feriez un cadeau précieux... *M. le directeur* m'interrompit alors : Que dites-vous, Monsieur ? voulez-vous me forcer à un aveu mortifiant ? C'est parmi vous qu'il faut chercher. – Halte-là, M. le directeur, repris-je très humilié de l'apostrophe ; et je lui tournai le dos.

38ᵉ NUMÉRO
Courrier du 18 septembre 1788

[8]

Me promenant un jour vers les extrémités de *Jupiter* (je dois même avouer que je n'ai pas encore visité l'intérieur de cette planète, et qu'il me reste bien des choses à y découvrir ; ce n'est pas ma faute, il faut le temps à tout ; un monde quatre mille fois plus grand que le nôtre[162], ne se parcourt pas en un jour, ni en dix ans, quand on voyage en observateur), il me prit fantaisie de voir un de ses satellites, c'est-à-dire une des quatre lunes qu'il entraîne dans son tourbillon[163]. Je dirigeai mon ballon vers la plus méridionale, et dans peu d'heures je me trouvai dans un pays où la singularité de tout ce que je vis me donna lieu de me féliciter de mon humeur errante. Je descendis dans une campagne embaumée d'une odeur délicieuse ; et, comme je la voyais couverte de plantes toutes à peu près semblables, je pensai que c'était de là que venait ce parfum ; j'arrachai une de ces plantes ; une figure barbue qui sortit d'une maison peu éloignée, les pieds en haut, vint de mon côté à *toutes mains*, c'est la manière de marcher dans ce pays-là[164], et en criant de toute sa force à mesure qu'elle approchait ; je distinguai ses [9] paroles, et je m'aperçus que l'idiome de cette *lune* était un *jupitérien* retourné, c'est-à-dire composé des mêmes mots, excepté que la dernière syllabe est prise pour la première[165]. Comme j'entends assez bien la langue de *Jupiter*, je fus bien vite au fait, et je compris que cet homme (du moins je le croyais tel) criait au voleur. Quand on est chez les autres, on n'est jamais le plus fort. Ce n'est pas que mon ballon ne m'eût offert, en cas de violence, un moyen prompt de m'y soustraire, mais ce que je voyais

---

162 Le diamètre de Jupiter est 11 fois, son volume 1321 fois, ceux de la Terre.

163 Les quatre lunes galiléennes – Io, Europe, Ganymède et Callisto – observées pour la première fois en 1610. Quatre siècles plus tard, on pense qu'Europe et Callisto sont (avec Titan, lune de Saturne) les environnements les plus propices à une éventuelle vie extraterrestre.

164 Isidore de Séville mentionne des « antipodes » au chapitre XI de ses *Etymologiæ*, mais ces Libyens ont simplement les pieds tournés vers l'arrière.

165 Palindrome syllabique, donc, comme « l'en-fer dé-fer-lant ». La langue des Lunairiens de Momoro contient elle aussi du français inversé : « je vous aimerai toujours » se dit « ei so iaremia dèl » (*Nouveau Voyage à la Lune*, p. 37).

piquant ma curiosité, je ne voulus point brusquer les choses. Je pris un air doux, et je fis en *jupitérien* des excuses de ma témérité. L'étranger s'adoucit ; je lui présentai la main, qu'il me toucha du bout du pied, et je lui offris des *krik-krok* ; ce sont des espèces de dragées, dont on fait beaucoup d'usage dans *Jupiter*, et que l'on se donne réciproquement en société, comme nous faisons du tabac.

L'étranger me parut sensible à cette politesse ; il s'assit sur le ventre, la partie supérieure du corps élevée, comme on représente les sirènes, mit les *krik-krok* dans son oreille au lieu de les porter à sa bouche, et me dit avec beaucoup de douceur : *Je suis fâchée de vous avoir traité de voleur, mais mon mari est si jaloux de son ail et de ses oignons, qu'il ne peut souffrir qu'on en arrache un sans sa permission.*

On imagine aisément quelle fut ma surprise, en voyant que de l'ail et de l'oignon sentaient la fleur [10] d'orange, et plus encore en reconnaissant une femme dans l'être le plus barbu que j'aie vu de ma vie. Je lui en témoignai mon étonnement ; elle me sourit d'un air de pitié, comme font les Indiens aux badauds qui courent après eux, et ajouta : « Je sais bien que notre manière d'être, ainsi que nos mœurs et tout ce qui nous entoure, est fort opposée à tout ce que vous avez coutume de voir. Nos voisins y sont faits ; mais il n'est pas extraordinaire que vous, qui venez de si loin, vous ayez peine à vous y accoutumer. Cependant, que cela ne vous effraie pas ; nous sommes de bonnes gens. La diversité des usages ne nous empêche point de voir nos semblables, nos frères, dans tous les humains, quelque globe qu'ils habitent ; et nous serions aussi ridicules de vous haïr ou de vous mépriser parce que vous ne marchez pas comme nous sur les mains, que le sont (à ce que nous avons appris) les gens de votre monde, qui voyagent sur leurs fesses, et qui regardent avec hauteur ceux qui se servent de leur pieds. Venez vous reposer à la ferme, vous verrez mon mari, cela lui fera plaisir ; et si vous avez envie d'aller à la ville, on vous y fera conduire. »

Un accueil si obligeant, une façon de raisonner si juste, ne me permirent point d'hésiter ; je suivis ma conductrice, à qui je ne pouvais offrir mon bras, et comme elle marchait plus vite que moi, je [11] réfléchis à mon aise sur le jeu de la nature qui donne à ce peuple renversé une façon de penser plus droite que ne l'ont bien des gens qui vont debout.

Arrivés à la maison, la femme donna un coup de pied à la porte, qui s'abattit devant nous comme un pont-levis, et me conduisit dans une espèce de salle, où le maître de maison, entouré de trois ou quatre enfants, assis comme lui sur le ventre, les faisait lire, en s'amusant à ourler des serviettes. Au premier aspect, je le pris pour une assez jolie femme ; et si je n'eusse pas été déjà prévenu par la sienne[166], j'aurais été d'autant plus facilement dupe de l'illusion, que le costume de ce pays-là ressemble assez au nôtre, excepté que les vêtements s'emmanchent par les jambes au lieu de se passer dans les bras.

Zizi[167], c'était le nom de mon hôte, portait un déshabillé de coton fort propre ; les jupes lui pendaient jusqu'aux épaules, où elles se fronçaient par un ruban qui les fixait autour du cou en manière de fraise, et un caraco passé dans ses cuisses, attaché avec grâce sur l'estomac. Les manches allaient jusqu'au genou, et le reste de la jambe était couvert de gants. La coiffure ne différait en rien de celle de nos femmes de campagne, mais plus propre. La femme, qui s'appelait *Tok*, avait un gilet boutonné par le dos, et un surtout, dont les basques descendaient jusqu'aux épaules ; celles-ci étaient couvertes d'une culotte passée dans les bras, qu'elle garnissait [12] jusqu'aux coudes ; les cuisses étaient garnies par les manches de l'habit, et la tête ornée d'un chapeau carré qui s'attachait par-dessous le menton. J'oubliais de dire que les hommes, ne portant point de culottes aux épaules, ont à chaque côté de leurs jupons une ouverture par où passent les bras, et on chausse ceux-ci avec des bas qui finissent au poignet. Les deux sexes portent des *gants-souliers*, garnis de semelles de cuir de saumon, par le dessous de la main ; ils les mettent pour marcher, et les quittent quand ils veulent faire quelque chose.

« *Mon cher Zizi*, dit en entrant l'officieuse *Tok*, voilà cet étranger qui vous a pris un ail ; il en est bien fâché ; et il m'a paru si honnête, que j'ai cru vous obliger en l'amenant se rafraîchir. – Bien, ma Tok, bien ! lui en avez-vous fait manger ? – Non, je n'ai pas voulu en cueillir sans votre permission ; vous savez bien que vous m'avez défendu d'en donner à personne. – Oui, aux gens du pays, parce qu'ils en ont tous, mais un étranger n'en a point, et notre bien doit devenir le sien, afin qu'il ne souffre pas. – J'en ai ici. – Faites-le manger en attendant le dîner. Allons, enfants, aidez à votre mère. »

---

166 On ne voit pas très bien quelle autre raison conduit le Cousin Jacques à conclure qu'il s'agit d'un homme ; sinon qu'il donne des ordres à sa femme.

167 Ce mot n'a pris son sens moderne et enfantin que dans les années 1960.

À l'instant les marmots se levèrent sur leurs mains, et coururent à une espèce de buffet haut de deux pieds ; car tous les meubles n'excèdent pas cette hauteur, afin qu'assis on puisse y atteindre ; puis ils se [13] mirent sur le ventre ; et, faisant la chaîne, ils passèrent de main en main jusqu'auprès de moi plusieurs bassins à barbe, pleins d'ails, d'oignons et d'échalotes. Il n'y a point de fraises, de pêches, ni de prunes de *reine-claude* qui exhalent un si doux parfum. Comme il n'y a pas de sièges dans le pays, je m'assis par terre, mais en position inverse de celle de mes hôtes, et je me hâtai d'essayer si le goût de ces légumes, chez nous si fétides[168], répondait à leur odeur. Mon étonnement fut égal à ma joie, en trouvant à l'ail le goût d'orange, à l'oignon celui du melon, et dans l'échalote l'agrément de la framboise. J'en mangeai avec délices, disant en moi-même, *si les nôtres étaient de cette espèce, les Limousins ne pueraient pas si fort*[169].

Pendant le repas, que je fis seul, parce qu'il n'était pas encore l'heure pour les gens de la maison, je voulus offrir du *krik-krok* à *Zizi. Ce n'est pas la peine*, dit sa femme, *j'en ai, cela suffit* ; puis tirant de son oreille celui que je lui avais donné, elle l'essuya et le donna à son mari, qui leva le coin de son bonnet, et le fourra de même dans son oreille. Au bout de quelques minutes, pendant lesquelles il avait l'air de réfléchir. – *Hé bien ! qu'en dites vous ?* reprit Tok. – *Oui, vous avez raison.* – *N'est-ce pas que c'est un honnête homme ? – Certainement ; on peut l'envoyer au* BON-BON *; il en sera bien reçu.*

Mon air d'embarras pendant ce dialogue, où je ne [14] comprenais rien, fit sourire mon hôte. « Vous êtes étonné, me dit-il, qu'au lieu de manger votre krik krok, nous l'ayons mis dans nos oreilles ? – Cela est vrai, aimable Zizi, je n'en conçois pas plus la raison, que le sens de ce que vous venez de dire, et qui a cependant l'air de me regarder. – Il ne faut pas vous faire languir. Un génie, dont l'histoire serait trop longue à vous raconter pour le moment, nous a doués de la faculté de connaître le caractère et la pensée des gens qui viennent chez nous ; c'est une faveur dont je crois que notre peuple est seul en possession[170]. Elle nous devient

---

168 Voir *Lune* n° 31, p. 110.

169 Problème logique : si l'ail a goût d'orange, est-ce encore de l'ail ? Si l'homme a tous les caractères d'une femme, doit-on le nommer homme ? C'est le *couteau sans lame* auquel manque le manche de Lichtenberg.

170 Cette communication télépathique est peut-être une nouvelle référence au *Voyage dans l'île des plaisirs* qui venait d'être publié dans le tome IV des *Œuvres* de Fénelon (1787) : « Dès que je voulais parler, ils devinaient ce que je voulais, et le faisaient sans attendre

par là doublement précieuse, car elle est bien utile, et nous lui devons le bonheur de n'admettre parmi nous que de braves gens. Dès qu'il arrive un étranger, s'il ne nous offre rien, nous lui demandons quelque chose, la moindre suffit ; et en mettant dans notre oreille ce qu'il nous a donné, nous connaissons sur-le-champ le fond de son âme, ses vices, ses vertus, ses intentions, etc. Si nous ne sommes pas contents de notre découverte, on l'oblige à partir sur-le-champ. Il aurait tort de faire résistance, parce que le BON-BON, qui est notre roi, a le pouvoir de le métamorphoser pour toujours en ce qu'il lui plaît[171]. Mais aussi, quand il nous arrive quelqu'un dont l'âme est droite et les intentions pures et bienfaisantes, nous sommes obligés de l'envoyer à la cour, et la [15] réception qu'on lui fait ne lui donne pas lieu de se plaindre de son voyage. Vous l'allez faire, ce voyage, car nous ne pouvons pas vous garder plus longtemps, sous peine de punition ; mais à votre retour, j'espère que vous nous donnerez quelques jours. » Puis, s'adressant à sa femme : « Appelez une fille de charrue ; dites-lui que l'on attelle quatre écrevisses à un lit de plumes, pour mener FRÉROT[172] (cela veut dire monsieur) à Cordialie. La course n'est pas longue, ajouta-t-il en me regardant, il n'y a que quinze cents lieues à faire. – Bon dieu, m'écriai-je, quinze cents lieues à faire, et traîné par des écrevisses ! – Doucement, doucement, reprit Zizi, nos lieues n'ont que vingt pas de main d'homme ; et quand vous aurez vu nos écrevisses, vous conviendrez que ce n'est pas un mauvais attelage. »

Ces paroles me rassurèrent ; je voulus, avant de quitter mon hôte, lui offrir de l'argent, qu'il refusa, en me disant que l'on ne s'en servait pas dans son pays, parce que tout le commerce s'y fait par échange ; et comme le sol produit tout ce qui est nécessaire aux habitants, et les dispense de recourir à d'autres peuples, cette circulation des denrées et des marchandises en assure la consommation, répand l'aisance partout, et coupe racine à l'avarice. Je voulus au moins lui donner quelques bijoux que j'avais dans mes poches ; il ne voulut pas non plus les [16] accepter, me disant, de la manière la plus obligeante que, fort éloigné de chez moi, je pourrais trouver des nations moins généreuses, où j'aurais besoin de

---

que je m'expliquasse. Cela me surprit, et j'aperçus qu'ils ne parlaient jamais entre eux : ils lisent dans les yeux des autres tout ce qu'ils pensent, comme on lit dans un livre ; quand ils veulent cacher leurs pensées, ils n'ont qu'à fermer les yeux. »

171 Il semble qu'on quitte ici les codes implicites du récit de voyage utopique pour ceux du conte merveilleux.

172 Frérot est un personnage de « jeune paysan de la Lune » dans *Nicodème dans la Lune* (1790).

tout cela pour me procurer les nécessités de la vie[173], au lieu que j'étais sûr de les trouver gratuitement et en abondance où j'étais ; que tous ses concitoyens, mis à l'abri du besoin par la constitution de l'empire, n'avaient pas de plus grand plaisir que d'exercer l'hospitalité ; enfin, que lui en particulier se trouvait trop heureux de pouvoir m'obliger et me mettre dans le cas de publier à mon retour dans ma patrie, que les Parisiens n'étaient pas les seuls qui eussent de la politesse, de la franchise et du désintéressement.

Tok rentra sur ces entrefaites et m'annonça que l'équipage m'attendait pour partir. Elle m'embrassa sur la nuque du cou ; je m'approchai de *Zizi*, qui en fit autant et à qui je le rendis. Je m'agenouillai pour en faire de même aux enfants de mes bons hôtes, et je gagnai la cour, où je vis effectivement un lit de plumes attelé de quatre écrevisses. Mais quelles écrevisses ! elles avaient trois pieds de haut. La voiture qu'elles devaient tirer était une espèce de coffre, long de sept pieds, large de quatre, haut de dix-huit pouces, monté sur six petites roues, et garni en dedans d'un bon lit de plumes bien mollet. On m'y fit coucher de tout mon long ; le conducteur, qui était une fille encore plus barbue que sa [17] maîtresse, se mit entre mes jambes, les pieds de mon côté, et la poitrine posée sur un coussin à hauteur d'appui, qui garnissait le devant de la voiture ; de là elle prit les guides, et par un simple mouvement d'éventail qu'elle agitait devant les yeux de nos coursiers, dont la tête était de notre côté[174], elle les mit en marche, et nous perdîmes bientôt de vue la maison de son maître.

La voiture était fort douce ; je réfléchissais à mon aise sur la singularité de tout ce qui m'arrivait, lorsque je fus tiré de ma rêverie par un événement encore plus singulier. Après avoir traversé environ un quart de nos lieues de terres couvertes d'ails, etc., nous arrivâmes à une rivière. Je ne voyais point de pont, et je commençais à être inquiet sur la manière dont nous la passerions sans nous mouiller, avec une voiture dont les roues n'avaient pas trois pieds de diamètre. Je fus bientôt tiré de peine ; parvenues au bord de la rivière, nos écrevisses s'arrêtent d'elles-mêmes ; on les dételle ; puis, se glissant sous le coffre, elles le soulevèrent et nous passèrent à l'autre bord sur leur dos ; alors on les remit à leur place, et nous continuâmes notre route, pendant laquelle je n'eus pas le temps de m'ennuyer.

---

173 C'était déjà la réponse d'Hazaël dans la *Lune* n° 36, p. 141.
174 On sait en effet que l'écrevisse « va à reculons » (Furetière).

En traversant la rivière, j'avais cru voir dedans des oiseaux de différentes espèces ; mais quoique je dusse m'accoutumer aux phénomènes,
dans la crainte de me tromper, je le demandai à ma conductrice, [18]
qui me le confirma très fort. Elle m'apprit qu'il n'y avait dans son pays
ni reptiles, ni quadrupèdes, ni insectes, mais seulement des oiseaux qui
habitaient les rivières et les étangs et des poissons qui peuplaient l'air et
les forêts. Elle ajouta que les écrevisses étaient les seuls poissons privés
d'ailes, et les seuls animaux de service ; qu'au reste ce n'étaient pas des
animaux comme les autres, puisqu'ils avaient une âme humaine ; que
le sort qu'elles éprouvaient était l'ouvrage du Bon-bon. « Il a reçu, me
dit-elle, du grand Calipeutou, le pouvoir de changer en ce qu'il veut les
méchants, soit étrangers, soit naturels du pays ; et comme la paresse, le
mensonge et la dureté pour ses semblables sont ici des crimes d'État,
il est dans l'usage de changer en écrevisses ceux qui en sont coupables.
Leur marche à reculons, les obligeant à avoir les yeux tournés vers ceux
des gens qui les conduisent, ils ne cessent d'y lire leur humiliation, les
travaux qu'elles font les punissent de la fainéantise, et elles expient leur
dureté par les services qu'elles sont forcées de nous rendre. »

Hélas ! dis-je en moi-même, si tous les hommes durs, menteurs,
paresseux, étaient sur la Terre soumis à une pareille métempsychose, et
qu'on en tirât le même service, ou il y en aurait moins, ou nos pauvres
chevaux ne seraient pas si fatigués[175].

Cette conversation nous conduisit à un bois, dont [19] les arbres étaient
chargés de melons, de choux, de carottes, de navets, etc., et peuplés de
toutes sortes de poissons. La nouveauté de ce spectacle m'engagea à prier
ma conductrice de nous arrêter un moment pour que j'en pusse jouir. La
bonne fille n'avait garde de me refuser ; on ne sait pas désobliger dans
cette heureuse contrée. J'eus un plaisir inexprimable à voir voltiger les
carpes, les brochets, les truites ; mais ce qui m'amusa le plus, ce fut une
volée de goujons, que le bruit de la voiture fit partir d'un taillis, et qui
vinrent se percher sur un grand artichaudier[176], à peu de distance du
lieu où nous étions arrêtés. Il n'est pas possible d'entendre un ramage
plus harmonieux et plus varié.

---

175 « Cancre, sorte d'écrevisse ; la lenteur et la pesanteur de sa marche ont fait donner son nom
dans les collèges aux écoliers paresseux […], parce qu'on suppose qu'au lieu d'avancer,
ils marchent à reculons » (*Dictionnaire néologique*).
176 Mot créé par Beffroy.

Nous nous remîmes en marche, et au bout d'environ une demi-heure, je découvris dans un large vallon formé par deux montagnes couvertes de verdure, une ville qui me parut extrêmement grande. J'appris que c'était *Cordialie*, la capitale du royaume, et le but de notre voyage. Je me réjouis intérieurement de voir une grande ville habitée par des hommes vertueux, et aussi prévenants que *Zizi*.

Quand nous fûmes à environ un demi-quart de lieue de la ville, nous nous arrêtâmes ; mon cocher femelle arbora sur son accoudoir une sorte de petit drapeau, que je n'avais point aperçu, parce qu'elle l'avait sous ses genoux, et bientôt nous vîmes venir à ce signal une cinquantaine de soldats, qu'à leur [20] barbe je reconnus pour des femmes. Elles s'avancèrent en bon ordre sur leurs mains, chacune ayant à la ceinture un cordon de soie plié en nœud coulant, qui composait toute leur armure. Il est bon d'observer que l'on ne connaît pas même de nom la guerre dans ce pays. Les soldats n'y sont employés qu'à la sûreté publique ; et quand ils ont à se saisir d'un criminel, ils jettent leur nœud coulant sur ses jambes, et s'en rendent facilement les maîtres.

Quand ce détachement fut devant ma voiture, toutes celles qui le composaient se mirent sur le ventre et questionnèrent mon guide. Sur sa réponse, elles se mirent vingt-cinq à chacun des côtés de mon char, et m'accompagnèrent jusque dans la ville, dont nous traversâmes la moitié pour arriver à la grande place[177].

---

177 La suite de cette histoire n'est pas donnée dans les numéros suivants.

46ᵉ NUMÉRO
Courrier du 13 novembre 1788

[14]

Extrait du journal de Lunollie, grand empire dans la Lune,
article septième, au mot France[178].

Le Cousin Jacques étant arrivé dans la planète de *Mars*, entendit
parler, en se promenant au *Jardin des Nouvelles*, d'un voyageur célèbre, né
dans Saturne, qui avait le talent de prédire l'avenir. Ce devin, nommé
Scientificos, venait de quitter le globe de Mars, où il avait demeuré trois
ans, recherché par tout le monde, et si occupé que, pendant le cours
de ces trois années, il n'avait pas même eu trois heures de liberté. [15]
Tous les habitants de Mars se louaient encore de cet homme fameux ; sa
décence, sa politesse et la vérité de ses prédictions, l'avaient fait distinguer de ces charlatans qui courent les globes pour duper les hommes.
Tous les savants de Mars l'estimaient à cause de ses lumières et de sa
probité ; et, depuis qu'il parcourait les planètes, il avait été élu membre
de soixante-dix-sept mille sept cent soixante-dix-sept, tant académies
que clubs, tant musées que lycées[179], tant sociétés littéraires que cabinets de lecture, etc., en un mot toutes les planètes, et surtout celle de
Mars, retentissaient de ces éloges, et tous les pays qu'il avait parcourus
s'étaient empressés de l'accueillir avec distinction.

M. *Scientificos* venait de partir pour la Lune, la seule planète, excepté
la Terre, qu'il lui restât à parcourir. Le Cousin Jacques, dévoré du désir
d'entendre un homme si extraordinaire, prit une de ses diligences
aériennes, et se mit bien vite en route pour la Lune ; quand il y arriva,
on lui dit que le devin était à la cour de Lunollie, où le prince Olmas,
dont le *Courrier des Planètes* a déjà fait mention, le comblait d'honneurs

---

178 Le journal de Lunollie semble organisé comme une gazette politique classique, en
rubriques géographiques.

179 « La création de la Société des Neuf Sœurs ou Société apollonienne [Court de Gébelin,
1780], du Musée de Paris [1782, toujours sous la direction de Court de Gébelin], du Musée
de Monsieur [Pilâtre de Rozier, 1781] devenu Lycée en 1785, tenta de palier la sclérose des
établissements d'enseignement supérieur à la fin de l'Ancien Régime » (Hervé Guénot
« Musée et lycées parisiens (1780-1830) », *Dix-huitième siècle*, n° 18, 1986, p. 249-267).

et de bienfaits, sans permettre qu'il s'éloignât de [16] sa personne. Le *Cousin*, très connu du prince Olmas, avec lequel tout le monde sait qu'il entretient une correspondance suivie, vint droit à la cour de ce monarque, qui obtint du devin qu'il satisferait la curiosité du *Cousin* avant celle d'une infinité de gens de marque, qui consultaient *Scientificos*, à tour de rôle. Le *Cousin* n'avait point envie de consulter l'oracle pour lui-même ; outre que cette curiosité est souvent bien punie, il avait plus à cœur la félicité publique que la sienne propre, et il se contenta d'interroger le devin sur le sort de sa patrie. Voici comme se fait cette cérémonie :

Le consultant annonce d'abord qu'il veut être seul avec l'oracle, ou qu'il permet au public d'assister à la consultation. Le *Cousin* voulut bien que tout le monde fût témoin de celle-là ; on plaça *Scientificos* dans le fond d'un temple immense et majestueux, derrière une espèce d'autel, sur lequel on offrait de l'encens au Créateur de tous les globes ; le [17] cabinet où était l'oracle formait une rotonde sonore, qui ne communiquait avec le temple que par un tuyau de cuivre, de six pouces de diamètre, façonné de manière à augmenter la progression des sons, et à rendre la prononciation plus distincte. Ce tuyau s'élargissait vers l'autel ; et, en aboutissant dans le temple, il avait six pieds d'ouverture ; cette ouverture était ménagée avec assez d'art, pour que personne de ceux qui étaient dans le temple ne perdît un seul mot de la prédiction. Au milieu du temple, le roi, placé sur une estrade, avait à ses côtés les princesses de sa cour, et assis à ses pieds le *Cousin Jacques*, l'homme essentiel de la cérémonie. Autour de l'estrade, étaient rangés en ordre les princes, les grands officiers, et les ministres de Lunollie… Un peu plus en avant, était la musique du prince… Le temple était rempli de curieux, qui, d'un air respectueux et soumis, prêtaient une oreille attentive, comme s'il se fût agi de leur propre destinée. On vint prendre par écrit tous les noms du *Cousin Jacques*, et on ajouta : *Né en France le 6 novembre 1757*[180] *; la France est un royaume d'Europe ; l'Europe est une des quatre parties du globe de la Terre ; la France est un État* [18] *monarchique…* On porta cette notice à *Scientificos* ; la musique exécuta une symphonie *del Signor Derlidondon*, célèbre compositeur de ce pays-là ; on fit silence, et l'oracle parla en ces termes :

« Il va donc luire, enfin, le jour de l'humanité !… France ! réjouis-toi ; la saison des alarmes est passée pour toi !… Français, peuple frivole,

---

180 C'est la date de naissance de Louis Abel Beffroy de Reigny, à Laon.

mais sensible ! vous ne verrez plus le flambeau de la discorde s'agiter et briller sur vos têtes ! Le ciel a pris pitié de vos maux ; il est parmi vous des âmes pures et loyales, des modèles de philosophie et de lumières, qui ont arrêté la foudre au milieu de ses écarts menaçants... Le citoyen va rentrer en paix dans ses foyers ; il ne craindra plus, à sa porte, le glaive meurtrier de l'indigent au désespoir ; le frère embrassera son frère ; tous les Français ne feront plus qu'une famille, et tous leurs vœux ne tendront plus qu'au bonheur de chaque membre, à l'union de la société, à la tranquillité du chef ; l'aisance et la gaieté vont renaître, et chaque père de famille, heureux au sein de son ménage, trouvera dans son activité cette paix précieuse, qui émane de la félicité publique, comme un rayon qu'enfante le soleil... [19] L'éloquence du cœur a parlé, la philosophie a tonné ; la vérité s'est fait entendre, et sa voix a retenti d'une extrémité du royaume à l'autre ; tous les échos de la France ont répété les louanges d'un bon roi, animé des vues les plus patriotiques, et les intentions paternelles d'un bienfaisant réformateur. Tout annonce la gloire et les vertus d'un ministre patriote, qui va rappeler sur la terre la justice et l'humanité. » Et tout le monde se mit à dire : *Ainsi soit-il*[181] !

---

181 On a connu des prédictions plus perspicaces. Mais l'heure est à l'optimisme : le 8 août 1788 – trois mois avant ce numéro du *Courrier* – Louis XVI a annoncé la convocation des États généraux pour le 5 mai de l'année suivante. Le 25 août, le populaire Necker a été rappelé comme directeur général des finances.

51ᵉ NUMÉRO
Courrier du 18 décembre 1788

[8]

Me promenant le mois dernier dans les environs de *Vastopolis*, la plus ancienne et la plus grande ville du plus grand et du plus ancien royaume de la planète de Saturne, je m'égarai dans mes réflexions, et de mes réflexions dans des routes isolées, couvertes de bois, et remplies de cailloux et de broussailles... Je poursuivis ma route, séduit par l'attrait de la solitude ; on n'entendait pas une mouche voler ; ni rossignol, ni fauvette [9] ne faisait retentir les bois de sa mélodie ; ce silence profond, se mêlant à l'obscurité, entretenait dans mon âme une douce mélancolie... J'avançais toujours cependant ; cette route ressemblait assez à la banlieue de l'abbaye de la Trappe[182] ; vallées tortueuses, bois touffus, marais abandonnés, étangs, bruyères, solitude immense, désert silencieux, chaînes de montagnes inhabitées, et à perte de vue, tout me retraçait le souvenir des voyages que j'ai faits autrefois dans cette sainte retraite. Enfin, sous un ciel nébuleux, s'offre une enceinte assez vaste, telle qu'on en voit dans les bois, où l'on forme des espaces pour semer, en déracinant les arbres... J'aperçois au bout de cette enceinte une maison fort étendue... j'ignorais s'il y avait des abbayes ou des couvents dans Saturne ; je me hâte, et j'arrive. Je questionne le portier... Vous êtes ici, me dit-il, à *la manufacture des jouissances humaines.* Ce titre piqua ma curiosité... je demande la permission de visiter cette manufacture ; j'allai dans tous les ateliers... Dans l'un, je vis un millier d'ouvriers, occupés à faire le *sommeil*... Ils pilaient des feuilles de roses et de pavots dans des mortiers immenses, et ils y joignaient une [10] grande quantité d'eau, puisée dans le fleuve Léthé... Le sommeil est donc une jouissance ? – Si c'en est une ! me répondit-on ; oui, Monsieur ; une des plus précieuses dont le ciel ait fait présent à tout ce qui respire... Dans un autre atelier, on fabriquait la gaieté ; dans celui-ci, le boire et le manger ; dans celui-là, l'amour ; dans un autre, l'amitié ; ce dernier

---

182 Monastère cistercien dans le Perche, à 200 km à l'ouest de Paris ; réformée en 1660 par l'abbé de Rancé dans le sens de la stricte observance, l'abbaye de la Trappe connut une certaine popularité au XVIIIᵉ siècle.

était plein de marchandises en tas, qui restaient au magasin faute de chalands. Ce qui me surprit extrêmement, ce fut l'air triste et sombre de tous ceux qui travaillaient dans cette maison... J'en demandai la cause... Hélas! Monsieur! me répondirent-ils d'une voix lamentable, deux raisons nous rendent tristes comme vous le voyez, tandis que les plaisirs que nous forgeons devraient nous inspirer de la gaieté; 1°. nous gémissons de savoir que toutes ces jouissances, créées pour le bonheur des hommes, tourneront à leur désavantage, par l'abus qu'ils en feront; 2°. nous sommes affligés de n'être que les instruments du bonheur, que nous préparons aux humains; car, tels que vous nous voyez, nous ne goûtons aucun de ces plaisirs; ce sont précisément ceux qui procurent aux autres toutes leurs aises, qui n'y participent jamais.

53ᵉ NUMÉRO
Courrier du 1ᵉʳ janvier 1789

Manufacture des âmes dans Mercure[183]

Les âmes, dit-on sur la Terre, n'ont ni forme ni couleur : mon Dieu ! comme on se trompe sur la Terre ! on a bien raison de dire que les voyages forment l'homme, et l'instruisent mieux que tout le reste. Si je n'avais pas eu le bon esprit et le courage d'aller chercher la vérité dans les planètes, elle serait encore ignorée ; au lieu qu'en [10] racontant ce que j'ai vu à mes lecteurs, je suis moralement sûr qu'ils le raconteront à leurs parents ; les parents le raconteront à leurs connaissances, et de *conte* en *conte*, l'erreur se dissipera, une nouvelle métaphysique régnera sur la Terre, et les lumières prendront la place de l'incertitude. Oui, Messieurs, les âmes sont susceptibles de modifications ; elles ont chacune leur couleur, chacune leur forme particulière. La manufacture des âmes est située dans la planète de Mercure ; c'est un des premiers génies qui était chargé de cette direction autrefois ; mais comme ses affaires tournèrent mal, il fut obligé de faire une banqueroute frauduleuse, si toutefois on peut être obligé de faire mal. Depuis sa retraite, plusieurs génies formèrent une compagnie d'actionnaires, et prirent la manufacture à leur compte : mais la jalousie du premier les ayant tourmentés, les ayant compromis, ayant tâché de nuire à leur crédit, ils manquèrent de fonds, et se virent réduits à la plus stricte économie. [11] Voilà pourquoi nous ne voyons plus guère de ces âmes grandes et sublimes qui faisaient la gloire de l'empire romain, et qui ont illustré les siècles précédents. Ces nouveaux entrepreneurs, n'ayant plus les moyens de fournir du beau, fournissent du commun, qu'ils ont soin de déguiser sous une belle apparence, pour mieux en imposer au public. Au lieu de ces âmes fortes et courageuses, qui sacrifiaient de vains dehors à des principes solides, nous n'avons presque plus que des âmes ordinaires et pusillanimes, qui

---

183 Venant après la manufacture des hommes et le cabinet des cœurs pétrifiés sur la planète Jacquinette (*Courriers* nᵒ 13 et 37), et les ateliers des jouissances humaines sur Saturne (*Courrier* nᵒ 51), cette nouvelle visite témoigne d'un certain épuisement de l'imagination du Cousin Jacques, qui a de plus en plus recours à l'allégorie satirique.

donnent tout au spécieux, au brillant, et rien à la réalité. Quand j'ai demandé la raison de ces changements et de cette dégradation du commerce des âmes, ces messieurs les génies m'ont répondu : *Qu'on nous donne des fonds, nous donnerons de bonnes marchandises.* C'est un spectacle très curieux que celui de la manufacture des âmes : plus de cinq mille ouvriers y sont occupés sans relâche. Tous ces ouvriers sont des génies, portant une figure humaine, et de jolies ailes nuancées de mille couleurs agréables. [12] On me permit de m'arrêter dans cette belle maison pendant quelques heures. C'est une faveur rare et signalée : je n'ai pu qu'entrevoir, effleurer ce beau spectacle, malgré mon extrême avidité pour tout examiner en détail. Ce dont je me souviens très bien, c'est d'avoir vu faire des âmes de plusieurs espèces, mais non pas de toutes les espèces ; il aurait fallu pour cela rester un jour entier dans la manufacture, et l'on ne m'accordait que deux ou trois heures au plus. Il y a dans cette maison des bureaux sans nombre, des ateliers sans fin, des magasins immenses. Chaque génie actionnaire a son district séparé ; en outre, il y a un génie subalterne à qui la direction générale des travaux est confiée. Je vis dans le premier atelier la fabrique des âmes des souverains : toutes ces âmes ne sont pas de la même matière… Voilà une expression choquante, dira quelque théologien ; de la matière pour faire des âmes ! Oui, Monsieur, de la matière : mais cette matière n'est comparable en rien à tout ce que nous entendons par ce mot *matière*. [13] Il y a d'abord un grand et vaste foyer, mais qui ne produit que des étincelles, et point de flammes… Quand une âme est tournée, façonnée à son point de perfection, on l'approche de ce foyer, et elle en reçoit plus ou moins d'étincelles, quelquefois une vingtaine, quelquefois la moitié d'une. Je vis plusieurs âmes de princes et d'empereurs faites avec une matière si tendre et si molle, que je ne puis la comparer qu'à du beurre… Ces âmes sont si flexibles, que la main la plus légère peut leur donner la forme qu'il lui plaît. Mais, par une prévoyance particulière de ces génies, on fabrique dans ce même atelier, et tout à côté de ces âmes, d'autres âmes d'une matière plus dure et forte, qui ne se laisse point manier comme on veut. Ces âmes sont destinées à animer les corps de plusieurs grands ministres, ce qui fait une compensation de bien et de mal. Je vis dans une autre salle des âmes de glace et de neige ; le frisson me prit en y entrant : les génies de cette salle sont toujours grelottant et claquant [14] des dents, parce que l'habitude de manier des matières froides et glacées, leur gèle et leur engourdit les sens. Aussi les voit-on sur le soir courir à un grand feu quand ils quittent leur ouvrage, et ils ont bien de la peine à s'y réchauffer. Ces âmes sont destinées à certains philosophes apathiques, qui prêchent le feu, qui font l'éloge de la chaleur avec une langue raide de froid. Je vis un atelier où les génies chantaient en travaillant ; toutes les couleurs qu'ils employaient étaient le rose, le blanc d'argent, le carmin et l'outremer... J'examinai des âmes couleur de rose qui faisaient plaisir à voir : c'est l'atelier des âmes gaies, qui prennent le temps comme il vient, qui voient plus en beau qu'autrement, et qui conservent, au sein du malheur, la ressource flatteuse de l'espérance. Je passai de là dans un atelier sombre et lugubre ; le jour n'y pénétrait pas, et l'on n'y travaillait qu'à la lueur pâle des lampions et des lampes. Des génies crasseux et livides occupaient ces [15] ateliers ; tous gardaient un silence morne et terrible : cet atelier est peint en noir, et des larmes de sang sont la seule nuance qui tranche sur ce noir. C'est là que se fabriquent les âmes des scélérats, des voleurs, des assassins, des *roués* de société (qu'on appelle à Paris *d'aimables roués*[184]), des faux amis, des conquérants barbares, des pères dénaturés et des tyrans de toute espèce... Ce fut de cet atelier que sortirent les âmes des Néron, des Héliogabale, des Tibère, des Caligula, des Attila, des Alaric, des Cartouche, des Mandrin, des... et d'une infinité de monstres, dont la mémoire est en horreur parmi nous. Ce fut de cet atelier que sortit l'âme de tel et tel homme en place, de tel et tel siècle, que je laisse à deviner à mes lecteurs : mais on m'a là-dessus recommandé le secret. C'est encore dans cet atelier que se font les âmes des auteurs jaloux, satiriques, dont tout le loisir est de nuire par un prétendu bon mot. Je m'approchai d'une de ces dernières ; elle avait la forme et la tournure d'un [16] porc-épic, et quand je voulus la toucher, elle se hérissa de telle manière, que je ne savais plus par quel bout la prendre. Ceci est bien singulier, dis-je au génie qui me conduisait. – Vous la voyez bien rétive, me dit-il ; vous allez la voir bien douce et bien docile... À ces mots, il prit de la poudre d'or et d'argent que contenait un baril voisin de là, et il en versa quelques pincées, en forme de pluie, sur le porc-épic, qui devint doux, uni, et

---

184 « Qu'est-ce donc qu'un *roué aimable* ? demandera un étranger qui croit savoir la langue française. C'est un homme du monde, qui n'a ni vertus, ni principes, mais qui donne à ses vices des dehors séduisants, qui les ennoblit à force de grâce et d'esprit. Voilà donc une idée complexe qui a donné lieu à un terme nouveau » (Mercier, *Tableau*, chap. 462 : « Roués »).

lisse comme le satin... Cette pluie est le seul ingrédient qui puisse rendre ces âmes-là souples et maniables, me dit le génie... Celle-là doit animer le corps d'un auteur famélique qui sera pétri de vices, et fera des vers contre les vices, qui se fera passer pour un homme de qualité à la faveur du génie, et qui n'aura en effet ni qualité, ni génie... Voici une autre âme à peu près de la même espèce ; mais la pluie d'or n'est pas le seul moyen de l'adoucir...Vous voyez comme elle se hérisse, cela fait horreur ! vous croiriez que je n'oserais jamais le toucher... Mais ce n'est pas avec [17] la main que ces sortes d'âmes se touchent... vous allez voir... À ces mots, il prit un bon bâton noueux qu'il trouva là, et sans se donner la peine de frapper, il rendit l'âme aussi douce que la première... Cette âme, ajouta-t-il, sera celle d'un *comte* pour rire, qui tiendra dans la littérature un rang usurpé, mais qui lui coûtera cher, et qu'il ne gardera pas longtemps[185]... Dans l'atelier voisin, je vis des âmes sous la forme de chiens couchants, devenir tout-à-coup serpents, et puis ensuite tigres, et puis enfin changer de forme trente fois en un quart d'heure. C'est là que se fabriquent les âmes des courtisans. Mais ce qui m'amusa beaucoup, ce fut l'atelier des âmes d'auteurs, d'artistes et de tous les gens à talents destinés à la publicité. Elles sont presque toutes de forme ronde et d'une surface dure et polie... Je demandai la raison de cette particularité : cette forme ronde et cette surface dure, me répondit-on, n'est que l'enveloppe d'une matière pure et sensible... Mais nous donnons cette forme à ces âmes, comme la [18] plus heureuse pour des gens qui seront exposés à tous les traits de la malignité... Ces âmes échappent à l'attaque la mieux dirigée, et les pointes les plus dures s'émoussent contre leur surface. Cela est si vrai, qu'un génie vint l'autre jour troquer deux âmes pour deux Français de ses amis ; de ces Français, l'un est auteur, l'autre est peintre et tous deux ont du talent... Les chagrins qu'on leur a causés dans leur patrie, avaient tellement affecté leur sensibilité, que ces pauvres âmes, quand on nous les rapporta, étaient toutes bossuées et criblées de blessures et de plaies. Le génie voulait en prendre d'autres, mais nous les remîmes dans leur premier état ; ensuite nous leur donnâmes la forme ronde et la surface dure que

---

185 « On appelle aussi un *comte pour rire*, celui qui prend la qualité de comte, et qui ne l'est pas véritablement » (Furetière). Plutôt que le comte de Saint-Germain (que Frédéric II nomme ainsi dans une lettre à Voltaire du 1er mai 1760) ou que le comte de Cagliostro (Joseph Balsamo, qui venait d'être expulsé de France), c'est à nouveau Rivarol qui est visé ici (voir *Courrier* n° 19, p. 19 ; n° 21, p. 20).

nous donnons à toutes les âmes à talents... Depuis ce temps, nous en avons demandé des nouvelles au génie ; il nous a dit que ses deux protégés étaient très contents de leurs âmes ; l'auteur travaille avec plus de courage que jamais, et les libelles le trouvent insensible. Le peintre perfectionne [19] tranquillement ses tableaux, et la cabale ne lui fait pas la moindre impression. Je vis aussi un autre génie rapporter au bureau des trocs une âme appartenant à une jolie femme de Paris. Reprenez cette âme, dit-il, et donnez-m'en une autre, je vous payerai le surplus : la personne pour qui je parle ne veut plus de cette âme-là. – Quoi donc ! dit le directeur du bureau, est-ce que les femmes de Paris s'imaginent qu'on change d'âme comme on change de casaquin[186], et qu'une âme est aussi une affaire de mode ? – Non pas, non pas, reprit le génie ; mais cette âme, trop sensible, a causé beaucoup de tourment à sa propriétaire[187] ; elle s'imaginait follement que la sensibilité procurait le bonheur ; une cruelle expérience l'a bien détrompée. Elle ne veut plus d'une âme sensible : donnez-m'en une autre qui soit dure et inflexible ; le bonheur, dans ce siècle-ci, est attaché aux âmes de cette trempe... Le génie directeur lui en donna une autre, et le génie troqueur lui paya le surplus, parce que les âmes dures étant à la mode, sont à [20] à présent les plus chères : il y a même des âmes de capitalistes et d'intendants qui sont hors de prix... Je vis un autre génie rapporter au bureau l'âme d'un homme de trente ans... Tenez, dit-il, voilà une âme dont nous n'avons pas besoin... Elle appartient à Lucidor. – Quoi donc ! Monsieur le génie, est-ce que Lucidor ne veut pas avoir d'âme ? est-ce qu'il en est déjà dégoûté ? – Non pas, répartit le génie ; mais depuis qu'il connaît Émilie, depuis qu'il a rencontré en elle cette sympathie qui enchaîne deux êtres pour la vie, il lui a pris la moitié de son âme, et l'âme d'Émilie se partage entre elle et Lucidor, de manière qu'il ne faut plus qu'une âme pour deux ; ainsi il en a une de trop, et je vous la rapporte. Je partis de cette manufacture avec bien du regret ; mais je m'arrêtai dans l'avant-cour, à l'aspect de la multitude innombrable de voitures qu'on y chargeait pour tous les globes. C'est vraiment une chose curieuse et intéressante : chaque voiture est assez grande pour contenir cinq [21]]

---

186 Corsage ajusté porté sur la jupe par les femmes du peuple.
187 « Ô Julie, que c'est un fatal présent qu'une âme sensible ! Celui qui l'a reçue doit s'attendre à n'avoir que peine et douleur sur terre. » (*La Nouvelle Héloïse*, I, lettre 26). Voir Michel Delon, « "Fatal présent du ciel qu'une âme sensible", le succès d'une formule de Rousseau », *Études Jean-Jacques Rousseau*, n° 5, 1991, p. 53-64.

ou six milliers d'âmes ; elles sont conduites par des génies subalternes, et chacune d'elles appartient à un maître génie, qui est le génie national de chaque peuple. Sur chaque voiture il est écrit : *Département de tel génie…* Je lus plusieurs plaques d'argent sur lesquelles on écrit ces départements ; je vis *département du génie de l'Angleterre, département du génie de la France.* Ces deux voitures se côtoient toujours en route, et cherchent toujours à se dépasser. *Département du génie de Prusse, département du génie de l'Espagne,* etc., etc. Aucunes de ces voitures ne se ressemblent ; aucune ne se charge de même ; les âmes ne sont pas non plus les mêmes ; celles-ci sont plus dures et plus fortes ; celles-là plus molles et plus flexibles… Le génie d'une nation que je ne nomme pas, demanda des marchandises d'une nouvelle qualité pour son pays ; on lui répondit qu'on n'en avait point : il en commanda la *facture,* et détailla exactement de quelle manière il voulait les avoir… *C'est,* dit-il, *de la part d'un nouveau souverain,* [22] *qui veut que ses États changent de forme et se régénèrent ; et, dans cette vue, il veut qu'on ne fasse pour son empire que des âmes telles qu'il les commandera…* Ces paroles m'ont frappé, et je m'en souviendrai long-temps… Je partis enfin de cette manufacture, et comme j'étais fatigué, je demandai au génie de la France de me permettre de monter derrière son chariot. Je fis ainsi quarante lieues derrière les âmes qui doivent animer un jour les Français ; mais comme elles ne remuèrent pas dans la route, comme d'ailleurs elles étaient couvertes d'une toile de coton bleue, qui les garantissait des injures de l'air, je n'ai pu tirer aucune conjecture pour l'avenir.

L'armée de bois dans Jupiter

Parmi les îles qui composent la planète de Jupiter, il y en a qui vivent en paix, et c'est le plus grand nombre : il y en a aussi qui se font la guerre, et c'est de ces dernières que je vais parler. Quand [23] il se trouve deux souverains d'humeur belliqueuse l'un près de l'autre, *c'est le diable,* comme dit René dans *les événements imprévus*[188], et le démon des batailles devient le dieu des deux puissances voisines ; mais quand de ces deux

---

188 Comédie en trois actes, mêlée d'ariettes, paroles de Thomas Hales (d'Hèle), musique d'André Ernest Grétry, représentée à Versailles le 11 novembre 1779. À la fin de l'acte II, le valet René, victime d'un stratagème, chante « Mais c'est le diable, Le diable, le diable ».

souverains l'un vient à mourir, et qu'il laisse un successeur pacifique, humain, sage, bienfaisant, c'est-à-dire élevé comme un souverain doit l'être (car la guerre et toutes ses horreurs ne sont souvent que le fruit de la mauvaise éducation des princes), alors la paix commence à reparaître, et si le voisin guerrier veut absolument livrer bataille, ce n'est que malgré lui que son voisin l'accepte, et même il cherche encore les moyens d'épargner le sang humain. C'est ce qui arriva, mais d'une manière fort originale, pendant mon dernier voyage dans cette planète. *Horrid* est roi d'une île de trois cents lieues de diamètre ; cette île était peuplée, commerçante, fertile, heureuse, quand il monta sur le trône ; mais son humeur guerrière a fait de ce beau pays un vaste désert ; les [24] fleuves et les fontaines semblaient rouler avec regret leurs eaux rougies par les assassinats, et le philosophe en pleurs, qui se promenait sur leurs rives, croyait entendre les gémissements des naïades teintes de sang mêlés avec ceux des infortunées victimes de la guerre. Plus de commerce, plus d'agriculture, plus d'aisance, plus de bonheur. Ce malheureux prince, traînant une vieillesse infirme et douloureuse, accablé du poids des ans et des remords, avait tellement contracté l'habitude de *guerroyer*, qu'il arrachait à l'agriculture le peu de bras qui lui restaient encore, pour les armer d'un glaive homicide, et le petit nombre de citoyens épars dans ses vastes États, était moins un peuple, que les débris d'une armée[189].

Horrib avait longtemps fait la guerre au souverain d'une île voisine, qui partageait son inclination meurtrière : mais ce souverain, à l'article de la mort, avait dit au gouverneur de son fils, encore en bas âge : « Mon ami, les remords me poursuivent jusqu'au tombeau ; j'ai occupé le trône [25] pendant trente ans, mais je n'ai pas régné un jour, puisque je n'ai pas été un jour sans faire la guerre, et l'on ne règne que par la paix et la bienfaisance... Donnez à mon jeune fils une éducation toute différente de la mienne[190] ; si l'on m'avait inculqué dans l'enfance des idées

---

189 Cette critique du prince guerrier s'accorde mal avec l'éloge de Frédéric II (*Courrier* n° 25 et n° 26). On pense à la lettre de Fénelon à Louis XIV : « Tant de troubles affreux qui ont désolé toute l'Europe depuis plus de vingt ans, tant de sang répandu, tant de scandales commis, tant de provinces ravagées, tant de villes et de villages mis en cendres sont les suites funestes de cette guerre de 1672 entreprise pour votre gloire et pour la confusion des faiseurs de gazettes et de médailles de Hollande » (*Œuvres*, Pléiade, 1983, t. 1, p. 545).

190 Le roi tient à son fils un discours assez semblable à celui que Gabriel Henri Gaillard, comme directeur de l'Académie française, avait adressé à Louis XVI sur son sacre : « Votre cœur vous dira toujours qu'une guerre nécessaire est un fléau, qu'une guerre inutile est un crime [...] ». Selon l'abbé Proyart, Louis XV avait déclaré au dauphin Louis, le soir

justes de l'honneur, de la félicité des peuples et du bonheur des rois, j'aurais coulé des jours purs au sein du bonheur, et je mourrais adoré de mes sujets, comme un bon père rend le dernier soupir au milieu des enfants qui entourent son lit, et le couvrent de larmes. Dites souvent à mon fils, dites-lui bien que la guerre est un monstre dans l'ordre de la nature et de la société. De perfides amis lui feront entendre que c'est un mal nécessaire de temps en temps, qu'il y a quelquefois trop d'hommes sur le globe, que le grand nombre écrase l'individu, que les animaux se battent, et qu'il est dans l'ordre des choses de livrer des batailles… Absurdités, chimères que tout cela ! les sophistes et les ambitieux [26] ne sont jamais embarrassés pour prouver que le mal est un bien. Il n'est pas plus naturel de faire la guerre, qu'il n'est naturel de tuer son semblable, d'incendier une ville et de ravager les moissons que la nature prépare pour le soutien des humains. Il n'y a jamais trop d'hommes, là où le gouvernement est sage, industrieux et prévoyant. Le mal n'est jamais nécessaire, quand on peut l'éviter, et les souverains le peuvent toujours, quand ils le veulent fermement et qu'ils s'y préparent de longue main. »

Ce discours et les leçons du gouverneur firent sur le cœur du jeune prince une impression vive et durable. En âge de gouverner par lui-même, il fut le protecteur des arts, l'ami des pauvres, le soutien de la tranquillité publique ; en un mot il aima la paix, parce qu'il connut la gloire.

Horrib voulait cependant le forcer à la guerre, et le jeune roi trouvait toujours moyen de l'éluder, mais des incursions sur ses terres, quelques villages brûlés, [27] quelques milliers d'agriculteurs ruinés par les troupes d'Horrib, forcèrent *Laudain* (c'est le nom du jeune souverain), de repousser son injuste ennemi. Que fait-il ? il envoie chercher des menuisiers et des tourneurs en grand nombre, et leur recommande le secret. Ils le gardèrent d'autant plus exactement, qu'aucun d'eux n'était marié, et qu'ils ne furent point tentés de faire de confidences à leurs épouses, ce qui aurait éventé la mine avant le jour marqué. « Mes chers menuisiers et mes chers tourneurs, leur dit-il, il faut que vous me fassiez dix mille chevaux de bois de chêne, dix mille cavaliers en bois de noyer pour mettre dessus, et vingt mille soldats d'infanterie en bois d'acajou : quand tout cela sera prêt, vous le ferez mettre en couleur par les peintres de mon cabinet, et quand tout sera mis en couleur, vous direz à mes

---

de la bataille de Fontenoy : « *Voyez, mon fils, qu'il en coûte à un bon cœur de remporter des victoires !* » (*Vie du Dauphin, père de Louis XVI*, Paris, 1778, p. 125).

machinistes de le faire mouvoir à droite et à gauche par des ressorts, qui mettent toute l'armée en mouvement par le moyen de plusieurs fils de laiton, que mes [28] machinistes tireront à diverses distances[191]. » Les menuisiers et les tourneurs, flattés de la confiance du roi, surpris de cette idée singulière, et charmés d'avoir trouvé l'occasion de se faire honneur dans une si noble entreprise, se mirent à l'ouvrage, et au bout de trois mois, l'armée de bois peint se trouva sur pied. Horrib, qui attendait impatiemment le jour du combat, se rendit sur le champ de bataille au jour indiqué, et quand il aperçut tous les soldats de Laudain, il fut d'abord étonné de les voir tous frais et vermeils, tous grands et bien faits (c'était de loin qu'il les voyait), lui qui n'avait à sa suite que des soldats languissants, âgés, fatigués et mécontents ; il croyait que l'armée ennemie était composée de soldats en chair et en os, comme toutes les armées qu'il avait combattues jusqu'alors. Le pauvre prince ! il ne savait pas que ses ennemis actuels étaient invulnérables, et il hésita quelques minutes avant de donner le signal du combat. *La suite au numéro prochain.*
[29]

Fabrique générale des planètes dans Sirius

Comment peindre ce que je viens de voir ? À quelles expressions recourir, pour donner à mes lecteurs une faible idée du grand et magnifique spectacle que je viens de contempler ? Je suis encore tout plein de ces merveilles.

J'avais si souvent entendu parler dans ma jeunesse de la fameuse étoile Sirius[192], que je disais toujours en moi-même, surtout depuis que je suivais la carrière du firmament : *Oh ! j'irai là, j'irai là quelque jour…* mais je n'osais confier à personne un projet si hardi. S'il est dangereux de présumer de ses forces, il l'est aussi quelquefois de s'en défier. *Dans cette admirable pensée*[193], je pris une belle nuit quand j'étais dans Jupiter pour exécuter ce grand dessein. À minuit sonnant à la grande pendule

---

191 Linguet avait déjà imaginé une guerre à distance, des combats sans soldats, mettant aux prises deux armées entièrement composées de canons : « on parviendrait sûrement avec le temps à les faire marcher comme des montres, avec de grands ressorts qui dispenseraient d'employer des hommes à les faire mouvoir » (*Journal de politique et de littérature*, 25 jan. 1776).

192 Le Cousin Jacques quitte pour la première fois le système solaire, rendant à Micromégas la visite que celui-ci avait faite à la Terre près de quarante ans plus tôt.

193 La Fontaine, « L'âne et le petit chien », livre IV, fable 5.

de l'hôtel-de-ville de Jupiter (cette planète, comme je l'ai prouvé dans ma première année[194], n'est qu'un vaste océan, parsemé d'îles de toute grandeur), [30] je m'élevai dans mon ballon que j'avais niché sur le toit de l'auberge où je logeais, et traversai rapidement l'atmosphère jupitérienne ; après dix heures d'ascension en ligne directe, j'avais perdu de vue non seulement l'île que je quittais, mais même la planète tout entière : je voguais ainsi dans l'espace avec une rapidité que rien n'arrêtait encore, et pendant trois jours, je m'élevai sans cesse ; je crois que le troisième jour à midi j'avais fait six cent soixante mille lieues, car j'allais comme le vent. Mais les vivres commençant à manquer, et me trouvant toujours dans le vide, sans apercevoir ni planète, ni étoile, ni pied-à-terre[195] quelconque, je commençai à m'effrayer un peu du silence[196] et de la solitude imposante qui régnaient autour de moi. Il est facile de perdre la carte[197], quand on se trouve dans un pays comme celui-là. Deux jours se passèrent encore sans que j'aperçusse un atome : tantôt la nuit m'environnait de son ombre, tantôt une clarté resplendissait, sans que [31] je découvrisse le point d'où elle partait... Pour le coup, me confiant à la destinée, je désespérai absolument du succès de mon voyage... Cependant, pour me distraire un peu de l'ennui d'une si longue route, j'avais emporté des livres nouveaux ; *les quatre volumes formant la suite du tableau de Paris*, par mon cousin Mercier, ouvrage plein de saines critiques, de force et de philosophie, comme tout de qui sort de la même plume[198] ; j'avais emporté aussi la plupart des jolis romans que met en vente mon cousin *Buisson*, libraire à *Paris, rue Haute-Feuille, Hôtel de Coëtlosquet*[199]. Tout cela m'amusait, m'intéressait, me faisait oublier les désagréments de la route.

---

194 *Courrier* n° 19.

195 Au sens de « logement qu'on occupe seulement en passant » : emploi plaisant d'un substantif dont on ne trouve guère d'attestation avant le dix-neuvième siècle.

196 Référence pascalienne ?

197 Perdre la carte : « c'est ne savoir plus où est le nord, le midi, en un mot, la route qu'il faut suivre. Il est possible que cette locution soit tirée du jeu de piquet, où celui qui perd la carte a un grand désavantage » (Philipon-la-Madelaine, *Des homonymes français*, 1802).

198 Le « cousin Mercier » figurait déjà dans la « bibliothèque lunaire » décrite dans la *Lune* n° 26, p. 91. Le quatre premiers tomes du *Tableau de Paris* étaient parus en 1782 ; les tomes 5-8 en 1783 ; les tomes 9-12 en 1788. Ce sont peut-être ces derniers, publiés à l'adresse d'Amsterdam, qu'évoque le Cousin Jacques.

199 François Buisson (1753-1814). Outre les romans auquel il est ici fait allusion (notamment des traductions de l'anglais – dont Richardson et Sterne –, et diverses œuvres de Baculard d'Arnaud), il fut l'imprimeur des *Annales patriotiques et littéraires* de Mercier (1791-1796), de *Jacques le fataliste* et de *La Religieuse* en 1796 et 1798.

Mais ce qui m'égaya beaucoup, ce fut *l'histoire d'un chanoine mort et ressuscité*, in-8° en deux volumes, qui se vend aussi chez Buisson. L'auteur de cet ouvrage très spirituel et très original, est le cousin *Rumpler de Rorbach*, chanoine à Strasbourg, depuis longtemps connu par ses malheurs, par sa gaieté, par ses talents, par ses aventures singulières[200]. [32] J'avais déjà parlé de cet ouvrage dans mes *Lunes*, et je n'en reparle ici que parce qu'il a beaucoup contribué à me faire supporter le plus grand et le plus long voyage qu'on ait jamais cité de mémoire d'homme.

Au moment que j'y pensais le moins, je vis voltiger autour de moi une espèce de magot, portant figure humaine, deux grandes ailes et de longs pieds avec des sabots pointus. Holà, hé, qui es-tu ? lui dis-je avec effroi. N'aie pas peur, me répondit-il ; je suis un des douze cents *Anges en sabots*, que la providence a créés pour parcourir sans cesse les plaines du firmament. Notre devoir est de veiller à la police des airs, et de remettre dans le chemin les voyageurs qui s'en sont écartés. – Douze cents anges de police pour l'immensité, c'est bien peu de chose ; nous avons à Paris douze cents soldats du guet, et nous trouvons que ce n'est pas assez. – Imbécile ! me dit-il en fronçant le sourcil, tu ne sais donc pas que la police consiste moins dans le nombre de ceux qui la font observer, que dans la [33] manière dont ils s'en acquittent ? D'ailleurs ton Paris est un repaire de mauvais sujets ; et puis on ne voyage pas en l'air comme on marche dans les rues : depuis deux mois, tu es le premier voyageur que j'aie rencontré. – Et pourquoi portez-vous des sabots ? Est-ce pour vous préserver du rhume ? – Non pas, non pas ; tu vas savoir pourquoi ; où vas-tu maintenant ? – Hélas ! monsieur l'agent de police, ou monsieur le sabotier, si vous l'aimez mieux, je vais dans Sirius. – Dans Sirius ? insensé ! c'est le voyage le plus téméraire qu'on ait jamais tenté... Dans Sirius ? Sais-tu que c'est le marchepied de l'éternel, le centre, pour ainsi dire, de l'immensité ; la plus belle et la plus grosse de toutes les planètes de l'univers, et comme le chef d'ordre[201] de la congrégation des mondes ? – Je le sais ; mais puisque

---

200 *Histoire véritable de la vie errante et de la mort subite d'un chanoine qui vit en encore, écrite à Paris par le défunt lui-même*, s. l., 1784. « Cette histoire est celle des procès et de l'espèce de persécution que M. l'abbé [François Louis] Rumpler de Rohrbach chanoine de Saint-Pierre à Strasbourg, a éprouvé tant de la part de son corps qu'à l'occasion de différentes affaires où l'a entraîné l'activité de son désir d'obliger [...] » (*Correspondance littéraire secrète*, n° 21, 18 mai 1788, p. 169-170).
201 Abbaye-mère.

j'ai entrepris le voyage... – Je t'entends, mais tu n'es pas dans la route ; Sirius est derrière toi ; plus tu t'avances de ce côté, plus tu t'éloignes de Sirius[202] ; tu n'y arriverais pas dans cent ans, quand tu irais [34] plus vite que la flèche lancée par une main robuste, si je ne te secondais pas d'un coup de pied... – D'un coup de pied ! m'écriai-je interdit. – Oui, d'un coup de pied ; et voilà pourquoi nous portons des sabots pointus. Allons, fais volte-face, et va droit où je vais t'envoyer ; à ces mots, il me donna dans le derrière un coup de pied si violent, que l'empreinte de son sabot y demeura plus d'un mois... dès lors, je le perdis de vue ; et du coup, je me sentis emporté avec tant de rapidité, que je fis en moins de six heures plus de chemin que je n'en avais fait dans tout le cours de mes voyages... Après une course épouvantable, je crus m'être encore fourvoyé dans ma route... quand j'aperçus un autre *Ange de police*, un peu plus vieux que le premier, et portant des sabots bien plus longs que son camarade. La grandeur des sabots est ce qui distingue les grades parmi ces *Anges*, comme la forme de l'épaulette parmi nos militaires. Le premier n'était sans doute encore que lieutenant, dis-je en moi-même, mais celui-ci est au moins [35] capitaine ; gare à moi, s'il me remet dans mon chemin. – Où vas-tu ? me dit-il d'un air fier. – Dans Sirius, lui répondis-je humblement ; mais, si je me suis égaré, ne vous donnez pas la peine de me montrer ma route ; indiquez-la moi seulement de bouche ; un de vos messieurs a eu déjà la bonté de me l'enseigner d'une manière un peu trop démonstrative ; et tout en lui parlant de la sorte, je m'éloignais toujours pour éluder sa démonstration. Mais ces *Anges*-là sont prestes ; ils n'ont que des muscles et des nerfs ; ce qui les rend agiles comme l'oiseau, et vigoureux comme le lion. En vain je voulus l'éviter ; il me donna dans le derrière un tel coup de pied, que jamais coup de pied de cheval ne fut égal à celui-là... Prends à gauche, me dit-il, et puis ne te détourne pas. – Merci, monsieur, lui dis-je en pleurant ; et en moins de deux jours, j'eus fait je ne sais combien de millions de lieues... Pour lors je voyais Sirius déjà gros comme une citrouille... et l'éclat dont il brillait ne me permit pas de douter que ce ne fût lui. Comme je me [36] réjouissais de mes succès, ne voilà-t-il pas qu'il se présente à moi deux *Anges de police*, portant des sabots immenses, et

---

202 Même erreur de navigation que deux ans plus tôt lors du voyage vers la Lune (*Lune* n° 31, p. 88) au cours duquel le Cousin Jacques avait déjà croisé une patrouille aérienne (*Lune* n° 29, p. 55).

pointus comme des aiguilles ?... Ahi ahi ! je suis perdu ! m'écriai-je en tremblant ; et je voulus diriger ma course du côté opposé... mais ces messieurs m'abordèrent comme la maréchaussée aborde un voleur. Où vas-tu ? me dirent-ils d'un ton qui me fit frémir. – Par pitié, messieurs, leur répondis-je d'une voix suppliante, laissez-moi passer mon chemin ; je ne fais de mal à personne ; les derrières des habitants de ma planète ne sont point à l'épreuve de vos terribles sabots... Cette observation ne les toucha point ; ils se mirent à rire ; et, sans égard pour mes larmes, l'un d'eux s'éloigna à une forte distance, et l'autre m'ayant retenu par le bras, me lança vers son camarade par un coup de sabot qui m'alla jusqu'au cœur ; celui-ci me reprit sur la pointe de son sabot, et ces deux messieurs s'amusèrent à faire de moi un volant, et de leurs pieds des raquettes, qui n'étaient point du tout d'une nature analogue à la mienne[203]... [37] Cela dura cinq ou six minutes, qui me parurent quatre heures... Mon Dieu ! qui pourrait exprimer ce que j'ai souffert pendant cet espace de temps ? Malheureusement ces deux *Anges de police* étaient deux des plus avancés en grade de toute la compagnie ; l'un était le lieutenant-colonel, et l'autre le major des sabotiers... et leurs sabots étaient d'une matière plus dure, et d'une forme encore plus élastique que ceux de tous les autres anges. Enfin il leur plut de me laisser ; mais ce fut alors qu'ils se réunirent, et m'appuyèrent en même temps deux coups de pieds au cul qui m'envoyèrent dans la banlieue de Sirius.

Tous les globes de notre tourbillon, réunis en un seul volume, n'approchent pas encore de *Sirius*. Quoiqu'au haut de l'atmosphère de cette énorme planète, que nos astronomes nomment étoile fort mal à propos[204], c'est-à-dire quoique encore éloigné de ce globe d'environ cinquante mille lieues (car tout est proportionné à la grosseur de cette masse incompréhensible), je ne voyais partout devant moi que Sirius ; de quelque [38] côté que je détournasse mes regards, c'était Sirius ; l'ombre de ce corps volumineux m'enveloppait de toute part ; et pour apercevoir la clarté du firmament, il fallait regarder directement derrière moi... La lumière qui rejaillit de ce globe ne s'aperçoit que de loin, parce qu'elle

---

203 Beckford décrit une semblable partie de football cruel : « Le Calife, plus acharné que les autres, le suivait de près, et lui lançait autant de coups de pieds qu'il pouvait » (*Vathek*, 1786, p. 77).

204 Selon l'Académie, une planète est un « astre qui ne luit qu'en réfléchissant la lumière » d'un autre ; ce qui n'est pourtant pas le cas de Sirius selon le Cousin Jacques, qui veut sans doute dire qu'il est habitable.

part des nombreux volcans dont cette reine des planètes est remplie ; mais les plus voisins de ces volcans sont à plus de cent soixante mille lieues les uns des autres, et je me trouvais entre les deux volcans les plus éloignés. Cette planète n'est habitée que par des créatures d'une force et d'une nature très supérieure à la nôtre. Ces créatures sont des espèces de génies, mais mortels comme nous, quoique le terme ordinaire de leur vie soit de cinq millions de siècles et plus ; cependant, comme aucun globe n'est exempt des vicissitudes auxquelles il a plu au Très-Haut de soumettre cet univers, il arrive parfois dans Sirius des épidémies qui enlèvent des petits enfants à l'âge de cinquante ou soixante mille ans. Les hommes de la taille ordinaire, ont sept [39] millions de toises de hauteur[205] ; les femmes à peu près autant, et tout dans ce monde merveilleux est au-dessus de notre portée.

On juge bien que je ne pouvais ni parler à ces gens là, ni m'expliquer avec personne ; j'étais moins qu'un atome ; et pour ne pas tomber dans quelque piège, ou être écrasé comme une mouche, je résolus de m'arrêter dans les cheveux du premier qui s'offrirait à moi, d'y déposer mon ballon, et de faire élection de domicile sur sa tête. Le moindre de ses cheveux avait vingt pieds de diamètre[206], et il y avait plus de sept pieds d'intervalle entre chaque cheveu ; la surface de son crâne avait plus d'étendue que la France entière, et l'on voit que je pouvais me promener à mon aise, sans qu'il s'en aperçût. Ce fut dont sur cette tête que je m'arrêtai ; mais ne sachant comment me nourrir, je pris le parti de couper chaque jour un petit morceau de cette même tête qui me portait, de le laver, de le faire cuire, et d'en faire mon ordinaire. Ce que je pouvais lui ôter dans le cours d'une année, était moins pour lui [40] que ne serait pour nous la grosseur d'une tête d'épingle… aussi ne le sentait-il pas ; et le feu que je faisais avec mon briquet, n'allait pas jusqu'à la moitié de la distance d'un cheveu à l'autre cheveu. Je vécus ainsi pendant dix jours, et ce fut de là que je fis mes observations, que j'examinai leurs travaux, et que je me mis au fait, quoique assez imparfaitement, de ce qui se passe dans Sirius. Quelquefois je craignais de causer à mon homme quelque

---

205 Micromégas est 437 fois plus petit, n'ayant que « huit lieues de haut » (16 000 toises). C'est la première fois, depuis les géantes ailées de la *Lune* n° 29, que Beffroy donne à ses créatures extraterrestres des caractéristiques physiques vraiment surhumaines. Cette taille n'est pas vraiment justifiée par celle de Sirius, étoile naine à peine plus grosse que le soleil dont le diamètre est moins de 200 fois celui de la Terre.

206 Plutôt 100 pieds, si l'on respectait les proportions.

démangeaison, mais je me rassurai un matin, lorsque sa femme le peigna à fond avec un peigne fin. J'échappai au peigne, en me glissant toujours entre ses dents ; et je n'eus pas grand peine, car il restait toujours huit pieds au moins de l'extrémité de la dent du peigne à l'endroit de la chair, où je m'étais établi[207]. Ceux qui connaissent les proportions et les distances, comprendront cela. Je prenais ma lorgnette ; je grimpais sur la cime du toupet de mon homme, et j'observais de là tout ce qui s'offrait de loin à mes regards étonnés.

Sirius est la planète où se tient la fabrique [41] générale de toutes les planètes qui peuplent l'immensité... L'Éternel subordonne à ses volontés des milliers de créatures vénérables, qui travaillent sans relâche à faire des planètes dans les souterrains de Sirius ; ce sont ces souterrains que j'ai d'abord appelés des volcans ; le diamètre de l'ouverture de chaque souterrain est proportionné à la grosseur des planètes qu'on y fabrique. Le plus curieux de ce spectacle, n'est pas tant de voir faire une planète que de la voir lancer dans l'espace comme nous lançons nos vaisseaux dans la mer. La plus grande partie de cette mécanique m'échappa, à cause de la disproportion des outils, des ouvriers, et des matières, avec la faiblesse de mes organes ; mais je vis lancer trois planètes avant mon départ. L'homme dont j'habitais la tête, était un des principaux ouvriers d'un des premiers souterrains de Sirius ; c'était de ce souterrain qu'étaient partis Saturne et Jupiter... et une infinité d'autres mondes. Je remarquai qu'au moment où l'on allait lancer la première planète, plusieurs femmes, que la curiosité [42] attirait, regardaient, en déjeunant de bigarreaux de 25 lieues de diamètre, travailler leurs maris ; il y en avait une qui donnait à téter à son enfant, âgé de sept mois, et déjà grand de plus de quinze cent mille pieds[208]... Au moment où la planète allait sortir du souterrain, tout le monde s'éloigna, et fit cercle autour de l'ouverture, pour ne pas souffrir de la commotion violente qu'allait éprouver le globe dans cet endroit.

L'homme qui me portait, s'éloigna comme les autres, et il fallut bien m'éloigner aussi ; la secousse n'aurait pas fait sur moi plus d'impression

---

207 Dans une scène équivalente, Gulliver échappe de justesse à la faucille des moissonneurs de Brobdingnag.

208 Gulliver à Brobdingnag est choqué par une tétée moins gigantesque : « Je dois avouer que rien ne me dégoûta tant que la vue de ce sein monstrueux, que je ne saurais à quoi comparer, pour donner au lecteur curieux une idée de sa taille, de sa forme et de sa couleur. Il formait une protubérance de six pieds, et devait faire au moins seize pieds de circonférence. Le mamelon était gros comme la moitié de ma tête... »

que n'en ferait la chute d'une montagne sur un ciron ; il échapperait à la commotion par sa petitesse. Je vis tout le monde se boucher les oreilles, je ne bouchai pas les miennes, parce que le bruit d'une pareille explosion n'était point à la portée de mes sens. On avait rempli un espace considérable au-dessous de la planète, avec dix millions de barils de poudre à canon, contenant chacun cent mille mesures ; chaque mesure est grande comme soixante fois la cathédrale de [43] Beauvais… Un des ouvriers, à une grande distance, mit le feu à une mèche qui correspondait au magasin à poudre, et la planète sortit du souterrain comme une balle de plomb qui s'échappe du canon d'un fusil ; elle s'éleva rapidement en ligne perpendiculaire, et bientôt on la perdit de vue ; elle alla sans doute se placer d'elle-même dans l'endroit de l'espace que l'Éternel lui avait désigné[209] ; alors elle s'y fixa, prit son mouvement de rotation, et y tourne encore sur son axe, jusqu'à ce qu'il plaise au souverain maître d'en ordonner autrement. Je n'aurais rien vu de cela [que] confusément, si je n'avais pas eu la précaution de me servir d'une lunette, qui éloignait prodigieusement les objets. Par ce moyen, je jouis du plus beau de tous les spectacles ; et, quand la planète fut arrivée bien haut, je retournai ma lunette en un sens qui la rapprochait de mes yeux, de façon que je l'aperçus très longtemps. Je vis partir un soleil et deux lunes dans la même matinée ; cela me parut magnifique ; mais ce spectacle ne fit sur tous les assistants, qui [44] d'ailleurs y sont accoutumés, d'autres effets que celui d'une chandelle romaine[210] produit sur nous quand nous voyons un feu d'artifice.

Celui qui peut créer un homme, peut en créer des millions par un seul acte de sa volonté ; celui qui peut faire un globe de trois millions de diamètre, peut en faire un de cinq cents millions de circonférence ; et celui qui peut en faire un, peut en faire cent mille, dont chacun soit cent mille fois plus volumineux encore ; et ainsi, par progression, jusqu'à l'infini. Il en est de même des êtres animés et raisonnables ; les habitants de Sirius, de la taille commune du pays, ont depuis la racine du toupet jusqu'à la plante des pieds, environ trois mille cinq cents lieues ;

---

209 Le déisme du Cousin est très élastique. Cette version de la création continuée cartésienne par sous-traitance n'est guère conforme à l'orthodoxie chrétienne.

210 « Ces chandelles bien faites sont très amusantes, parce qu'elles jettent par intervalles, une étoile enflammée assez haut, pour être consumée en l'air avant qu'il en parte une autre » (*La Pyrotechnie pratique*, Paris, Cellot, 1780, p. 154-156).

cette forme, bien plus que gigantesque, est trop au-dessus de nos idées pour que je m'y arrête longtemps. Je me contenterai de remarquer que l'ouverture d'une petite bouche, appartenant à une jolie femme, quand elle bâille, a près de cent soixante et quinze lieues de diamètre ; jugez de ceux qui ont la bouche fendue jusqu'aux [45] oreilles. Je leur ai vu manger des pommes cuites aussi grosses que la lune. Un enfant de trois ans, qui serait couché sur notre globe, aurait sa tête à Madrid, et ses pieds à Pétersbourg. Je me suis bien gardé de voltiger avec mon ballon devant leur bouche, quand ils la tiennent ouverte, parce qu'ils m'auraient avalé comme nous avalons les moucherons, par aspiration. Tout est relatif ; et c'est une des preuves de la sagesse infinie qui gouverne notre univers ; j'ai vu des ouvriers qui, pour s'amuser un instant, entraient dans le milieu d'une planète comme la nôtre, avant qu'elle fût finie, et passaient leur tête et leur poitrine par un pôle, tandis que leurs pieds, et quelquefois leurs jambes, sortaient par l'autre pôle, et ils marchaient ainsi quelques minutes pour faire rire leurs camarades. Quelquefois, en l'absence du directeur, les ouvriers d'une fabrique s'amusent à jouer à la paume avec des petites planètes de neuf cents lieues de circonférence, qu'ils font retomber sur de petites raquettes ; mais sitôt que leur maître paraît, le jeu [46] cesse, et chacun reprend son ouvrage d'un air sérieux. Le maître n'entend pas qu'on badine avec des globes qui doivent être habités un jour par des êtres doués d'une substance immortelle. Il leur dit souvent : *Voyez, messieurs, quelle est la noblesse d'une créature raisonnable ! Nous faisons une planète en un mois de temps, et ils sont des années entières pour faire une âme dans la manufacture de Mercure*[211]. *Si les êtres raisonnables étaient faits exprès pour les globes qu'ils habitent, ce ne serait qu'un jeu de l'Éternel, et cela ne tournerait ni à sa gloire, ni à l'éloge de sa bienfaisance ; mais les globes sont faits pour les êtres raisonnables ; et l'acte de la volonté d'un seul de ces êtres, qui rend un libre hommage à son créateur, a mille fois plus de prix et de noblesse que tous nos travaux, tous nos préparatifs, et toutes les planètes de l'immensité. Le mécanisme du corps humain est plus merveilleux et plus grand dans chacun de ses détails, que toutes les combinaisons de notre travail ; et ce qui est plus merveilleux encore, c'est la faculté qu'ont les hommes de [47] sentir la beauté de ce mécanisme dans tous ses rapports.*

---

211 Voir ci-dessus, dans ce *Courrier* n° 53, p. 10-22.

Sirius n'est pas peuplé, à beaucoup près, à proportion de sa surface, puisqu'on n'y compte maintenant que 98 999 999 999 999 990 007 675 900 000 573 331 011 132 290 000 000 000 habitants : c'est à peu près un douzième de ce qu'il faudrait pour que toute la surface ce cette planète immense fût habitée[212]. La plupart de ses habitants sont occupés dans les fabriques des souterrains ; mais beaucoup d'autres vivent en république. Il y a aussi des royaumes considérables. Le pays est fertile partout, excepté aux environs des volcans planétaires, à cause des laves et des travaux des ouvriers. Quand un souverain ou un chef de république veut faire la guerre à ses voisins, si ceux-ci ne sont pas d'humeur à se battre, ils lui abandonnent le terrain, lui laissent le champ libre, et vont s'établir ailleurs, de façon que le conquérant, réduit à régner sur des pays déserts, est puni de son ambition. Autant vaudrait-il régner [48] sur des pierres. Si nos conquérants, qui ne veulent que du terrain, connaissaient leurs vrais intérêts, ils préféreraient l'avantage réel de gouverner un peuple nombreux et actif, rassemblé dans un espace fertile et florissant, au stérile bonheur de faire dire partout : *Ses États ont tant de diamètre.*

Globe de la terre modelé en carton, avant sa formation

Une des curiosités les plus intéressantes dans les manufactures souterraines de Sirius, ce sont les modèles en carton de tous les mondes qu'on y fabrique[213]. Tous ceux qui ont été faits jusqu'à présent, ont été modelés et mis en couleur avant qu'on y travaillât, et tous ceux qu'on y doit faire, sont d'avance dessinés en petit par des ingénieurs et des dessinateurs habiles, qui donnent leur plan et leur projet, pour qu'on puisse le réformer ou l'adopter. C'est ainsi que nos architectes et nos entrepreneurs figurent en petit nos édifices et nos temples, [49] pour qu'on en ait une idée avant de les voir en réalité. Comme personne ne

---

212 Nous laissons au Cousin la responsabilité de ce calcul.

213 On exposa à sous la Révolution un plan Paris en relief, fait de bois et de carton, résultat de plusieurs années de travail : « tout est rendu avec une si grande vérité que chacun peut y reconnaître les détails qui ornent sa maison et son jardin. On voit et on distingue le tout beaucoup mieux que si, par le moyen d'un ballon, on planait sur cette ville. » (*La Quotidienne*, feuilleton du 31 août 1797). Debout sur une chaise, Mercier le parcourt philosophiquement à vol d'oiseau dans *Le Nouveau Paris* (« La ville de Paris en relief », t. IV, chap. 120).

pouvait me donner des éclaircissements sur tout ce que je voyais, une infinité de recherches me devinrent inutiles. Je m'attachai donc purement et simplement à examiner le globe de la Terre modelé en carton et mis en couleur avant sa formation. On le conserve précieusement dans un cabinet de curiosité. Je fus très étonné de voir une boule chargée de fleurs, d'arbres verts et de beaux paysages : tout, sur cette boule, me paraissait agréable et riant. Pour en rendre le spectacle plus varié, l'ingénieur y avait figuré des villes bien bâties, des campagnes bien cultivées, des nations même vivant en paix les unes avec les autres ; et ce qui exprimait mieux que tout le reste l'idée de l'artiste à cet égard, c'était deux rois se donnant la main en signe d'amitié, sur chaque ligne de séparation entre deux états contigus. « O dieux ! m'écriai-je à cet aspect, est-ce bien là le globe de la terre ? Je ne reconnais point ici cette fatale [50] habitation ; et l'inventeur est comme tous les peintres en miniature, qui chargent leurs tableaux, et représentent toujours en beau les objets le plus difformes. » Personne n'était là pour me répondre, et je donnais carrière à mes tristes réflexions, quand j'aperçus un écrit attaché au bas du petit globe, dont voici la teneur : « Étranger, qui que tu sois, qui verras ce modèle en carton, si tu connais le globe qu'il représente, ne vas pas juger l'original par la copie : si l'artiste avait fait la terre telle qu'elle est à présent, au lieu d'y tracer des campagnes florissantes, il aurait tracé des déserts en plusieurs endroits ; au lieu de peindre des nations paisibles, il aurait peint des hommes furieux, toujours aux prises les uns avec les autres : ces ruisseaux limpides dont tu vois ici le tableau, auraient été teints du sang humain ; ces villes ouvertes de toutes parts à la confiance publique, auraient été de vastes prisons fortifiées et défendues par la défiance ; là où tu vois [51] des forêts et des ombrages, tu aurais vu des débris et des incendies ; là où tu vois des moutons paître tranquillement, tu aurais vu des armées se massacrer avec méthode ; là où tu vois des grands et des potentats se donner amicalement la main, tu aurais vu des guerriers se regarder mutuellement d'un œil cruel et jaloux, et se dressant politiquement des embûches homicides. Malheureux globe ! tu n'es pas ce que tu devrais être ! théâtre de désolation et de sang, l'éternel ne t'avait pas formé pour cela. Tes habitants pervers ont gâté, par l'abus d'une liberté précieuse, le plus bel ouvrage, le plus beau don qu'ils pussent tenir des mains du créateur... Enfin tu vois ici le globe terrestre tel

qu'il devrait être : va le visiter en réalité, et tu le verras autrement...
mais, hélas ! tu le verras tel qu'il est[214]. »

La lecture de ces paroles, que je ne pus distinguer qu'avec ma lunette
d'éloignement, parce que chaque lettre avait une lieue et demie de
hauteur (encore était-ce [52] en caractères très fins, la *nompareille*[215] de
ce pays-là), fit sur mon cœur une impression bien douloureuse ; je ne
fus plus tenté de rester dans Sirius ; j'en avais assez vu pour ma trop
mince conception : c'est un de ces spectacles qu'il faut contempler une
seule fois. J'en partis donc, à l'aide de mon ballon, la nuit du 30 octobre
au 31 ; je pris plusieurs détours pour ne pas rencontrer de *sabotiers* ; et
ayant aperçu, chemin faisant, une nouvelle planète partant de Sirius,
qui montait avec une rapidité surprenante, j'y accrochai mon ballon
prestement, et j'arrivai par cette nouvelle voiture jusqu'à sa destination.
Justement elle commença à garder l'équilibre, et à tourner sur son axe à
peu de distance de la planète de Vénus. Je reconnus la carte du pays ; je
me vis pour ainsi dire dans mon élément, et je séjournai quelque temps
sur cette planète inhabitée, encore naissante et *toute chaude*, si je puis
ainsi m'exprimer, pour juger de la manière dont un nouveau monde
commençait son train de vie. [53]

Moines dans Mercure

Les austérités du cloître ne sont pas réservées exclusivement à notre
globe : partout où les hommes ont pratiqué une religion, ils en ont abusé ;
et partout où ils en ont abusé, la superstition s'est mise sur le trône de
la vérité, pour régner à côté d'elle. Dans presque toutes les planètes,
j'ai vu des monastères et des couvents ; il est partout de la sagesse d'un
gouvernement religieux, d'admettre et de protéger des asiles expiatoires,
où le crime en proie aux rigueurs d'un repentir légitime puisse, à l'abri
des vengeances humaines, écarter celle de la Divinité par son retour à la
vertu ; des asiles innocents, où le sexe infortuné puisse couler des jours
paisibles au sein de l'honneur, sous l'égide de la bienséance, loin de la
séduction qui l'environne dans la société ; enfin des asiles protecteurs, où

---

214 Même expression dans le *Courrier* n° 56, p. 66 : « Si je lui conte l'histoire de la France
telle qu'elle est, il jugera mal de la France et de moi. »
215 « Terme d'imprimerie. Est un des plus petits caractères dont les imprimeurs se servent.
Il est entre le Petit Texte et la Sédanoise, ou Parisienne » (*Académie*, 1762).

des hommes laborieux, rassemblés par un choix libre et raisonné, puissent se livrer en paix aux arts libéraux, au soutien de [54] l'agriculture, et surtout aux fonctions sublimes d'un ministère bienfaisant. Tel a dû être le but de tous les établissements de ce genre : il est tout simple qu'on s'en soit écarté, qu'ils aient dégénéré, qu'on ait outré les choses ; c'est la marche du cœur humain ; mais l'objet principal n'en est pas moins digne d'attention, d'encouragement et d'éloge.

Nous avons en France des communautés religieuses, où la règle se déguise sous des formes puériles ; et l'on serait étonné, peut-être même révolté, des nombreuses minuties, comme des pieuses rêveries de certains fondateurs, si l'on donnait aux détails de leur règle de la publicité. On admire encore dans certaines maisons régulières la vertu d'un Siméon Stylite[216], qui passa, dit l'histoire, quarante années sur une colonne, toujours immobile, tantôt sur un pied, tantôt sur l'autre ; sans examiner l'authenticité de cette histoire, et l'utilité qu'en peuvent tirer les jeunes enthousiastes auxquels on la raconte, je me borne à citer deux monastères, que j'ai vus dans la planète de Mercure, l'un de [55] femmes, et l'autre d'hommes. Dans le premier, les religieuses ne peuvent jamais marcher qu'à cloche-pied ; c'est une loi terrible que cette loi-là ; cependant la règle de leur fondatrice la leur impose rigoureusement. Se servir à la fois de leurs deux pieds pour marcher, ce serait une infraction punissable dans cette abbaye ; soit qu'elles aillent au chœur, soit qu'elles aillent au réfectoire, elles n'y peuvent aller que sur un pied. Rien de si gênant que cette habitude continuelle de sauter en gardant l'équilibre, dans les cérémonies les plus sérieuses, comme pendant les heures de récréation. Dans le monastère d'hommes, les religieux sont toujours à cheval ; et à côté de leur plat, qu'on élève jusqu'à la portée de leurs mains, on a toujours soin de mettre aussi le plat du cheval, consistant en un picotin d'avoine, sans que jamais le religieux s'y méprenne et soit tenté de prendre un met pour un autre. Ils vont à l'église à cheval, et toutes les cérémonies religieuses se font de même, à cheval. C'est un spectacle [56] curieux que celui de leurs processions aux grands jours de solennité ; l'abbé marche le dernier ; un novice à cheval derrière lui, tient la queue du cheval de l'abbé, au lieu de porter celle des habits pontificaux ; ils vont dans cet ordre à différentes stations, suivis d'un

---

216 « Plusieurs bons chrétiens ont combattu l'histoire de St Siméon Stylite, écrite par Théodoret » (Voltaire, *Dictionnaire philosophique*, « Miracles »).

peuple immense, en marchant d'un pas lent et mesuré, et en chantant avec beaucoup de méthode et de gravité. Ce ne serait encore rien, si leurs obligations se bornaient là ; mais ils sont obligés de recevoir leur monde à cheval, et de ne jamais en descendre, sous quelque prétexte que ce puisse être ; les professeurs de théologie font leur classe à cheval ; et tous les écoliers, aussi à cheval, sont rangés en ordre, et très bien alignés autour de la salle ; ils écrivent sous la dictée du maître, et argumentent sur la selle, comme nous argumentons sur les bancs. Le pis de l'aventure, c'est qu'ils dorment à cheval, sans pouvoir passer les nuits autrement que la tête inclinée en avant sur un oreiller lié autour du cou du cheval. Le cheval dort aussi pendant ce temps-là ; on les [57] accoutume ainsi à dormir debout ; et l'abbaye est entourée de vastes pâturages, où l'on élève beaucoup de chevaux pour l'usage de ces messieurs. Le roi de ce pays a nommé dernièrement à cette abbaye vacante, non pas un religieux de l'abbaye, mais un ancien colonel de cavalerie, qui s'est fait ecclésiastique pour jouir de ce bénéfice. Surpris de cette règle, j'en ai demandé l'explication à un religieux de ma connaissance : Monsieur, m'a-t-il dit, la faiblesse humaine entre toujours pour quelque chose dans les établissement les plus saints. Notre abbaye fut fondée par un prince qui aimait beaucoup les chevaux ; il négligeait ses devoirs les plus essentiels pour courir avec des chevaux superbes ; et il employait pour des emplettes de cette nature, des sommes qu'il aurait dû distribuer aux malheureux. Il monta sur le trône, où sa naissance l'appelait ; alors, rendu à l'humanité, au patriotisme, à la vertu, éclairé sur ses vrais intérêts, il sentit le prix du temps qu'il avait perdu, et regretta de ne l'avoir pas consacré à l'instruction et [58] à la bienfaisance. Par une superstition, dont votre histoire, comme la nôtre, fournit plus d'un exemple, il se crut obligé de réparer sa vie passée en fondant un monastère ; et, pour éterniser la mémoire de sa folie et de ses goûts primitifs, il voulut que les religieux fussent toujours à cheval, sans songer aux inconvénients qui résulteraient de cette obligation aussi pénible que ridicule. L'abbaye de femmes, dont je parle, fut fondée par une princesse qui était boiteuse, et dont la coquetterie passait les bornes ; humiliée de cette difformité, qu'elle eût aisément fait oublier par ses vertus et par ses talents, elle ne pouvait supporter la vue d'une femme qui marchait droit. Cette petitesse irrita la critique, et lui attira mille désagréments ; pour s'y soustraire, elle fonda un monastère, où elle se retira pour cacher à la fois l'inégalité de ses jambes et son dépit à tout le monde ; elle admit dans ce monastère des femmes qui étaient boiteuses ; elle en admit d'autres aussi qui ne l'étaient pas ; mais, de peur qu'on ne les distinguât les unes des autres, elle voulut [59] que l'on marcha toujours sur un seul pied dans son abbaye ; par ce moyen, les spectateurs s'y méprenaient ; les religieuses qui boitaient, perdaient aux yeux du public leur difformité, les autres perdaient également l'avantage de leur taille[217] ; et c'est ainsi que se sont introduits partout les usages et les lois bizarres, dont plusieurs prétendus savants ont cherché l'origine à grands frais. L'énigme est souvent bien près, quand on la croit bien loin.

Parachutes dans la Lune

M. Blanchard, si fameux par ses nombreuses expéditions (qui ne valent pourtant pas les miennes ; ceci soit dit sans vanité, puisqu'il ne va pas, à beaucoup près, aussi haut que moi), vient de nous annoncer dans le journal de Paris le service qu'un *parachute* a été sur le point de lui rendre à Varsovie, quoiqu'il ne le lui ait pas rendu[218]. Le feu prit dans son quartier, dit-il, et si l'on n'avait pas ouvert sa porte, plutôt que de consentir à se laisser rôtir ou étouffer dans sa chambre, il allait s'envoler par la [63] fenêtre. Il y a des gens fort heureux de trouver le chemin de la porte, parce que, faute de celui-là, on leur en ferait prendre un autre ; M. Blanchard, qui, certainement, n'est pas de ces gens-là, fut fort heureux alors de prendre le chemin de la fenêtre : non, il ne le prit pas ; mais il l'allait prendre ; et, trois minutes plus tard, il jouait le rôle d'un oiseau nocturne, en planant au-dessus de la capitale de la Pologne. Qu'il ne croie pas avoir lui seul tout l'honneur de cette invention[219] ;

---

217 Selon l'Académie, *taille* signifie tant « la stature du corps » que « la conformation du corps depuis les épaules jusqu'à la ceinture ».

218 Lettre de Varsovie du 28 octobre, publiée dans le *Journal de Paris*, du 16 novembre 1788. « Qu'un parachute, Messieurs, est d'un grand secours dans une telle circonstance ! comme il tranquillise ! [...] On ne me trouvera jamais couché à un second [étage] sans parachute. »

219 À partir de l'automne 1783, l'abbé Pierre Nicolas Bertholon, Louis Sébastien Lenormand et Jean-Pierre Blanchard s'étaient livrés à diverses expériences fort médiatisées mais plus ou moins attestées et plus ou moins convaincantes ; il faudra attendre le 22 octobre 1797 pour qu'André Jacques Garnerin effectue depuis une hauteur de 600 mètres au-dessus du parc Monceau la première descente réussie en parachute. Dès 1781, Charles Le Roux avait vanté les mérites d'un bonnet « qui se déploie et s'allonge dès que la personne qui l'a sur la tête tombe », accessoire « d'une très grande utilité aux personnes qui, par état,

les parachutes sont connus dans la Lune depuis plus de mille ans. Ils furent inventés par un comédien de ce pays-là, qui aimait beaucoup les auteurs dramatiques, et s'intéressait à leurs succès[220]. (Que n'avons-nous à Paris des comédiens aussi charitables que celui-là ?) On fait tellement usage des parachutes dans la Lune, qu'ils sont aussi communs que les parapluies le sont chez nous. On ne sort point sans parachute, parce que cette méthode est une économie en architecture, en ce qu'elle épargne les escaliers ; aussi n'y [64] a-t-il presque point d'escalier dans les grandes villes de cette jolie planète ; on entre aux étages supérieurs par la fenêtre, tous ces gens qui volent et se croisent dans les rues, à vingt ou trente pieds de terre, forment un spectacle très original. J'ai vu dans une ville prise d'assaut par des barbares, tous les habitants, prêts à être passés au fil de l'épée, tromper subitement l'espoir cruel des ennemis, en s'élevant tous ensemble dans les airs avec leur parachute, et s'enfuyant au loin, comme ces nuées de grues, qui vont en bande et traversent les plaines de l'air au milieu des hivers. Il fallait voir tous les vainqueurs, la bouche béante, les bras étendus, le corps en arrière, les yeux bêtement fixés sur quarante ou cinquante mille citoyens de tout âge, qui se battaient les flancs et se soutenaient à six cents pieds de hauteur. On les perdit de vue en un demi-quart d'heure. Cette anecdote prouve l'utilité des parachutes, mieux que tout ce que peut nous raconter M. Blanchard, dont je serais bien fâché de vouloir ternir la [65] gloire et raccourcir l'immortalité ; à Dieu ne plaise !

Le jour de l'an dans Saturne

Je me suis trouvé le premier jour de l'an dans une grande ville de la planète de Saturne ; je croyais que l'usage de ce pays-là était tout différent du nôtre, et j'étais bien aise de connaître la manière dont ces gens-là se souhaitent la bonne année. Je fus bien surpris, à mon arrivée dans la ville, à huit heures du matin, de voir tout le monde courir çà et là, comme si l'on avait des voleurs à sa poursuite. Ceci n'est point un

---

sont obligées de travailler fort haut et souvent exposées à des chutes mortelles, comme maçons, charpentiers, couvreurs, vitriers, serruriers » (*Journal de Paris*, 3 août 1781). Les engins lunaires évoqués par le Cousin Jacques sont plutôt des petits ballons individuels que des parachutes.

220 Beffroy a déjà fait ce jeu sur le mot « chute » dans le *Courrier* n° 13, p. 9 et p. 17.

conte ; je croyais d'abord que l'étiquette du jour était la seule cause de ces allées et venues. Vous vous trompez, me dit un citoyen ; on court de cette manière tout du long de l'année ; personne ne marche doucement dans ce pays-ci ; les vieillards, que leur âge ou leurs infirmités obligent d'aller à pas lents, sont culbutés vingt fois par heure par les passants, qui courent comme [65] des lièvres et renversent tout ce qu'ils trouvent à leur rencontre. – Ces gens-là ont donc des affaires bien pressées, bien importantes ? – Nullement ; ces gens-là n'ont point d'affaires ; et, si vous leur demandiez où ils vont, ils vous diraient, pour la plupart, qu'ils n'en savent rien. – Quoi ! en courant ainsi de toutes leurs forces, ils n'ont ni motif, ni projet ? – Rien de tout cela ; demandez-leur aussi pourquoi ils courent si fort ; ils vous diront encore qu'ils n'en savent rien. – Ils sont fous, apparemment ? Comme j'achevais ces paroles, une douzaine de citoyens très bien mis et très graves, qui couraient, couraient, couraient à perdre haleine, me coudoyèrent si rudement, que je fus renversé tout de mon long au beau milieu du ruisseau ; mon chapeau sauta à droite, mon manchon à gauche ; et mon compagnon tomba le nez par terre d'une rude force. Je me relève en colère : allons, dis-je en prenant mon élan, puisque l'usage est de courir comme un écervelé, je vais courir aussi ; alors je me mets à courir, [67] à courir, à courir, à courir, à courir, renversant, coudoyant, brusquant, culbutant, poussant à droite et à gauche tout ce qui s'offrait sur mon passage. Ces citoyens sont si accoutumés à cette manière de marcher que la plupart vont étourdiment, au bout d'une rue, se casser le nez contre un mur comme des hannetons. Cette mode avait un faux air de Paris, où l'on court aussi bien souvent, avec un air fort affairé, sans avoir la moindre affaire. Je fus témoin, ce même jour, de la manière de souhaiter la bonne année chez ce peuple original ; il y en a trois principales, qui méritent d'être rapportées... 1º. La bonne année, parmi les gens comme il faut, c'est-à-dire, ceux que la fortune, le rang ou l'éducation distingue de la masse infime du peuple, se souhaite de la manière suivante : on s'aborde chapeau bas ; on se regarde d'un air très sérieux, en silence ; et puis on s'embrasse affectueusement en disant : *Primò mihi*[221] (on parle latin dans les trois quarts de Saturne) ; cette accolade se donne en appuyant [68] fortement sa joue contre la joue de celui qu'on aborde ; on la retire aussitôt, on détourne son visage, on le cache avec la main gauche, et

---

221 Voir *Courrier* nº 22, p. 18, note.

l'on part d'un grand éclat de rire ; c'est l'usage, même quand on n'en aurait pas envie. 2°. La bonne année se souhaite, parmi le petit peuple, en se serrant la main de toutes ses forces, en même en se la secouant très rudement en signe d'amitié, en disant toujours : *Primò mihi* ; et la cérémonie finit par se donner mutuellement un bon coup de pied dans le derrière. 3°. La bonne année se souhaite encore, d'un inférieur à son supérieur, en se prosternant à ses pieds avec respect, en baisant le bas de son manteau, et disant : *Primò mihi* ; mais on serre d'une main les deux mains du protecteur, pour l'empêcher d'agir, et l'on fouille de l'autre main dans ses poches pour s'emparer de ce qui peut s'y trouver d'argent et d'effets de bonne prise ; ensuite d'un supérieur, c'est-à-dire, d'un homme de cour, à son inférieur, en aspergeant avec un goupillon le visage du protégé, [69] de manière qu'il soit tout couvert de gouttes d'eau, comme le lit d'une dévote est couvert d'eau bénite quand il tonne. Les grands ont soin de dire aussi : *Primò mihi...*

Telle est *la bonne année* dans Saturne ; elle ne diffère guère de la nôtre, que pour les gestes et le maintien ; l'intention est toujours la même ; et plus je voyage dans les planètes, plus je vois que les divers usages des mondes se ressemblent quant au fond.

L'île des boudeurs dans Jupiter

Tout homme loyal et gai déteste les boudeurs ; la bouderie est, selon moi, la peste de la société ; rien ne refroidit tant la bonne amitié que l'orgueil d'un boudeur ; car on ne boude jamais que par orgueil. Eh bien ; croira-t-on qu'il y a dans Jupiter une île qu'on appelle *l'île des boudeurs*, dont les habitants sont tellement enclins à ce vilain caractère, qu'on y boude pendant des siècles entiers ? La bouderie y est héréditaire ; un père transmet à ses enfants son air [70] maussade et vindicatif ; car il n'en a que l'air, et sa vengeance se borne à bouder. Ceux-ci la passent à leurs descendants ; et plusieurs générations se boudent pour un mot lâché par imprudence, il y a cent cinquante ans. J'ai vu dans cette île un domestique, qu'on avait grondé, bouder ses maîtres pendant six mois et plus ; ceux-ci commençant à s'ennuyer de sa constance, prirent le parti de lui faire son compte. *Tenez, Grigo*, lui dirent-ils dès le matin, *voici votre compte ; nous sommes las de votre bouderie, et votre air courroucé nous ennuie, vous pouvez chercher ailleurs une condition.* Ce domestique, qui était fort content d'ailleurs de cette maison, fit des réflexions sérieuses, et comprit qu'il fallait mettre fin à son air boudeur. Il reprit un visage riant et ne bouda plus ; deux ans après cette époque, ses maîtres lui trouvèrent un bon parti. Il épousa ; à peine sorti de cette maison, dont il habita toujours le voisinage, il se souvint de n'avoir pas boudé tout le temps qu'il avait fixé pour sa bouderie ; il [71] avait résolu de bouder pendant huit mois, il n'en avait boudé que six ; il restait encore deux mois pour accomplir son vœu. Il bouda pendant ces deux mois, et y ajouta six semaines pour les intérêts, parce qu'il ne se contentait pas du principal. Je conseille très fort aux maris de notre planète d'envoyer dans cette île les femmes qui boudent ; et pareillement à nos dames, de reléguer les maris boudeurs dans ce vilain pays, d'où ils seront bientôt revenus.

54ᵉ NUMÉRO
Courrier du 15 janvier 1789

Assemblée nationale dans la planète de Mercure

Giblouk est une presqu'île de la planète de Mercure, située à l'orient du Cap Bran d'Oie, et au midi de la rivière Caca Dauphin (tous ces pays sont ainsi nommés par un Français fugitif, qui les a nouvellement découverts) ; c'est un pays fertile et peuplé ; il a neuf cents lieues de longueur sur trois lieues dans sa plus grande largeur, la mer l'entoure de chaque côté, et la presqu'île est séparée du continent par une chaîne de montagnes inhabitées et remplies de volcans. Mais cette singulière disproportion entre la largeur et la longueur, rend la situation de ce pays la plus originale qu'il y ait dans toute la planète. Un filet de terre de neuf [4] cents lieues, qui n'a pas dix mille toises de largeur, est un pays très curieux à voir... De vingt-cinq en vingt-cinq lieues, il y a une ville située sur le bord de la mer, tantôt à droite, tantôt à gauche ; ce qui rend ce pays très commerçant. Il est très bien cultivé, mais les deux tiers des villages sont sur l'eau, et tous les bords de ce royaume sont entourés de chaloupes, de vaisseaux et de cabanes, qui composent des villages et des bourgades. Les habitants viennent cultiver leurs possessions sur la terre ferme, qui n'est point occupée par les maisons ; de façon qu'à l'exception des dix-neuf[222] grandes villes qui marquent les distances tout le long de la presqu'île, il n'y a pas un pouce de terrain perdu pour l'agriculture. Ce pays est gouverné par un monarque héréditaire, qui rassemble tous les trois ans auprès de sa personne cinq cents de ses sujets, à tour de rôle, pour délibérer sur les intérêts du royaume, sur les abus qui peuvent s'être introduits dans l'administration, et sur les moyens d'y remédier. La convocation de ces assemblées se fait de la [5] manière la plus simple et la moins sujette à contestation. Au lieu de diviser les sujets de l'État par classe, selon la diversité des rangs, on les divise par bourgs et par

---

222 Comme à son habitude, Beffroy se trompe dans ses calculs. Distantes de 25 lieues, ces villes devraient être au nombre de 35. S'il y en a 19, elles doivent être distantes de 45 lieues. C'est la première fois qu'il manifeste ce goût de la symétrie dans la division de l'espace, si caractéristique de la pensée utopique depuis Thomas More.

villages ; et comme le dernier des citoyens est intéressé, peut-être plus que tout autre, à la sagesse de l'administration, il a le droit, comme tout autre, de se mêler des délibérations, soit par lui-même, soit par un représentant ; chaque village s'assemble dans le temple, où l'on rend à la Divinité le culte que la religion lui décerne. Cette assemblée dure tout au plus deux heures ; là, une espèce de syndic consulte tous les villageois l'un après l'autre ; il faut que chacun nomme une personne de son village pour être députée à l'*Assemblée seconde*. Quand tout le monde a parlé[223], le syndic, qui a écrit les noms à mesure qu'on les a prononcés, compte tout haut les voix ; et celui qui a la pluralité, est celui qu'on députe. Quelquefois c'est un paysan ; quelquefois c'est un noble ; quand le seigneur du village est humain et bienfaisant, il arrive souvent que tous les villageois le [6] députent ; mais quel que soit l'homme qu'ils chargent de leurs intérêts, ils sont toujours en de bonnes mains, parce que la liberté étant l'âme de ces assemblées, elles ne nomment jamais que celui qu'elles regardent comme assez juste pour tenir la balance égale, comme assez ferme pour débattre courageusement leurs intérêts, comme assez éclairé pour concerter sagement ses moyens. On ne dit pas dans ce pays-là : *Les pauvres artisans, qui n'ont pour patrimoine que leur travail journalier, n'ont que faire aux délibérations nationales, parce qu'ils n'ont pas de bien, et qu'il leur importe peu de voir les biens imposés de telle ou telle manière.* Mais on dit : *Cet artisan, ce pauvre ouvrier, qui gagne son pain à la sueur de son front, est aussi intéressé que les riches à ce que les riches eux-mêmes soient taxés en proportion de leurs richesses. Quand les grands sont trop puissants, les petits sont bien plus tôt et bien plus facilement écrasés. Si les uns sont exempts des charges de l'État, elles retomberont sur les autres, parce qu'il faudra toujours que la somme des impôts [7] soit la même.* D'ailleurs le malheureux peut espérer de réussir, d'amasser quelque chose ; et la sûreté de son espoir dépend de la juste répartition des impôts sur toutes les classes de l'État. Un paysan ne peut pas dire : *Je n'ai pas un pouce de terre en propriété ; qu'on impose les terres tant qu'on voudra, cela m'est indifférent.* Mais il dit : *Si le propriétaire est trop imposé, il me louera plus cher le champ que je cultiverai ; pour le payer, je vendrai plus cher aussi ma récolte ; les vivres renchériront partout, et tout le monde sera malheureux, excepté les citoyens opulents, qui alors seront en danger ;* car dès que l'équilibre est rompu dans un gouvernement, il y a du danger pour l'un des deux côtés de la balance,

---

223 Ce vote ne semble donc pas secret.

et souvent pour tous les deux ; par conséquent le dernier, le plus pauvre des sujets, a le droit de se mêler des impositions territoriales, il y est on ne peut plus intéressé[224].

On ne dit pas non plus dans ce pays-là : *Il faut tant de nobles, tant de prêtres, tant de commerçants*[225] ; ce qui fait la force d'une [8] nation, ce ne sont pas les nobles plutôt que les commerçants, ni les prêtres plutôt que les nobles ; ce sont ensemble les nobles, les prêtres, les commerçants, les laboureurs, les artisans ; en un mot, tant de milliers d'êtres pensants, vivant sous une même domination, cultivant des arts utiles, liés les uns aux autres par des nœuds inséparables ; voilà ce qui s'appelle un peuple, un gouvernement ; voilà l'État, voilà la nation, par conséquent les députés qui s'assemblent pour la représenter, doivent être choisis selon le nombre des individus qui composent la nation, et non pas selon les chimères du rang, qui ne constituent pas le mérite des individus, et qui ne font rien à la confiance publique ; car le préjugé n'a point d'empire sur l'opinion de ces peuples, quand il s'agit des intérêts réels d'un État. On dit : *L'État contient cinq millions d'habitants*, par exemple ; *l'assemblée doit se former de cinq cents personnes ; par conséquent chaque million doit en choisir cent ; par conséquent dix mille doivent en choisir un* ; or, en subdivisant les [9] élections par ville, par bourg et par village, rien n'est plus aisé que de savoir en très peu de temps quel est celui qui compte le plus de voix ; à coup sûr, il a l'estime générale ; et, s'il a l'estime générale, il n'a pu l'acquérir que par une conduite intègre et irréprochable, et par des lumières prépondérantes ; et s'il a des lumières et de l'intégrité, cette recommandation vaut mieux sans doute que des titres frivoles, des surnoms puérils, et des babioles très inutiles au bien public.

Quand chaque village a nommé librement son député, il va dans chaque maison du village, et chaque famille lui propose ses vues et ses idées, justes ou erronées, sur les réformes à opérer ; il écoute tout le monde tranquillement ; fait par écrit un résumé de toutes les opinions

---

224 Le suffrage universel (masculin), non censitaire, avait été proposé en Grande-Bretagne par John Cartwright (« The voice of the peasant goes as far as that of the richest commoner towards the nomination of a member of a parliament », *Take Your Choice*, 1776, « Conclusion ») et il sera brièvement instauré en France lors des élections munici-pales de l'automne 1792 (en application d'un décret du 11 août).

225 C'était là l'objet du débat de l'automne 1788 sur les modalités de l'élection des députés aux États généraux. Contre l'avis de l'Assemblée des notables qu'il avait convoquée, Necker décida de soutenir le doublement du tiers (décembre 1788).

qu'il a recueillies ; et il en résulte nécessairement un *tout* avantageux, qu'il porte à *l'assemblée seconde*, où se rendent les députés des villages du département[226]. Le nombre des départements dépend du nombre des habitants de l'État. Chaque département doit fournir un député ; par conséquent [10] cinq millions de citoyens forment cinq cents départements, un département contient dix mille âmes ; c'est à peu près vingt villages. Dans le village ou le bourg qui se trouve au centre des vingt, s'assemblent donc les vingt députés ; alors ils présentent l'un après l'autre le nombre de voix qu'ils ont eues dans leur village ; celui qui se trouve en avoir obtenu le plus, est choisi député pour l'assemblée nationale[227] ; si plusieurs d'entre eux ont eu dans leur village un égal nombre de voix, alors chacun d'eux lit le *résumé* qu'il a pris des plaintes et des réflexions de son village ; de tous ces précis, celui qui paraît à l'assemblée le plus digne d'observation, donne à celui qui l'a fait la voix prépondérante ; il est élu député ; et dès qu'il est élu, les dix-neuf autres lui remettent chacun leur analyse ; il les lit ensuite devant eux tous, et l'assemblée n'en fait qu'un seul mémoire bien précis, qui renferme seul les vues et les différentes observations de tous les autres.

Quand les cinq cents députés sont arrivés à la grande assemblée, le roi nomme devant [11] eux cinq personnes. Ces cinq personnes tirent au sort dix autres personnes dans chaque cent ; de ces cinq, élus par le roi, chacun a son district séparé, composé de cent. Il prend les noms de ces cent députés, qui lui remettent chacun le leur dans un billet cacheté ; alors il choisit au hasard dix billets, et brûle tous les autres.

Ces dix billets sont ouverts publiquement ; on lit tout haut les dix noms qu'ils renferment. Ces dix noms sont ceux de dix députés par cent ; chacun de ces nouveaux élus est chargé de neuf personnes ; et comme cent contient dix fois dix, chaque centaine se divise en dix classes, à la tête desquelles sont les dix députés choisis par le sort. Chaque député choisi mène ses neuf compagnons dans une salle séparée ; par conséquent il y a pour chaque cent dix salles séparées ; et pour toute l'assemblée, cinquante salles. Dans chaque salle sont neuf députés, présidés par le dixième que le hasard a choisi.

---

226 Au sens de circonscription. Les départements (au nombre de 83) seront déterminés par l'Assemblée en janvier-février 1790.

227 L'Assemblée nationale est donc une assemblée *troisième*.

Dès que les salles ont reçu leurs députés, on en ferme les portes, et on les garde, pour [12] qu'une salle n'ait point de communication avec l'autre, ce qui occasionnerait de la confusion.

Mais que se passe-t-il dans chacune de ces salles ? qu'y fait-on ? Le voici : le député choisi par le sort commence par lire le *Résumé* qu'il a fait dans l'*Assemblée seconde*. Ce résumé n'est autre chose qu'un précis des *Résumés* de chaque village, ou ville, ou bourgade, et ces derniers résumés ne sont eux-mêmes que des précis de toutes les observations de chaque famille. Quand il a lu son résumé, les neuf autres députés lisent le leur l'un après l'autre. Après ce dix lectures, on réduit à un seul *résumé* ceux qui se ressemblent absolument quant au fond ; et le député qui préside fait de tous ces mémoires un seul mémoire, qui exprime clairement l'esprit et le sens de tous les autres.

Quand ce mémoire est fait, on brûle tous les autres, pour éviter les suites funestes, et les dissensions qu'entraîneraient des regrets déplacés, ou des mouvements de vanité qu'il faut étouffer dès leur naissance On n'avise [13] pas aux moyens de remédier aux abus exposés dans les mémoires, parce que les mémoires eux-mêmes doivent contenir les remèdes, en exposant les abus. Ainsi le mémoire général de chaque salle contient le vœu unanime des dix députés de la salle[228].

Cette opération des salles est l'affaire d'une journée tout au plus, et l'assemblée nationale ne dure jamais une semaine entière, pour plusieurs raisons. 1°. Parce que ce qui pourrait la faire traîner en longueur, serait la dissension et la cabale. Qui occasionne la dissension et la cabale ? ce sont les passions actives, telles que la haine, l'intérêt personnel, l'animosité particulière, l'ambition déréglée, etc. Or, la méthode avec laquelle on procède aux élections préliminaires, coupe racine à toutes ces passions désordonnées ; et la cause supprimée, l'effet n'est plus à redouter. 2°. Parce que les délais et les longueurs viennent bien moins du grand nombre des affaires à régler ou des concitoyens à consulter, que du défaut d'ordre qui règne dans la manière dont on y procède. Avec de l'ordre, [14] on peut dans le même jour faire cinq mille élections dans un État, comme on peut en faire cinq cents. 3°. Parce que les affaires se traitent

---

228 Le fonctionnement démocratique selon Beffroy se résume à une économie de l'information, selon un mouvement vertical de distillation. Les assemblées (seconde ou nationale) ne votent pas (sauf dans le cas d'un éventuel recours final), car il s'agit d'éliminer toute opposition et de parvenir à une synthèse unanime.

par écrit ; il n'y a que le roi qui porte la parole ; il fait un discours à l'ouverture de l'assemblée, et un discours à la clôture ; on redoute dans ces cas importants le prestige de l'éloquence ; et d'ailleurs comme c'est la conduite de chaque citoyen, et l'estime dont il jouit, qui détermine les suffrages de ceux qui l'élisent, il arrive quelquefois que dans le nombre de cent sages, il ne se trouve pas un seul orateur.

Quand les cinquante salles ont fini leur travail, le président de chaque salle laisse pleine liberté à ses neuf compagnons ; ils disposent de leurs moments comme bon leur semble. Mais les dix députés que le sort a choisis pour présider aux dix salles, se réunissent dans une seule, que préside un des cinq députés, que le monarque avait nommés pour tirer au sort dix personnes sur cent. Alors toute l'assemblée se réduit à cinq salles, dont chacune contient dix personnes, non [15] comprise la personne choisie par le roi ; en tout, l'assemblée est réduite dans ce moment à cinquante-cinq personnes.

Dans chacune de ces cinq salles, les dix députés lisent tout haut leur mémoire, dont le chef fait un seul mémoire, qui les renferme tous, ainsi les cinq cents mémoires des députés se réduisent à cinq.

Après cette réduction, les cinq présidents de chaque salle s'assemblent chez le monarque, et lui lisent les cinq mémoires, qui exposent à ce prince toutes les vues, tous les désirs, toutes les plaintes et toutes les intentions de ses peuples, d'une manière claire, précise, méthodique, sans que personne soit nommé, ni compromis, parce que toutes les idées sont confondues dans les mémoires, et les mémoires eux-mêmes signés de tous les députés de l'assemblée.

Le monarque, de concert avec les principaux, réduit à un seul plan[229] les cinq cahiers qu'on lui a lus ; et le lendemain, tous les députés de l'assemblée reparaissent devant lui dans la salle principale. Il lit lui-même le [16] *Résumé*, qu'il a fait ; chaque député juge, en l'écoutant, si on n'y a rien oublié du ministère dont il était chargé ; et, s'il croit devoir faire quelque objection, il la fait librement. Le monarque répond à tout ; dans les cas les plus épineux, on va sur-le-champ à la pluralité des voix, et chaque décision est écrite par cinquante greffiers, qui sont assis à une grande table au milieu de la salle.

---

229 Ce plan est un résumé d'ordre cinq : le résumé de cinq cahiers résumant les 50 résumés des 500 résumés départementaux des 10 000 précis locaux qui résument les vœux des familles.

Comme il est rare que ce soient les mêmes personnes qui composent l'assemblée au bout de trois ans, chacun est intéressé à prendre des mesures sages pour consolider la paix et le bonheur public pendant les trois années d'intervalle ; mais, le choix de chaque citoyen étant libre, chaque député cherche à se faire honneur par son intégrité, et répond à la confiance que lui ont marquée ses concitoyens. D'une autre côté, si les députés, qui ont déjà composé l'assemblée, tâchent de mériter une seconde nomination par des procédés estimables, tous les citoyens veulent aussi faire assaut de mœurs et de probité, pour tâcher d'être nommés à leur tour, et [17] cette émulation est le nerf d'un État.

Si quelque nouvel établissement entraîne de trop grands inconvénients, on a la ressource d'y remédier au bout de trois ans ; et cet espoir, toujours renaissant, est le plus sûr maintien du bon ordre, comme la plus douce consolation du citoyen patriote. Le monarque est inébranlable sur son trône, que raffermit tous les trois ans le suffrage unanime de la nation.

On vendait à la porte de la principale salle d'assemblée, un vieux discours, fait depuis neuf siècles par le premier monarque de la maison régnante[230], auquel on devait le rétablissement de l'ordre et de la tranquillité publique. J'achetai ce discours, qui se réimprime tous les trois ans, lors des assemblées nationales ; les pères le font apprendre par cœur à leurs enfants ; et c'est dans la presqu'île de Giblouk, ce qu'est le *Pater noster* parmi nous. J'ai cru que mes lecteurs ne me sauraient pas mauvais gré de le traduire en entier dans mon ouvrage. *Le discours, à un autre numéro.*

[18]

L'île des puces dans Jupiter

Jupiter, comme je l'ai dit dans la première année de mon *Courrier*, est une planète couverte d'îles de toute grandeur. Outre l'*île des bûches* et l'*île des cruches*, dont j'ai parlé, outre l'*île des fous*, etc. il y en a une infinité d'autres très curieuses. L'*île des puces* est un pays assez singulier ; je n'en dirai qu'un mot, mais encore faut-il que je le dise, ce mot. En planant au hasard sur cette planète, je descendis dans une île d'environ vingt-cinq lieues de diamètre…

---

230 Les Capétiens étaient sur le trône de France depuis huit siècles (an 987).

Tous les insectes dont nous nous plaignons y sont inconnus, excepté les puces. Mais ces puces y pullulent à foison ; et ces pauvres insulaires en sont quelquefois tout noirs. Les villes en regorgent ; les villages en sont pleins ; et, dans l'été, les rues en sont souvent obscurcies. Ces habitants ont un sang doux, que ces insectes sucent volontiers ; et l'on voit dans cette île des hommes et des femmes du petit peuple courir à travers champs comme des énergumènes[231]. C'est qu'ils [19] ont *la puce à l'oreille* ; et non seulement cela, mais même cinq ou six puces dans une seule oreille, ce qui les tourmente horriblement. C'est ainsi qu'on voit courir dans Paris, dès le grand matin, l'amant jaloux de sa maîtresse, et le petit-maître, à qui ses créanciers donnent la puce à l'oreille. Ce qui rend le petit peuple plus malheureux en cela que les citoyens d'une classe supérieure, c'est qu'il est pauvre, et qu'il n'a pas le moyen de payer les *chercheurs de puces*, dont je vais parler. Il faut qu'il cherche lui-même ses puces ; mais il n'en a pas le temps, parce qu'il est obligé de travailler pour vivre. Les gens distingués se font chercher les puces par des étrangers, que ce fléau fait exister, parce qu'il les attire exprès d'une île voisine, où le terrain est ingrat et stérile, comme les Auvergnats[232] et les Savoyards vont chercher de l'ouvrage dans des pays plus aisés que le leur. Ces étrangers sont très adroits pour attraper les puces, parce que qu'on leur en fait faire une étude particulière dès leur enfance. Ces places de [20] *chercheurs de puces* sont très courues ; elles sont érigées en *maîtrises* comme nos professions d'industrie[233]. On dit *maître pucier*, comme nous disons *maître perru-quier*. Chaque maître pucier a sous lui une douzaine de *garçons puciers*, qui font tous les jours plus de quarante pratiques. Mais j'ai trouvé de l'indécence dans cette mode, en ce que les hommes seuls ont le droit de *pucerie*, et que les femmes de l'île ont des puces comme les autres[234] ; de sorte que ce sont toujours des hommes qui cherchent les puces aux jolies femmes. J'ai vu des gens de qualité se déguiser exprès, et prendre des places de *garçons puciers*, pour avoir l'occasion d'aborder celles qu'ils aimaient. Affligé de cet inconvénient, et surtout du fléau général qui désole cette île, j'ai conseillé au gouvernement de détruire les puces ; on

---

231 « Possédé du diable » (*Académie*, 1762).

232 Beffroy écrit Auvergnacs ; les deux graphies étaient en concurrence.

233 Cet épisode constitue une satire du système des corporations, brièvement supprimées par un édit de Turgot en 1776 ; définitivement abolies le 14 juin 1791 par la loi Le Chapelier.

234 Plus que les autres, si l'on en croit les peintres des dix-septième et dix-huitième siècles, dont Nicolas Lancret ou, contemporain du *Courrier*, Nicolas Lavreince.

m'a dit qu'on avait essayé en vain plus de mille remèdes. Alors je leur ai proposé de boire du vin et des liqueurs, de veiller les nuits, d'être ambitieux, de travailler aux ouvrages d'esprit, et surtout d'être bien [21] plus amoureux qu'ils ne le sont. Tous ces moyens rendent le sang âcre, et les puces n'aiment pas ce sang-là... Peu à peu on les aurait dégoûtées de ce pays. L'administration commençait à goûter mon projet ; mais la communauté *des maîtres puciers*, instruite de ma démarche, forma une cabale contre moi, versa de l'or dans les poches des commis des bureaux, excellent moyen de faire avorter tous les projets relatifs au bien public ; et même résolut, non pas de m'assassiner, mais de me couvrir de puces, d'en emplir mes deux oreilles, et de me punir ainsi de ma témérité ; ma foi, j'ai craint l'effet de cette menace, et je me suis sauvé bien vite, en disant : *L'île des puces deviendra ce qu'elle pourra*[235].

Grand gala dans la planète de Mars

J'ai assisté dans la planète de Mars à un repas de cérémonie, donné par un gouverneur de province aux grands et aux notables de cette province. La noblesse et le [22] commerce composaient toute l'assemblée, car les commerçants sont là-haut la partie la plus active et la plus éclairée de la magistrature. Une table de six cent soixante-cinq couverts, chargée de mets singuliers s'offrit d'abord à mes regards. Tous les convives étaient frisés comme des acteurs, et parés comme des poupées. Une particularité me frappa dans ce repas ; la table était séparée en deux parties par une planche qui la coupait d'un bout à l'autre, et s'élevait à trois pieds de distance, ornée et surmontée de bouquets artificiels, qui allaient jusqu'au plancher[236] ; de sorte que la moitié des convives ne voyait pas l'autre moitié. Étonné de cette singularité, je faisais d'étranges réflexions dans un coin de la salle, où je jouais le rôle de simple spectateur. Un laquais m'expliqua cette énigme : Monsieur, me dit-il, les nobles font ici classe à part, et n'ont rien de commun avec les négociants ; ceux que vous voyez par ici sont les négociants ; ceux qui sont de l'autre côté sont les nobles. En effet, cette différence me devint [23] sensible sur-le-champ. Du côté

---

235 « Le voilà, emportez-le, il deviendra ce qu'il pourra », dit Louis XIV en remettant son testament (selon Saint-Simon, cité par *L'Esprit des journaux* en décembre 1788, à l'occasion d'une nouvelle édition en trois volumes chez Buisson, le libraire préféré de Beffroy).
236 Plafond.

des nobles on n'avait servi que la moitié des plats que je voyais du côté des négociants ; et encore ces plats étaient-ils couverts de mets d'une autre nature. On donnait aux nobles des petits-pieds[237], des compotes, des petits gâteaux, des dragées, et tout en petit, ce n'était partout que de la viande creuse[238] ; et, pour remplir les intervalles des plats, on avait mis sur des assiettes des gros paquets de parchemins vermoulus ; c'étaient leurs titres de noblesse. Chaque noble avait, en vis-à-vis, l'écusson de ses armes, et passait à le regarder une grande partie du temps, que les négociants emploient à manger. Aucun n'avait d'appétit, parce qu'il n'est pas du bon ton d'avoir faim parmi les grands ce pays-là. Derrière chaque noble étaient plantés cinq hommes de six pieds, immobiles, parce qu'ils n'avaient rien à faire, couverts d'habits de livrée très apparents. Je vis sur quelques plats de nobles un mets que je ne pouvais définir. *Ce sont des orties*, me dit-on. – Des orties ? allons donc, vous [24] voulez rire… – Non, ce sont des orties étrangères qu'un grand médecin a préconisées ; elles sont souveraines contre les vapeurs ; d'ailleurs, elles ne sont pas du pays, et cela suffit pour en constituer le mérite. Des orties étrangères sont plus estimées chez nos seigneurs que des pêches et des poires nationales ; on les leur sert accommodées à la sauce blanche, et ils trouvent cela délicieux… Parmi ces nobles, il y en avait de si maigres et de si pâles, que je les pris pour des agonisants ; mais il n'est pas du bon ton de se bien porter, me dit-on… Du côté de ces nobles on avait placé en évidence une plaque d'or, sur laquelle était écrit : *Silence*. Aussi personne ne parlait, parce qu'il n'est pas du bon ton de converser et de rire à table, me dit-on. Du côté des négociants c'était toute autre chose ; la table était couverte de plats, sur lesquels je voyais des cochons de lait, des gigots, des aloyaux, des saumons, des volailles, du gibier, et toutes sortes de viandes succulentes ; tout le monde mangeait de bon [25] appétit ; le coloris de la santé animait tous les visages ; on riait, on causait, on s'égayait, on buvait ; en un mot, l'aisance et la liberté avait l'air de présider au repas ; mais malheureusement, il n'y avait là ni parchemins, ni *laquais de six pieds*. Chaque négociant avait derrière lui un petit domestique tout rond, mis très simplement, gros et gras, de

---

237   « On appelle en fait de rôtisserie, *petits pieds*, des perdrix, des cailles, des ortolans, et autres petits oiseaux exquis et délicats. Il y en a qui aiment mieux la grosse viande que les *petits pieds* » (*Académie*, 1762).

238   Voir *Courrier* n° 55, p. 13, note.

bonne humeur, qui allait et venait d'un air content et joyeux... Cette disparate m'amusa beaucoup ; et je me promis bien d'en parler à mes lecteurs, qui sans doute n'ont jamais vu rien de semblable.

NOUVELLES

Prix remporté dans la planète de Mars

L'Académie des sciences et belles-lettres de la ville de Gnomac, capitale du grand empire de Gnomie, dans la partie septentrionale du continent B de la planète de Mars, vient de couronner le meilleur discours sur le sujet qu'elle avait proposé l'année [26] dernière. Ce discours renferme des principes contraires aux intérêts de plusieurs académiciens ; celui qui l'a fait, est un homme détesté des académiciens, parce qu'il s'est permis souvent des plaisanteries sur leur compte ; mais, comme ces messieurs font profession publique de justice et de probité dans leurs jugements, comme toute le monde a droit de concourir pour un prix, parce que le talent est de tous les pays et de toutes les classes, l'écrivain s'est nommé hautement, et il a donné par là une preuve éclatante de l'estime qu'il avait pour ses juges, dont certains défauts ne sont pas une raison pour qu'on se défie de leur bonne foi[239]. Le discours couronné est plein d'énergie, de rapidité, de raison, d'éloquence et d'esprit. Le style en est simple et fleuri, la diction noble et pure, les pensées utiles et vraies, les images gracieuses et naturelles, les vues saines et profondes, les moyens clairs et méthodiques. Voilà ce qu'ils appellent un *discours d'académie* dans le pays dont je parle ; point de discours haché, point de flagornerie, point de [27] satire basse, point d'égoïsme déguisé, point de bluette, point de tour de force, point d'image gigantesque ; enfin la nature et la vérité, voilà les éléments de l'éloquence chez un peuple original, que je n'ai garde de citer pour modèle à ma nation. L'histoire de ce couronnement n'a surpris que moi dans la ville capitale de la Gnomie. Je ne pouvais comprendre comment des gens de lettres se rendaient justice réciproquement, et personne ne pouvait comprendre parmi eux comment je ne comprenais pas cela. Mais il faut tout dire ; ces gens-là

---

239 Montesquieu fut reçu à l'Académie française, sept ans après avoir raillé ce corps à « quarante têtes, toutes remplies de figures, de métaphores et d'antithèses » (*Lettres persanes*, lettre 73).

n'ont pas le bonheur de connaître les Français et de pouvoir les imiter ; ils s'en tiennent à leurs vieux préjugés. Au lieu que moi, qui suis élevé en France, témoin du spectacle continuel des rixes et des jalousies de nos glorieux littérateurs, je dois être naturellement philosophe, aussi bien que nos généreux concitoyens, que je félicite de tout mon cœur[240].

Monument dans la planète de Saturne

En traversant la grande place de la [28] capitale d'un assez vaste empire dans Saturne, j'aperçus une statue de bronze que je n'avais point encore remarquée. Je m'approchai de ce monument, et je demandai à mes voisins quel était le prince qu'il représentait. C'est le roi *Bonis IX*, surnommé *le Glorieux*, me répondit-on… – Le glorieux ! m'écriai-je avec surprise, où sont donc ses trophées ? où sont les palmes de la victoire ? où sont les ennemis qu'il a vaincus ? – Les ennemis qu'il a vaincus ? ne les voyez-vous pas ? – J'avais beau examiner la statue dans tous les sens, je n'apercevais aucun signe de triomphe ni de gloire, mais je voyais au contraire un groupe singulier, une attitude ridicule, et des choses qui me paraissaient tout à fait nouvelles. Le croira-t-on ? cette statue est précisément telle que je vais la décrire. Le monarque est représenté sans couronne, et sous l'extérieur d'un simple particulier ; vis-à-vis de sa personne, on voit un groupe de figures de tout âge et des deux sexes, qui tendent la main droite au prince pour recevoir ce qu'il va leur donner, et essuient avec la main gauche [28] les larmes qui tombent de leurs yeux. Mais ce qui m'a semblé le plus étonnant, c'est l'attitude du souverain ; il tient d'une main un gros pain, qu'il appuie contre son estomac, et de l'autre un grand couteau pour couper le pain qui paraît déjà entamé, son visage est riant, et quelques larmes l'arrosent néanmoins. L'artiste a tellement confondu ces deux expressions, que le spectateur voit sur-le-champ que les larmes du roi sont des larmes de joie et d'attendrissement. La langue latine est dans ce pays, comme dans

---

240 Quoique fier d'appartenir à « l'Académie de Bretagne composée de l'élite de cette province pour les talents et pour le rang » (*Feuille de Flandres*, 1783, n° 20) et à celle d'Arras, Beffroy ne se prive pas des piques que les beaux esprits – Piron, Linguet, Fréron, Palissot… – adressaient rituellement aux sociétés savantes ; mais il ne va pas aussi loin que Rivarol (« C'est aux moutons à s'attrouper ; mais les lions s'isolent »), que Chamfort (« Point d'intermédiaire ; personne entre le talent et la nation », *Discours sur les académies*, 1791) ou que Marat (*Les Charlatans modernes, ou Lettres sur le charlatanisme académique*, 1791).

le nôtre, la langue usitée pour les inscriptions. Ces inscriptions sont au nombre de quatre ; il y en a une de chaque côté du piédestal, en lettres d'or, gravées sur le marbre. La première : *Bonis IX, cognomine gloriosus* ; la seconde : *Nullus rex, nisi pater* ; la troisième : *Verè pater is, qui alit liberos* ; la quatrième enfin : *Gloriam novit ille, quo regnante, non fuit indigus*[241]... Je compris, à la lecture de ces inscriptions, que les ennemis subjugués par le roi, étaient les sujets vaincus par sa bienfaisance... Que voulez-vous [30] dire, messieurs, leur demandai-je, avec vos statues de princes, représentés en bourgeois, qui coupent du pain à leurs enfants pour leur déjeuner ? Cette attitude est-elle noble pour un souverain ? Mettez-moi là des canons et des fusils... J'en aurais dit davantage, mais ces gens-là ne purent se contenir ; ils allaient m'exterminer comme un pervers, si je ne me fusse échappé promptement.

Corps académiques sur la planète de Mercure.

Nouveau règlement dans le royaume de *Paix* pour le rétablissement de la justice et du bon ordre dans toutes les académies et tous les corps littéraires du royaume. On ne sera reçu désormais dans aucun de ces corps, sans faire preuve des quatre choses que voici : 1°. Prouver qu'on n'a jamais calomnié personne ; 2°. prouver qu'on n'a jamais été l'agresseur dans les disputes littéraires ; 3°. prouver que depuis un an et un jour, on n'a jamais répondu aux invectives et aux satires anonymes et signées, [31] manuscrites et imprimées... 4°. prouver que depuis cinq ans on n'a point fréquenté d'auteurs bas et méchants. Il faut de plus, faire serment qu'on ne répondra jamais aux plates injures, ni aux libelles atroces, à moins qu'on ne soit forcé de se justifier devant un tribunal quelconque. Quand j'ai lu ce règlement, je ne pensais plus que j'étais dans une autre planète que la mienne, et que tous les mondes ne se ressemblent pas. C'est ce qui me fit dire par distraction : Eh ! mes amis ! que faites-vous ? perdez-vous la tête ? autant vaut-il fermer la porte de toutes vos salles académiques, et mettre dessus : *Appartement à louer*[242].

---

241 « Bonis IX, surnommé le glorieux » ; « Nul n'est roi, s'il n'est père » ; « Il est vraiment père celui qui nourrit ses enfants » ; « Glorieux est celui pendant le règne de qui nul ne fut indigent ».

242 Les académies, dont l'Académie française, furent supprimées en août 1793, pour des raisons autres que celles évoquées ici par Beffroy, et bien analysées par Gaston Boissier

[47]

Le comédien de la planète de Mercure

Un comédien de la planète de Mercure se présenta sur la scène pour débuter. Je fus témoin de ce début, et j'en parle avec connaissance. Il jouait le rôle d'un fils repentant, qui veut aller se jeter aux pieds d'un père infirme, dont il a causé tous les chagrins[243]. Ce comédien paraît sous un costume décent… on commence par siffler son costume ; il avait un geste naturel et facile, on siffla son geste ; son maintien était noble, son maintien fut sifflé ; il avait l'air pénétré, on siffla son air… Étourdi de cet accueil, il commence à trébucher, il doute de ses talents, il hésite… mais il se rassure, et il dit : *Père infortuné ! daigneras-tu reconnaître ton enfant ? ton enfant ingrat et rebelle ? ton enfant, cause de tous tes malheurs ?…* [48] À ces mots tout le monde fait *pss, pss, pss*, et on ne lui laisse point achever la phrase… Interdit et tremblant, il s'approche des lampions et dit : *Messieurs… – Pss, pss… que c'est plat,* MESSIEURS *! qu'est-ce que cela veut dire ? – Je ne vois pas que la sensibilité soit une chose si risible… – Pss, pss, pss ;* LA SENSIBILITÉ *! que c'est donc plat ! … à bas, à bas ; au diable soit le comédien sensible !…* et le pauvre acteur rentra dans la coulisse, couvert de honte et de ridicule. Le même jour un autre acteur débuta ; il était bossu et borgne, on l'applaudissait à outrance, avant qu'il eût ouvert la bouche… Tout à coup, un vent s'échappe de l'acteur et le bruit de cette incongruité frappe toutes les oreilles… *bravo, bravo,* s'écrie-t-on de toute part ; dès lors tout ce qu'il dit, tout ce qu'il fit fut trouvé merveilleux… Il n'avait pas le sens commun ; il était outré, il était gauche, il ne savait ni *a* ni *b*, et déclamait en conséquence : n'importe, son début fut brillant ; ses succès surpassèrent tous les succès venus et à venir. Était-ce la cabale ? [49] était-ce l'esprit de parti ? non, c'était le goût du public.

Éducation dans la planète de Saturne

L'éducation dans Saturne est regardée comme le seul garant de la sûreté des empires, comme le seul mobile d'une administration prévoyante, comme la cause primitive du bonheur et de la tranquillité

(« La Suppression des Académies en 1793 », *Revue des Deux Mondes*, t. 40, 1907, p. 721-751).
243 C'est le sujet, notamment, d'une comédie de Voltaire (*L'Enfant prodigue*, 1736) et du mélodramatique tableau de Greuze, *Le Fils puni*, 1778.

des peuples. Chaque père est obligé de surveiller très sérieusement les goûts, les passions, le caractère de ses enfants dès leur plus bas âge. On croit dans cette planète que l'homme est ce qu'on en fait plutôt que ce qu'il naît ; et qu'en réformant de bonne heure des inclinations désordonnées, on peut tourner à la vertu des cœurs qui semblaient destinés au vice ; qu'alors l'exemple général faisant pencher la balance du côté des bonnes mœurs, la somme du bien l'emporte sur celle du mal ; et que les hommes nés vicieux, s'il en existe réellement, ayant pour les contenir, outre le frein de l'exemple, celui [50] des leçons qu'on [leur] a données dans l'enfance, il en résulte un avantage nécessaire et inappréciable. Jamais les grands n'oppriment le peuple, parce que les grands ont reçu de l'éducation ; jamais le peuple n'insulte les grands, parce que le peuple a reçu de l'éducation ; et quand on dit dans ce pays-là *de l'éducation*, on n'entend pas ces extravagantes minuties ; ces importantes frivolités auxquelles nous attachons tant de prix. L'éducation des grands et des riches consiste à les élever comme des petits particuliers, à leur faire sentir par des exemples, et non par des discours de rhétorique, qu'ils sont sujets comme tout le monde aux faiblesse humaines, aux maladies, à la mort ; que tout n'est pas dit dans ce monde-ci, qu'il y a une justice suprême, et qu'il faut absolument qu'il y en ait une ; que l'esprit, les talents, les lumières sont le partage de toutes les conditions, et que la supériorité d'un riche ou d'un grand n'est souvent qu'illusoire et chimérique ; que l'orgueil en fait la base, et que l'orgueil est un péché [51] capital ; que cette supériorité de rang ou de fortune, toujours l'effet d'un aveugle hasard, est encore sujette aux vicissitudes d'ici-bas ; que l'estime générale est le seul patrimoine vraiment précieux, qu'on ne l'acquiert que par des vertus, et que la première vertu d'un riche ou d'un grand, celle qui en suppose bien d'autres, et qui les vaut toutes, c'est d'être sensible, humain, généreux, compatissant. L'éducation des petits consiste à leur faire toucher du doigt la nécessité absolue de l'inégalité des conditions[244], les avantages d'une vie active et laborieuse, l'utilité de l'instruction, le prix d'une santé robuste et d'une vie sobre, et surtout le bonheur d'un ménage, qui vit en paix en se bornant aux

---

244 « La prétendue égalité des hommes, que quelques sophistes mettent à la mode, est une chimère. » « Il est impossible dans notre malheureux globe que les hommes ne soient pas divisés en deux classes, l'une de riches qui commandent, l'autre de pauvres qui servent. » (Voltaire, *Dictionnaire philosophique*, « Fertilisation » et « Égalité »).

travaux domestiques. Comme ce n'est pas ici que je me propose de m'étendre sur des objets d'une si haute importance, je me contenterai de citer un père que j'ai connu dans Saturne, non qu'il mérite plus qu'un autre d'être cité, mais parce que, l'ayant vu de près, je le trouve, pour ainsi dire, sous ma main. Tous les pères [52] dans Saturne ont les mêmes principes, et ce n'est partout que le même tableau, quant au sujet ; il diffère seulement par les détails. Ce père, dont je parle, a élevé vingt-trois enfants, sans jamais exercer contre eux la moindre violence. Il en aurait eu besoin peut-être, s'il eût attendu l'âge de raison pour les veiller de près ; mais, en s'y prenant dès leur plus bas âge, il leur a épargné par la suite tous les désagréments qu'entraînent les corrections. Ce père étudiait les goûts d'un enfant de deux ou trois ans, et dès lors il prévoyait quel serait le caractère dominant de cet enfant, de quel frein il aurait besoin, de quelles précautions il fallait user pour rectifier ses penchants[245]. Il s'y livrait avec d'autant plus de zèle, qu'outre le devoir d'un père, outre le plaisir de travailler pour le bien de la patrie, il y a vraiment un charme séducteur qui environne l'enfance, et qui donne un intérêt à tout ce que l'on fait pour elle. Rien n'est si aimable que cet âge ingénu ; rien n'occupe plus agréablement celui [53] qui veut l'observer, et j'aurai toujours grand soin de fuir la société de ceux qui n'aiment pas les enfants. Ce père en question me disait : *Voyez-vous cette petite fille ? elle n'a que quatre ans ; eh bien, je la distingue très bien de sa sœur, qui n'en a que trois ; l'une est vive, prompte, étourdie ; elle court sans cesse, parle beaucoup, brise tous ses joujoux, laisse traîner toutes ses affaires, n'aime qu'à rire ; mais elle est sensible, elle aime à donner quelque chose aux malheureux. Son déjeuner, son goûter est souvent en partie pour les pauvres qui se présentent à ma porte… Je ne la perdrai pas un instant de vue ; je suivrai le développement de ce caractère pétulant et enjoué ; et, si je la marie un jour, ce sera à un homme de commerce, qui aura de l'ordre pour elle, mais qu'elle distraira par sa gaieté des occupations froides du négoce. Voyez-vous cette autre petite fille ? Elle est sérieuse ; elle calcule déjà ; elle range tous ses joujoux avec un ordre, avec un soin particulier ; elle n'égare rien ; ne perd rien de ce qu'on lui donne ; je veux la marier à un homme de cabinet, qui [54] s'occupe de littérature ou d'affaires*

---

245 Ce père attentif partage les idées défendues par M. de Wolmar, contre Saint-Preux, sur la différence naturelle des tempéraments, que l'éducation doit reconnaître et développer et non contrarier : « Regardez, m'a-t-il dit, ces deux chiens qui sont dans la cour ; ils sont de la même portée. Ils ont été nourris et traités de même, ils ne se sont jamais quittés. Cependant l'un des deux et vif et gai… » (*Nouvelle Héloïse*, lettre III de la 5ᵉ partie).

épineuses ; ces sortes de gens, ordinairement abstraits, n'ont pas le loisir de veiller à leurs intérêts ; il leur faut une femme qui fasse régner dans leur maison un ordre qu'ils sont incapables d'y mettre ; ils ont besoin d'une compagne qui pense mûrement, et qui ait une tête aussi bonne pour la conduite de leurs gens, que la leur pour la conduite des affaires. La suite de l'éducation dans Saturne, à une autre quinzaine.

Prédicateurs dans la Lune

La Lune a différentes religions comme la Terre ; on y voit des temples comme chez nous, excepté qu'ils sont plus sains, en ce que le jour et l'air y pénètrent plus facilement. Parmi les nombreuses causes de maladies qui affligent notre pauvre hémisphère, on ne distingue pas assez nos églises pour la plupart obscures et basses, trop rarement accessibles à la circulation de l'air[246]. On n'en ouvre les portes et les fenêtres qu'à certains jours marqués, et souvent c'est [55] qu'elles sont pleines de monde ; ce qui rend ces précautions presque inutiles, puisqu'on ne tarde pas à les fermer, et que l'on concentre par ce moyen tous les miasmes pestilentiels qui se sont échappés des corps malsains pendant l'office. L'air imprégné de vapeurs méphitiques, se corrompt encore davantage, faute d'être renouvelé chaque jour ; et telle personne qui a passé la journée à prier Dieu dans une de ces églises, ne sait à quoi attribuer son teint pâle et ses incommodités journalières, tandis qu'elle a respiré du poison pendant un demi-jour. Ce terrible inconvénient n'aurait pas lieu, si messieurs les curés ou ceux qui sont chargés du soin des églises, avaient grand soin de faire ouvrir

---

246 L'air croupissant de certains lieux était un souci auquel répondait déjà l'article « Ventilateur » rédigé par Samuel Formey pour l'*Encyclopédie*, qui préconise l'emploi du ventilateur à double soufflet inventé par Stephen Hales en 1741 pour les entreponts des vaisseaux, les hôpitaux, les salles de spectacle, les prisons, les mines et les greniers, mais néglige en effet le cas des églises. Mercier relève en revanche « l'odeur cadavéreuse [qui] se fait sentir dans presque toutes les églises : de là l'éloignement de beaucoup de personnes, qui ne veulent plus y mettre le pied », et dénonce lui aussi les lenteurs de l'administration (« L'air vicié », *Tableau*, chap. 43). Voir également P. Renaudin : *Réflexions sur l'air atmosphérique, ses altérations, son influence sur le corps humain, les moyens de corriger son infection dans les hôpitaux, spécialement celui de Lyon*, an V ; ou encore Révéroni Saint-Cyr, *Mes folies*, 1799, t. 1, p. 11-12, et *L'Observateur russe à Paris*, 1814, lettre XII : « Le fameux Howard a démontré, par des expériences sans réplique, dans son livre sur le *Régime des prisons et des hôpitaux* [1777], que l'air des salles de spectacle est vingt-deux fois plus méphitique que celui des salles les plus infectes des hôpitaux. »

chaque jour toutes les portes et toutes les fenêtres de leur église, toutes, sans exception, depuis midi, temps où finissent les messes, jusqu'à trois heures. Rien de plus simple que ce procédé ; on l'emploie sagement dans la Lune ; mais sur la Terre, en proie aux divisions et aux chicanes depuis sa fondation, il faudrait pour cela des [56] permissions, des courses, des écrits, des assemblées, des ordres, et une infinité de préliminaires, qu'on peut appeler, dans tout ce qui concerne le bien public, la honte de l'humanité. Eh ! messieurs ! peut-on trop multiplier les moyens de ménager la vie des hommes jusque dans les plus petits détails ? Je parlerai plus tard des prières et des cérémonies religieuses dans quelques planètes, et l'on sera peut-être curieux d'apercevoir les nuances qui les distinguent des nôtres. Je ne puis m'empêcher cependant de parler aujourd'hui d'un usage bien singulier, qui se pratique là-haut dans les églises. On y prêche souvent ; j'ai assisté à un sermon d'apparat, prononcé par un grand orateur, dont le nom retentit avec éclat parmi les ministres de la religion de ce pays. J'étais adossé contre un pilier, observant très scrupuleusement tous les gestes et toutes les paroles du prédicateur. Quand il eut achevé son discours, je fus bien surpris d'entendre crier tout le monde : *L'auteur, l'auteur*, comme aux spectacles de Paris... Quelle indécence ! dis-je à mon voisin ; [57] qu'est-ce que cela signifie ? – L'auteur, l'auteur, disait-on toujours. – Mais le voilà, sans doute, l'auteur, leur dis-je en montrant le ministre, qui avait prêché. – Laissez donc, monsieur, me dit mon voisin, en me donnant un coup de coude ; vous êtes étranger, apparemment ? L'homme qui a parlé, et que vous voyez dans cette chaire, c'est l'acteur ; mais nous demandons l'auteur ; ce n'est pas celui qui a prononcé le sermon que nous voulons voir ; c'est celui qui l'a fait... Je sentis ma méprise, et promis bien de ne jamais ouvrir la bouche sans être au fait des usages[247].

Projet d'établissement pour une demoiselle dans Vénus

On parlait dans une société de la ville de Vénérie, capitale du Vénériol, grand royaume de la planète de Vénus, d'une demoiselle très aimable, qui, faute de bien, ne pouvait pas trouver de parti qui lui convînt dans

---

247 Cet épisode peut être compris comme une critique du culte catholique, devenu un spectacle comme un autre (voir « Prédicateurs », *Tableau de Paris*, chap. 582) ; ou comme critique des théâtres parisiens, où l'on accorde trop d'importance aux acteurs au détriment des auteurs (tel Beffroy).

sa planète. Son père me disait qu'en qualité [58] d'étranger, il me priait de m'intéresser au sort de sa fille. Ce père connaît beaucoup Paris, d'après le plan qu'il en a : *Ne pourriez-vous pas trouver pour ma fille*, me disait-il, *un bon prêtre, qui fût honnête homme, et qui eût quelque bénéfice, avec l'espoir d'avancer dans l'état ecclésiastique ? Je vous la confierais volontiers, et je lui permettrais avec plaisir de se fixer sur la Terre, si j'étais moralement sûr que cela fît sa fortune et son bonheur… Par exemple, il serait bien agréable pour moi de voir son mari devenir un jour curé de Saint-Sulpice ou de Saint-Nicolas-des-Champs… Enfin, si par votre crédit vous pouviez seulement la marier au vicaire d'une bonne paroisse, ou à un chanoine de collégiale…* Je crus que ce brave homme voulait se moquer de moi, mais j'appris bientôt qu'il parlait sérieusement ; il voulait faire avoir à sa fille pour dot une cure ou un canonicat… Pourquoi cela ? parce que les prêtres se marient dans son pays ; ne sachant point à cet égard les lois du nôtre, il s'en rapportait à ses usages et à ses principes.

55ᵉ NUMÉRO
Courrier du 1ᵉʳ février 1789

La vallée des fondateurs dans Saturne

Sera-ce en vers ou bien en prose
Que j'entamerai mon récit ?
Mes lecteurs, décidez la chose,
Et déterminez mon esprit...
Bon ! déjà je vous entends dire :
« C'est de la prose qu'il nous faut ;
Cher Cousin, nargue de ta lyre[248] ;
Bien rimer n'est pas ton défaut.
Ta prose coulante et facile
Plaira toujours mieux que tes vers ;
Car tu sais nuancer ton style
Et prendre mille tons divers...
– Non, non, qu'il laisse là sa prose,
Reprennent plusieurs d'entre vous,
Ses vers, plus aisés et plus doux,
Plaideront toujours mieux sa cause. »
... Eh bien ! pour vous mettre d'accord,
Savez-vous ce que je vais faire ?...
Qu'on ait raison ou qu'on ait tort,   [4]
Il est malaisé de vous plaire.
De certains grands bien entêtés,
Messieurs, je suivrai la méthode ;
Après vous avoir consultés,
J'en ferai toujours à ma mode.

---

248 « Nargue, s. f. qui n'admet point d'article. Terme de raillerie et de mépris, par lequel on marque le peu de cas que l'on fait de quelqu'un ou de quelque chose (Nargue de lui. Nargue de l'amour. Il dit nargue des cérémonies.) Il est familier. » (*Académie*, 1762).

J'errai, selon ma manière accoutumée, dans l'atmosphère de Saturne, et j'avais alors sous les pieds plusieurs nuages épais qui portaient mon ballon et ma personne. De ces nuages il sortait par-ci, par-là

> Un, deux, trois, quatre, cinq éclairs,
> Qui, me mêlant avec l'orage,
> Me faisaient danser dans les airs
> Non sans un horrible tapage.
> Comme la belle Arsène[249] alors
> J'avais pour parquet le tonnerre ;
> Et, s'il faut vous avouer mes torts,
> Ce parquet-là ne me plaît guère.
> Je ne hais pourtant pas le bal ;
> Mais soit lâcheté, soit prudence
> Je voudrais moins de bacchanal
> Pour danser une contredanse.

Cependant l'orage augmente ; les nuages m'enveloppent ; je vas, je viens, je descends, je monte, de çà, de là, à droite, à gauche [5] comme un vaisseau que ballotte la tempête. À mes côtés, c'était le tonnerre ; sous mes pieds, le tonnerre ; sur ma tête, le tonnerre... Tout à coup un éclair brûlant sillonne la nue, et je m'échappe avec l'éclair... J'arrive dans une vallée profonde... Je jette des regards inquiets autour de moi... Pendant ce temps-là, l'orage se dissipe, le temps redevient beau, le ciel reprend sa première sérénité, et mon âme son premier calme... J'étais assis au pied d'un hêtre touffu (car dans quel ouvrage ne voit-on pas des hêtres, et dans quel ouvrage les hêtres ne sont-ils pas touffus[250] ?), mais ce hêtre-là l'était *bien et duement*, et non pas comme figure de rhétorique... Tout d'un coup je vois venir à moi plusieurs hommes ; mais quels hommes ! grand Dieu !... ils avaient une barbe blanche ; ils avaient des yeux expressifs ;

---

249 *La Belle Arsène*, comédie-féerie en 4 actes mêlée d'ariettes ; paroles de Charles Simon Favart, musique de Pierre Alexandre Monsigny, 1773. L'acte IV débute avec ces vers : « Où suis-je ? Quelle nuit profonde ! / Malheureuse ! où porter mes pas ? / L'orage, le tonnerre gronde... / Quel bruit ! Quels terribles éclats ! ». Beffroy pastiche un lieu commun de l'opéra-comique que l'on rencontre par exemple au début de *Zémire et Azor* de Marmontel et Grétry en 1771 (« L'orage va cesser / Déjà les vents s'apaisent... »). On a déjà vu un terrible orage dans la *Lune* nᵒ 31, p. 85.
250 Topos virgilien (« *Tityre, tu patulæ recubans sub tegmine fagi* », premier vers des *Bucoliques*).

ils avaient une figure vénérable ; … et cependant ils n'avaient ni barbe, ni yeux, ni figures… Ils avaient tous des robes blanches ou noires, et cependant ils n'avaient ni robes, ni couleur… Comment cela ? Ces messieurs étaient des fantômes… Oui, de [6] véritables fantômes ; c'étaient des âmes qui, par une puissance surnaturelle, m'apparaissaient sous la forme qui caractérisait leur profession et leur rang.

> Ce que c'est, messieurs ! ce que c'est
> Que d'arriver parmi des ombres !
> Hélas ! mieux que moi qui le sait ?
> Mais quoi ? je vois de couleurs sombres
> Vos visages se rembrunir…
> Déjà ma terreur se partage ;
> Et du récit du voyage
> Déjà je vous vois tous frémir…
> Ces ombres-là sont fort honnêtes ;
> Pour moi ne craignez rien encor,
> Car, dans le pays où vous êtes,
> J'en sais plus d'un qui n'est pas mort,
> Et dont le ton plein de rudesse
> A grand besoin d'une leçon ;
> Envoyons-le dans ce canton
> Pour faire un cours de politesse.

Fi donc ; il est honteux pour des gens en vie d'être moins polis que des trépassés… Cependant, ne connaissant point encore le caractère des fantômes dont je parle, je ne m'y fais pas trop, à vrai dire. Le spectacle [7] qui s'offrait à mes yeux n'était pas fait pour rassurer un homme qui n'avait jamais vu d'ombres…

> Quel est leur dessein, me disais-je ?
> Que me veut ce nouveau cortège ?
> Quel discours vont-ils m'adresser ?…
> Tandis que j'étais à penser,
> Précaution fort inutile[251],
> J'apercevais d'un pas agile

---

251 Peut-être une allusion, gratuite, au *Barbier de Séville ou la Précaution inutile*, 1775.

Messieurs les spectres s'avancer...
Quatre ruisseaux, une rivière[252],
Ne ralentissent point leurs pas ;
Dieu ! qu'une personne est légère
Quand elle a subi le trépas !
Ils ont franchi toute barrière ;
Je sens redoubler mon effroi...
Ils sont arrivés jusqu'à moi...
Suivant l'instinct de l'épouvante,
Je tombai sur mes deux genoux,
Et leur dis d'une voix tremblante :
« Messieurs, comment vous portez-vous ? »

— Assez bien pour des ombres, me répondirent-ils ; depuis que nous sommes morts, notre santé n'a point essuyé de variation, ni d'échec. [8]

— Quoi ! messieurs, malgré la froidure
Aucun de vous n'est enrhumé ?
Chez nous la saison est si dure[253] !
Contre nous le ciel s'est armé ;
Il a signalé sa vengeance
Par mille fléaux destructeurs,
Tous les habitants de la France,
Petits marchands et grands seigneurs,
Gens de rien et gens d'importance,
Hommes d'esprit et bons docteurs,
Philosophes pleins d'arrogance
Et paisibles cultivateurs,
Et les Gascons et les auteurs...
Tous ont senti de sa puissance
Les effets exterminateurs.
Et la banque et la maladie

---

252 Les fleuves qui séparent les Enfers du monde des vivants sont au nombre de cinq : le Styx, le Phlégéthon, l'Achéron, le Cocyte et le Léthé.

253 Référence au redoutable hiver 1788-1789, qui avait suivi le terrible orage de grêle du 13 juillet 1788 et divers événements climatiques qui avaient conduit à une très médiocre récolte de blé. Le thermomètre était descendu à − 22° C à Paris le 31 décembre, au terme du mois le plus froid depuis 1709.

Attaquant la bourse et la vie,
Ont servi ses cruels desseins...
Agioteurs et médecins
Ont assassiné ma patrie.

De quel pays êtes-vous donc ? me demandent les spectres. – Hélas !
messieurs, je suis d'un pays, jadis la perle des pays, mais qu'il a plu à
l'Éternel de dégrader et d'accabler jusqu'à le rendre méconnaissable. C'est
de la France que je vous parle... Messieurs les spectres ! continuai-je
avec une douleur [9] expressive, s'il est quelqu'un parmi vous à qui le
ciel ait révélé les profonds secrets de l'avenir, ne pourra-t-il m'éclairer
sur le sort qu'il réserve encore à mes concitoyens[254] ?... Et d'abord, où
suis-je ? est-ce ici le pays des ombres ? – Non, me dirent-ils ; c'est seulement une colonie d'ombres privilégiées... Le pays des ombres est en
effet dans Saturne, mais au centre de la planète. Nous ne sommes, nous,
qu'une petite classe d'ombres qu'il a plu au Créateur de reléguer dans ce
vallon... mais il ne nous est pas donné de lire dans l'avenir[255]... nous
ne savons même rien de ce qui se passe dans les différents mondes que
nous avons habités... Mais vous arrivez de France... plusieurs de nos
messieurs et dames sont nés dans ce royaume ; ils y ont même joué un
rôle important, à la faveur duquel ils habitent maintenant parmi nous ;
car cette vallée est la vallée des fondateurs et instituteurs de tout genre,
qui ont formé des établissements sur toutes les parties des globes épars
dans l'immensité... La vallée des fondateurs ! [10] m'écriai-je avec surprise... Ah ! messieurs, que me dites-vous ?... Quoi ! je vais trouver ici
de grands personnages, dont les noms sont encore en si grande vénération
dans ma patrie ?... Oh ! que ma joie est grande ! vous m'instruirez sans
doute sur vos motifs, sur vos vues, et sur mille points importants que
mes concitoyens ignorent ?... – Et toi, me dirent-ils tous ensemble, tu
nous apprendras ce que tu sais de nos fondations, quelle idée en ont tes
contemporains, de quel œil les voient vos philosophes et vos savants, et
dans quel état elles subsistent maintenant.

---

254 Les prédictions optimistes du devin Scientifico (*Courrier* n° 46) n'ont donc pas suffi à
 rassurer le Cousin Jacques ?
255 Cette catabase, épreuve nécessaire pour tout héros, se distingue de celle du chant XI de
 l'*Odyssée*, qui annonce à Ulysse les dures épreuves qui l'attendent, ou de celle du chant VI
 de l'*Énéide*, qui permet à Énée de voir les futurs grands hommes de Rome.

Messieurs, parlez l'un après l'autre,
Pour que je vous comprenne mieux ;
Car un discours comme le vôtre
Veut un examen sérieux.
En m'interrogeant tous ensemble,
Vous m'allez troubler le cerveau ;
À tout ce vacarme, il me semble
Que je suis dans quelque barreau ;
Que l'on répète en ma présence
Un ballet du grand Opéra,
Ou que je viens prendre séance
Dans un chapitre en falbala[256].   [11]

Ces messieurs, sensibles à ma prière, firent silence, et l'on convint que chacun aurait son tour pour parler… Je ne pouvais m'adresser à tout le monde à la fois ; d'un autre côté, je ne pouvais guère parler qu'aux fondateurs français, encore ignorais-je les trois quarts de leurs établissements. D'ailleurs, pour entrer dans des détails, il aurait fallu passer bien du temps avec eux, et j'étais pressé de continuer mes voyages. Je glissai donc sur bien des objets avec les fondateurs qui me parlèrent ; je ne m'entretins qu'avec un très petit nombre, et je ne dis que ce que le hasard me suggéra ; mes lecteurs se diront le reste.

Je hais un conteur méthodique,
Qui dans un récit d'agrément,
S'en vient immoler froidement
La gentillesse à la logique ;
Qui vous érige longuement
Des riens en fleurs de rhétorique ;
Qui change tout en argument
Dans sa fureur systématique ;
Et d'un tableau frais et riant
Vous fait un plan géométrique.   [12]
Le monde est plein de ces gens-là,
Dont on se moque bien en France ;

---

256 Une assemblée de femmes.

Et longtemps on s'en moquera
Sans les guérir de leur démence.
Dénués d'esprit et de goût,
L'ennui les suit et les devance ;
Nous les voyons fourrer partout
L'étalage de leur science.
Partout où leur prépondérance
Guide leurs pas présomptueux,
La sottise et l'impertinence
Marchent côte à côte avec eux.
Toussant, crachant avec emphase,
Éternuant avec apprêt,
Leur plat Apollon ne pourrait
Dire un mot sans dire une phrase.
Du poids d'un bouquet assommant
Ils chargeront une fleurette,
Et la plus simple historiette
Est dans leur bouche un long roman.
Oh ! que j'en sais de cette espèce,
Gens que l'on renomme[257] aujourd'hui,
Qui pensent inspirer l'ivresse
Quand ils n'inspirent que l'ennui ;
Qui vous racontent les nouvelles
Avec un ton de professeur,
Et sont galants auprès des belles
Comme un juge auprès d'un plaideur !   [13]
Qui volontiers, parmi des femmes,
Sous l'habit d'un docteur fourré,
Pour leur dire, *Bonjour, mesdames*,
Voudraient mettre un bonnet carré !
Traînant avec eux pour escorte
Un froid léthargique, effrayant ;
Je bâille, s'ils sont à ma porte,
Et je m'endors en les voyant.

257 « Nommer avec éloge », dit l'Académie, qui ajoute que ce verbe « n'a d'usage qu'étant
     précédé du verbe faire (Ce prince s'est fait renommer partout) ».

N'imitons pas ces messieurs-là ; ayons moins d'esprit qu'eux ; disons les choses tout uniment, et disons-les comme elles se présenteront.

Les fondateurs me menèrent dans un palais bâti avec de l'air et du vent. On ne saurait croire jusqu'à quel point ces murailles-là sont transparentes et légères. On m'introduisit dans une salle à manger tapissée de phosphore ; et je m'assis sur un fauteuil de fumée... Cet ameublement est en vérité curieux... J'avais faim ; on me servit des viandes de très belle apparence, qui se fondaient dans ma bouche comme de la neige, à mesure que je voulais les avaler. Messieurs et dames, leur dis-je poliment ! la viande creuse[258] ne me remplit pas l'estomac ; et j'ai bon appétit... [14] Nous n'avons pas d'autre viande que celle-là, me dit-on ; l'estomac d'une ombre se contente de peu ; des nourritures plus solides nous donneraient des indigestions ; et vous n'avez pas d'idée de ce qu'est une indigestion, quand on est mort... – Messieurs, j'ai faim. – Vous vous rassasierez. – Je ne le crois pas. – Oh ! que si. – Je ne sens pas ce que je mange. – Oh ! que si. – Je vais mourir d'inanition. – Oh ! que non. – Laissez-moi partir. – Oh ! que non... et il fallut rester... Cependant, à force de mettre dans ma bouche des viandes d'ombres, je parvins à me ranimer par le peu de substance qu'elles contenaient... Quand je fus un peu sustenté, je me livrai de tout cœur à la conversation ; chose presque humiliante pour la nature humaine ! Telle est donc l'influence du physique sur le moral, que l'homme en dînant, change de caractère, et que son esprit varie comme son estomac !

> On croira que je ris, peut-être ;
> Je dis pourtant la vérité.
> Le premier que je consultai,   [15]
> Fut le fondateur de Bicêtre[259].
> Eh bien ! dit-il, quoi de nouveau ?
> M'estime-donc beaucoup en France ?
> Quel cas fait-on de mon château ?

---

258 Viande creuse, se dit figurément par opposition à nourriture solide. *Un massepain n'est qu'une viande creuse.* Viande creuse se dit aussi figurément et familièrement, des choses qui ne sont pas de la nature des aliments. *La lecture qu'on nous a faite, est une viande creuse »* (*Le Grand Vocabulaire français*, 1769). Voir *Courrier* n° 54, p. 23.

259 Bicêtre n'a pu eu à proprement parler de fondateur. Le cardinal de Richelieu rasa et rebâtit le château en 1632 pour y loger les soldats invalides. Vincent de Paul y fit bientôt admettre des enfants trouvés ; puis on y reçut également des pauvres et des fous (« timbrés du cerveau »). À partir de 1656, on enferme mendiants, vagabonds et délinquants de toute sorte dans l'établissement qui relève désormais de l'Hôpital général de Paris.

Y soulage-t-on l'indigence ?
Et des gens timbrés du cerveau
Y remarque-t-on l'affluence ?
Monsieur, lui répondis-je, hélas !…
Comment faut-il que je m'explique ?
Si mon récit est véridique,
Ne vous en fâcherez-vous pas ?
— Parlez, parlez avec franchise…
— Permettez donc que je vous dise
Ce que j'en sais par des rapports…
Je connais peu votre Bicêtre,
Mais ceux qui disent le connaître,
Vous accuse de bien des torts.
Votre sagesse si profonde,
Selon leur dire est en défaut ;
Bicêtre est grand ; mais il vous faut
Plus de logis pour tant de monde.
Quand on bâtit sans jugement,
Qu'on pose mal le fondement,
L'édifice à la fin s'écroule ;
C'est un bienfait mal entendu
Que de s'occuper de la foule
Pour négliger l'individu…
— Eh ! me dit-il avec colère,   [16]
Il m'aurait fallu tout Paris,
L'ami, si j'avais voulu faire
Dans Bicêtre assez de logis
Pour tous les fous de ton pays.
— Ah ! trêve de plaisanterie !
Lui répliquai-je avec douleur…
N'insultez point à ma patrie ;
Ce trait vous ferait peu d'honneur.
Vous venez me parler folie,
Quand je veux vous parler malheur ;
Et vous opposez l'ironie
À des tableaux qui font horreur…
Vous vouliez fonder un hospice

Où la loi de l'égalité
Présentât une main propice
À l'indigente humanité...
De votre âme compatissante
Quel sera donc le sentiment,
En sachant que l'événement
Trompe à tout moment votre attente,
Et que dans cet hospice, hélas !
Où l'indigent se désespère,
L'abîme affreux de la misère
S'agrandit toujours sous ses pas.
Souvent un monstre impitoyable,
Qu'endurcit, même dans ces lieux,
L'aspect hideux, épouvantable,
Des maux réunis sous ses yeux,   [17]
Punit jusqu'aux cris douloureux
Qu'arrache à des êtres honteux
La rigueur dont on les accable...
Eh ! pourquoi donc, hommes affreux,
Affliger ainsi vos semblables ?
Quand ils ne sont que malheureux,
Pourquoi les traiter en coupables ?...
C'est là que vos yeux étonnés,
Au fond d'une caverne impure,
Pourront voir mille infortunés
Perdus pour toute la nature.
C'est là qu'aigri par le tourment,
Chacun d'eux, bourreau de lui-même,
Attente à ses jours vainement ;
Et, dans son désespoir extrême,
Il passe successivement
Du gémissement au blasphème,
Du blasphème au gémissement.
C'est là qu'un gardien sévère,
Au poids de la rigueur des lois,
Ose ajouter encor le poids
De sa cruauté mercenaire.

Ah! dans sa rage meurtrière,
Le tigre est cent fois plus humain!
Pour retourner dans sa tanière
Il n'attend pas au lendemain;
Quand de sa victime expirante
Sa griffe a déchiré le flanc;   [18]
Quand sa gueule aride et brûlante
En a sucé, tari le sang,
Il ne revient pas sur sa proie
Avec une barbare joie
Écouter s'il l'entend gémir;
Et sa fureur ne se déploie
Que contre ce qui peut mourir.
Mais vous, tyrans de cet hospice,
Esclaves vils et forcenés,
Aux noirs complots de l'injustice,
À prix d'argent, abandonnés!
Dans la fureur qui vous dévore,
Avec plaisir vous revenez
Sur des êtres assassinés
Pour les assassiner encore...

Halte-là! s'écria le fondateur hors de lui-même... L'enthousiasme vous égare, la vérité disparaît... Vous exagérez, vous nous en imposez... Serait-il possible qu'en France?... Quoi! sous un monarque sensible?... – Eh! c'est justement aux oreilles de ce monarque, que les plaintes des malheureux vont parvenir; son cœur généreux et compatissant va se révolter, quand la vérité paraîtra toute nue devant son trône... – Quoi? sous l'inspection de magistrats équitables?... – Les [19] magistrats, chargés de vastes détails, ne peuvent pas tout voir par eux-mêmes; ils sont trompés comme tout ce qui tient un rang sur la Terre... – Mais n'en dites-vous pas trop? Le zèle de l'humanité ne vous exalte-t-il pas l'imagination?... – Il est possible que j'exagère; mais, si le tableau est un peu chargé, tous les témoins oculaires vous diront qu'il n'est pas infiniment éloigné de la vérité, du moins à certains égards[260]. Grands Dieux!

---

260 Beffroy peut s'appuyer sur divers témoignages. John Howard consacre à sa visite de
    Bicêtre, en 1778, quelques pages de son *État des prisons et hôpitaux et des maisons de force*

quelle idée se font donc des hommes, ceux que la loi commet immédiatement pour punir les coupables ?... L'assassin périt sur l'échafaud ; et
quelquefois une simple inconséquence, une indiscrétion, une étourderie
fait reléguer un homme sans nom, sans éclat, sans protection, dans des
cachots décorés du beau titre d'hospices, où, sans pouvoir faire entendre
sa voix à ceux qui doivent le juger, anéanti pour la nature entière, rongé
par le désespoir et la rage, enfoncé, oublié, perdu, abîmé[261]... Ah ! messieurs ! laissez-moi respirer ! ne me parlez plus d'hôpitaux... Tous mes
concitoyens ont [20] reconnu, ont déploré, ont publié les abus qui se
sont introduits dans ces asiles destinés au soulagement des pauvres...
Des orateurs éloquents ont tonné contre ces abus ; ils ont, d'une main
robuste et courageuse, arraché le voile tendu depuis des siècles sur ces
horreurs secrètes, contre lesquelles le gouvernement va sévir ; déjà, dans
ma patrie on s'occupe de toute part de réformes salutaires[262]... et croyez
que celles-ci ne seront pas regardées comme les moins importantes...

À ces mots, un grand nombre de fondateurs fit groupe autour de
moi ; et chacun d'eux me demanda si tel hôpital, telle maison de charité, tel hôtel-Dieu, telle prison même qu'il avait établie par tel ou tel
motif, était bien administrée... — Assez bien, répondis-je à quelques-
uns ; grâce à la sagesse du gouvernement, les deniers des pauvres sont
souvent maniés par des hommes intègres et religieux, qui aimeraient
mieux y ajouter du leur que de retrancher la plus petite portion d'un
patrimoine sacré, dont la loi de la bienfaisance peut et doit seule à [21]
jamais disposer... Mais, ajoutai-je... ce *mais* excita parmi mes auditeurs
la plus vive curiosité... — Expliquez-nous ce que veut dire ce *mais*... — La
faiblesse humaine perce partout... Personne en France ne me démentira,

---

(1784, traduction française, 1788, tome 1, p. 375-379) : « D'environ quatre mille hommes
qui sont dans l'enceinte de ses murs, il n'en est pas la moitié qui soient prisonniers ;
le plus nombre sont des pauvres qui portent un uniforme brun et grossier [...] ». Voir
Christian Carlier, *Histoire du personnel des prisons françaises du 18ᵉ siècle à nos jours*, Les
Éditions ouvrières, 1997, 1ʳᵉ partie, chap. 2.

261 Henri Masers de Latude venait de fait paraître, en 1788, son *Histoire d'une détention de
trente-cinq ans* (dont plusieurs à Bicêtre). Voir surtout le chapitre « Bicêtre » du *Tableau de
Paris* (t. VIII, chap. 604, 1783), où Mercier, après s'être indigné que les « bons pauvres »
(épileptiques, imbéciles fous, vieillards, gens mutilés) soient mêlés aux coquins (libertins,
escrocs, mouchards, filous, voleurs, faux-monnayeurs, pédérastes), décrit longuement
l'horreur des conditions d'enfermement.

262 Inspiré par les méthodes du surveillant Jean-Baptiste Pussin, Philippe Pinel supprimera
l'usage des chaînes à Bicêtre en 1793, puis à la Salpêtrière en 1795.

si je trace en abrégé le tableau de ce que j'ai vu... de ce qu'ont vu des milliers de citoyens, ou, pour parler plus juste, de ce que tout le monde à vu... – Qu'y a-t-il donc ? me demandèrent-ils tous. – Permettez-moi, messieurs, de glisser rapidement sur des détails de ce genre... une bouche délicate s'y refuse naturellement ; d'ailleurs ces abus diminuent tous les jours... et peut-être qu'au moment où je retournerai dans ma patrie, on aura déjà secondé le zèle des bons citoyens, en détruisant absolument l'abus dont je vais parler... Mais qu'aucun d'entre vous, messieurs, ne m'interroge sur les particularités ; nous autres Français honnêtes, nous ne censurons jamais qu'en général ; l'honneur, la prudence et les lois nous interdisent toute autre espèce de critique[263]... [22]

> Voyez-vous ces gens, qu'on encense,
> Ligués contre les malheureux ?
> Ces gens, repus de leur substance,
> Soulever la terre et les cieux ?
> Les voyez-vous d'un œil avide
> Fixer les pleurs de l'indigent ?
> Couver un dessein parricide
> Sous un dehors compatissant ?
> Et lui tendre une main perfide
> Quand l'autre envahit son argent ?
> Vautour infâme, ouvre tes serres ;
> Lâche ta proie, et fais-nous voir
> Cet or, dont l'abus du pouvoir
> A payé tes soins mercenaires !
> Des pauvres soutien *généreux*,
> De leur trésor dépositaire,
> Dis-nous par quel art merveilleux
> Leur patrimoine est ton salaire[264] !...
> Dis-nous par quel enchantement,
> Né dans la fange et la détresse,
> Traîné dans un char élégant,
> Ton corps fend aujourd'hui la presse !...

---

263 Le Cousin a déjà fustigé les « personnalités odieuses » (*Lune* n° 36, p. 188).

264 J. Howard précise que chaque prisonnier de Bicêtre « paye deux cents livres par an pour sa pension », mais il parle des criminels logés dans des cellules individuelles.

Il viendra, ce jour solennel,
Jour de lumière et de vengeance,
Où l'équité de l'Éternel
Couronnera ta bienfaisance !
Tu paraîtras, et nous verrons
Si tu te prévaudras encore   [23]
Du frêle appui de ces beaux noms
Dont ta cruauté se colore !...
Ah ! si du bien d'un malheureux
Ma main retenait quelque chose,
À quel tribunal vertueux
Oserais-je plaider ma cause ?
De l'orphelin pendant la nuit
J'entendrais la voix gémissante,
Et de la veuve suppliante
L'image assiégerait mon lit.
Sans cesse en horreur à moi-même,
Je voudrais m'abreuver de fiel ;
De mes yeux la faiblesse extrême
Ne pourrait plus fixer le ciel...
J'aurais une frayeur mortelle,
Que dans ces yeux appesantis
Chacun ne lût ces mots écrits :
Administrateur infidèle...
Et, trop humilié des fers
Qu'aujourd'hui tant de monde affronte,
J'irais au centre des enfers
Cacher ma bassesse et ma honte.

À peine avais-je achevé ces mots que chacun d'eux s'écria : *De qui voulez-vous parler ? quel établissement avez-vous en vue ? de quelle maison s'agit-il ?... Est-ce mon hôtel-Dieu ?* disait l'un. *Est-ce ma maison* [24] *de force ?* disait l'autre. *Est-ce mon hospice de charité ?* me demandait celui-ci. *Est-ce mon hôpital ?* reprenait celui-là... Questions inutiles, messieurs, leur répondis-je à tous... Un cœur honnête doit exécrer les abus ; mais il les voit en général, et ne peut en désigner aucun, quand il risque d'en compromettre les auteurs... Ces paroles attristèrent toutes ces ombres loyales et compatissantes : *Ce n'était pas là notre intention*, disaient-elles ; *nous ne voulions que le bien…* et elles s'éloignèrent en pleurant… Tout à coup je ne les vis plus… mais je ne fus pas longtemps seul.

Une ombre élégante et légère,
Au teint vermeil, à l'air riant,
Annonçant le désir de plaire,
Vint m'aborder en folâtrant.
Êtes-vous nymphe ? êtes-vous muse ?
Lui dis-je, en ôtant mon chapeau,
Dans ces lieux, si je ne m'abuse,
Votre personnage est nouveau.
Ah ! monsieur, me répondit-elle,
Je suis bien plus que tout cela ;
On doit à mes soins, à mon zèle,   [25]
Le premier plan de l'Opéra.
Des arts j'ai réuni l'ensemble
Dans un seul établissement…
Mais vos Français, que leur en semble ?
Que dit-on de moi maintenant ?
– Vous êtes donc, ombre charmante,
Le fondateur de l'Opéra ?
Ah ! la découverte importante !…
Lon lanla, tradéri, déra…

L'Ombre, étonnée
Mais… mais… comment ! que veut-il dire ?

Le Cousin Jacques, dansant et gambadant.
Tanti, tanti, tantirelire…
C'est là tout ce que je veux dire…
Tanti ta ! la la la la la,
Je ne veux dire que cela[265]…   [26]

---

265 [Note de Beffroy de Reigny :] Je parie que plusieurs de nos grands hommes critiqueurs, faiseurs d'almanachs chantants et d'almanachs dormants, vont citer ces quatre vers séparément, pour donner à leurs lecteurs une idée de mon ouvrage et de mon talent ; car c'est vraiment ainsi que cela se pratique en fait de satires à la mode. Savez-vous, diront-ils, ce qu'il y a dans le *Courrier des planètes* ? Savez-vous tout ce que sait dire le Cousin Jacques ?

L'Ombre, interdite
Voyez donc l'accès de folie !
Est-ce là votre jugement ?
Borne-t-on là dans ma patrie
Et mon mérite et mon talent ?

Le Cousin Jacques, faisant des entrechats et des pas de deux
N'est-ce donc rien, mademoiselle
Chez un peuple aimé d'Apollon,
Que de présenter pour modèle
L'art de tourner sur un talon ?
N'est-ce rien qu'une pirouette
Chez des mortels instruits à fond ?
Et le refrain de tourlourette[266]
N'est-il pas sublime et profond ?

L'Ombre, indignée
Va, laisse là ton persiflage
Dis que mon établissement
Ne peut qu'être d'un grand usage
Dans les maux du gouvernement...

Le Cousin Jacques
Il ne faut qu'un peu de logique
Pour concevoir sans embarras,
Ce que renferme un entrechat
De grand et de philosophique.

Mais au moins, reprit l'ombre, dites-moi ce que fait la musique sur mon théâtre ? – Tout ce qu'elle veut, mademoiselle. – Et les paroles ? – Rien. – Comment, rien ? – Absolument rien. – Eh ! pourquoi les y emploie-t-on ? – Ce n'est pas ma faute. – On devrait les en bannir. – Sans doute. – C'était bien mon intention. – On ne la suit pas. – Ou du moins

---

Tanti, tanti, reli relire... C'est là tout ce qu'il veut vous dire ; il en convient lui-même... et leurs lecteurs croiront bonnement que mon ouvrage n'est rempli que de pareils refrains ; ainsi, ce qui est plaisant et délicat à sa place, devient plat et ridicule hors de propos... Mais leur critique n'aura pas le mérite de la nouveauté, puisque je les aurai prévenus ; *mais il faut vivre* !
266 Air classique d'opéra comique à vaudeville.

qu'elles fussent bonnes. – Cela peut arriver. – Il y en a donc quelquefois de bonnes ? – Au concours. – Au concours ! Que me dites-vous là ? Est-ce qu'il y a un concours pour l'opéra ? – Oui, pour les poèmes ; et c'est une chose très sagement vue. – Sagement vue, ou non, dès que je ne l'avais pas établi, moi !... [28] Je trouve fort plaisant qu'on s'avise d'innover, qu'on enchérisse sur les dispositions de... – Ne vous fâchez pas ; c'est à peu près comme s'il n'y en avait point... la faveur, la protection... vous m'entendez... – Ah ! bon ; je comprends... à la bonne heure ; car j'allais me mettre en colère... et le fondateur de l'opéra s'évanouit en dansant...

Je tournai mes regards derrière moi ; quelques ombres attendaient, pour me parler, que je fusse seul. Elles saisirent cet instant et s'approchèrent de moi. Sans préambule, dirent-elle, vous voyez devant vous les personnages bienfaisants à qui l'on doit l'établissement des magasins à blé dans plusieurs provinces de la France, et dans plusieurs États de l'Europe... À ces mots, pénétré d'un juste respect, je me mis à genoux pour leur rendre hommage. Lève-toi, me dit une de ces ombres ; et dis-nous franchement si nos magasins sont toujours bien fournis, si le pain est toujours à bon marché, si l'on redoute encore les années stériles, et si l'on s'est enfin déterminé à faire périr sur [29] l'échafaud les monstres, qui accaparent le blé ; car c'est là le seul châtiment qui leur convienne... Tu ne dis rien !... tu soupires !... tu pleures !... ah ! réponds-nous, de grâce !...

> J'allais répondre cependant...
> Une douleur sombre et farouche
> Par bonheur me ferma la bouche ;
> En pareil cas il est prudent
> De savoir garder le sience ;
> Et d'une seule inconséquence
> Souvent un auteur se repent...
> Témoin Rivarol, ce grand homme,
> Et tant de faiseurs d'almanachs,
> Que pendant un mois on renomme
> Pour les consoler du trépas...
> Gens précieux à ma patrie,
> Gens doués de grands estomacs,
> Faute d'avoir un grand génie ;
> Gens dont le dos étiqueté

> À tour de bras bien répété,
> Prouve par des raisons *frappantes*
> Que, grâce à des mains obligeantes,
> Ils ont leur immortalité
> Écrite en lettres convaincantes...
> Gens qui n'ont pas d'autre défaut
> Que l'impudence et la sottise ;
> Qui vous lâchent une bêtise   [30]
> Avec l'air de dire un bon mot...
> Plus je m'obstinais à me taire,
> Plus les fantômes en colère
> Marquaient de curiosité...
> Vers moi je vis leurs bras s'étendre,
> S'agiter en vain pour me prendre...
> Et, grâce à mon agilité,
> En bon Français fringant et leste,
> Je n'eus besoin que d'un seul geste
> Pour punir leur témérité.

Je courus donc de toutes mes forces pour échapper aux questions importunes des fondateurs de magasins à blé ; la circonstance était délicate... Ces ombres couraient plus vite encore ; mais n'ayant pas la force de me saisir, elles cessèrent une poursuite inutile... Je vis venir à moi plusieurs fondateurs d'académies, qui me regardèrent avec dédain, et passèrent leur chemin, en levant les épaules...

> Oh ! pour le coup, nous y voilà,
> Disais-je en éclatant de rire ;
> Ma foi, je reconnais bien là
> L'orgueil d'auteur, et son délire.
> Tout, en fait d'établissement,
> Ici-bas, dit-on, dégénère.   [31]
> Mais parmi vous, messieurs, l'enfant
> Tient des qualités de son père...

Je passai vite, et je fis très bien... Ce que j'ai vu, ce que j'ai éprouvé de la part des auteurs, ne m'engage pas infiniment à me rapprocher de la plupart d'entre eux... Aussi j'en lis très peu, j'en vois encore moins, j'ignore les trois quarts et demi de leurs petites fureurs, de leurs petites *critiquailleries*[267], de leurs petits propos *satirisants*, de leurs petites brochures soporifiques, et de leurs petits almanachs morts-nés ; bien m'en a pris de suivre ce parti… J'en estime pourtant quelques-uns, mais on peut les voir dans mes ouvrages sous l'emblème de ce vers latin : *Apparent rari nantes in gurgite vasto*[268].

> Soit que, seul au coin de mon feu,
> Fuyant Paris dans Paris même,
> Quant aux amis, en voyant peu,
> Mais ne voyant que ceux que j'aime,
> Loin du bruit, des festins, du jeu,
> Loin du monde et des sornettes,
> Voyageant sans changer de lieu,
> Je visite en paix mes planètes ;
> Soit que mes deux jolis enfants[269]   [32]
> Promènent leurs mains caressantes
> Sur cette tête de trente ans,
> Qui paraît en avoir soixante,
> Et que leurs baisers innocents
> Rendant aux traits de mon visage
> Cette fraîcheur de mon printemps
> Que leur a fait perdre l'ouvrage,
> Ou qu'au plaisir de les aimer,
> Joignant celui de les instruire,
> Je me délecte à les former
> Dans l'art de penser et de dire ;
> Soit qu'essayant un air nouveau,
> Qu'enfante ma lyre attendrie,
> Aux sons charmants d'un *piano*,
> Le son de ma voix se marie ;
> Soit que, plus d'un infortuné
> (Au repos, hélas ! condamné
> Dans cette saison inhumaine),

---

267 On ne trouve pas d'autre occurrence de ce mot avant Léon Daudet, un siècle plus tard.
268 « De rares [naufragés] surnagent dans le vaste abîme » (*Énéide*, liv. I, v. 122).
269 Voir *Lune* n° 32, p. 211, note.

Auprès de moi venant gémir,
Je me console de sa peine
Par le bonheur de l'adoucir ;
Soit que, dans mon cher La Fontaine,
Cherchant un remède à l'ennui,
J'admire ce feu de la veine
Qu'on ne voit plus guère aujourd'hui ;
Ou que, causant avec Virgile,
Je lui fasse mon compliment,
Sur le traducteur élégant   [33]
Qu'il a rencontré dans Delille[270] ;
Soit enfin que de temps en temps,
Me rapprochant un peu du monde,
Je choisisse deux sur cinq cents
Des écrits dont on nous inonde ;
Et que, laissant là le fretin
Des *grimes*[271], dont l'esprit m'ennuie ;
Avec Bergasse ou Guillotin[272]
Je m'intéresse à ma patrie…
Pendant ce temps-là, croirait-on
Qu'un tas de rimeurs imbéciles,
Au sein de mes foyers tranquilles,
Vinssent narguer mon Apollon ?
C'est alors qu'au bas du Parnasse,
Trente avortons, à mon insu,
Sentent redoubler leur audace,
Quand de leur cerveau dépourvu
Ils ont extrait sans goût, ni grâce,
Peignant tout ce qu'ils n'ont pas vu,
Maint quolibet, dont on se lasse
Avant même de l'avoir lu.
Courbés sous la main qui les gage,

---

270 Traduction en vers des *Géorgiques*, 1770.
271 « Terme méprisant, qui se dit des petits écoliers » (*Académie*, 1762).
272 [Note de Beffroy :] Bergasse, célèbre en peu de temps, mais célèbre pour toujours ;
   Guillotin, médecin habile, bon politique, écrivain sage et méthodique, auteur de la
   fameuse *Pétition*, etc.

Ils me font parler platement,   [34]
Ils me font agir bassement
Dans un impertinent ouvrage,
Et me prêtent impunément
Leur caractère et leur langage.
Le public ajouterait foi
À ce qu'ils racontent de moi,
Si de leur plume mensongère
La production mercenaire
Heureusement ne restait pas,
Pour servir d'aliment aux rats,
Dans le magasin du libraire...
Et même à l'instant où j'écris
Ces vers, dictés par la nature,
Peut-être quelque plume obscure
Dans un des greniers de Paris,
Trace en secret à l'aventure
Un beau chef-d'œuvre d'imposture,
Et fait son portrait pour le mien
Par des vers fabriqués en prose,
Où le cœur n'est jamais pour rien,
Et l'esprit pour fort peu de chose.
À tous ses efforts j'applaudis ;
Et pour que son sublime ouvrage
Serve au moins à quelque usage,
Je le recommande aux souris,
Dont je lui promets le suffrage[273].

La suite de la fin de la Vallée des fondateurs, à la première quinzaine de mars.

---

273 Cette tirade est une digression au sein d'une digression. Non seulement la satire des
académies sur Terre a peu sa place sur Saturne, mais le Cousin au lieu de parler d'elles ou
de leurs fondateurs, comme y invite le titre de ce chapitre, vise les auteurs en général et
plus précisément les critiques. Le dispositif du voyage dans les planètes semble s'essouffler.

[58]

Suite de l'armée de bois dans la première quinzaine.

À peine le signal fut-il donné, que les soldats d'Horrib, animés par les efforts réitérés de leur roi, s'élancèrent sur l'ennemi avec une rapidité singulière, dernier effort d'un reste de vigueur et de courage. Mais quel fut leur étonnement, quand ils virent que l'ennemi ne bougeait non plus qu'une pierre !... Ah ! vous ne remuez pas ! dit Horrib avec dépit. Ah ! messieurs ! vous attendez le choc de pied ferme ! ah ! vous voulez nous braver par cette contenance ironique ! Eh bien ! soit, nous vous ferons voir qui nous sommes. Il ordonna une irruption plus violente que la première ; car ses soldats ne voyant point avancer l'ennemi, s'étaient arrêtés tout court au beau milieu de leur course... Hardi, mes amis, hardi pour cette fois, leur criait le vieux tyran... [59] combattez face-à-face ces grands épouvantails, qui n'ont que de la force et point d'expérience ; faites-leur sentir que la vraie valeur est dans le cœur, et non pas dans le coloris de la santé, ni la hauteur de la stature... À ces mots, ses vieux guerriers fondent le sabre à la main, sur l'armée de Laudin ; mais, au moment où ils l'attaquaient, voilà les machinistes qui, par les ressorts qu'ils font mouvoir, font incliner l'armée de bois, la tête en avant, avec tant de violence que les têtes d'acajou, de noyer et de chêne embrassant rudement les têtes de chair et d'os, celles-ci furent horriblement froissées par l'accolade ; et personne ne voulut s'y fier davantage... On n'entendait qu'un gémissement parmi les guerriers d'Horrib : *Ahi ahi ! mon nez ! Ahi ahi ! ma joue ! Ahi ahi ! mon sourcil gauche ! Ahi ahi ! mon oreille droite...* Certains jeunes officiers, tant colonels que sous-lieutenants et autres, de l'armée de chair, s'écriaient en se rajustant : *Ahi ahi ! mon toupet ! Ahi ahi ! mon catogan...* et ils étaient inconsolables[274]. Horrib,

---

274 Cette pique contre la coquetterie des officiers peut évoquer ce que l'on a appelé la « guerre en dentelles », déjà objet de nostalgie pour le comte de Guibert en 1790 : « Ah ! c'était une heureuse invention que ce bel art, ce beau système de guerre moderne qui ne mettait en action qu'une certaine quantité de forces consacrées à vider les querelles des nations, et qui laissait en paix tout le reste, qui suppléait le nombre par la discipline » (*De la force publique*, p. 119), ce qui est oublier un peu vite à quel point la bataille de Fontenoy, entre autres, fut un carnage qui coûta la vie à près de 5 000 hommes. Guibert et Beffroy semblent s'opposer, mais ils se rejoignent dans l'idée d'une guerre propre et limitée ; l'un prône les soldats-machines, quand l'autre rêve de machines-soldats. Ces deux « inventions » seront balayées par une autre, que Guibert pressent : la guerre révolutionnaire, dans laquelle tous les citoyens deviendront soldats.

s'étant aperçu de sa [60] méprise, pénétra l'intention de son adversaire, et rougit d'un penchant dont il sentit bien tard le ridicule et les funestes conséquences. Il laissa tous ses voisins en paix, et passa le reste de ses jours à réparer les maux que son humeur guerrière avait causés. Laudain conserva son armée de bois dans un magasin, pour s'en servir dans toutes les occasions où il serait injustement forcé à faire la guerre. Par ce moyen, il avait des soldats toujours frais et dispos, qui ne coûtaient ni nourriture, ni habillements, et qui surtout le mettaient à même de combattre sans verser le sang de ses sujets. Généraux et soldats, tout alla dans des armoires… Nos annales nous offrent aussi quelquefois des généraux de bois, mais qui coûtaient plus cher que ceux-là.

56ᵉ NUMÉRO
Courrier du 15 février 1789

Voyage dans l'isthme des réfugiés, planète de Mercure

J'errais depuis trois jours dans l'espace, au-dessus des mers de la planète de Mercure, lorsque j'aperçus de très loin des tours élevées, et des édifices remarquables par leur majesté comme par leur vaste contour. N'ayant encore vu rien de pareil dans la planète que je parcourais alors, je descendis avec mon ballon sur une montagne isolée, à quelques milles de distance de la ville que j'avais aperçue ; je l'apercevais encore mieux du haut de cette montagne. Cette ville me parut magnifique et assez vaste... J'ignorais encore dans quel pays j'étais, et par quelle sorte de gens il était habité, quand je vis venir à moi plusieurs personnes, que la curiosité semblait attirer. [4]

Craignant quelque trahison, je remontais bien vite dans mon ballon, et je m'élevai, pour leur parler, à une certaine hauteur, hors de la portée de leurs attaques, au cas qu'ils voulussent me nuire.

Ayant essayé de parler grec ou latin dans plusieurs planètes, où ces deux langues sont connues pour des raisons que j'expliquerai quelque jour, je voulus encore y recourir ; mais ce fut en vain. Ils me répondirent en français... En français, va-t-on dire ? – Eh ! oui, mon cher lecteur, en français[275] ; et je fus tout étonné de voir mes compatriotes habiter la planète de Mercure. – Je suis français aussi, leur dis-je en mettant pied à terre, et les embrassant tous l'un après l'autre ; j'arrive de France, et je demeure en France... Vous demeurez en France ! me dirent-ils les larmes aux yeux. Ah ! monsieur ! quel bonheur pour nous de voir quelqu'un venir de ce pays-là ! Quel bon pays que la France ! quel sage gouvernement ! nous sommes tous originaires de France[276], nous qui vous parlons. Oh ! que notre souverain sera [5] bien aise de vous voir ! comme tous nos citoyens vous embrasseront de bon cœur ! comme on va vous fêter dans toutes les villes et les villages où vous irez !...

---

275 C'est la première fois depuis l'arrivée du Cousin sur la Lune (*Lune* nᵒ 36, p. 119) qu'est évoquée la question de la langue.

276 On verra que ce n'est pas tout à fait exact.

Je ne pouvais revenir de ma surprise, et je soupçonnais sous cet accueil quelque mystère, que je ne pénétrais pas encore. Cependant je me laissai conduire dans un bourg voisin de là. Mon ballon fut porté par dix ou douze de ces habitants, qui ne paraissaient pas surpris de cette invention. Ils le déposèrent dans la cour du pasteur ou du curé du bourg, à qui je fus adressé. Cet homme, respectable par son âge et son habit, me le parut encore par ses lumières et par ses vertus. Il m'accueillit avec une bonté pleine de modestie... Il me prit à part, m'interrogea sur mon état, sur ma naissance, sur mes voyages ; et, quand il vit que j'étais véritablement un Français, il me regarda quelques minutes d'un air attendri : *Loué soit l'Éternel, qui a permis que nous fussions visités par un Français !*

Alors il me raconta l'origine de la [6] monarchie dans son pays, et comment ce gouvernement s'était formé. Ce prêtre était instruit ; il savait l'histoire de sa patrie, qui l'intéressait plus, à vrai dire, que celle des anciens États, éloignés de celui qu'il habitait. Voici ce qu'il me dit :

« On conserve dans le palais du roi, sous une voûte fort exhaussée, un ballon à peu près comme le vôtre, en mémoire du premier habitant de ce pays, dont vous allez savoir l'histoire. Ce ballon est exposé tous les ans, pendant un mois, aux regards de tous les habitants de cet empire, qui viennent le visiter avec une sorte de vénération. Ainsi vous voyez que votre ballon ne doit point paraître une invention très surprenante à nos concitoyens, qui sont étonnés sans doute de la hardiesse avec laquelle vous vous en servez, mais non pas de sa forme et de l'usage que vous en faites. Il est défendu dans notre État de fabriquer des ballons pareils à celui que l'on garde à la cour, et vous n'êtes excusable que parce que vous venez d'un pays bien éloigné du nôtre[277]. C'est [7] par respect pour le fondateur de cette monarchie, que nous nous contentons de regarder notre ballon ; c'est une relique sacrée, à laquelle il n'est pas permis de toucher. Il faudra déposer le vôtre entre les mains du prince, qui chargera l'administration de vous le conserver, et de vous le rendre au cas que vous ne vous plaisiez pas assez chez nous pour vous y fixer. Permettez donc que je l'envoie d'abord au souverain ; c'est un hommage que vous lui rendrez d'avance, et vous n'en serez que mieux reçu quand je vous conduirai auprès de sa personne. »

---

277 Il ne sera plus parlé de cette interdiction.

À ces mots, M. le curé fit venir des hommes, qu'il commandait ; ils prirent mon ballon sur leurs épaules, et le voiturèrent ainsi vers la capitale de l'empire. On les chargea d'une lettre qui annonçait mon arrivée, et témoignait au roi le désir que j'avais de lui présenter mes respects.

– Mais dites-moi, s'il vous plaît, M. le curé, pourquoi vous vous réjouissez si fort, ainsi que tous vos paroissiens, de l'arrivée d'un Français ?

– Écoutez-moi, mon cher [8] monsieur, me répondit-il en pleurant de joie ; mais pour m'écouter avec plus de patience, rafraîchissez[278] ; voilà des fruits, du pain et du bon vin. L'heure du souper est encore loin ; vous attendriez trop longtemps. Je profitai de ses offres ; et pendant que je goûtais, il me parla en ces termes :

« L'invention des ballons n'est pas nouvelle, comme vous savez[279] ; et sans doute qu'en France les ballons sont extrêmement communs. Notre gouvernement subsiste depuis sept cent soixante-trois ans, et voici comme il a pris naissance. Ce pays était désert auparavant, inculte, absolument inhabité ; c'est un isthme qui est séparé d'un des continents auxquels il tient, par une chaîne de montagnes inaccessibles, toujours couvertes de rochers et de neiges, et de l'autre continent, par une vaste étendue de sables brûlants, à travers lesquels on n'a jamais pu pénétrer ; de manière que nous n'avons aucune communication avec les terres voisines de la nôtre. Notre isthme, qui a quatre cent lieues de longueur sur cent soixante de [9] large, forme un pays séparé sur ce globe qu'il semble que la Providence ait ménagé exprès pour être le théâtre d'un empire heureux et florissant.

Un négociant de Paris (Paris n'est-il pas la capitale de la France ?) étant mal dans ses affaires, et n'ayant aucune ressource, prit, il y a sept cent soixante-trois ans, une étrange résolution. Comme il était habile machiniste, doué de beaucoup d'esprit et d'invention, il examina l'expédient d'une voiture aérienne, pour se tirer d'affaire par une

---

278 Cet emploi non pronominal est sans doute une négligence.
279 La primauté de l'invention de l'aérostation était en effet disputée aux frères Montgolfier. L'Italie en attribuait l'idée au père Lana en 1670 ; tandis que le Portugal rappelait qu'en 1709, devant la cour du roi Jean V, un autre jésuite, le père de Gusmão, avait « enlevé au moyen d'un certain feu une machine qui n'avait d'autre soutien que l'air » (*Courrier d'Avignon*, 11 mai 1784, p. 154). Dans sa nouvelle du *Président mystifié* (1787), Sade assure que les ballons « étaient déjà connus en 1779 ».

révolution heureuse[280] (ou par la mort, si son voyage tournait mal). Il travailla longtemps en secret à sa machine ; il l'éprouva souvent pendant le silence des nuits ; et quand il crut pouvoir enfin s'en servir tout de bon, il choisit une nuit très obscure pour faire un éternel adieu à sa patrie ; et, s'étant muni d'une provision de vivres pour longtemps, il s'éleva dans les airs. Le vent était impétueux ; il monta, à force de rames, au-dessus de l'atmosphère ; et au moment qu'il y pensait le moins (car il n'avait dessein que de [10] chercher une habitation bien éloignée sur le globe terrestre, ne soupçonnant pas qu'il fût possible d'aller dans un autre) il se sentit emporté par un courant d'air, ou plutôt par une espèce de tourbillon, qui le conduisit au-dessus ce cette planète où vous êtes maintenant… Il n'était pas encore revenu de sa frayeur, quand il mit pied à terre dans cette contrée. Mais la course longue et rapide qu'il avait faite, les connaissances qu'il avait acquises en astronomie, l'éloignement où il voyait la Terre, qu'il n'avait pas perdue de vue dans sa course jusqu'à ce qu'elle ne lui parût plus qu'un point imperceptible, tout lui prouva qu'il voyageait dans le firmament, et qu'il allait tomber sur une autre planète que la sienne. Arrivé dans ce pays, il prit sa lunette, et retrouva des yeux la carte du pays aérien ; en apercevant les planètes, qu'il connaissait déjà, et jugeant de sa position par leurs distances réciproques, il vit clairement qu'il était dans Mercure. Oh ! que ne puis-je faire savoir à mes concitoyens, disait-il, le sort que je viens d'éprouver ? S'ils [11] apprenaient que j'habite Mercure ! Bah ! ils ne croiraient jamais qu'on peut aller jusque là… Tant mieux, tant mieux, ajoutait-il ; mes créanciers ne viendront pas m'y trouver, je suis à l'abri des assignations et sentences… Ce négociant s'appelait M. *Michaud*[281] ; c'était un brave homme ; mais les malheurs, les pertes, les abus de confiance qu'il avait essuyés, étaient la cause de sa ruine. Quand il se vit seul dans une vaste contrée comme celle-ci, couverte de bois, de marais et de bruyères, il fut

---

280 « Il a fait un trou à la lune, ou, anciennement, à la nuit, il s'est dérobé furtivement, et, en mauvaise part, il a emporté l'argent, il a fait banqueroute, il s'est enfui sans payer ses créanciers » (Littré). Voir *Lune* n° 36, p. 138.

281 Il ne peut s'agir d'un des frères Michaud (Joseph François et Louis Gabriel) qui n'exercèrent leur métier d'imprimeurs libraires à Paris qu'à partir de 1797. Michaud est un personnage – un brave meunier – dans *la Partie de chasse de Henri IV*, comédie de Charles Collé (1764). Une troisième piste, celle de Jean-Baptiste Michaud (avocat, député à l'Assemblée législative et futur conventionnel), est étayée par le fait que l'épouse de Michaud XI se nomme la reine Jean-Baptiste (p. 25) ; ironie de l'Histoire, ce Michaud-ci, régicide, finit ses jours réfugié… en Suisse.

d'abord tenté de perdre courage et de renoncer à la vie ; mais la réflexion le soutint, et son espoir se ranima. Les premiers jours se passèrent bien tristement, comme on peut le croire ; mais la solitude donne de l'action aux ressorts du génie, il se construisit une cabane en bois au pied d'une montagne ; c'est précisément à l'endroit de cette cabane qu'est bâtie la vieille capitale de cet empire. Il se nourrissait d'abord de fruits sauvages et de quelques oiseaux, qu'il tuait à coups de pierres, n'ayant encore [12] aperçu ni gibier, ni bétail dans les marais et dans les bois[282].

Un soir qu'il était de retour d'une promenade, il fut très surpris d'entendre du bruit dans sa cabane, à une certaine distance avant d'y arriver. L'obscurité n'empêchait pas encore tout à fait de distinguer les objets. Il approche doucement, il écoute ; il entend ronfler quelque animal dont il ne peut pas encore définir l'espèce. Il met le nez à la petite fenêtre ; mais la nuit l'empêche de voir ce que c'est. Il n'osait entrer, quoique la porte fût ouverte, et il se mit à crier : *Qui va là ?* – *Motus*, personne ne répond… – Encore une fois : *Qui va là, morbleu ?*… La personne se réveille, et il aperçoit à la petite fenêtre une tête toute hérissée… Cette tête était une tête d'ours, et la personne en question était un ours blanc, on ne peut plus mal léché[283]. Quand il le reconnut clairement, il fut saisi de frayeur, mais il s'enhardit aussitôt, et voulut entrer dans la cabane malgré l'ours qui lui en défendait l'accès ; monsieur l'ours, disait-il d'une voix [13] lamentable, laissez-moi coucher dans mon logis. – *Guianffr, guianffr*, c'était toute la réponse de l'ours… Bref, l'ours, qui n'avait jamais vu d'hommes, avait peur aussi de son côté ; il fut enchanté des procédés honnêtes du solitaire, il s'accoutuma à le voir ; celui-ci s'y fit à la longue ; au bout de trois mois ils vivaient ensemble très fraternellement. L'ours courait de bon matin, et revenait le soir coucher au logis ; il obéissait en tout au solitaire, qui ne pouvait plus se passer de sa compagnie… Un jour cet ours revint avant midi, au moment où son compagnon s'y attendait le moins. Il portait entre ses pattes un joli petit enfant, qu'il avait trouvé dans un marais… – Un enfant ! dis-je au curé ; quel conte[284] me faites-vous là ? – Oui, monsieur, un enfant, qui

---

282 C'est la première et la seule robinsonnade proposée par Beffroy ; et le Cousin n'en est pas le héros.

283 « C'est une erreur populaire de croire que l'ours n'est qu'une masse de chair informe quand il vient au monde, et que ce n'est qu'à force de le lécher qu'il se perfectionne » (Furetière).

284 Le Cousin Jacques reconnaît en effet un contre-type classique du conte populaire (L'enfant recueilli par une bête sauvage : Aarne-Thompson 171 ; par exemple : *Boucle d'or et les*

avait sur le front l'empreinte de plusieurs coups de bec... il paraissait mourant mais il vivait encore... Le solitaire le prit et le réchauffa... à force de soins, il le rendit à la santé... Huit jours après cette trouvaille, l'ours revint avec un enfant plus joli que le premier... [14] Le solitaire, étonné de ce nouveau spectacle, prit l'enfant, le mit avec l'autre et se chargea de les élever. Un matin qu'ils dormaient tous d'eux d'un profond sommeil, il fit signe à l'ours qu'il voulait le suivre. L'ours le conduisit par mille détours dans un marais profond, derrière un bois épais ; ce marais était parsemé de mille mottes de terres, en éminence, sur lesquelles croissaient des broussailles... Il y avait de ces touffées[285] d'herbe et de joncs à chaque pas. Le vent ne soufflait point alors ; l'air était calme ; le solitaire, prêtant l'oreille, entendit partir de tous ces buissons des cris d'enfants. Interdit de cette merveille, il monta sur l'ours, et il avança jusqu'au premier buisson, qui était séparé de lui par une assez grande quantité d'eau. Quel spectacle ! il aperçoit sous ce buisson un enfant, à qui l'on avait déjà mangé un pied, et à qui la douleur arrachait des cris aigus[286]. Cette pauvre petite créature, tournant des regards plaintifs sur le solitaire, lui tendait les bras, et semblait implorer sa pitié... Comme il le prenait, plusieurs cris [15] suspendirent son action ; il alla au buisson voisin, et vit un autre enfant, à qui l'on avait mangé une oreille, implorer son humanité ; il allait l'emporter aussi, quand plusieurs autres enfants, cachés sous différents buissons, se firent entendre à leur tour... bref tous les buissons et toutes les touffées de ce marais recelaient des enfants, dont les uns étaient mutilés, les autres encore sains et entiers, plusieurs étaient morts, et le solitaire aperçut partout des ossements d'enfants et des traces du carnage, qu'on en avait fait. Il fit signe à l'ours de les venir chercher l'un après l'autre, et lui-même fit avec l'ours plus de cinq cents voyages dans ce marais pour arracher à la mort tous les enfants qui s'y trouvaient exposés... Pendant les premiers voyages, le solitaire et l'ours n'avaient vu rien autre chose que des enfants. Mais le huitième jour au matin, ils virent planer dans les airs un oiseau de proie, qui tenait un

---

trois ours). On peut penser aussi à Zeus et la chèvre Amalthée, à Romus et Romulus et leur louve...

285 Beffroy écrit *brossailles* et *touffées* mais l'Académie préfère déjà *broussailles* et *touffes* en 1762.

286 Beffroy renoue avec une inspiration macabre et pathétique qu'il avait abandonnée depuis la mort d'Agathe (*Lune* n°33, p. 74). Cet épisode de multiplication des nouveau-nés rappelle d'ailleurs celui de la la *Lune* n°29, p. 68-74.

enfant par les cheveux ; ils l'observèrent et le virent descendre sous un buisson éloigné, où il déposa cet enfant… Un quart d'heure après, [16] deux autres oiseaux de la même espèce vinrent se poser sous le buisson, d'où le solitaire avait emporté l'enfant privé d'un pied ; et quand ils ne le virent plus, ils battirent leurs flancs avec leurs ailes, et sifflèrent dans les airs de manière épouvantable. Pour se venger de cette privation, ils allèrent chercher d'autres enfants sous les buissons d'alentour, et ils en mangèrent chacun un, sans que le solitaire pût les en empêcher. Outre que ces oiseaux étaient terribles par leur forme et leur grandeur, il y avait trop de distance du solitaire à l'endroit où ils faisaient cet horrible repas. Notre homme vit très bien dès lors, que tous ces malheureux enfants, étaient apportés dans ce désert par ces affreux oiseaux de proie, qui allaient les chercher et les dérobaient dans des contrées lointaines pour en faire leur nourriture. Tout ce qu'il put faire, ce fut d'emporter avec l'ours le plus d'enfants que ses forces et son temps lui permirent d'en emporter… mais il comprit facilement que, tant qu'il n'aurait pas livré bataille aux oiseaux, et détruit ou éloigné pour [17] jamais leur espèce, il ne mettrait pas fin à ces monstrueux larcins. Il alla donc avec l'ours, après avoir bien fermé sa cabane, se cacher à l'entrée du bois, qui bordait le marais ; et, comme il avait eu la précaution d'emporter une arme[287], que nous ne connaissons plus, mais qu'il appelait fusil, il poussa hors de cette arme je ne sais quoi, qu'il dirigea sur un oiseau de cette espèce ; l'oiseau tomba dans le milieu du marais, il le vit surnager ; et les cris qu'il poussa en mourant, attirèrent mille autres oiseaux, qui se rassemblant autour du cadavre, donnèrent une extrême facilité au solitaire pour en abattre successivement une cinquantaine. Le reste, effrayé de ce carnage inattendu, s'envola ; et l'on en revit très peu dans ce marais, jusqu'à ce que le solitaire, ayant multiplié ses défenses, parvînt à les chasser tout à fait de cette contrée. Mais ce ne fut pas sans des peines infinies. Quelques jours après cette première expédition, il entendit la nuit autour de sa cabane plusieurs nouveaux oiseaux, attirés par les cris des enfants, gratter [18] horriblement les planches de son toit en dehors, avec leurs griffes longues et acérées. Ils seraient venus à bout de détruire le petit édifice, quoique le solitaire l'eût considérablement agrandi pour les enfants, s'il n'en avait pas tué plusieurs avec son fusil, et effarouché tous les autres, qui renoncèrent à l'entreprise.

---

287 Contradiction : voir plus haut, p. 11.

Au bout de trois mois, il y avait dans la cabane déjà six cent trente-cinq enfants, dont trois cents petits garçons, et trois cent trente-cinq petites filles. C'était véritablement un hôpital d'Enfants trouvés[288]. Ce nombre s'augmenta encore dans l'année par les nouvelles trouvailles que l'ours faisait dans le marais ; car il avait soin d'apporter tous les enfants qu'il y trouvait encore, quoique le nombre en diminuât tous les jours, jusqu'à ce qu'enfin il n'y en eût plus.

L'ours allait chercher la provision sans relâche ; il apportait des fruits de toute espèce ; mais surtout des poires de virgouleuse[289], qui abondaient alors dans le voisinage ; le solitaire prenait des petits oiseaux et des [19] poissons ; et, malgré la peine que leur causait à tous deux un si grand nombre d'enfants, aucun ne mourut ; tous furent élevés avec succès et parvinrent à l'âge de douze ans sans accident et sans maladie. Ils étaient tous à peu près du même âge... Ce fut à cette époque que l'ours vint à mourir de vieillesse et de lassitude. Il fut pleuré du solitaire qui n'avait jamais vu d'ours si estimable dans sa patrie, et qui avait trouvé plus d'ours malfaisants parmi ses semblables que d'hommes sensibles et généreux. Il fut pleuré aussi des petits enfants, à qui il avait rendu des services essentiels pendant douze ans. Ils s'étaient faits à sa société ; ils le caressaient, jouaient avec lui ; il les gardait en l'absence du solitaire, comme un sous-principal de collège en l'absence du principal. Il fut dépouillé de sa peau, que l'on conserve encore aujourd'hui dans le palais du roi, comme un monument précieux de ce que nous étions au berceau. Le solitaire avait accoutumé tous ces enfants au travail ; il leur avait inspiré le goût [20] des vertus et des mœurs, par son exemple, par la régularité à laquelle ils étaient assujettis, par les différentes études qu'il leur faisait faire, et par les discours éloquents qu'il leur tenait deux fois le jour. Il faisait encore de temps en temps des visites dans le marais ; mais enfin il n'y trouva plus d'enfants. Tout son monde se bornait à onze cent cinquante-trois personnes, après cinq ans d'habitation dans

---

288 À l'époque où Beffroy écrit, l'hôpital des Enfants-Trouvés comptait deux maisons à Paris : l'une sur le parvis de Notre Dame, l'autre rue du Faubourg-Saint-Antoine, qui accueillaient environ 5800 enfants abandonnés par année. Voir Claude Delasselle, « Les enfants abandonnés à Paris au XVIIIe siècle », *Annales* 1975, 1, p. 187-218).

289 Ou Virgoulé (du nom d'un village du Limousin). Poire d'hiver « vigoureuse » et « orgueil-leuse », qui, « en mûrissant devient tendre et fondante ; en sorte que, quand on la prend à propos, elle se trouve un des meilleurs fruits du monde » (La Quintinie, *Le Parfait Jardinier*, Paris, Barbin, 1690, t. 1, p. 289-299).

sa cabane. Les plus âgés de ces enfants savaient à six ou sept ans, faire faire aux autres leur devoir. Quand ils étaient tous endormis, le solitaire (dont la solitude commençait à se peupler) les regardait tous d'un œil attendri. De quelle nombreuse famille le sort m'a fait le chef! disait-il. Que diraient les Français, s'ils me voyaient à la tête d'une si belle colonie? Pauvres enfants, que j'ai arrachés à la serre cruelle des oiseaux de proie! vos tristes parents vous pleurent maintenant! que ne puis-je les connaître et leur apprendre votre destinée? ils se consoleraient de votre absence... Puissiez-vous former la tige d'un peuple florissant et nombreux! puissent vos [21] mains actives fertiliser ces campagnes désertes!... Il parlait ainsi, et s'endormait à côté d'eux, comme le berger repose auprès des moutons qu'il garde; il ne dormait jamais que d'un œil; l'autre était ouvert sur sa chère colonie; il la surveillait sans cesse...

Quand les plus âgés de ce petit peuple eurent atteint leur quinzième année, M. Michaud, qui n'avait alors que quarante ans, songea à les marier; il les sépara des autres pour les haranguer en particulier. Lui-même parut désirer prendre une femme parmi les filles qu'il avait élevées; toutes briguaient l'avantage de partager le cœur d'un homme qu'ils regardaient tous comme un dieu tutélaire. Il flottait entre neuf jeunes beautés, qui tirèrent au sort. Le choix tomba sur la plus séduisante et la plus vertueuse... On la proclama la reine de la colonie; et M. Michaud, petit marchand de Paris, fort mal dans ses affaires, poursuivi par des créanciers avides, obligé de faire banqueroute, fut très étonné de se voir maître d'une contrée très vaste, roi d'un peuple docile [22] et soumis, et chef d'une nation, qui pouvait et devait devenir une des plus florissantes de l'univers.

Telle fut l'origine de la maison des *Michaud*, la plus noble, sans contredit, que nous connaissions, et qui règne depuis l'origine de notre monarchie sans interruption. Michaud I, celui-là même dont je vous ai conté l'histoire, distribua ses colons sur les terrains les plus fertiles qu'il trouva dans le voisinage; il leur apprit l'art de cultiver la terre; ce peuple bâtit des villes, éleva des temples, étudia les sciences et les arts... Leur roi connaissait les inclinations, le caractère et les talents de chaque sujet; et il les appliquait aux arts et aux professions qui leur convenaient le mieux. Il régnait au milieu d'eux, chéri, respecté, obéi dans la moindre chose, comme un père tendre au milieu de ses vertueux enfants. Il faut avouer qu'il devait ce bonheur bien moins encore au naturel de ses sujets, qu'à l'éducation qu'il leur avait donnée. Ce germe se développait, prospérait et fructifiait, en se communiquant à toutes les [23] branches de cet arbre noble et vigoureux. Michaud I mourut âgé de quatre-vingt treize ans ; il régnait déjà sur trois cent mille sujets qui ne prononçait son nom qu'avec l'expression de la reconnaissance et de l'attendrissement. Sa postérité fut nombreuse ; son fils aîné lui succéda, et la couronne devint héréditaire par l'unanimité des vœux de toute la colonie. Michaud I voulut que tous ses sujets et leurs descendants apprissent en naissant qu'ils avaient eu pour fondateur un Français ; il voulut que l'on conservât d'après lui, une idée de la France ; et que cet État, que nous ne connaissons et ne pourrons jamais connaître que par ouï-dire, fût en vénération parmi nous. Aussi sommes-nous accoutumés, dès notre bas âge, à parler souvent de la France ; sa langue est la nôtre ; et, par la sagesse de nos lois, la pureté de nos mœurs, la bonté de nos usages, vous verrez bientôt que nous avons copié mot pour mot les Français, et que ce royaume-ci n'est qu'une imitation parfaite du royaume d'où vous venez. Oui, vous retrouverez ici [24] tout ce que vous avez quitté chez vous ; et vous vous croirez encore à Paris, dès que vous aurez vu la capitale de notre empire. Michaud XI vous accueillera comme un frère, j'en suis sûr. Vous parcourrez tous ses États ; ils sont aussi beaux qu'étendus ; et nous comptons aujourd'hui dans le royaume des Réfugiés (c'est le nom que lui a donné Michaud I), environ quarante millions d'habitants, tous issus des enfants échappés aux oiseaux de proie dont je vous ai parlé. »

Le discours de M. le curé de *Poire-Sèche* (c'était le nom du bourg où j'étais) me fit faire une infinité de réflexions au désavantage de ma patrie. Ou les mœurs de nos ancêtres, me disais-je à moi-même, étaient bien différentes des nôtres, et l'Histoire nous certifie le contraire, ou Michaud I était un philosophe qui a peint ici sa patrie, non telle qu'elle était, mais telle qu'il eût voulu qu'elle fût : il a parlé de la France à ses sujets ; mais probablement il n'aura voulu imiter ce pays qu'en beau ; et tout en faisant respecter le nom français, il aura passé sous silence les ridicules [25] de cette nation ; bien certain que personne ne viendrait détromper son nouveau peuple, et que ses idées passeraient toujours pour celles de sa patrie. Il aura fait à la France honneur de ses principes ; et les lois comme les usages qu'on ne doit qu'à son génie et à ses vertus, ces peuples s'imaginent les devoir aux Français... Voilà le mot de l'énigme ; sachons profiter de cette erreur, et tâchons de soutenir ici la réputation des Français, en nous conformant au caractère de ce peuple, quand nous l'aurons une fois étudié...

Je me livrais encore à ses réflexions, quand un écuyer de Michaud XI arriva de la part de son maître pour me chercher. Il était accompagné d'un gentilhomme de la princesse Michelette, sœur du roi, et d'un page de la reine Jean-Baptiste, femme du roi. Tous les trois me comblèrent d'éloges et de compliments. Nous venons vous chercher de la part de sa majesté, me dirent-ils ; mais avant de vous mettre en route, nous avons ordre de vous faire chevalier de l'ours blanc ; [26] c'est la première décoration de l'État. Ils me ceignirent le cou d'un cordon d'argent azuré en sautoir, au bout duquel pendait un morceau de la peau du fameux ours[290], dont j'ai parlé ; et nous nous mîmes en marche dans un bon carrosse, traîné par six chevaux noirs que précédait une autre voiture contenant les domestiques qu'on avait envoyés aussi pour me faire honneur. Des deux côtés de ma voiture étaient six cavaliers bien montés, portant des bouquets et des couronnes de fleurs ; et l'on voyait en avant trois laquais à cheval, qui criaient sans cesse : *Gare, gare ; le Français va passer.* Tout le monde accourait, jetait des fleurs et se prosternait sur mon passage ; on croyait, en voyant un Français, voir le tableau vivant de toutes les vertus de Michaud I ; à dire le vrai, je ne savais trop quelle contenance faire, et je me cachais les yeux avec les mains, tant j'étais confus d'une réception si brillante !... Enfin nous arrivâmes à l'entrée du faubourg de *la Cabane* (c'est le nom qu'a conservé la ville capitale de l'empire des réfugiés, en [27] mémoire de la cabane que construisit Michaud I), et nous fûmes obligés de ralentir encore le pas pour nous faire un passage parmi la foule immense qui nous pressait de toutes parts. Je ne pus faire dans cette route aucune observation, parce que la curiosité du peuple, les acclamations réitérées : *Vive le Français*, et tous les yeux fixés sur moi m'étourdissaient au point que je n'étais plus capable de rien. Nous traversâmes de très longues rues, au bout desquelles j'aperçus le palais du monarque. Je décrirai tout cela un peu plus tard.

Michaud XI était descendu à la principale porte de son palais pour m'embrasser et me donner la main. Je fus pénétré de cette marque de

---

290 De même, l'ordre de la Toison d'or est la plus haute distinction de la monarchie espagnole depuis le XVe siècle.

bienveillance; mais, malgré l'ivresse qu'excitait en moi tout ce brillant appareil, je remarquai avec quelque surprise que celui qui me tenait la main, était un jeune homme d'environ seize ans, déjà presque aussi grand que moi, mais n'annonçant pas plus que son âge. Il était d'une très jolie figure; j'osai demander à une [28] princesse qui marchait derrière moi de l'autre côté, quel était le jeune homme qui voulait bien me conduire par la main, car j'en doutais encore : *C'est Michaud XI*, me répondit-elle à l'oreille, *c'est le roi*... Quoi! disais-je en moi-même, c'est un enfant qui gouverne quarante millions d'être pensants, et qui règne sur environ trente mille lieues de pays carrées[291]! Il est vrai que sa physionomie et son maintien annoncent la sagesse et la vertu.

Après toutes les cérémonies d'usage, et toutes les marques d'allégresse auxquelles je devais alors m'attendre, le roi me fit entrer dans son cabinet; j'étais déjà touché de son air de bonté; ses paroles, ses gestes, ses regards et son maintien, tout respirait en lui la tendre humanité... À cet égard, je reconnus bien le caractère français qui anime nos monarques, et je ne vis point de différence entre son pays et le mien. Il me fit d'abord quelques questions vagues et indifférentes; j'y répondis, je crois, d'une manière satisfaisante. Ensuite il me demanda quelle était en France ma profession; je lui dis que j'étais [29] auteur. – De quelle sorte d'ouvrage? – D'un ouvrage périodique, où je tâche de déguiser toujours la morale sous l'extérieur de la gaieté, souvent même sous le masque de la folie. – Et cet ouvrage a-t-il du succès? – Oui et non. – Comment? – Si votre majesté entend par du succès le grand nombre des lecteurs, j'ose me flatter de réussir; si votre majesté entend par du succès l'approbation universelle, je n'ai garde de m'en flatter. – Pourquoi cela? quand une chose est bonne, elle doit plaire à tout le monde? – Cela devrait être, sire; mais dans ma patrie il suffit de plaire à certaines personnes pour déplaire à d'autres; et d'ailleurs il y a une infinité de gens qui jugent d'un livre par le titre, et condamnent impitoyablement ce qu'ils ne veulent pas lire[292]. – Cela n'est pas possible, reprit le roi; les Français sont des hommes judicieux et conséquents; et vous ne me ferez point accroire. – À propos, sire, vous avez raison; c'est une erreur de ma part, je croyais vous parler d'un autre peuple; et [30] c'est de la France que je

---

291   Encore un calcul problématique : la superficie d'un pays de « 400 lieues de longueur sur 160 de largeur » (p. 8) ne saurait être celle annoncée par le Cousin.

292   Cette conversation fait écho à celle avec le roi de Lunollie (*Lune* n° 36, p. 193).

vous parle… Le roi me pardonna ma phrase, et je vis bien qu'il fallait toujours l'entretenir dans l'opinion qu'il avait conçue des Français, sous peine d'encourir sa disgrâce comme un homme faux, qui se faisait passer pour ce qu'il n'était pas. Je pris dès lors le parti d'approuver toujours l'éloge qu'on ferait de ma patrie, et de déguiser ma surprise, sans jamais démentir tout de qu'on me dirait de la France, quoique je fusse, mieux qu'eux tous, au fait de ce qui s'y passe.

Au moment où le roi entamait une conversation intéressante, on vint nous interrompre. Il s'agissait de donner audience à des ambassadeurs, qui venaient de cinquante lieues lui demander grâce de la part de leur roi. Des ambassadeurs ! s'écria Michaud XI, il en vient peu dans mes États ; ce sont sans doute des navigateurs qui auront découvert ce pays, et qui y seront abordés par un de nos ports ; car du côté des montagnes et des sables, aux deux extrémités qui nous séparent du continent, il n'est pas [31] possible d'aborder chez nous. Cela dit, il commanda qu'on les fît entrer.

J'eus permission de rester là pendant que ces ambassadeurs parlaient au jeune monarque ; ils le fixèrent d'abord avec surprise, et parurent douter que ce fût là le roi, à cause de son extrême jeunesse ; mais ils se rassurèrent, et lui parlèrent ainsi :

« Sire, la richesse et le bonheur des nations dépendent souvent de la communication qu'elles ont entre elles ; c'est par des échanges qu'elles entretiennent une heureuse circulation, d'où naissent l'abondance et la félicité publique. Le commerce est l'âme des États ; et quand un peuple donne à son voisin ce qu'il a de trop pour prendre chez lui ce dont il n'a pas assez, la prospérité de tous les deux est une suite nécessaire d'un troc si avantageux[293].

Nous venons de l'île des Breloques, situées au nord-ouest de votre empire, et gouverné par le prince Colas[294], qui nous envoie vous assurer

---

293 Ces ambassadeurs ont lu Voltaire : « Le superflu, chose très nécessaire, / A réuni l'un et l'autre hémisphère. / Voyez-vous pas ces agiles vaisseaux / Qui, du Texel, de Londres, de Bordeaux, / S'en vont chercher, par un heureux échange, / De nouveaux biens, nés aux sources du Gange, / Tandis qu'au loin, vainqueurs des musulmans, / Nos vins de France enivrent les sultans ? » (*Le Mondain*, 1736). Le Cousin Jacques et Michaud XI répondront en rousseauistes : quand les denrées n'ont aucun débouché au dehors et qu'il n'y a pas de consommation de luxe au dedans, « les habitants sont à leur aise » (*La Nouvelle Héloïse*, I, lettre 110 sur le Haut-Valais).

294 Comme Michaud, Colas est un nom de paysan au théâtre (Sedaine, *Rose et Colas*, 1764 ; Beaunoir, *Fanfan et Colas*, 1784).

de son amitié ; frappé du bruit de votre sagesse et du bonheur de vos [32] peuples, il ose vous proposer son alliance ; et pour cimenter cette union, il vous offre de faire avec lui un échange qui sera utile à vos sujets et aux siens. Son royaume est très peuplé, mais il ne produit pas assez de blé pour la consommation de toutes ses bouches ; le vôtre en produit beaucoup plus qu'il n'en faut pour nourrir vos sujets ; si vous voulez nous donner du blé, nous vous donnerons en échange le fruit de nos travaux et de notre industrie ; nous vous demandons aussi des pommes, des noix, des haricots et des betteraves, parce que toutes ces denrées sont très utiles à l'existence, et que nous en manquons absolument ; nous avons amené dix-sept vaisseaux chargés de nos marchandises ; ils sont à l'ancre sur vos côtes, et nous n'attendons que vos ordres pour débarquer dans vos ports les marchandises que nous avons apportées. – Quelles sont ces marchandises ? dit le roi. – Sire, en voici le détail. Lisez, Paltaut, devant sa majesté, l'état de notre cargaison ; M. Paltaut, secrétaire d'ambassade, lut tout haut le papier suivant : [33]

État des marchandises offertes au roi Michaud XI par le prince Colas, souverain de l'île des Breloques, en échange des blés et des légumes qu'il lui demande

    1°. Quatre vaisseaux contenant des bilboquets d'ivoire, des bilboquets d'os, des bilboquets de bois de Sainte-Lucie et de buis, verts, jaunes, rose[295], bleus, blancs, puce, caca dauphin, ventre de biche, carmélites[296] et bran d'oie.

    2°. Trois vaisseaux, contenant des chaînes de montres d'acier poli et des boutons à la Trenck[297], des boutons à alphabet, des boutons ronds, des boutons à cylindre, des boutons ovales, des boutons octogones, des boutons à la Tartare, des boutons de toutes les couleurs, et enfin toutes sortes de boutons de manche.

---

295 Les dictionnaires ne donnaient pas *rose* comme adjectif s'accordant en nombre.

296 Respectivement, pour ces cinq dernières couleurs : marron ; jaune orangé ; brun clair tirant sur le roux ; brun clair (de la bure des *carmélites*) ; et jaune verdâtre (voir *Lune* n° 29, p. 52).

297 Les *Mémoires de Frédéric Baron de Trenck*, qui racontent les longues années passées par l'auteur dans les prisons de Frédéric II, le mirent aussitôt à la mode à Paris, où il séjourna en 1788-1789. Il y eut des tabatières à la Trenck et des perruques à la Trenck ; mais on ne sait exactement ce qu'étaient des boutons à la Trenck.

3°. Six vaisseaux chargés de jeux de domino[298], de jeux de trictrac, de jeux de dames, de jeux d'échecs, et de tous les jeux possibles, en os, en ivoire et en ébène.

4° Quatre vaisseaux chargés de plumes [34] d'oiseaux de différentes couleurs, pour les coiffures des dames et des demoiselles, etc.

Ici le roi interrompit le lecteur : Badinez-vous, dit-il aux ambassadeurs, avec vos plumes, vos boutons, vos trictracs, vos échecs et tous vos colifichets ? Pour quelle nation prenez-vous la nôtre ? Savez-vous que nous sommes français dans l'âme ? que la caractère français nous domine ? que le fondateur de cette monarchie était un Français ? et que vous parlez devant un Français nouvellement arrivé de son pays ? Quelle idée donnerait-il de nous à ses compatriotes, s'il leur apprenait que nous troquons des choses nécessaires pour des choses inutiles, nous qui nous piquons de suivre en tout les goûts et les usages de la France ?... Mais, messieurs, ajouta-t-il, retirez-vous un instant ; je vais conférer avec mon conseil sur l'objet de votre ambassade. »

Les députés se retirèrent avec respect ; on eut pour eux tous les égards que prescrit le devoir de l'hospitalité ; et pendant qu'ils se reposaient à leur aise, Michaud XI [35] assembla son conseil ; il est composé de soixante personnes, qui se choisissent à la pluralité des voix parmi l'élite de son royaume, et qu'on renouvelle tous les ans, quoi qu'il soit permis de continuer au moins la moitié des membres qui le composent, quand on est content de leurs services.

Le roi m'ordonna d'y assister ; et sa majesté, après avoir exposé à ses conseillers le sujet de l'ambassade, leur demanda la permission de me faire dire mon sentiment avant tous les autres ; je me levai, et parlai en ces termes :

SIRE ET MESSIEURS,

« Je ne croirai jamais qu'il soit sage d'échanger des objets de première nécessité contre des objets de pur agrément. Une administration éclairée prévoit les temps durs et fâcheux, même au sein des récoltes les plus abondantes, comme la fourmi songe aux glaces de l'hiver dans le

---

298 Jeu relativement récent d'abord joué avec des cartes puis « de petites lames d'ivoire qui font le même effet que les cartes et ne se salissent pas » (*Avant-coureur*, 1ᵉʳ mars 1762, 141-143). Tous ces objets étaient fabriqués par les tabletiers.

cœur de l'été. Le premier soin du gouvernement, doit être d'assurer à jamais la subsistance du peuple, [36] et son œil doit s'ouvrir sans cesse sur le prix des denrées, pour qu'il ne puisse jamais varier en aucune manière. Si l'exportation des grains a des avantages, ils sont toujours en petit nombre ; quelque prétexte qu'on invente pour les faire paraître plus considérables qu'ils ne le sont. Jamais la bouche des orateurs, ni la plume des écrivains n'a manqué de feu ni d'éloquence pour prouver que le mal est un bien dès qu'il s'est agi de leurs intérêts personnels. Mais, d'après l'idée que j'ai conçue de la sagesse de votre administration, l'intérêt particulier doit se taire dans cette assemblée, quand l'intérêt public est compromis. Messieurs, messieurs ! faites-y bien attention ; l'État penchera vers sa ruine, dès que les prestiges adroits d'une éloquence sophistique trouveront des auditeurs attentifs parmi ceux qui sont appelés au ministère public[299]. La vérité est une, et elle ne se déguise jamais quand il s'agit de l'existence heureuse ou malheureuse d'un peuple entier ; l'homme en place peut fermer les yeux à l'éclat dont elle brille ; mais, s'il ne la voit [37] pas, c'est qu'il ne veut pas la voir, et non qu'elle se cache à ses regards. Les grains, vous le savez sans doute, sont le patrimoine primitif inaliénable, de tous les citoyens de la terre qui les porte[300]. Le prix en doit être invariable[301], comme les lois éternelles de la nature ; les temps durs et malheureux sont dans l'ordre des choses ; et c'est parce qu'on doit s'y attendre qu'il faut s'y préparer ; de quoi serviraient donc la prudence humaine, la vigilance des chefs, sans ces précautions indispensables ? Toutes les saisons, toutes les années doivent être les mêmes, en dépit des catastrophes et des événements, quant au prix des denrées, comme le soleil, qui échauffe la nature et l'éclaire, poursuit toujours également sa carrière, malgré les nuages qui s'élèvent sur l'horizon. Malheur aux empires où les propriétaires des terres le sont aussi de leurs récoltes ; la denrée, que l'Éternel a donnée aux hommes pour devenir leur aliment journalier, appartient à l'État, et jamais au particulier. Aucune raison valable qu'il puisse alléguer contre cette vérité [38] respectable ; l'égoïsme s'anéantit devant ce devoir

---

299 Même méfiance vis à vis des orateurs à Giblouk sur la même planète de Mercure (*Courrier* n° 54, p. 14).

300 Ce communisme frumentaire n'est pas rare dans les fictions utopiques, dès Thomas More.

301 C'était le credo des adversaires des économistes ; *cf.* N. S. H. Linguet : « Que pour qu'un empire soit dans le meilleur état possible, il faut que les subsistances y soient à bas prix, et que ce prix soit invariable » (*Du pain et du bled*, Londres, 1774, chap. XVII).

imposant, et tous les systèmes de la politique échouent contre les lois sacrées de la nature. Quiconque accapare le grain, mérite l'échafaud sans miséricorde[302] ; et ce n'est qu'à des esprits abâtardis par l'esclavage et gâtés par le préjugé, que cette réflexion peut paraître outrée. Quant aux colifichets qu'on vous propose, il n'est personne de vous qui ne sente la disproportion de cet échange, et je laisse à votre prudence à juger de la solidité de mes principes. »

Ce discours parut persuasif à toute l'assemblée ; *il est français*, s'écriait-on d'une voix unanime ; *il pense comme nous ; il a nos idées et nos principes*. J'avais toujours la bouche ouverte pour répondre à ces observations réitérées ; mais la prudence me la fermait toujours.

On fit venir les députés, et le roi demanda devant eux au ministre des denrées (c'est la première place de l'État après celle du ministre d'éducation) pour combien d'années il y avait encore de blé dans les [39] magasins... Pour quatre ans, répondit l'excellence. La loi prescrit d'en conserver toujours pour trois ans, reprit le souverain ; ainsi l'on peut soulager cette nation, qui réclame nos secours, en lui donnant le quatrième année de nos grains. Recevez, messieurs, cette marque de notre sensibilité ; mais remportez vos bilboquets et vos plumes ; nous n'avons pas besoin de toutes ces pénibles bagatelles, qui vous font prendre tant de soins et employer tant de temps en pure perte. Dites à vos concitoyens qu'il y a mille occupations plus nobles et plus utiles que celle de faire des bilboquets quand on n'a pas de pain, et que le luxe bien entendu ne consiste jamais dans ces ridicules superfluités.

Les ambassadeurs partirent avec reconnaissance, et je restai seul avec le prince, qui semblait prendre goût à ma conversation. Ces gens me plaisaient infiniment ; on savait rire à propos ; car dans cet État on ne regarde point la gaieté comme l'ennemie de la morale.

Je passai quinze jours à la cour de Michaud XI, déguisant toujours ma façon de [40] penser sur les Français, et feignant toujours de croire à la conformité de sa nation avec la nôtre.

Je lui demandai permission de voyager dans ses États, et il recommanda à tous les gouverneurs de ses provinces de m'accueillir comme il m'avait accueilli lui-même.

---

302 Même sévérité chez Linguet : « Une potence dans chaque marché, avec un seul exemple, mettrait promptement en fuite le monopole et ses adhérents » (*Réponse aux docteurs modernes*, 1771, III, 150).

La Cabane, ville capitale de l'*isthme des Réfugiés*, et une ville magnifique, supérieurement bâtie, toute en pierre dure, capable de résister à la fureur des incendies. La ville forme un carré de deux lieues en tout sens ; c'est quelque chose de plus que Paris, mais elle ne contient que cinq cent mille habitants[303] ; il n'y a ni motifs, ni instances, qui puissent arracher au gouvernement une permission de bâtir hors des limites[304]. Cette ville est coupée en quatre carrés d'égale grandeur, par deux rues qui se croisent et la traversent d'un bout à l'autre ; et deux autres rues, qui forment l'X, la coupent encore en quatre triangles. Ces quatre principales rues ont partout soixante-dix pieds de largeur ; elles sont ensuite [41] coupées par une infinité d'autres rues, tirées au cordeau, dont la plus étroite a cinquante pieds de large[305]. Il y a, de chaque côté des maisons, des trottoirs avec des garde-fous pour les fantassins[306]. Les voitures n'y vont jamais qu'à tour de roue, et les plus grands seigneurs, à cheval, n'y peuvent jamais marcher qu'au pas, parce que, malgré les trottoirs, on est à chaque instant obligé de traverser une rue pour gagner le rang opposé ; et cet usage d'aller au pas est toujours si religieusement observé, que jamais on n'a entendu parler du moindre accident depuis la fondation de cette ville ; et ce même usage fait loi pour tout le royaume, où le premier devoir de l'homme est de respecter les jours d'un autre homme[307].

Voyez-vous, me disait l'écuyer, qui me conduisait partout, voyez-vous comme cette ville ressemble à Paris ? Ne croyez-vous pas y être ? – Oh ! c'est la même chose, exactement, disais-je d'un ton hardi ; c'est à s'y méprendre ; et l'écuyer, heureux de son erreur, était charmé de mon approbation. [42]

Le palais du monarque est situé à une des extrémités de la ville ; il a quatre façades nobles et majestueuses ; mais les temples de la ville sont infiniment plus beaux, et ils inspirent autant de vénération pour l'Éternel, que le palais inspire de respect pour le prince.

Rien de plus propre et de mieux soigné que les rues de la Cabane, rien de mieux éclairé le soir. Les réverbères sont à trente pieds de distance, et

---

303 Paris n'en comptait pas plus de 600 000.

304 Sur cette détestation des banlieues, voir *Lune* n° 36, p. 169.

305 Ce plan en forme de jeu de mérelle fait penser à celui que Pierre Charles L'Enfant concevra en 1791 pour la Federal City (Washington DC) des États-Unis d'Amérique.

306 Pas plus qu'aujourd'hui le mot ne s'employait dans un sens autre que militaire. *Piéton* existait mais selon l'Académie (1762) : « il n'a guère d'usage que dans cette phrase, *C'est un bon piéton*, pour dire, C'est un homme qui marche bien à pied. »

307 Même développement dans la *Lune* n° 36, p. 172-174.

l'on y voir clair la nuit comme en plein jour ; on ne les éteint qu'au lever su soleil ; rien de mieux aéré que tous les quartiers de cette superbe ville ; les maisons les plus hautes n'ont que trois étages ; à chaque distance de cent pas, sont des promenades bien plantées pour la salubrité de l'air et pour la facilité des pauvres gens qui veulent prendre de l'exercice ; de sorte qu'il n'y a presque jamais de maladie dans cette ville ; mais les épidémies y sont absolument inconnues ; on y voit peu d'enterrement[308].

N'est-ce pas comme cela qu'est Paris, me disait toujours l'écuyer ? Tout juste, lui [43] répondais-je toujours, et il était content. Quel bonheur pour notre empire, s'écriait-il avec transport, d'avoir eu pour fondateur un Français !

Cette ville est remplie d'écoles publiques ; n'exerce pas qui veut l'auguste profession d'instituteur de la jeunesse ; c'est la plus noble de l'État, et il faut être d'une capacité reconnue, comme d'une conduite irréprochable, pour oser se mêler de l'éducation. Les enfants de chaque famille, dans tous les ordres de l'État, appartiennent moins à leurs parents qu'à la patrie ; tous sont obligés de passer les premières années de leur vie dans les écoles publiques[309] ; mais ce n'est ni la cabale, ni l'intrigue, ni la protection, qui nomme les professeurs et les maîtres ; aucune considération qui puisse céder au motif respectable du bien public ; c'est à la pluralité des voix, en consultant chaque famille de chaque quartier, que se nomment les personnages auxquels on confie la conduite des écoles dans tous ces quartiers. Il n'y a ni intérêt, ni prévention, qui ne s'immole à cette loi [44] fondamentale ; car on regarde l'éducation dans ce pays, comme le premier soutien de l'empire ; aussi, avant de dire au roi, quand il monte sur le trône : *Soyez juste, protégez les faibles, aimez le peuple, soutenez l'agriculture, etc.*, on lui dit : *Veillez sur l'éducation !* C'est que sans l'éducation, les soins qu'un monarque prendrait pour tout le reste, seraient infructueux. Avant de gouverner des arbres, il faut les planter, les greffer et les dresser.

Le ministre est le directeur général de l'institution de la jeunesse ; de cette place dépend l'espérance de la nation, et il est le chef, pour ainsi dire, de la nation future, qui ne peut se maintenir dans un état

---

308 Sur cette dernière observation, voir *Courrier* n° 22, p. 9, note.

309 L'idée de soustraire les enfants à leur famille pour confier leur éducation à l'État est fréquente dans les utopies dès Thomas More et Tommaso Campanella : on la retrouve notamment dans la cité des Galligènes de Tiphaigne de La Roche (1765), ou dans l'île de Tamoé de Sade (*Aline et Valcour*, 1793).

florissant, qu'en cultivant avec soin les talents et les vertus des enfants qui la régénéreront. Quand les bonnes qualités sont héréditaires en général, un empire conserve un heureux équilibre dans toutes les classes qui le composent. Mais qui peut rendre ces bonnes qualités héréditaires ? ce ne sont pas les systèmes, les disputes, les combats [45] d'opinion, encore moins de vains souhaits et de beaux discours... c'est une seule chose ; et quelle est-elle ? l'Éducation.

Je fus frappé du respect qu'on a dans ce royaume pour tous les vieillards. Jamais un jeune homme ne passe devant un homme d'un certain âge, sans le saluer profondément. Jamais un vieillard ne parle sans qu'on l'écoute, et ce serait une chose inouïe de paraître s'en moquer. Les vieillards sont aimables aussi, parce que l'éducation les a préparés à la vie civile, et la vie civile leur a montré l'exercice des vertus sociales, qui rendent un homme aimable à tout âge. Si un vieillard est infirme, tout le monde paraît redoubler d'égards pour sa personne ; et quand un homme âgé s'avise de donner une leçon à de jeunes gens, ceux-ci gardent un silence respectueux, bien loin de lui rire au nez et de lui tourner le dos. Je demandai la raison de cette extrême docilité à un jeune homme, que je vis apostropher ainsi par un vieillard... Vous me demandez la cause de mon respect ! me dit-il avec surprise, et vous êtes [46] français... Est-ce que vous vous imaginez que nous ne savons pas, aussi bien qu'en France, que nous arriverons un jour à cet âge, s'il plaît au ciel, et qu'alors nous serons bien aises qu'on ait pour nous les mêmes égards que nous avons à présent pour les vieux ?... À ces mots, je baissai la tête, et me contentai de répondre d'un air confus : *C'est tout comme en France*[310].

En parcourant les États de *Michaud XI*, ce qui excita le plus mon attention, ce fut le respect profond qu'on a dans toutes les classes de l'État pour ce qui a rapport à la religion. Depuis la fondation de cet empire, il n'est venu à l'esprit d'aucun philosophe de ce pays-là, d'imaginer qu'il n'y a point de Dieu ; on n'a jamais pensé à dire ou à écrire que le monde était l'ouvrage du hasard ; que l'homme mourait tout entier avec son corps, ni que les récompenses étaient une chimère. Pauvre nation ! disais-je en moi-même, pauvre nation ! va ! si tu savais ce qui en est ! Tu crois imiter les Français ! tu en es encore bien loin ! ce sont [47] eux qui sont des

---

310 Même refrain que dans *Arlequin comédien aux Champs Élysées* de Laurent Bordelon, 1692 (acte II, scène 5)

gens sages et éclairés! ils ont parmi eux du moins des philosophes qui leur apprennent tout plein de belles choses! Déjà l'on n'y croit presque plus en Dieu; déjà l'immortalité de l'âme est trouvée fabuleuse... Quel trait de génie! Au lieu que toi, tu n'as point de philosophes, et tu vis bourgeoisement au sein du bonheur, avec ton âme, avec ton éternité, avec ton Être Suprême, et toutes tes consolantes erreurs! Pauvre nation! ah! pauvre nation!... Je me gardais pourtant bien de faire ces réflexions-là tout haut; j'étais trop poli pour humilier des gens qui se croyaient sages, et s'imaginaient de bonne foi les singes du peuple français. Ils étaient bien loin de leur ressembler; mais il fallait flatter le délire de ces bonnes gens par honnêteté; et comme je suis honnête, je disais à qui voulait l'entendre : *C'est fort bien; vous avez raison; c'est la France toute crachée...* Mais, rentré le soir dans ma chambre, je levais les épaules de pitié, et je plaignais la folie de ce peuple, qui s'imaginait égaler les Français en sagesse [48] et en lumières, et qui croyait en Dieu, qui respectait la vieillesse, qui veillait la jeunesse, et qui chérissait l'humanité[311] !

Un père et une mère sont pour leurs enfants, dans ce bon pays, l'objet perpétuel d'une espèce de culte, et jamais un fils n'a songé à contrarier son père en la moindre chose. Les pères et les mères, de leur côté, chérissent tendrement leurs enfants; jamais ils ne les éloignent pour être plus libres, parce qu'ils les instruisent autant par leur exemple qu'autrement. Les privations deviennent pour eux des jouissances, parce que c'est un devoir que la nature leur impose, et les sacrifices leur semblent toujours plus doux, quand ils les font pour leurs enfants. Jamais de procès, ni de querelles dans les familles; il serait inouï qu'un père eût des intérêts à démêler avec son fils... J'avoue que j'eus la faiblesse d'admirer cette union. Ceux qui en furent témoins, me dirent : *N'est-ce pas que c'est ici tout comme en France? – Oui, tout comme en France; c'est précisément la même chose.*

Jamais il n'y a eu dans ce royaume de partages [49] inégaux dans les familles. Le cadet a tout autant que l'aîné[312], parce que, selon ces

---

311 Cette tirade ne relève pas d'une ironie simple, que l'on pourrait dire voltairienne. En effet, Beffroy commence ici à se dissocier de son personnage. Certes, il s'agit d'une critique de l'impiété des philosophes; mais le Cousin Jacques, en feignant de tenir le langage de ces derniers, s'expose à en adopter les idées. Cette confusion prépare la scène chez le gouverneur Isambert deux pages plus loin.

312 Louis Abel Beffroy de Reigny est lui-même le frère cadet de Louis Étienne Beffroy de Beauvoir, conventionnel, à qui il consacrera une longue apologie dans son *Dictionnaire*

bonnes gens, un nom est une chimère, et l'existence une réalité. Tous enfants d'un même père, disent-ils dans une famille, nous avons tous un estomac qui digère bien, tous des besoins qu'il faut satisfaire… Personne ne songeait parmi eux à me demander si les cadets en France étaient distingués des aînés ; cette idée ne tombe pas même sous le sens. Ils sont malheureusement plus attachés au droit naturel qu'à la coutume de Normandie, et le sens commun leur paraît préférable à tous les usages imprimés dans de gros livres… Mais ils sont si enthousiastes de la France, attendu que leur fondateur en était, qu'ils veulent absolument que tout ce qui se passe chez eux soit une parfaite imitation de la France. Comme il est impossible de ne pas se trahir à la longue, l'occasion arriva de les détromper, et voici comment.

Je me trouvais un peu pris de vin, quoique ce défaut-là ne soit pas de mon genre ; mais [50] il faut peu de chose pour une pauvre tête comme la mienne[313]. Nous étions à table au nombre de trente-six, chez M. Isambert, gouverneur d'une province de l'empire ; et ce repas se donnait dans son palais, à cent treize lieues de la Cabane, dans la ville de Belle-Pomme, capitale de la province que M. Isambert gouvernait. Cette excellence me donnait une fête magnifique, à laquelle étaient invités tous les gens en place de la province, résidant dans cette capitale ; car dans ce royaume, tous les chefs des gouvernements ne passent qu'un mois de l'année à la cour pour rendre leurs comptes ; il faut qu'ils résident assidûment les onze autres mois dans l'endroit même de leur département ; pas un homme en place qui puisse, sous aucun prétexte, s'absenter de son district, dans quelque genre que ce soit. C'est une loi inviolable, à laquelle on n'a jamais été infidèle depuis le berceau de la monarchie, excepté un seul grand seigneur, chargé des deniers d'une province pour le compte du souverain. Sa femme vint à tomber [50] malade à la cour pendant le mois des comptes, qu'il y passait. Le mois expiré, la dame n'était point encore en état d'être transportée dans sa province, et son mari obtint du monarque une permission, signée de son conseil, de rester auprès de son épouse tout le temps de sa maladie et de sa convalescence. Cette convalescence dura trois mois ; pendant ces trois mois, les secrétaires et

---

néologique (où il parle également d'un autre frère – François Geneviève Beffroy de Jisompré –, et de sa sœur Catherine.

313 C'est ainsi que naît la querelle entre Saint-Preux et Milord Édouard, et le débat consécutif sur le duel : « Ils se mirent à causer et boire du punch. Ton ami n'en but qu'un seul verre mêlé d'eau, les autres ne furent pas si sobres » (*La Nouvelle Héloïse*, I, lettres 56 et 57).

les gens de confiance du grand seigneur, trouvant l'occasion de s'enrichir en peu de temps, ne vexèrent pas tout à fait la province, mais reçurent des présents de quelques particuliers, pour les autoriser à vendre leur blé un peu plus cher que de coutume ; ils l'augmentaient seulement d'un cent soixante-douzième. Cette imprudence, sans exemple jusqu'alors, fit murmurer toute la province ; la plus légère augmentation sur une denrée dont le prix avait toujours été invariable, parut un monstre à tous les citoyens. Ils s'en plaignirent au monarque, qui cassa les intendants et leurs commis, en publiant contre eux un arrêt diffamatoire, et renvoya bien vite le gouverneur [52] dans sa province, où sa présence rétablit la paix et la consolation. Depuis ce temps, la raison la plus sensible ne saurait obtenir le congé d'un seul jour ; quiconque veut quitter sa résidence, est obligé de quitter sa place. Mais revenons à M. Isambert ; c'était un homme du caractère le plus doux, le plus honnête et le plus obligeant. Il fit, sans intention, une plaisanterie très innocente au sujet du voyage que j'avais fait en ballon, et me demanda si j'étais mécontent de la France, pour l'avoir quittée ainsi de gaieté de cœur. Je pris mal la chose, parce que ma vanité, accoutumée à d'éternels compliments, regardait déjà comme injurieux tout ce qui n'était pas un éloge. Sot que j'étais ! j'eus le mauvais esprit de me fâcher de cette question. Il m'en fit des excuses, et ajouta qu'il voyait bien que *j'*étais un peu prompt. Je me fâchai encore de cette phrase, *et lui en demandai raison.*

Demander raison d'un propos, est une expression qui n'est connue qu'en France ; j'y croyais être alors, apparemment, et j'en [53] tenais le langage. Vous me demandez raison de ce que je viens de vous dire ! repartit son excellence. La voici, la raison ; et là-dessus, monseigneur se mit à m'expliquer la chose fort au long, et à me donner des analyses et des éclaircissements qui ne finissaient plus[314]...

Ce n'est pas là, monsieur le gouverneur, lui dis-je en colère, ce qu'on entend chez nous par demander raison. Qu'est-ce donc qu'on entend ? répliqua-t-il. – On entend qu'il faut que vous veniez vous battre avec moi, et que l'un de nous deux coupe la gorge à l'autre. Ces paroles, prononcées avec énergie, parurent d'abord une plaisanterie, à laquelle

---

314 Isambert n'a pas consulté Bescherelle : « *demander raison* d'une chose, c'est en demander justice ; mais *demander la raison* d'une chose, c'est en demander la cause » (*Grammaire nationale*, 1841, « Syntaxe de l'article », p. 186) ; ni n'a lu Boileau : « Je demandai raison d'un acte si perfide. / Oui, j'en fis dès quinze ans ma plainte à l'univers ; / Et l'ardeur de venger ce barbare homicide, / Fut le premier démon qui m'inspira des vers. »

pourtant on ne trouvait aucun sens. Mais, quand je les eus répétées du ton le plus animé, en y joignant même un geste menaçant, tous les convives, interdits, stupéfiés, restèrent immobiles, sans proférer une syllabe... Vous vous étonnez, leur dis-je, de ce qu'un Français veut tuer un homme pour un mot lâché au hasard ! Vous ne connaissez point la France ; et je veux bien vous apprendre enfin que si j'ai paru jusqu'ici flatter [54] votre délire en disant que vous suiviez tous les usages de mon pays, c'était pour ne pas vous contrarier. Sachez donc, messieurs, ajoutai-je en colère, que vous vous trompez lourdement ; vous êtes aussi éloignés de nos mœurs et de nos usages, que votre pays est éloigné du nôtre ; il n'y a rien qui se ressemble entre vous et nous, absolument rien...

Ces paroles furent un coup de foudre pour tous ceux qui les entendirent. On se regarda d'un air pétrifié ; en effet, je détruisais en un instant une opinion qui leur était chère ; je leur enlevais une idée qui faisais leur félicité, et je ne pouvais les attaquer par un endroit plus sensible... On ne sacrifie pas aisément une douce chimère à une conviction désolante[315]... Un convive s'écria que je voulais sans doute badiner ; un autre ajouta qu'ayant toujours parlé d'une tout autre manière jusqu'alors, j'étais nécessairement un imposteur dans un des deux cas... *C'est un imposteur, c'est un imposteur* ; ce fut le cri général de toute la salle. Tout le monde se leva avec indignation, et l'on [55] me demanda si réellement j'étais français. – Oui, messieurs, je le suis, repartis-je d'un air fier ; et si M. le gouverneur connaît l'*honneur français*, il se battra avec moi ; il faut que l'un de nous deux succombe sous les coups de l'adversaire... À *l'assassin ! au meurtrier !* s'écriait tout le monde ; c'est un monstre que cet homme ; c'est un insensé ; c'est un homicide ; sa frénésie n'a point d'exemple... Que veut-il dire avec *sa bataille ?* et quel galimatias horrible vient-il nous faire de l'*honneur français* avec *un assassinat ?*... Ah ! sans doute, il nous trompe ; IL DIT QU'IL CONNAÎT L'HONNEUR, ET IL VEUT SE BATTRE POUR UN MOT ; IL DIT QU'IL EST FRANÇAIS, ET IL N'A POINT D'HUMANITÉ !... Qui veut tuer doit être tué, c'est la loi de l'équité... et le gouvernement ordonna qu'on s'emparât de ma personne.

Je me vis tout à coup seul dans la salle, parce que tout le monde s'était retiré pour ne pas rester auprès d'un homme dont la compagnie

---

315 En dissipant l'illusion consolante des réfugiés, le Cousin emploie les mêmes mots (« chimère », « flatter le délire ») que les philosophes pour disqualifier le sentiment religieux (voir ci-dessus, p. 46-47).

leur paraissait ignominieuse... Je [56] vis entrer deux hommes vêtus de noir, qui me prièrent poliment de les suivre ; ils n'avaient ni armes, ni bâton. Je voulus faire quelque résistance, mais ils me prirent chacun par un bras, et me menèrent jusqu'à la porte du palais du gouvernement ; là, je montai dans une voiture qui m'attendait ; mes deux hommes noirs y montèrent avec moi ; on ferma toutes les portières et les glaces, et je fus ainsi un objet caché à la curiosité publique.

Pendant ce temps-là, mes sens se calmèrent, et je compris l'énormité de la sottise que j'avais faite ; il n'était guère possible de la réparer. Je demandai, chemin faisant, aux deux hommes qui m'accompagnaient, où ils me menaient : *C'est en prison*, dirent-ils, que nous avons l'honneur de vous conduire, jusqu'à ce que Michaud XI soit instruit de ce qui s'est passé, et qu'il ordonne de votre destinée. Recevez toujours mes remerciements, leur répondis-je d'un air attendri, des bonnes façons que vous avez pour moi. En effet, j'avais remarqué que, même en me prenant par le bras, ils avaient pris garde [57] d'agir rudement, et de me faire le moindre mal. Monsieur, me dirent-ils, ce que nous faisons pour vous, nous le faisons pour tous ceux qui sont dans le même cas. Nous ne sommes pas chargés de faire justice par nous-mêmes ; notre mission est seulement de conduire dans un lieu sûr les personnes que la justice doit juger ; et pour cela, il ne faut ni armes, ni mauvais traitements... – Mes amis, vous êtes de braves gens, m'écriai-je en pleurant de joie et de surprise ; acceptez cette bourse d'or... – Nous, monsieur ! accepter de l'or ! oh ! nous avons appris dans notre enfance que quiconque reçoit plus qu'il ne lui est dû, manque à son devoir... D'ailleurs, si nous recevions le moindre présent, nous serions mis à la place du criminel que nous conduisons, et nous perdrions nos places et notre honneur... N'est-ce pas ainsi que l'on agit en France, vous qui en êtes ? – En France ! vous ne savez donc pas ce qui s'est passé chez M. le gouverneur ? – Non, monsieur ! Eh ! que nous importe ? Nous ignorons toujours la cause pour [58] laquelle nous emprisonnons quelqu'un ; cela ne nous regarde pas. Quand la personne est jugée, si elle est innocente, nous conservons pour elle la même estime ; mais cette estime s'affaiblirait trop pendant un temps, si nous étions au fait de leur crime avant qu'il fût prouvé. Il est toujours assez temps de mépriser un scélérat, quand sa scélératesse est bien avérée ; mais, en attendant que sa condamnation soit publique, il nous reste des doutes sur son innocence, et nous nous contentons de le plaindre...

Nous arrivâmes enfin à la prison. Quelle fut ma surprise, après avoir traversé plusieurs ponts-levis, passé sous plusieurs portes de fer, de me voir dans une belle cour, plantée d'arbres, entourée de bâtiments magnifiques, ayant en perspective un jardin vaste, et varié de mille fleurs agréables, terminé par un parc touffu, que perçaient de longues allées en berceau ! Est-ce là la prison ? demandai-je au concierge. – Oui, monsieur ; c'est la prison des criminels dont le procès n'est pas fait. – Quoi ? tant d'agréments [59] dans une prison ? – Eh ! c'est précisément dans une prison de cette espèce qu'il faut accumuler les douceurs de la vie. C'est bien assez pour un homme de perdre sa liberté, sans y ajouter encore des rigueurs que pourraient exercer tout au plus des sauvages ; on ne veut que s'assurer d'un homme, en l'enfermant avant de le juger ; s'il était innocent, quels regrets affreux n'aurait-on pas de l'avoir tourmenté sans raison ! quelle réparations ne lui devrait-on pas ? C'est pour épargner ces regrets, pour prévenir ces réparations que l'on traite les prisonniers avec toute la douceur imaginable. N'est-ce pas ainsi qu'on les traite aussi en France ? Si l'accusé est trouvé coupable, il est assez temps de lui faire subir la peine de son crime ; et, fût-il le plus punissable de tous les hommes, quel cœur barbare lui reprocherait le court espace de temps pendant lequel on l'aurait traité avec ménagement ? N'est-ce pas là la façon de penser des Français ?

Je restai trois jours dans cette prison, bien nourri ; on allait au-devant [60] de tout ce qui pouvait me faire plaisir, et l'on me répétait sans cesse : *Demandez-nous ce que vous voudrez, hors la liberté ; il n'est rien que vous n'obteniez pour vous dédommager de sa perte...* Il y avait chaque jour spectacle, concert et bal pour les prisonniers... Quand je trouvai que c'était porter trop loin les prévenances, on me répondit que non seulement la nature et la raison défendaient de maltraiter un homme avant son jugement, mais que la délicatesse et la sensibilité prescrivaient de l'étourdir sur sa situation, et de ne point l'abandonner à des pensées douloureuses, qui pouvaient influer pour la vie sur son caractère et sur son tempérament. – Mais, repris-je alors, si un homme assassinait un autre homme dans la rue devant cent témoins ? Alors, me dit-on, il serait assassiné lui-même sur-le-champ par le glaive de la justice ; les crimes trop avérés et trop dangereux pour l'exemple, sont punis aussitôt que prouvés.

Au bout de trois jours, je vis entrer dans ma chambre un petit homme très mince, qui [61] me salua les larmes aux yeux. – Qu'avez-vous donc, monsieur? vous pleurez, ce me semble! – Monsieur, me dit-il, je vous annonce une triste nouvelle. – Quoi donc? Et d'abord, qui êtes-vous? – Je suis un des cent exécuteurs des criminels. – À ce mot d'*exécuteur*, je m'évanouis... Revenu à moi par les soins de cet homme, est-ce donc là, m'écriai-je, cette nation si juste et si humaine? Ah! que ne suis-je en France? – Rassurez-vous, monsieur, me dit avec douceur le petit homme; je ne suis chargé que de vous annoncer ce dont on vous accuse... Jusqu'ici vous n'avez pas encore sujet de vous désespérer... On a porté plainte contre vous à notre monarque, et mon devoir m'oblige d'avertir toujours les citoyens contre lesquels on rend plainte, de ce dont on les charge. Ne vous effrayez pas, monsieur, de ma mission; je suis connu par mon intégrité aussi bien que par mon rang. – Par votre rang! – Oui, par mon rang; savez-vous que voilà trois ans que j'exécute, et que cet honneur ne se conserve ordinairement que deux ans? [62] On m'a continué en faveur de l'estime générale que j'obtiens. – L'estime générale! – Oui, monsieur; vous ignorez sans doute que nous sommes cent, qui exécutons à la fois le même criminel. L'instrument du supplice est tellement fabriqué, qu'avec une machine que nous tournons tous les cent en même temps, le coupable, placé sur une échelle, à laquelle répondent les cent cordes que nous tirons pour faire tourner la machine, est poussé dans un précipice, au fond duquel il finit ses jours. De cette manière, aucun de nous ne peut dire qu'il a contribué plus qu'un autre au supplice d'un citoyen, et aucun de nous n'y contribue que d'une manière très indirecte. D'ailleurs c'est un cas si rare, qu'il n'arrive pas deux fois dans un an par toute l'étendue de ce vaste royaume; car, grâce à l'éducation publique, la somme du bien l'emporte toujours sur celle du mal; et le crime est, pour ainsi dire, étouffé par l'exemple prépondérant des vertus nationales. Savez-vous, monsieur, que nous sommes aussi les cent juges qui composons [63] le conseil du monarque, lorsqu'il s'agit de la liberté ou de la vie d'un homme? et que c'est un honneur insigne d'occuper une place parmi les vengeurs du crime et les protecteurs, de la tranquillité?... Toutes ces idées-là étaient si éloignées des miennes, que je ne savais que répondre. Pour entrer dans des principes si extraordinaires, il faudrait dépouiller absolument jusqu'à l'ombre des préjugés, et cela n'est pas possible à un Français, accoutumé dès le bas âge à tous les préjugés qui peuvent asservir un mortel.

Mais enfin, monsieur l'exécuteur, lui dis-je avec étonnement, de quoi m'accuse-t-on ? – D'un crime épouvantable, me dit-il en frémissant. On dit que vous êtes un assassin... – Un assassin ! moi ! – Oui, vous ; on assure que vous avez voulu assassiner M. le gouverneur de cette province. – J'ai voulu me battre avec lui ; voilà tout. – Précisément ; c'est comme si un voleur m'attaquait dans un bois, et me proposait de le tuer ou de me tuer. Vous concevez bien que n'étant pas un meurtrier, je ne pourrais regarder sa proposition [64] que comme un prétexte pour me mettre à mort. – Mais, monsieur, c'est l'honneur, qui... – Raison de plus pour aggraver votre faute. On dit que vous assassinez avec honneur ; se servir du nom d'honneur pour couvrir la honte d'un meurtre, vous voyez bien que c'est violer l'honneur lui-même et les lois de l'humanité ; si vous vous contentiez d'assassiner sans parler d'honneur, on ne vous regarderait que comme un assassin ordinaire ; mais colorer un crime affreux du mot respectable d'honneur, oh ! parbleu ! c'est trop fort ; de pareils criminels sont plus dangereux que les autres. Comment ne sentez-vous pas cela, vous qui vous dites français ? Voyons, là ; est-ce qu'on n'a pas en France des idées justes de l'honneur et de l'humanité ? Et chez quel peuple ces idées-là peuvent-elles être méconnues, à moins qu'on n'ait mis absolument de côté toute pudeur et toute raison ?

Ce discours me paraissait convaincant, malgré tous mes préjugés ; mais, en n'y répondant pas, je sauvais une partie de la réputation de mes compatriotes. [65]

L'exécuteur m'emmena dans une voiture fermée, et nous fîmes ensemble les cent treize lieues qui nous séparaient de la capitale. Nous arrivâmes à la Cabane en trente-six heures, conduits par les relais du roi... Je fus mis dans une chambre de son palais, où je passai quatre jours seul, ignorant quel sort m'était réservé. Sa majesté vint elle-même m'y trouver ; elle daigna s'attendrir avec moi sur la disgrâce que j'avais éprouvée, et sur les inquiétudes qu'elle devait m'avoir causées... Vous aviez donc perdu tout jugement ? me dit ce jeune monarque ; car on ne saurait attribuer aucun sens aux paroles qui vous sont échappées. Se battre par honneur est une énigme pour ma nation comme pour tous les gens sensés de l'univers. Mais je vous ai fait grâce en considération de votre mérite et de votre patrie, et le conseil a ratifié mon jugement[316]...

---

316 La justice du royaume est rapide, et n'a apparemment pas besoin d'entendre l'accusé, ni de lui procurer un avocat.

Cependant il me reste un doute sur la vérité de votre origine ; dites-moi franchement de quel pays vous êtes ; ne craignez rien ; je suis juste et bon ; car un roi ne peut être l'un sans l'autre. [66] Dites-moi donc si vous êtes français. – Oui, sire ; je le suis ; je l'ai dit en arrivant dans ce pays, et j'ai dit la vérité. – Eh bien, reprit sa majesté du ton le plus aimable, je suis très porté à vous croire. Mais, pour me confirmer davantage dans cette croyance, contez-moi l'histoire de votre pays ; un homme instruit comme vous doit la savoir… Je jugerai par là du degré de confiance que je dois avoir en vous. Je reviendrai cette après-midi ; nous serons seuls ; vous n'aurez à craindre ni colère, ni indiscrétion de ma part, et je vous écouterai avec la plus grande attention.

En attendant le retour du roi, seul, livré à moi-même, j'étais on ne peut pas plus irrésolu, et je disais : Si je lui conte l'histoire de la France telle qu'elle est, il jugera mal de la France et de moi. Si je brode, si j'invente, je me trahirai, je me couperai ; je ne suis pas assez habile pour inventer tout de suite[317] l'histoire d'une grande nation… Comme je me livrais à ces réflexions, l'on vint me servir un dîner magnifique, auquel je ne touchai presque pas, excepté que je renvoyai quinze ou [67] seize plats vides. Ce n'est pas que j'eusse de l'appétit, mais je mangeai *un peu* pour me distraire.

Michaud XI entra dans mon appartement une demi-heure après mon repas ; nous prîmes ensemble le café et la liqueur, et je m'aperçus qu'il avait placé deux sentinelles à ma porte pour qu'on ne vînt pas troubler notre entretien… Voyons, mon cher ami, me dit-il ; parlez, je vous écoute ; satisfaites ma curiosité… Je commençai mon récit de la sorte.

« Sire, la France est un royaume de l'Europe, d'environ deux cent cinquante lieues de diamètre dans sa plus grande étendue. Cette monarchie fut fondée par un chef de colonie, nommé Pharamond[318]… » Là-dessus, j'enfilai rapidement l'histoire de la France, en passant légèrement sur les accessoires, mais n'oubliant aucun des événements essentiels… Le roi paraissait tenté de m'interrompre, et l'indignation se peignait sur son visage… Quand je fus à l'article de la *Saint-Barthélemy*, il ne put plus y tenir… Il se leva brusquement, me lança un coup [68] d'œil menaçant, et s'écria : *Vous mentez ; ce n'est point là l'histoire de la France…* Je voulus répliquer ; il ne m'écouta point ; il me semble encore le voir ;

---

317 Sans interruption.
318 Ancêtre légendaire des Mérovingiens, censé avoir régné sur les Francs au début du Vᵉ siècle.

il se promenait à grands pas dans ma chambre, en disant toujours : Quelle imposture ! quelle exécration ! quoi ? les Français seraient des barbares et des traîtres ? – Mais, sire, écoutez-moi. – Leur histoire ne serait qu'un tissu de massacres, d'incendies, de méchancetés et de perfidies ? – Mais, sire, lui répondais-je en suivant ses pas d'un air confus et timide, les Français ne sont pas le seul peuple du globe de la Terre qui aient connu la guerre et ses horreurs... Tous les peuples de ce globe ne se sont établis que par ce moyen là... – Eh bien ! retournez dans votre globe, et ne nous apportez pas ici vos erreurs, vos petitesses, vos préjugés et vos affreux principes... La douceur, la bonté, la paix, voilà nos triomphes, à nous... Si vous en connaissez d'autres, c'est tant pis pour vous et pour l'humanité ; mais votre présence dans mes États est trop dangereuse... et il me quitta en [69] prononçant ces dernières paroles... Quel coup de foudre ! je restai anéanti... Une heure après je reçus de lui un billet, qui m'annonçait que mon ballon était à quelque distance de la capitale, dans un bois... Je compris l'ordre du roi, et j'allai la nuit arranger ce fatal ballon. J'étais tenté d'aller dire adieu au curé de Poire-Sèche, en passant ; car le bourg de Poire-Sèche n'est qu'à six petites lieues de là, mais j'eus peur d'être mal reçu. Je montai donc dans mon ballon, et je quittai ce bon pays, que je ne puis m'empêcher de regretter sincèrement... J'avais laissé sur la cheminée de ma chambre une lettre pour le roi Michaud XI, avec ordre de ne la remettre qu'à lui-même. Je publierai cette lettre plus tard.

57ᵉ NUMÉRO
Courrier du 1ᵉʳ mars 1789

[25]

Manière de voyager dans une île de la planète de Jacquinette.

Ceux qui ont lu la première année du *Courrier des planètes*, savent que j'ai découvert une planète, qui, en comptant Herschell, est la neuvième que nous connaissions. En planant dans l'atmosphère de cette planète, je me rabattis, par un coup de vent, sur le haut d'une montagne, laquelle est située dans une île, laquelle île contient des vallées, lesquelles sont pleines de boues et de crottes[319], lesquelles boues et lesquelles crottes ont deux pieds de profondeur, laquelle profondeur est d'une très grande incommodité, laquelle incommodité oblige les gens comme il faut de ne point sortir des villes, lesquelles villes sont distantes les unes des autres au moins de six à sept lieues, lesquelles six à sept lieues interceptent la communication directe d'une ville à une autre ville, à moins qu'on ne se serve pour cela des messagers ; lesquels messagers sont en grand nombre dans ce pays, lequel [26] est surtout désagréable pour les étrangers, lesquels étrangers ne peuvent voyager dans cette île sans des secours, lesquels secours se réduisent à des gens de la lie du peuple, lesquelles gens vous portent sur leurs épaules en guise de hotte[320]...
Il n'y a dans ce pays ni chevaux, ni voitures, ni traîneaux, ni mulets, ni chameaux, ni bœufs, ni rennes, ni ânes ; c'est bien autre chose qu'à Paris. Il faut consentir à voyager sur le dos d'un homme, qui prend *tant* par lieue, et qui prend fort cher. On rencontre souvent dans l'espace de deux lieues cinq cents voyageurs de cette espèce ; mais ce qu'il y a de plus disgracieux, c'est que ces porteurs de monde sont presque toujours

---

319 Cette planète couverte de boue rappelle plus le « globe des crottes » visité dans la *Lune* n° 29 (février 1787), que la planète de Jacquinette décrite dans le *Courrier* n° 13 du 10 avril 1788.

320 L'emboîtement des quatorze propositions relatives peut évoquer ce que le Cousin avait dit de la planète Jacquinette, comparable « à ces boîtes de fer blanc, dont la plus grande en contient par progression une vingtaine d'autres, toujours plus petites, à mesure qu'on les ouvre. ». Mais un semblable procédé avait été employé pour décrire la planète Vénus (*Courrier* n° 15, p. 3-4).

ivres ; ils passent leur vie dans des cabarets, où l'on va les chercher quand on en a besoin ; qu'on se figure une centaine de personnes bien graves, bien parées et bien élégantes, allant d'un pays à l'autre, et cheminant ainsi au milieu des crottes, montées chacune sur un homme saoul, qui trébuche à chaque instant, et cogne sa tête contre la [27] tête du premier camarade qu'il rencontre. J'ai fait une demi-lieue de cette manière, et j'ai bien juré qu'on ne m'y reprendrait plus. J'ai vu deux vieillards, dont l'un est doyen d'un chapitre de chanoines, et l'autre président d'un sénat distingué du pays, se rencontrer dans un chemin étroit, et tomber au milieu des crottes, l'un par ci, l'autre par là, avec leurs belles perruques et leurs grandes robes de cérémonies, et cela, par la maladresse des ivrognes qui les portaient. Tous deux revenaient de leur campagne ; l'un allait à l'audience, l'autre à l'office. J'ai vu une abbesse respectable essuyer le même accident ; j'ai vu un philosophe, chef des académies de cette île, choir de la même manière au beau milieu d'une mare d'eau croupie ; là, comme dans un chaire, il pérorait son porteur et lui faisait un discours sur l'ivrognerie. On ne voyait que le visage et les mains du prédicateur, qui semblait nager dans cette crotte, à force d'y gesticuler ; tandis que son néophyte, loin de se convertir, était couché tout de son long de l'autre [28] côté de la même mare, et y cuvait son vin en ronflant aussi paisiblement que s'il y eût été dans son lit... ce qu'il y a de vraiment plaisant, c'est de voir dans une grande route, deux ou trois cents personnes d'âges, de sexes et d'états différents, trébucher sur les épaules de leurs porteurs, et aller de droite et de gauche tout du long du chemin ; tous ces *zigzags* m'ont amusé.

65ᵉ NUMÉRO
Courrier du 1ᵉʳ juillet 1789

[38]

Les astronomes se sont trompés en nous annonçant sept planètes ; ils y ont compris la Lune ; or, si la Lune n'est en effet qu'un satellite de la Terre, et qu'ils ne comptent point les satellites au nombre des planètes, la Lune ne doit pas non plus compter pour une planète ; et si les satellites sont réputés pour des [39] planètes, les cinq satellites de Saturne et les quatre de Jupiter doivent être réputés aussi pour planètes. Donc il y a quinze planètes, ou bien il n'y en a que six, qui sont le Soleil, Mercure, Vénus, la Terre, Jupiter et Saturne ; ces planètes sont ici nommées selon l'ordre qu'elles suivent dans leur distance du Soleil[321]. Le Soleil lui-même ne devrait pas, à la rigueur, compter pour une planète, mais comme le centre et l'âme du tourbillon des planètes qu'il éclaire, qu'il vivifie, et qui tournent autour de lui.

Il est plus raisonnable d'admettre au nombre des planètes les six satellites, qui sont : la Lune, satellite de la Terre, les quatre de Jupiter, et les cinq de Saturne. Donc il y a quinze planètes, auxquelles il faut ajouter celle d'Herschell, qui fait la seizième.

Nota. Le Cousin Jacques ayant découvert une planète nouvelle l'an passé, et une autre cette année, il est juste de les ajouter à la nomenclature précédente ; la première est *Jacquinette*, dont il a été question dans le *Courrier* de 1788 ; et la seconde, *Fafofu*, dont il sera question dans les quinzaines subséquentes. [40] Il y a donc dix-huit planètes connues jusqu'à ce jour, en attendant de nouvelles découvertes.

---

321 Beffroy oublie curieusement Mars, entre la Terre et Jupiter ; ainsi que les deux satellites d'Uranus (ici encore nommée Herschell) – Titania et Oberon – découverts en 1787. Quant à la huitième planète – Neptune – elle ne fut observée qu'en 1836. Voir *Lune* n° 31, p. 143.

INDEX DES MOTS
ET DES EXPRESSIONS EXPLIQUÉS

INDEX NOMINUM

TABLE DES MATIÈRES

PREMIÈRE PARTIE

LES LUNES DU COUSIN JACQUES
(1786-1787)

SECONDE PARTIE

LE COURRIER DES PLANÈTES
(1788-1789)

IMPRIM'VERT®

Achevé d'imprimer par Corlet,
Condé-en-Normandie (Calvados),
en Août 2023
N° d'impression : 181844 - dépôt légal : Août 2023
Imprimé en France